古代中国百家谈 二

天下有治

长治久安，几千年的不变追求

北京日报社理论部 主编

北京日报出版社

图书在版编目（CIP）数据

天下有治：长治久安，几千年的不变追求 / 北京日报社理论部主编 . -- 北京：北京日报出版社，2022.5（2024.1重印）
（古代中国百家谈）
ISBN 978-7-5477-4246-4

Ⅰ.①天… Ⅱ.①北… Ⅲ.①中国历史—文集 Ⅳ.①K207-53

中国版本图书馆 CIP 数据核字 (2022) 第 034349 号

天下有治：长治久安，几千年的不变追求

出版发行：北京日报出版社
地　　址：北京市东城区东单三条8-16号东方广场东配楼四层
邮　　编：100005
电　　话：发行部：（010）65255876
　　　　　总编室：（010）65252135
印　　刷：三河市华东印刷有限公司
经　　销：各地新华书店
版　　次：2022年5月第1版
　　　　　2024年1月第6次印刷
开　　本：880毫米×1230毫米　1/32
印　　张：16.75
字　　数：325千字
定　　价：86.80元

版权所有，侵权必究，未经许可，不得转载

《孔子杏坛讲学图》轴　明朝画家吴彬所绘,描绘了圣贤孔子于杏坛讲学、四弟子端坐受教时的情景。画作绢本设色,工笔重彩,线条流畅,笔端雅秀。现藏于孔子博物馆。

发展教育是形成良好社会风气的重要途径。儒家历来重视教育,孔子提倡"有教无类",广招门徒,兴办私学,打破了西周"学在官府"的贵族教育制度。孔子的平民教育的实现为"礼下庶人"提供了可能。

《帝王道统万年图》 明朝画家仇英所绘，共二十幅图画，分别描绘了周文王、汉高祖、宋仁宗等名主的事迹。上图描绘了周文王关爱百姓的故事。现藏于台北故宫博物院。

在古人看来，节俭不仅是家庭生活中的美德，而且可以上升到治国理政的高度去看待。《逸周书》记载，周文王曾告诫儿子说："厚德广惠，忠信爱人，君子之行。不为骄侈，不为靡泰，不淫于美。"

《销闲清课图》卷 明朝画家孙克弘所绘,描绘了"摹帖""观史""赏雪"等林下清课二十段,每段均有点题数语,其中"观史"题曰:"理学名书,老眼不入,禅谈杂志,聊以永日。"现藏于台北故宫博物院。

古人对读书的热忱对中国传统文化的传承和发展起过很大作用,具体到优秀的"文学家""艺术家"等,从韩愈、柳宗元到曾国藩、左宗棠,从范仲淹、苏东坡到林则徐、魏源,可谓不一而足,留下了许多不朽的印记。

《独乐园图》卷 明朝画家仇英所绘,内容根据宋朝名儒司马光的《独乐园记》立意,依次描绘了"弄水轩""读书堂""钓鱼庵""种竹斋""采药圃""浇花亭""见山堂"等景致。上图为"采药圃"景致。现藏于美国克利夫兰艺术博物馆。

中国的医学教育基本上是在儒学思想的指导下进行的。唐朝时,太医署成为专门的医学教育部门,其分科有四:医师、针师、按摩师、咒禁师。此外,还有药物学的采药师,学制为九年。"草药"一词始见于宋朝。草药专著,则始于明朝而盛于清朝。

《上林图》卷　相传明朝画家仇英所绘,内容取自西汉文学家司马相如的名篇《上林赋》。上图为画卷局部,描绘了天子在车驾仪仗壮盛的簇拥下出场后,转入校阅士卒在山林间射猎追捕鸟兽的场面。现藏于美国弗瑞尔美术馆。

自秦朝统一的高度集权的政治格局形成之后,汉王朝执政者继承了这一体制并有所创新和完善,提高了执政效能和管理质量。西汉文学家司马相如曾为汉武帝作《上林赋》,描写了皇家园林上林苑宏大的规模,进而描写天子率众臣狩猎的壮阔场面,呈现了汉帝国的气魄和声威。

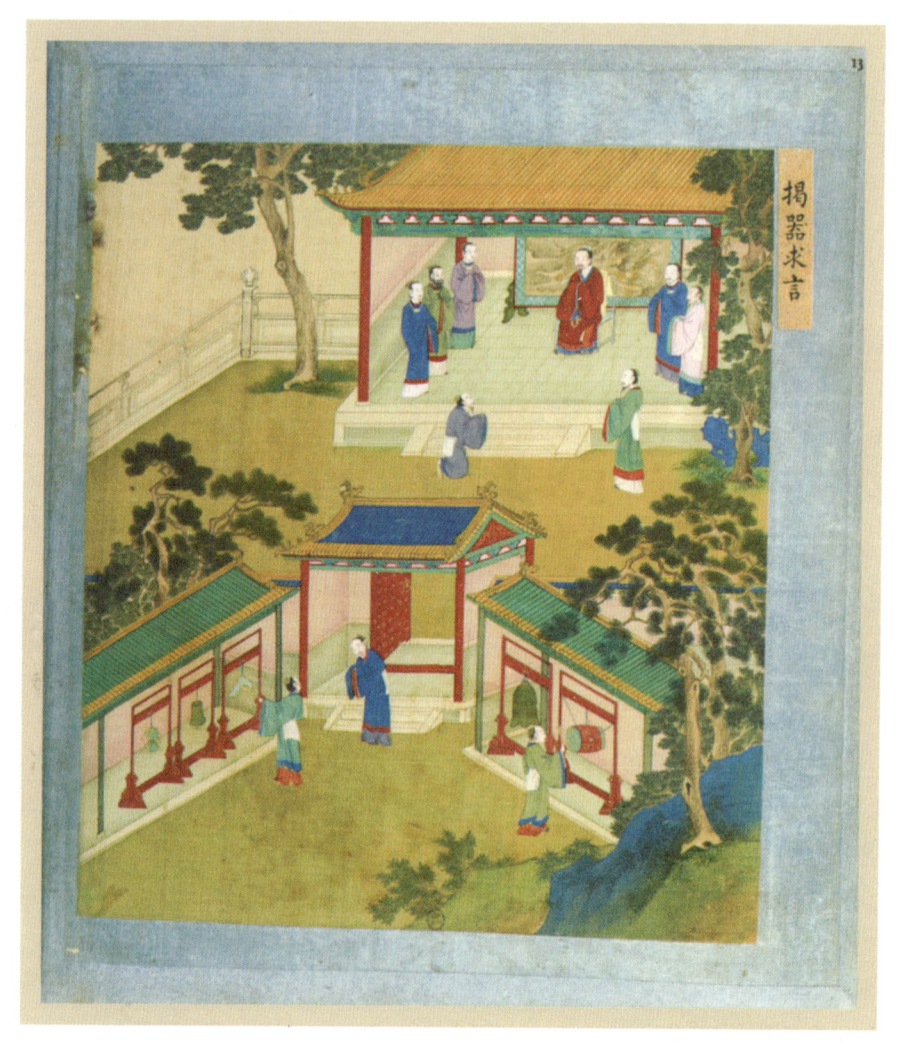

《彩绘帝鉴图说》 大致绘制于清朝早期,可能是中国画师绘制后卖给西方旅行者,后传入欧洲并按照西方图书装订方法粘合成册,大部分绘画有中文标注。现藏于法国国家图书馆。

中国古代司法追求法令简省、社会和谐。明朝政治家张居正编写的《帝鉴图说》所载"揭器求言"提到,大禹曾告谕臣民:"前来指教我治国之道的人,请击鼓;……前来告状诉讼的人,请摇鼗。"孔子说:"我努力不让争端发生。"古代的司法理念就是"以和为贵"。

《金石昆虫草木状》 明朝著名画家文俶所绘,全书一千三百多幅插图,以工笔描绘,粉彩敷色,描绘了一千多种金石昆虫草木。上图为古代海盐加工场景。此为明朝万历年间彩绘底稿本。现藏于台北图书馆。

古代社会把食盐看作不可逾越的生命底线,是"立国之本",是"国之命脉"。谁控制了盐,谁就能在早期社会脆弱的政治平衡中掌握制胜的砝码,这是早期国家的生存战略。

《锁谏图》卷 相传唐朝画家阎立本所绘。上图为画卷前半段局部,描绘了五胡十六国时期,汉廷尉陈元达向皇帝刘聪冒死进谏,用铁链将自己锁在树上的紧张气氛。现藏于美国弗瑞尔美术馆。

谏净是我国君主政治体制里自我监督、自我纠错机制的核心。有唐一代,始终鼓励官员关心政事、积极进谏。唐太宗李世民开门纳谏,集思广益,群言畅达,成就贞观盛世。

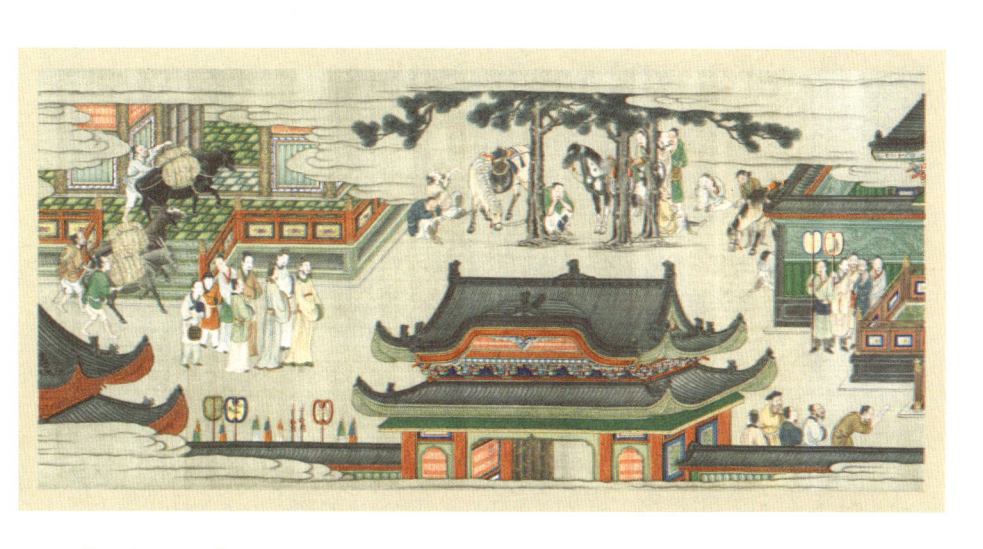

《长恨歌图》 日本江户时期画师狩野山雪大约绘于1646年的故事长卷,内容源自唐朝诗人白居易的叙事诗《长恨歌》,分为上、下两卷。上图为画卷上卷局部,描绘了唐朝的生活场景。现藏于爱尔兰切斯特·比替图书馆。

有唐一代,在社会治安的管理方面积累了十分丰富的经验,建立了比较完善的管理制度,取得了良好的治理效果。调整政策、改革制度,无疑是唐朝从根本上解决社会问题的良策。

《摹宋人文会图》卷　清朝画家姚文瀚奉敕绘于乾隆十七年（1752年）六月，上有清朝学士嵇璜楷书《十八学士赞》，设色明净秀丽，用笔精细挺劲，对各类家具器物的细节描绘考究。上图为画卷局部。现藏于台北故宫博物院。

宋朝士大夫以天下为己任，故而在其诗文中追求性灵闲适的成分少，经世致用的成分多，正所谓"诗以道志""文以载道"。其诗文中不少言论直指现实，切中时弊，发出耀眼的思想光芒。

《人骑图》卷 1296年，元朝画家赵孟頫仿唐朝画家韩幹《圉人呈马图》所绘。上图为画卷局部，画中一位着唐朝官服者执鞭骑马，仪态雍容不凡，很可能为赵孟頫自写小像。现藏于故宫博物院。

古代对违反考勤制度的官员处罚一向都很严厉。元世祖时桑哥任丞相，特别重视官员考勤，有迟到、早退的，一经发现就予以杖罚。有一天，赵孟頫迟到了，被抓了个正着，结果挨了板子。

《雍正帝祭先农坛图》卷 画卷分上、下两卷（或三卷），分别表现清朝皇帝祭祀农神和扶犁耕籍田。上图为画卷上卷局部，描绘了清朝皇帝祭祀农神活动的场景：御道拐弯通向一处高台，台上安置桌案、香炉，黄色帐篷里设供案，上置祭器。画卷构图严谨精确，画面色彩华丽，具有宫廷绘画的气派。现藏于故宫博物院。

国家祭祀活动是古代礼制的重要部分，在国家事务中占据极其重要的地位。由皇帝亲自致祭或遣官致祭的定期或不定期举行的祭祀活动，成为古代极具特色的风景。根据史料记载，清朝雍正帝十分重视农业生产，曾多次前往先农坛参加祭祀典礼。先农坛是明清时期皇帝祭祀农神、祈求丰收的地方。

编者的话

五千年的中华文明灿若星河,悠久的古代中国,给予了它最深厚的积淀。讲好中国故事,自然要讲好古代中国,在这条绵长的、纷繁的、变幻的、多彩的历史长河中,有太多影响深远的、令人沉思的、众说纷纭的事和人,讲史者众,求知者众。

不妨换一种思路讲历史:择重点、选热点、解疑点,以点带面、以点带线,对重点做精准的解析,进而勾画出古代中国的大轮廓、关键点;同时,从专业的视角和功力出发,以尽量通俗的讲法让广大读者朋友看明白、有兴致、长知识、开眼界。这是我们策划这套《古代中国百家谈》(全三册)的初衷。

如此的初衷得以实现,得益于《北京日报·理论周刊》文史版,全书的内容是文史版十余年来发表的中国古代史文章的精粹。文史版的办刊风格很明确,内容特色也很鲜明:大家写小文,文风清正,谈学术不艰涩,揭秘闻不猎奇,求新见不戏说,析事理不玄虚,有知识,有思想,有趣味,有深度,有新意。这种风格特色,与我们换一种思路讲古代中国的想法高度契合,两者一拍即合。文史版精彩丰富的内容,使我们的想法得以实现,让"内容为王"的道理,在这套书中得到了生动充分的展现。有一点需要特别说明,这套"百家谈"中的"百家",可不是寻常人物,全书汇集了全国近二百位历史学家、知名学者的二百四十余篇文章,大学者写小文章,古代中国通俗讲,有权威,有分量。

古代中国的事和人浩如烟海,这套《古代中国百家谈》围绕三个主题展开:《朝起朝落:一个古老大国的由来》(第一册)讲中华文明的起源、朝代更替和历史演进、大事件的来龙去脉及重要人物的功过是非。《天下有治:长治久安,几千年的不变追求》(第二册)讲治国理政,为了长治久安,各式各样的想法和办法,评其成败,析其因果。《自古繁华:人文百态与大国气派》(第三册)讲古代中国缤纷多彩的社会文化生活,以及中华文明的广泛影响,衣食住行、文人墨客、流行时尚、丝路古道……这些都从不同侧面鲜活展现出一个生生不息的文明古国。全三册以"古代中国"为总主题,又各持重点、相互关联,整体、立体地回望了古代中国的大面貌。同时,全书每篇都是专题文章,是对一个个历史话题的专讲精讲,史实与观点为一体,知识点集中,说得深、讲得透。"大家写小文"面向广大读者,通俗不费解,易学易懂,更具普及价值。

这里需要说明的是,全书所收入的篇目,出于图书编辑体例和便于读者阅读的考虑,我们适当地做了一些文字上的改动。

感谢《北京日报·理论周刊》,文史版创办二十余年,篇篇好文在眼前。感谢北京日报社理论部的编辑老师,他们为本书出版辛勤付出。换一种思路讲历史,这套《古代中国百家谈》是我们做的积极尝试,希望读者朋友们喜欢。

北京日报出版社

目 录

第一章 治 国

古人眼中的"首都" 002

古往今来说"治理" 009

"直隶"的来龙去脉 017

古代帝王学的兴衰 025

古代如何开展"普法宣传" 031

古代盐贡为何被视为国家命脉 036

古代反腐的经验与教训 041

历代奢靡现象为何屡禁不止 051

古代监察制度是如何运行的 055

巡视制度：中国历代沿用的监察形式 063

古代回避制度为何越来越严 070

中国古代的人口观 076

古代人口为何呈梯级性增长 085

管仲"以商治国"为何不能长久 093

吴起变法为什么会失败 099

战国时期魏国为何能够首先崛起 103

汉初"郡国并行"为何行不通 109

《史记》中的外交"史迹" 114

诸葛亮为什么在用人上摔了跟头......120
李世民独特的用人之道......124
贞观年间为何盛行"谏诤风"......130
唐朝"永贞革新":古代治理体系的转折点......133
分权制衡:北宋精致的顶层设计......137
宋朝士大夫的从政精神......144
明初"重典治吏"的功过是非......150
明朝好老师张居正为什么教不出好皇帝......153
清朝政令落实靠什么......157
吏胥勒索:清朝官僚体制的毒瘤......163
清朝巡按制度为何仅存顺治一朝......169
清朝反腐有妙招......174
雍正帝如何将铁腕反腐进行到底......181
雍正帝是如何整肃书吏的......186
《随手档》:清廷军政核心机密全记录......192

第二章 治 吏

古代贤官"为政第一课"......200
古代什么样的人能做御史......204
古代选官制度的演进史......208
古代是如何考察官吏的......214

目 录

古代的考勤制度和业绩考核……219
古代官员考绩法为何中看不中用……223
古代如何处理不作为官员……227
古代的"吃空饷"……233
古代官吏的"普法教育"……239
古代官场为何盛行"读书热"……243
"亦师亦吏"的汉朝循吏……248
汉朝如何防范和惩治选官腐败……255
中国古代"举报箱"的发明者……261
棍打送礼人的南朝廉官顾协……264
唐朝考课制度容易出人才……267
唐朝律令严防官员家属腐败……274
"弄獐宰相"李林甫的畸形人生……278
司马光的用人原则……282
范仲淹的为官之道……290
宋朝官员的公务旅行日记……294
北宋官场：处理不好家事也会被撤职……300
整饬吏治，雍正帝不得不做的事……304
清朝州县循吏为何被称为"亲民官"……308
清朝州县官的为政之道……312
清朝的任官回避制度……317

清朝皇帝为何特别重视引见制......322

清朝特有的官员"年终密考"......327

清朝科考如何限制"官二代"特权......334

清朝"铁帽子王"其实不"铁"......340

第三章 治 世

中国古代的"首都圈"......348

为什么说县是中国人的老家......356

传统家规家训如何立德树人......360

古代传统家训"落地"有五大"功法"......365

古代家训中的廉政文化......371

为什么古人特别讲究家礼......377

古代为何盛行契约文化......383

乡贤：古代基层社会的"台柱子"......387

街卒：汉朝都市秩序的守护人......393

古代民众如何参与反腐......399

中国商业从"末业"到"主业"的逆袭......405

上计：古代沿革千年的财政制度......409

中国古代如何以法抗疫......413

古代的防疫与疫苗......419

古人解决纠纷靠官也靠民......424

唐朝区分"公罪""私罪"有学问 427

古代调解息讼"以和为贵" 431

"以五声听狱讼":古代独创的司法心理学 436

古代司法官如何写判词 439

古代判词有玄机 443

唐都长安如何管理社会治安 447

唐朝"行卷":不考知识,考才华 454

古代的"高考"录取通知书 458

宋朝士大夫眼中的"以法治国" 462

宋朝如何打击制售假药 467

宋朝如何治理"豆腐渣工程" 472

宋朝的"环保"理念 479

宋朝如何管理公务接待和公款消费 482

藏在宋人史料笔记中的价值观 487

古代的社会调查 491

明朝的"人口普查":户帖制和黄册制 498

明清官场的"打秋风"怪象 502

清朝官员坐轿有规矩 508

第一章 治国

古人眼中的"首都"

张 勃

都,是国家权力的象征城市,是对一个国家的政治中心和中央政府所在地的称谓。在我国古代又有"都城""都下""京师""京华""帝京""辇下"等多种称呼,1927年以来则习惯称为"首都"。虽然在我国"首都"这一名称出现较晚,但对国家都城的建设和经营却可以追溯到数千年前。

古代国都如何选址

都城应位于"天下之中",这是中国古代"首都观"的基本内容。诚如《吕氏春秋·慎势》中所说:"古之王者,择天下之中而立国,择国之中而立宫,择宫之中而立庙。"

关于天下之中的所在地以及为什么要选天下之中为都,《周礼·地官·司徒》解释说:"以土圭之法测土深。正日景,以求地中……日至之景,尺有五寸,谓之地中,天地之所合也,四时之所交也,风雨之所会也,阴阳之所和也。然则百物阜安,乃建王国焉,制其畿方千里而封树之。"按照上述说法,天下之中所在地,就是夏至时八尺之表影长为一尺五寸的地方。因为天地合于此,四时交于此,风雨会于此,阴阳和于此,为百物阜安之地,所以最适合建为国都。不过,由于宇宙观的不同，天下之中有不同的确定方法。《晋书·天文志》说："天地各中高外下。北极之下，为天地之中。"大意是天和地都是中间高、四周低，天地之中位于北极星的下方。

史载周成王打算将都城迁到洛邑，先派遣召公去堪舆相宅，后来周公旦又去察看，于是洛邑"居九鼎焉"，成为国都。对此，周公旦说："此天下之中，四方入贡道里均。"建都于天下之中，居中而治，是中国古代政治秩序的核心原则和历史传统。西汉史学家司马迁曾经用三代的例子说明定都于天下之中对于国祚久长的重要性："昔唐人都河东，殷人都河内，周人都河南。夫三河在天下之中，若鼎足，王者所更居也，建国各数百千岁。"而后来的王朝虽然各有其都，但总是将其宣称为天下之中并努力将其营造为天下之中。元、明、清建都于北京，同样强调其天下之中的地位。早在忽必烈尚未南下之时，就有人赞誉北京的形势，并将其与天子居中而治相联系："幽燕之地，龙蟠虎踞，形势雄伟，南控江淮，北连朔漠。且天子必居中以受四方朝觐。大王果欲经营天下，驻跸之所，非燕不可。"元人李洧孙《大都赋并序》中更明确指出大都所处之

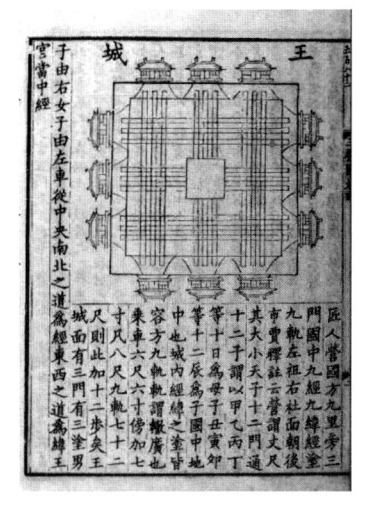

▲都城位于"天下之中"，这是中国古代"首都观"的基本内容。图为清朝文学家纳兰性德根据宋朝学者聂崇义纂辑的《三礼图集注》重新影刻的《新定三礼图》所载古代"王城"。

地为天下之中："昔《周髀》之言：天如倚盖而笠欹，帝车运乎中央。北辰居而不移，临制四方。下直幽都，仰观天象，则北乃天之中也。"按照这里的说法，天就像欹车盖，南高北低，像斗笠一样扣在大地上方，北极星高悬不动，群星则在它四面环绕。它的下面正对着幽都，幽都就像北辰，是天下的中心。明人陈敬宗《北京赋》同样强调北京天下之中的地位："圣皇之建北京也，绍高帝之鸿业，启龙潜之旧邦。廓天地以宏规，顺阴阳而向方……拱北辰兮帝居，陋巩固于金汤。均万国兮会同，而适居天下之中央也。"

不仅都城选址时要考虑位于天下之中，建设都城时，也刻意将其营建为天下之中。比如明清时期分别在北京城外南、北、东、西四个方向修建、改建了天坛、地坛、日坛和月坛作为郊祀的场所，通过四郊的确定将北京城置于"中央"的位置，进一步突显了天下之中的地位。而一条长长的中轴线自北而南从宫城、皇城和内城穿过，形成大大的"中"字，更是天下之中的典型象征。在这条中轴线上，分布着象征阳的乾清宫、象征阴的坤宁宫、象征阴阳交汇之地的交泰殿，以及太和、中和、保和三大殿，象征"阴阳和于此"，以确证这里就是名副其实的天下之中。

营建国都遵循什么法则

在天成象，在地成形。与"天下之中"的"首都观"相联系，象天法地、象天设都成为营建国都时的一个重要法则。

中国古人仰观天象，将北天球的恒星划分为三垣和四象七大星区。三垣，即紫微垣、太微垣和天市垣。清人黄鼎《管窥辑要》云："盖中垣紫微，天子之大内也，帝常居焉。上垣太微，天子之正朝也，帝听政则居焉。下垣天市，天子畿内之市也，每一岁帝一临焉。凡建国，中为王宫，前朝而后市，盖取诸三垣也。"这段话非常明确地指明了都城的空间布局安排是对天象的模仿。根据《吴越春秋》的记载，伍子胥在修筑吴国都城阖闾大城和范蠡修建越国宫城时均已采取象天法地、象天设都的法则："子胥乃使相土尝水，象天法地，造筑大城。周回四十七里。陆门八，以象天八风。水门八，以法地八聪。""范蠡乃观天文，拟法于紫宫，筑作小城。"秦都咸阳、汉都长安也都按天象布局。史书记载，秦始皇在渭水两岸营建咸阳宫和阿房宫，阿房宫四周建有阁道，一直通到南山，在南山顶上建阙，然后架起一条复道，将阿房宫与咸阳宫连接起来，"以象天极阁道绝汉抵营室也"。在这里，咸阳宫就是天上的北极星，渭水就是天上的银河，阿房宫就是营室宿。

明、清紫禁城，同样象天而设，只是与秦都咸阳相比，采取了更为婉曲的表达方式，比如通过建筑命名或对联的用语来表示，如宫城又称"紫禁城"，太和殿楹联云："龙德正中天，四海雍熙符广运；凤城回北斗，万邦和谐颂平章。""中天""凤城""北斗"等都鲜明地反映了与天象的关联。象天设都，体现了"天人合一"的观念，象征着国都和天子至高无上的权威，同时也包含着对德治天下的期待。诚如孔子所说："为政以德，譬如北辰，居其所，而众星拱之。"

首都如何彰显自身特性

"国之大事，在祀与戎。""凡治人之道，莫急于礼；礼有五经，莫重于祭。"围绕着天神、地祇、人鬼展开的国家祭祀活动，是礼制最重要的部分，在古代国家事务中占据着极其重要的地位。

有没有宗庙这样的祭祀场所，是判断一个地方性质的标尺和准绳。《左传·庄公二十八年》云："凡邑，有宗庙先君之主曰都，无曰邑。"《周礼·考工记》提到营建国都的理想模式时也说一定要有祭祀场所，即"左祖右社"。从实际情况来看，秦朝及西汉中前期以前，祭祀场所并不集中在都城，而是分布在广泛的区域，皇帝需要长途巡行才能完成祭祀活动。汉成帝初年，丞相匡衡、御史大夫张谭提出应当重视都城在国家祭祀中的地位，于是在长安南北郊营建了祭祀天地的场所。汉平帝元始五年（5年），在王莽等人的主张下，都城内外营建了大量祭祀建筑，史载"长安旁诸庙兆畤甚盛矣"。这种将最重要的祭祀场所集中于国都的做法，大大提升了都城在国家祭祀制度中的地位，并且产生了极为深远的影响。首都不仅成为国家的政治中心，也成为汇聚多种礼仪场所的祭祀重地。自此，皇帝不必离开首都便可以完成国家最重大的祭祀礼仪，由皇帝亲自致祭或遣官致祭的定期或不定期举行的祭祀活动，成为首都极具特色的风景,由此,首都的神圣性和特殊性得到进一步塑造和彰显。

首都如何发挥表率作用

在古人的心目中,国都"有宫阙城池之壮,宗社百官之富,府库甲兵之殷盛,以至于四方贡献,奇货玩宝,靡不辐辏",是国家的政治中心、祭祀中心、军事中心、文化中心和经济中心,同时也是对于社会风气和道德风尚具有重要示范和引领作用的首善之区。明朝梁潜说:"京师首善之地,万国之表,制作之示于天下,必由内以达外,教化之渐被于四方,必自近以及远。"

京师为万国之表,"诸夏必取法于京师"。宋朝彭汝砺说:"四方之人,其语言态度,短长巧拙,必问京师如何,不同,则以为鄙焉。"国都既然是万国之表,就应该为首善之区。这里的首善,一方面是指最好,国都在社会、经济、文化等方面,尤其是社会风气和道德风尚方面达到一种比其他地方都要良好的状态;另一方面是指首先好,即国都在社会风气和道德风尚的建设方面走在其他地方的前面。因此,古人特别强调应该率先厘正国都的风俗,提升国都的道德水平,使其发挥示范、引领作用。西汉匡衡曾经就都城长安发表过如下观点:"今长安,天子之都,亲承圣化。然其习俗无以异于远方,郡国来者无所法则,或见侈靡而放(仿)效之,此教化之原本,风俗之枢机,宜先正者也。"他认为长安作为亲承教化的都城,风俗好尚竟然和其他地方没有什么区别，不但没有发挥理应发挥的作用，还以其奢靡之风影响了一些人，这事关教化和风俗，应该率先厘正。宋朝人张方平也认为应该重视都城的首善、表率作用："孝弟本于朝廷，礼义始乎京师……今京师者，宫室所在，王教所先，宜乎其风俗敦厚质固，以表正万邦，使八纮取则，远人知慕。是当以道德为富，而不以繁华为盛。"

　　选址于天下之中，象天设都，京师为祭祀重地、首善之区等构成了中国古代"首都观"的重要内容，其中既突出和塑造了最高统治者的权力与威望，也体现着古人对中正和谐的崇尚，对首善有序的追求。

本文发表于2017年10月16日《北京日报·理论周刊》文史版，
原题为《中国古代的"首都"观》，
作者时任北京联合大学北京学研究所教授

古往今来说"治理"

李 龙　任 颖

"治理"一词在中国的历史源远流长。尧、舜时期就有治世的思考。《商君书·修权》有"公私之交，存亡之本"，指出尧、舜治理的核心价值即天下为公，正因为如此才能够建功立业，为天下人所拥戴。但其治理并不以耕种为重心，而是强调对于自然环境的适应和改善，提出了以疏导的方法治理黄河的主张。这是在自然经济下最早出现的具有现代意义的治理理念。公元前2025年，夏启建立了中国历史上第一个奴隶制国家，出现"奉天罚罪"的习惯法对社会关系的调整，直至西周时期，习惯法中皆有治安管理的内容。

春秋战国：出现"治理"一词，诸子百家各治其道

春秋战国时期开始出现"治理"一词，诸子百家将其用于治国、理政、平天下抱负的抒发。儒家强调"仁政""德礼教化"，《孟子》有述"君施教以治理之"，将德礼教化确立为最基本的治理方式；《荀子·君道》记载，"明分职，序事业，材技官能，莫不治理，则公道达而私门塞矣，公义明而私事息矣"，进一步将明公义、达公道作为治理秩序建构的根本价值追求，形成了儒家特有的治理文化。而道家则将"无为而治""道法自然"作为治理的准则。《老子注·五章》指出,"天地任自然,无为无造,万物自相治理"才是最好的治理状态,反之,如果一味地追求"有恩有为",将人力的作为施加于万物,那么,万物的真实禀性就丧失了,这些物本身也就不存在了。这种由"无为"达至"无不为"之道,将清静无为、不与民争的崇高境界确立为基本的治理模式。与之相区别,法家的治理更为推崇法律化的路径,宣扬"以法治国""废私立公"。《韩非子》有述:"其法通乎人情,关乎治理也。""夫治法之至明者,任数不任人。是以有术之国,不用誉则毋适,境内必治,任数也。"论证了通过"法"与"术"、刑赏分明而治达到政理之"势"的必要性,也彰显了中华法治文明的深厚底蕴。

▲《荀子·君道》记载:"明分职,序事业,材技官能,莫不治理,则公道达而私门塞矣,公义明而私事息矣。"这是儒家特有的治理文化。图为明朝嘉靖时期顾氏世德堂刊本《荀子》书影。

汉朝:专门针对公职人员建设使用了"治理"一词

汉朝将"治理"视为秩序、稳定状态(《礼记·大学》称"修齐治平"),在专门针对公职人员的建设方面使用了"治理"

一词。《汉书》有述"师古曰'治安,言治理且安宁也'"。治理是与安定、太平、百姓康乐相并列的秩序价值追求。由《史记》首作"奉职循理,亦可以为治",《汉书》有述"故二千石有治理效,辄以玺书勉厉,增秩赐金,或爵至关内侯,公卿缺则选诸所表以次用之",即将安宁、秩序及良好的社会状态作为治理的核心内容。

三国两晋南北朝:"治理"一词多见于人物传记,树立治理典范

三国两晋南北朝时期,"治理"一词主要用于对具体的政务、政绩之功的描述,多见于为当时各个领域的代表性人物所作的传记中。三国时期,陈寿所著纪传体国别史《三国志》中的《魏书》卷九和卷十六、《蜀书》卷十二都有关于治理的记述。《魏书》记述:"《世语》曰:允二子:奇字子泰,猛字子豹,并有治理才学。"《蜀书》记述:"正昔在成都,颠沛守义,不违忠节,及见受用,尽心干事,有治理之绩,其以正为巴西太守。"南北朝时期,《南齐书》有"除步兵校尉,出为绥虏将军、山阳太守,清修有治理,百姓怀之"的记载,《梁书》有述"时承凋弊之后,百姓凶荒,所在谷贵,米至数千,民多流散,筦抚循甚有治理"。皆通过对于政务、功绩的历史记载和评判,为社会树立尽治理之务、成治理之绩的典范。

唐朝：遵循律令治国，出现财政治理

《隋书》描绘了"治"与"乱"的对比状态："自晋氏播迁，兵戈不息，雅乐流散，年代已多，四方未一，无由辨正。赖上天鉴临，明神降福，拯兹涂炭，安息苍生，天下大同，归于治理，遗文旧物，皆为国有。比命所司，总令研究，正乐雅声，详考已讫，宜即施用，见行者停。""伏慧能以国让，侯莫陈所居治理，或知牧人之道，或践仁义之路，皆有可称焉。"阐明了以民生、道德、领土统一、和平安定为核心的治理之道。

唐朝已经有法与"国家治理"（其时指治平状态）关系的论述，并且出现了财政治理。《周礼疏》有"制法成治若咎繇"。也即，"汝作士，五刑有服，是咎繇制其刑法，国家治理，故以咎繇拟之"。将律令视为国家治理的基本法则；而由中国古代民刑合一体例所决定，这一时期的以法为治主要表现为刑法之治。其与现代意义上从民法、刑法、行政法、经济法、社会法出发，全面推进国家治理、政府治理、社会治理现代化的整体布局相比，仍然存在着较大的差距。此外，还有从历史功绩角度进行的政务致治的记述，《新唐书》记载："盛哉，太宗之烈也！其除隋之乱，比迹汤、武；致治之美，庶几成、康。"《旧五代史》有述："善博奕者唯先守道，治蹊田者不可夺牛。誓于此生，靡敢失节，仰凭庙胜，早殄寇雠。"推崇基本的治理规律在致治之美中的重要作用。

宋朝：重视治国理政经验的总结

宋朝尤其重视"治道""资政"经验的总结，并细化到具体事务的治理层面，提出"治天下道二""未治有四"等实施治理的良谏益策。《宋史》本身就是为总结治国理政的经验而修纂的，因而，书中详细描绘了治理之世应当具有的状态，大量记述了治国理政的经验。其中，卷三五五"列传"第一百一十四总结了治理天下的两种途径，"治天下道二，宽与猛而已。宽过则缓而伤义，猛过则急而伤恩。术虽不同，其蠹政害民，一也"，提出了"未治有四：曰边疆，曰河事，曰役法，曰内外官政"，并进一步强调了"治道"对于国家的重要意义，指出"故治道不成"，则"万事隳废"。

元朝：进行了治理实践的有益探索

至元朝，纪传体断代史《元史》将《治典》内容单独成篇，并通过改革币制、治理黄河等一系列举措，展开了中国古代治理实践的有益探索。

明朝："治理"成为考核科目，出现"治理"专著

在明朝，作为考核举荐人才的科目，"治理"被明确列于"考功图"中，并成为治学修身的核心要义。

《明史》记述："济条议，以'经明行修'为一科，'工习文词'为一科，'通晓书义'为一科，'人品俊秀'为一科，'练达治理'为一科，'言有条理'为一科，六科备者为上，三

科以上为中，不及三科者为下。"并专门编纂了"宝训实录副本、逐一简阅、分类编摩、总计四十款"，从创业艰难、励精图治、勤学、敬天、法祖、保民，到谨祭祀、崇孝敬、端好尚、慎起居、戒游佚，再到纳谏、理财、守法、敬戒、务实、明赏罚、信诏令、慎刑狱、褒功德，详细阐明了"修德致治之方"，"以明庶政勤讲学以资治理"。此外，还出现了论述"治理"的专著，如徐广的《谈治录》。

清朝：分析西方治理之策，探索国家治理之法

《清史稿》中，从《世祖本纪二》的"焦心劳思，以求治理"、《德宗本纪二》的"一切归有司治理"，到《时宪志》的"无庸钦天监治理"、《地理志》的"台省治理"、《礼志》的"胥勤治理"、《选举志》的"亟思破格求才，以资治理"、《职官志》的"知州掌一州治理"、《食货志》的"中国主权，华民生计，地方治理"、《刑法志》的"务期中外通行，有裨治理"、《艺文志》的"朕稽古右文，聿资治理"和《邦交志》的"俄、日两国政府归还中国全满洲完全专主治理之权"，再到亲王、大臣的传记，以及《循吏传》《藩部传》，都有"治理"一词的记载。

《清经世文》中出现了"国家治理之法"的表述，并从治理方略出发对各国政体进行比较，反思清末治乱状况。《清经世文三编》分析了"泰西之立国有三：一曰君主之国，一曰民主之国，一曰君民共主之国"，对西学中有益治理的体制问题进行了论述，也深入探析了"保邦之治理"的主要特点，发现了导致清末社会问题的根本原因，指出"惟君民共治，上下相通，民隐得以上达，君惠亦得以下逮"。

但是，在法律制度层面，这一时期仍然强调"国家治理之法与庶司奏绩之谟，毋贵乎法古也"，认为"巍峨大国忽焉颓败，非尽由治理之失法，亦实缘人才之不得"。这也反映了清末制度建设层面的矛盾性与局限性。

启示：治国理政，法治为基，安民为本

在中国古代，"治理"强调"治国理政"之道。《辞源》将"治"解释为管理、梳理、惩处、校量、"政治清明安定"，与乱相对；有"治平"（治国平天下）、"治化"（治理国家、教化人民）、"治术"（韩非的致治之术）、"治本"（治国的根本措施）、"治宜"（治理所宜）之说。

其中，可供现代治理理论及实践发展借鉴的内容包括：其一，法律是治理的基础。《管子·七法第六》将"不明于法，而欲治民一众"比喻为"左书而右息之"，也即本来用右手书写的人反而用了左手，事实上强调了法律在治理过程中的基础性作用。其二，安民是治理之本。东汉班固的《汉书》记述了"奉顺天德，治国安民之本"，西汉刘安《淮南子》有"为治之本，务在安民"。其三，和谐是治理的目标。《尚书·尧典》记载："身修而家齐，家齐而国治，国治而天下平。古之人君能行之者，莫如帝尧。书曰：克明俊德，以亲九族。九族既睦，平章百姓，百姓昭明，协和万邦。"北宋韩维在《南阳集》中明确提出，"协和上下，以举大治"，将和谐作为达至治理之道的重要目标。此外，也强调治理路径的综合性以及核心价值体系的作用。

本文发表于2017年11月20日《北京日报·理论周刊》文史版，原题为《"治理"一词在中国古代的使用》，作者李龙当时任职于武汉大学法学院，任颖当时任职于广东外语外贸大学法学院

"直隶"的来龙去脉

刘志琴

从国家对地方的行政区域管理来说,"直隶"是指中央政府对有着重要地理位置或特殊作用的区域采取的一种直接管理的方式,即"直接隶属""直接管辖"的意思。从我国来看,历史上的"直隶"与北京、天津有着密不可分的历史和文化渊源。

秦朝:出现了直接隶属中央政府的直辖区

自秦始皇统一中国后,历朝历代的首都与陪都基本上是中央直辖的行政区域。秦始皇把全国分为三十六郡,其都城咸阳及位于都城周边的"内史郡",均为直接隶属中央政府的直辖区。

汉朝:部分郡县直属中央

西汉定都长安(西安),部分郡县恢复分封制,部分郡县直属中央,如都城附近设京兆尹、左冯翊、右扶风的三个郡别称"三辅",直接由朝廷管辖。东汉定都雒阳(洛阳),增设了河南尹,与"三辅"同由中央直辖。

三国两晋南北朝至隋朝,也沿袭了以前的制度。

唐朝：创设"府"制，"府"由中央直接管辖

唐朝创设了"府"制，"府"设于京都或行宫重地，如京兆府（西安）、河南府（东都、洛阳）、凤翔府（西都）、太原府（北都）、江陵府（南都）、河中府（中都），均由中央直接管辖。

宋朝：开中央直辖县域之先河，首现"直隶"二字

宋朝则除首都与陪都为直接管辖区域外，还将作为军事要地的县域定为直辖县，直接隶属中央管辖。如宋太祖赵匡胤平定蜀军后，将位于秦蜀要冲的三泉县（陕西省宁强县）设为直隶县。"以三泉县直隶京师"，开中国史上中央直辖县域之先河，"直隶两字始见于此"。

辽金：仿照汉制，将陪都设为中央直辖行政区域

辽金时期仿照汉的地方行政管理制度，也均将陪都设为中央直辖行政区域，如东京辽阳府、西京大同府等。

元朝：行省由中央直辖

元朝定都大都（北京），中央设中书省。其中，行省由中央直辖，州分为直隶州、散州，直隶州由行省直接管辖，与路、府同级，散州归路、府管辖。都城北京周边区域及今河北、山东、山西称为"腹里"，由中书省直辖。"腹里"即类似于后来的直隶省。

明朝：隶属于京师的地方称作"直隶"

明初，朱元璋定都应天府（南京），沿袭了元朝的地方行政制度。洪武九年（1376年），废除省制，改设"三司"，即承宣布政使司（掌管民政、财政）、提刑按察司（掌管弹劾、司法）、都指挥使司（掌管军事）。洪武十一年（1378年），改称南京为"京师"，将直接隶属于京师的地方称作"直隶"，即以南京为核心，包括镇江、苏州、常州、扬州、松江、太平、宁国、池州、徽州、安庆、庐州、淮安、凤阳府及徐州、和州、广德州、滁州等地，相当于今江苏、上海、安徽一带。后称为"南直隶"，简称"南直"。"靖难之变"后，明成祖朱棣改元"永乐"，1421年迁都顺天府的北平，并把北平改名"北京"，称为"京师"。原京师复改为"南京"，称"留都"。随着这次国家政治权力中心的北移，形成以顺天府（北京）为核心，包括永平、保定、河间、真定、顺德、广平、大名八府，延庆、保安二州等地的"北直隶"，简称"北直"，相当于现在的北京、天津、河北大部及山东、河南的部分区域。北直隶成为京畿重地。清朝实行省、府、县三级管理体制。清初将明朝的南直隶改称"江南省"，改应天府为"江宁府"。北直隶则改称"直隶省"，其所辖境域仍依明朝。北直隶在清朝一直称作"直隶"，直到1928年直隶省更名为"河北省"。从我国历史来看，"直隶"所辖区域多为春秋战国时期的燕赵之地。自秦至宋，直隶区域是国家的北部边陲军事要地。金元以来，随着国家政治中心北移，定国都于北京，该地域成为京畿重地。

清朝：确立"直隶省制"并赋予其特殊地位

据《清史稿》载，直隶乃"禹贡冀、兖二州之域。明为北京，置北平布政使司、万全都指挥使司。清顺治初，定鼎京师，为直隶省"。这段话明确地表明了直隶省的渊源与地位。明朝败亡后，多尔衮打败李自成并控制了吴三桂，掌握了"定中原"的主动权。为了进一步统辖整个中国，崇祯十七年（1644

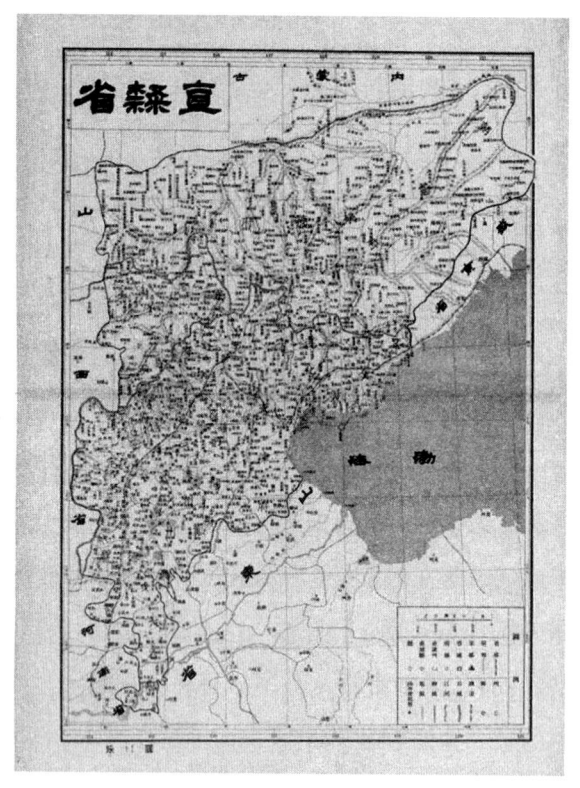

▲直隶作为屏卫京师的京畿重地，因其重要的地理位置而受到清廷的特别关注。图为清朝光绪三十一年（1905年）上海商务印书馆编印的《大清帝国全图》所载"直隶省"地图。

年）九月迁都燕京（北京），仿明朝将京畿重地的河北一带设为北直隶，顺治二年（1645年）改为直隶（省）并不断扩展直隶省区划行政管理范围。到雍正、乾隆时期，直隶辖区内的天津卫、沧州等升为直隶州。承德市、张家口市北部，内蒙古自治区西拉木伦河以南，辽宁省大凌河上、中游及西河上游以北，内蒙古自治区奈曼、库伦二旗等原蒙旗一带的州、县，均划归直隶省管辖。

当时直隶所辖府及直隶州有：顺天府（北京）、保定府、正定府、大名府、顺德府、广平府、天津府、河间府、承德府、朝阳府、宣化府、永平府及遵化州、易州、冀州、赵州、深州、定州等。其辖区北至内蒙古阿巴噶右翼旗界（阿巴嘎旗西部），东接奉天宁远州（辽宁省兴城市），南到河南兰封县（河南省兰考县），西达山西广宁县。1914年，北京国民政府把直隶所辖长城以北区域改设察哈尔、热河两个行政特别区。

直隶作为屏卫京师的京畿重地，因其重要的地理位置而受到清廷的特别关注。从地理位置看，直隶不仅环卫京师，还是由西北内陆及东北进入中原进而通向大陆南部的陆路咽喉要地。清廷在北京的西部、北部与东北三面环山的屏障地带设置了军事重镇（如大同、宣府等）以护卫京城的安全。在与中原大陆相连的京城南部，也需要设立一座重镇，一则起到护卫京师的作用；二则作为直隶的首府和政治中心，保证朝廷政令的顺利实施，为其他地方或行省做出表率。

直隶省省会的选址一波三折，屡做调整

在直隶省省会的选址问题上，清廷可谓颇费心机，几经斟酌，多次调整。当时，大名、正定、保定这三座位于北京南部且处于贯通中国大陆南北的交通要道上的城市，成为清廷设置直隶首府的重要选项。

最初，清廷选大名府（邯郸市大名县）作为直隶省省会，当时因江山未稳，国家统一大业还未完成。李自成余部及在南京称帝的南明皇帝朱由崧的明朝残余势力还未肃清，为战局考虑，暂时把省会置于直隶省的南部。当政局稳定之后，清廷开始将直隶省省会向靠近京师的直隶中部迁移。先移至真定（石家庄市正定县），又于康熙八年（1669年）迁至保定府。直隶总督权重位显，居"八都之首"。

清廷在直隶职官配置上极为慎重，初期先设宣大总督驻山西大同管辖宣府（河北省宣化区），顺治十三年（1656年）裁撤改设顺天巡抚（驻遵化，管辖顺天、永平二府，康熙初裁撤）、保定巡抚（驻真定，辖保定、真定、顺德、广平、大名、河间六府，顺治十六年〈1659年〉裁撤）、宣府巡抚（驻宣府镇，辖延庆、保安二州，顺治八年〈1651年〉裁撤）。顺治十六年（1659年），保定巡抚改为直隶巡抚，第二年移驻真定。康熙五年（1666年），置直隶、山东、河南三省总督，驻大名。雍正二年（1724年），直隶巡抚又改为直隶总督。同治九年（1870年），直隶总督又兼管北洋通商大臣，集军政、民政、盐政、河道、经济、官吏任免、诉讼审判及外事等各种权

力于一身，如曾国藩、李鸿章、袁世凯等，成为能够左右国家政局的重要权臣。康熙八年（1669年），直隶省省会由真定迁至保定。光绪二十八年（1902年），袁世凯"移督"天津（保定徒有"省会"之名）。民国成立初，1913年，袁世凯将直隶省省会正式迁往天津。

曾作为直隶省省会的保定与北京颇有渊源

保定历时二百四十多年一直是直隶省的军政首府机关。历史上，它与北京曾同属燕国。现今的保定城是元朝大将张柔在战争废墟上重新修建的，而北京城也是重新建于元朝。北京城的建设与保定城的建设出自同一个设计师、同一个总负责人、同一批工匠。北京城的许多石雕都出自保定曲阳工匠之手。在城池的建设时间顺序上则是先建保州城（保定城），后建京都城（北京城）。

保定城的名称由"保州"到"顺天"再到"保定"，意即先使得京城外围成为平安、顺天之地以保卫大都的安宁、安定。在行政规划上，保州作为京城的南大门，由中书省直接管辖。可见，有着"冀北干城，都南屏翰"之称的直隶省省会保定，自古就作为京师大都市圈的"卫星城"而与北京关系密切。天津在历史上是直隶所辖的卫所，近代天津开埠后，直隶总督为处理"洋务"而可以在天津暂住，随着天津新兴的现代化工业和金融业的快速发展，其城市的政治、经济影响力迅速提升，直隶总督在天津由"暂住"而"轮住"进而

"常住"，最终"移督"，标志着天津超越和取代了保定而成为直隶的新的首府机关和政治、经济、文化中心。

本文发表于2016年2月22日《北京日报·理论周刊》文史版，
原题为《说"直隶"》，
作者时任河北大学历史学院教授

古代帝王学的兴衰

王开林

中国古代的智者想要扬名、立业、建功、上位，途径相当有限，"将身货与帝王家"，赢得帝王的赏识，几乎是不二选择。危则能使之安，安则能使之强，强则能使之霸，许多时候，只需提供幻觉和假象就行，一旦龙颜大悦，智者何求不获？很显然，他们想美梦成真，就不仅要具备灵活机敏的头脑、三寸不烂之舌和回春妙手，而且必须将帝王学修炼到炉火纯青的程度，方可闪亮登场。

帝王学的尖端技术在于"借权"，其巅峰表现是"挟天子以令诸侯"，权力久假不归，傀儡戏的牵线人便走上前台。

帝王学修炼之道

一要在"明目"。智者静观天下大势，捕捉要点和重点，透析疑点和难点。诸葛亮《隆中对》预言天下鼎足三分，充分显示了这位青年才俊惊人的眼力。曹操将汉献帝玩弄于股掌之间，随时可以颠覆汉室，却迟迟不肯篡位，也是看出火候未到，不宜操之过急。智者师心自用，最忌走眼，若见势不明，鉴人不准，则很可能痛失好局。

二要在"下心"。大头领礼遇奇才异能之士，竭诚网罗天下英雄豪杰，方能使勇者奋其力，智者竭其谋，愚者搏其命。汉高祖刘邦、明太祖朱元璋均发迹于卑微，他们能一统江山，成就帝业，礼贤下士的高光表现起到了决定性作用。

三要在"利口"。"一言兴邦""利口覆国"这样的成语透露了个中信息。有人说："一支笔，抵得过三千毛瑟枪；一人之辩，重于九鼎之宝；三寸之舌，强于百万之师。"智者修成利口，舌灿莲花，天衣无缝，就无往而不利。

四要在"辣手"。封建时代开国之君登基之后，就忙着剪除功臣，用铁扫帚收拾老伙计。他们打江山时礼贤下士，坐江山时翻脸不认人，这正好体现了帝王学的诡异莫测之处，术随时变，法无定法。须知，他们打江山时成功优先，坐江山时安全第一，彼一时也，此一时也，不可同日而语。

帝王学几经更迭

范蠡和文种都是智者中的智者，他们看准勾践是位能够成就霸业的英主，故而为之效命，即使勾践战败失国，仅存五千甲士，困居会稽，卧薪尝胆，受尽屈辱，他们仍然不离不弃。二十年后，勾践胜算在握，向吴王夫差摊牌，彻底洗刷失国之耻，夷平姑苏，称霸诸侯。范蠡、文种看不起威风八面的吴王夫差，却看得起失国忍辱的越王勾践，最终功成名就，足见眼力不凡。

公孙鞅在魏国只是相国公叔痤的家臣，公叔痤临死前将他推荐给魏惠王，说是若不重用即杀之，以绝后患。魏惠王竟把公叔痤的遗言当成笑话。秦孝公志存霸业，重用贤才，公孙鞅闻讯后赴秦面试，先以帝道、王道试探，不进油盐，终以霸道见用。君臣相契，富国强兵，秦国遂以僻远之国一跃而为群雄之首。公孙鞅因封地在商于是被称为"商君""商鞅"，堪称中国历史上的头号改革家。

苏秦、张仪是鬼谷子的得意门生。鬼谷子是纵横家的鼻祖，他的学说讲求"捭阖""反应""忤合""揣摩"和"权谋"等，这无疑是帝王学的标准胚胎。苏秦、张仪学成下山，从理论到实践，举步维艰，在事业上均遭遇挫折。但失败是成功之母，苏秦最终以合纵策略说服了燕文侯，并因势利导，相继说服赵肃侯、韩威侯、魏襄王、齐宣王、楚威王，组成六国军事联盟，对抗强大的秦国。苏秦下得最妙的一步棋是故意当面折辱师弟张仪，然后暗地里派人将张仪护送到秦国，为他铺平道路，张仪果然没辜负苏秦的厚望，成为秦国的丞相。师兄合纵，师弟连横，一个"做多"六国，一个"做空"六国，双簧好戏，热闹非凡，荣华富贵都成了他们的囊中之物。两人威风八面，张仪的表现尤其出色，竟可以收到"一怒而诸侯惧，安居而天下熄"的奇效。

儒家学说堪称广义的帝王学，然而孔子周游列国，四处碰壁，惶惶如丧家之犬；孟子游说梁惠王和齐宣王，也是对牛弹琴，以失败而告终。春秋战国，礼崩乐坏，王道"滞销"，霸道横行，儒家学说力主仁义，不被诸侯、诸王待见、待听，完全合乎逻辑。汉朝初期，与民休息，主张清静无为的道家学说

▲《长短经》是唐朝道家末枝纵横家赵蕤编写的一本纵横学著作，深入剖析君臣谋略的利害得失，可谓官场学、帝王学的顶级范本。图为清朝《读画斋丛书·己集》所载《儒门经济长短经》书影。

占据上风。及至汉武帝，其做大做强的雄心昭然若揭，董仲舒把握时机，以"天人感应""酱制"儒家学说，极合汉武帝的胃口，从此"罢黜百家，独尊儒术"，两千余年，独沽一味。儒家学说被反复改造，理所当然地荣升为正牌的帝王学，孔子、孟子被捧为"至圣""亚圣"，文庙里的冷猪头肉便很少断供。

帝王学伤人伤己

为学不精，难以成才；持术不慎，危及性命。帝王学是一柄见血封喉的双刃剑，操持帝王学的顶尖高手乘时而起，顺势而为，确实能够称帝封王，出将入相，但很多人无法把控其风险，往往死无葬身之地。

修炼帝王学能全身而退的人少之又少，范蠡的表现特别值得称道。功成之日，他弃官远引，泛舟五湖，嗣后成为天下首富陶朱公，以聚财、散财为乐事。他曾写信提醒好友文种："高鸟已散，良弓将藏；狡兔已尽，良犬就烹。"可惜文种执迷不悟，殊不知，其"破吴九术"只用三术，尚剩六术，这正是文种的取死之道。

挟持帝王学以为利器，最终却以身殉道的高人，在历史上不胜枚举：吴起强鲁、魏，最终却在楚悼王的尸体旁被乱箭射死。吕不韦立主定国，拜秦国丞相，然而一着（他将嫪毐送给赵姬做男宠）不慎，满盘皆输。李斯辅佐秦始皇统一天下，功勋盖世，算度无人能出其右。然而他贪恋富贵，竟与胡亥和阴险奸恶的赵高结盟，矫诏害死公子扶苏，风险失控之后，三族诛夷和秦朝灭亡的悲剧就铁定上演。晁错是汉景帝信任的智囊，其削藩主张顺应历史，然七国举兵，以清君侧为借口，死对头袁盎一言，晁错即沦为替罪羊和冤死鬼。景帝深惜之，尚且如此，遑论其他。

伴君如伴虎，玩火必自焚。帝王学是一柄淬毒的双刃剑，它见血封喉，既能伤人，也能伤己，风险极难把控。

帝王学穷途末路

晚清文豪王闿运一生修炼帝王学，欲做帝王师，可是他费尽口舌，也没能说服曾国藩，以湘军覆清，取而代之。其弟子杨度急功近利，颇有"一舞剑器动四方"的气概，曾致书友人，大言不惭："余诚不足为帝王师，然有王者起，必来取法。"1903年，章太炎被囚禁于上海西牢，写诗讥讽杨度，其中两句为"长策惟干禄，微言是借权"。民国初期，杨度将帝王学包装成光鲜无比的君主立宪论，孤注一掷，牵头成立筹安会，为袁世凯称帝摇旗呐喊。杨度昧于时势，异想天开，他认为袁世凯能够成为德皇威廉一世、日本明治天皇那样雄心勃勃的有为明君，他可以效仿德意志"铁血宰相"俾斯麦、日本首相伊藤博文，成就一番伟业。为了捞足政治资本，杨度擅自在劝进书上代恩师签名。王闿运年逾八旬，却并不糊涂，他劝杨度不可犯下常识性错误："若先劝进，则不可也。何也？总统系民立公仆，不可使仆为帝。"王闿运致信袁世凯，也婉言劝导后者打消称帝魔念："但有其实，不必其名。四海乐推，曾何加于毫末？"袁世凯正在乐颠颠地试穿龙袍，这种逆耳之言，哪里听得进去。

王闿运崇尚风骨远胜过重视利禄，就算他要兜售帝王学的"老锅底"，也绝对不肯沿街叫卖。杨度是一位刚愎自用的政治操盘手，他走的是一条黑路，一条通往地狱的路。尽管这位"虎禅师"抱有"我不入地狱，谁入地狱"的道德勇气，但与地藏菩萨的宏愿"地狱未空，誓不成佛"毫不相干，最终沦为洪宪丑剧中的"扛尸人"，可哂复可悲。

本文发表于2015年11月2日《北京日报·理论周刊》文史版，
原题为《帝王学：一门显学的兴衰》，
作者为湖南省著名文史专家

古代如何开展"普法宣传"

徐忠明

明朝:颁行《大诰》《教民榜文》等供人学习和了解

从明朝开始,在国家的基本法典《大明律》里,就专门制定了"讲读律令"的条文;在《大清律例》中,亦有同样的条文。此外,明太祖朱元璋还颁行了《大诰》和《教民榜文》等,供人学习和了解。再者,读书人不仅要读《大明律》《大诰》以及《教民榜文》等,而且科举考试也会考到相关法律。最后,在民间社会的乡饮酒礼上,还要宣讲皇帝的"六条"圣谕(语录)和相关法律。

必须指出,朱元璋之所以热衷于法律宣传,实际上并不是要依法保障臣民的权利,而是使他们成为匍匐在皇帝权力与淫威下的"顺民",即遵守法律。俗谚"大明律当衣穿,一身是罪",即生动地表达了这一意图。换言之,臣民熟悉法律,不去犯罪,即可远离法律,它与保护权利可以说是毫无关系;在这种语境中,如果臣民的"权利"得到了些许保护,那是"意图之外"的反射效果,而非推行这一制度的内在意图。

清朝：自上而下，构建了一整套宣讲《圣谕广训》的体系

到了清朝，康熙九年（1670年），皇帝扩展了顺治九年（1652年）的六条圣谕，搞出了十六条，可谓面面俱到，将统治者希望老百姓遵守的行为规范或道德训诫予以详尽开列，以便民众遵而行之；到了雍正二年（1724年），皇帝还担心老百姓看不懂、不理解，又写了注解，使其变成了一万字的讲解文本，叫作《圣谕广训》。毋庸置疑，圣谕和附载的广训，表达了统治者对于帝国秩序的美好理想与崇高愿景。因此，它就成了全国官民必须"常常讲、月月读"的最高信条。

为了宣传圣谕和附载的《圣谕广训》，官方还采取了一些具体的措施。

其一，在官府倡导并且参与的基层社会的乡约集会（通常是农历每月"朔"〈初一〉、"望"〈十五〉各举办一次）中，即有宣讲《圣谕广训》的环节。乡约活动的参与者，基本上是当地的老百姓；至于这一活动的主持者，就比较复杂了，有时候是当地的州县牧令，有时候是地方的读书人，有时候是乡约，甚至还有从外地聘请来的职业宣讲高手。及至乾隆时期，在乡约集会时宣讲《圣谕广训》已经非常普遍，因为那是强制性的要求；据说，当时全国已有乡约集会两万余处。

其二，为了让老百姓理解《圣谕广训》的精神，有些地方官员还专门编写了讲稿，不但在每条圣谕下节录了相关的律例、故事以及案例，而且力求写得通俗易懂；不仅措辞恳切，而且很接地气，以使老百姓通晓明了。有时，光是白话文还

不算，更有用当地俚语来编写的讲稿，在地方人士编写的讲稿中，这种情形比较突出。例如，在广东宣讲《圣谕广训》的讲稿，就用粤语来写。实际上，也有被翻译成满文、蒙文之类的文本，因为那样的话，就可以在这些地区进行宣传和推广了。可以说，它构成了一整套宣讲《圣谕广训》的体系。

其三，清朝老百姓的识字率不太高，因为教育不像现在这么普及。据说，当时的识字率大约在百分之二十；妇女的识字率更低，估计不会超过百分之十。就此而言，宣传《圣谕广训》的讲稿写得再通俗，妇孺还是看不懂，怎么办呢？于是乎，有人就想出了办法，给圣谕配插图，以使妇孺能看，也方便识字者讲解。也就是说，妇孺看了插图，如果不懂的话，就会问识字者：这幅画里讲了什么？然后，识字者就可以解释给他们听。因此，给圣谕配上插图，既是为了便于传播皇帝的圣谕，也是为了便于宣传法律。例如，早在康熙年间，安徽省繁昌县的知县梁延年，每逢朔望之日召集士绅、百姓讲解圣谕，还给圣谕配了插图，即《圣谕像解》，受到了江南总督和安徽巡抚的表彰，并上奏朝廷。

其四，不断宣讲《圣谕广训》，时间一久，难免令人腻味生厌。故而，设法"吸引"听众，乃是每一个宣讲者必须考虑的问题。在宣讲《圣谕广训》的实践中，一些民间作者以故事、小说来演绎圣谕，其中还穿插了宗教报应的内容，受到了老百姓的欢迎。例如，晚清岭南著名的宣讲圣谕的作者邵彬儒，就以小说的形式编写了很多意味浓厚的讲稿，诸如《谏果回味》

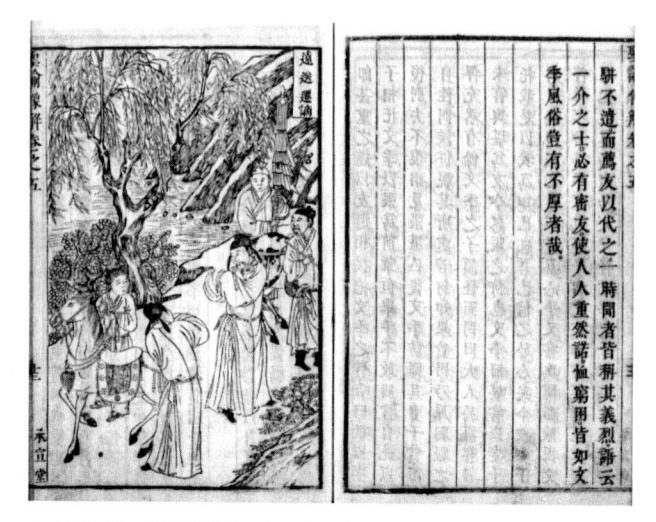

▲康熙年间，安徽省繁昌县知县梁延年，为了向百姓讲解圣谕，给圣谕配了插图，编成《圣谕像解》。图为清朝康熙二十年（1681年）承宣堂刻本《圣谕像解》书影。

《吉祥花》以及《俗话倾谈》等；其中，不乏宗教报应的内容。足见，以通俗化、故事化与宗教化的方式来演绎《圣谕广训》，无疑是吸引眼球的一个举措。宗教故事里的善恶报应，作为劝谕乡愚妇孺的手段，往往要比道德教条来得有效。清朝学者汪辉祖在《学治臆说》卷下《敬土神》中说："盖庸人妇稚，多不畏官法而畏神诛，且畏土神甚于畏庙祀之神。神不自灵，灵于事神者之心，即其畏神之一念，司土者为之扩而充之，俾知迁善改过，讵非神道设教之意乎？"

其五，在科举考试时，考生必须默写皇帝的圣谕。例如，清朝学者钟毓龙在《科场回忆录》里写过一则故事，说是清朝科考必须默写《圣谕广训》的某些条目，以检验考生平时是否熟读牢记。钟毓龙推测说："当其初行时，想必人人熟读，然至余考时,则何尝熟读,并其书亦未之知。"结果,唯有夹带抄袭,交卷了事。实际上,宣讲《圣谕广训》同样逃不脱被地方官与老百姓"虚应故事"的命运。

综上,从终极意义上来讲,帝制中国是一个人治社会。然而,为了确保官僚机构的有效运作,为了避免官僚的滥权行为,为了维持民间社会的礼法秩序,皇帝和官僚对于法律宣传很是重视,并采取了多种措施。但宣传法律的意图,乃是希望臣民守法。至于皇帝本身,则不受礼法的严格约束。

本文发表于2015年1月12日《北京日报·理论周刊》文史版,
原题为《古代的普法:讲读律令》,
作者时任中山大学法学院院长、教授

古代盐贡为何被视为国家命脉

黄天华

自上古社会人们采集自然盐,食盐无税流通,到春秋早期齐国推行食盐专卖,贯穿上千年历史的就是夏商周三代国家所实行的"盐贡"制度。由于食盐在人类生活中的重要性以及盐税的独特地位,盐税不同于田赋,更不同于关税和商税,它对古代国家和社会的影响是至关重要的。

"无盐不立国"是早期社会的经典戒律

"池盐",是我国先民最早享用的自然盐。中国历史上最为著名的"池盐"就是"河东盐(池)",亦称"解盐(池)",位于今山西省运城市南。关于河东池盐,《山海经》载:"又南三百里,曰景山,南望盐贩之泽。"何谓"盐贩之泽"?郭璞释"即盐池也"。《左传·成公六年》称河东之地为"沃饶而近盐,国利君乐",而河东之盐更为"国之宝也"。河东池盐在早期社会的重要性就显得十分特殊。黄帝部族始终牢牢地控制着盐池,在对炎帝和蚩尤的战争中一直占据着战场的主动权,并获得"华族始祖"的崇高地位。

黄帝之后,尧、舜、禹属于部落联盟时代。尧建都平阳,距河东盐池约一百四十公里;舜建都蒲阪,距河东盐池约六十公里；禹建都安邑，距河东盐池只有二十公里。然而，明明"河东盐池地区并不适宜农耕文化的发展，却偏偏最先成为孕育中华民族文化的核心地区。尧都平阳，舜都蒲阪，禹都安邑，都是围绕解池立国。由解池这个核心向四方推进，又才有河南的伊洛文化、河内的殷墟文化、渭水平原的周秦文化和汾水盆地的晋文化纷纷发展起来"。立国须有盐，无盐不立国。这是早期社会的经典戒律。

谁控制了盐，谁就拥有了财富，谁就拥有了统治权力。我国黄河流域的上古人类是围绕河东盐池而聚居的，也正因有这个盐池，所以成了历代兵家必争之地。长江流域则因三峡地区的盐泉而屡发战事："以盐立国的廪君巴人"，"逐盐而迁，为盐而战"，"巴国史基本上就是一部战争史"。"巴楚因盐泉战事长达百年之久"，此后又有"秦楚夺盐之战"。因为食盐而发动的战争在世界古代史上不乏其例。盐，实为国之命脉，有则兴之，无则亡之。

盐贡是盐税的原生形态，被视作"国之命脉"

古代社会把食盐看作不可逾越的生命底线，是"立国之本"，是"国之命脉"。食盐是促成黄帝部落的"华族始祖"地位的主要原因之一，食盐也是尧、舜、禹部落联盟得以建国的"主要命脉"之一。夏王朝脱胎于原始社会，是三皇五帝的延续，是第一个奴隶制形态的国家。雏形国家的政治体制、组织形式和财政形态可能简陋和粗糙，但在立国的重大问题上决不

▲盐，实为国之命脉，有则兴之，无则亡之。图为蒙古定宗四年（1249年）张存惠晦明轩刻本《重修政和经史证类备用本草》所载古代"海盐"加工场景。

会有半点退让。盐贡就是盐税的原生形态，公共权力的发展需要这个明确的答案。

商朝食盐生产的规模和技术都超越了夏朝。据报道，考古人员对双王城盐业遗址进行调查和试掘，"共发现古遗址77处。其中商朝至西周初期70处"，"双王城地区是商朝制盐的一个重要基地"。"在北部3.5平方公里范围内，已发现30处遗址，每平方公里达9处。制盐遗存分布如此密集、制盐规模如此之大，这在我省乃至全国都属于首次发现"。另据李屋遗址考古所提供的材料，"（李屋）是商朝版图中的一个近海之地，也是一个制盐较为集中的地方"。商君武丁所作《商书·天命》下篇曰："若作和羹，尔惟盐梅。"可见盐在商朝生活中的地位。

商承夏制，仍行盐"贡"，并已出现负责盐政的专职官员，甲骨文有"卤小臣"（《甲骨文合集》第5596片）一词，专家认为这是晚商的盐官之设。

周朝盐业生产品种已经迅速扩大，除了池盐，还有海盐、形盐、岩盐等。周朝仍行"贡"法，但分为两种：一是所谓的"邦国之贡"（九贡），即各诸侯邦国对周天子的"贡"；二是所谓"万民之贡",即"以九职任万民",民皆有贡。史载:"凡邦国之贡,以待吊用。凡万民之贡,以充府库。"可见盐贡之重要性。

周朝的国家体系更为完善,已设置了"盐人"专职盐政管理。《周礼·天官·盐人》:"掌盐之政令,以共(供)百事之盐。祭祀共其苦盐、散盐,宾客共其形盐,王之膳羞共其饴盐。"

历史表明,谁控制了盐,谁就掌握了政局制胜的砝码

春秋早期,齐国管仲对租税一向持有不同的观点,他认为"薄税敛,毋苛于民","取于民有度,用之有止,国虽小必安。取于民无度,用之不止,国虽大必危"。强制性租税征课,无疑是夺取百姓财产,自然会招致人民的不满。因此,赋税的征收应该是"见予之形,不见夺之理"。表面赐予有形,实质夺之无形,百姓高兴,官府获利。这实际上是《管子》在税收课征方式上提出的欺诈性原则。他主张"轻重鱼盐之利";"唯官山海为可耳";"海王之国,谨正盐策";"伐菹薪,煮沸水为盐,征而积之"。以食盐专卖迫使天下人向齐国纳税,即"煮沸水以籍天下"。并以实证方法说明一个百万人口的大国通过食盐专卖可以获取两倍于人头税的收入。管仲相齐,他的主张得以贯彻,在齐国推行了食盐专卖,以专卖收入取代了税收收入。这是齐国成为强盛富裕之国,雄踞五霸之首的主要原因之一。

盐政的主要财政形态就是盐贡,特别是《尚书·禹贡》所载的"盐"贡。刘德法先生从文字学角度分析了"盐",他认为汉字很有讲究,有象形文字的基础,"盐"字繁体写为"鹽",由"臣""人""卤""皿"四个字组成,实际上"'盐'字分为三部分:下部象征制盐的工具,上部左边表示王权之下的官僚,上部右边则是制盐的卤水。这个字较具有甲骨文的特征,且形象地表现了中国古代政权对盐的垄断"。

盐贡是税收的原生形态。正因为盐贡的重要性,所以必须是税收,这是国家至高无上的原则。早期国家,夏商周三代,限于技术和产量制约,必须定时足额缴纳,而且要确保运输道路的畅通,这就凸显了国家对食盐的重视程度,不仅有制度内(税收强制)的规定,而且还需制度外(运输机制协调)的保证,以解决陆路不畅、水路淤塞等种种问题。因为谁控制了盐,谁就能在早期社会脆弱的政治平衡中掌握制胜的砝码,这是早期国家的生存战略。

本文发表于2014年10月27日《北京日报·理论周刊》文史版,
原题为《盐政,牵动古代政局》,
作者时任上海财经大学教授

古代反腐的经验与教训

李传印

在中国古代历史上,腐败是一种多发社会现象,危害至深。新建王朝鉴于前代人亡政息的历史教训和本王朝长治久安的需要,与腐败进行斗争,腐败在一定程度上得到缓解或遏制,甚至出现短暂的太平盛世。在与腐败做斗争的过程中,历史给我们留下了丰富的反腐倡廉文化遗产,其中既有一些值得我们认真批判、总结、继承和合理利用的成功经验,也有许多因反腐不力,腐败滋生蔓延,以致亡国的历史教训。

规律:历朝历代,腐败导致人亡政息

《周易·既济》爻辞说:"君子以思患而豫(预)防之。"说的是君子总是想着可能要发生的祸害,事先做出有效的防范。从治国安邦的角度看,腐败就是国家之大患,应时常预防和治理。虽然每个王朝灭亡的具体原因很复杂,但都与腐败有着密切联系。中国古代历史发展表明,腐败导致人亡政息是一条亘古不变的历史规律。

"大道既隐,天下为家。"私有制出现后,腐败就有了产生的条件和土壤。在一定意义上说,腐败是与私有制伴生的政治现象和社会现象。尧、舜、禹时期虽然还没有严格意义上的国家，但大禹对于日益滋长的贪赃腐败感到忧虑，命令狱官长皋陶制定刑法，将贪赃行为定为墨罪，加以惩处。周公是一位有着深刻历史意识的政治家，夏、商亡于政治腐败，周公看得很清楚，反复强调"我不可不监（鉴）于有夏，亦不可不监（鉴）于有殷"。在对夏、商因腐败而亡国历史教训总结的基础上，周朝对贪腐进行有效防治，官吏仗势为恶、行贿受贿、接受他人财物并为他人谋取不正当利益者都要"阅实其罪"。禹、汤、文王、武王对贪腐防治结合，有效遏制了贪腐，一时官风清明，河清海晏，被后世颂称为名王圣主。孔子对夏商周三代英明君王当政的好时代十分向往，感慨地说："大道之行也，与三代之英，丘未之逮也，而有志焉。"

唐太宗李世民开门纳谏，集思广益，群言畅达，在一定程度上将权力置于阳光下，君明则臣直，腐败的细菌不易滋长，成就了贞观盛世。明太祖朱元璋认为"吏治之弊莫甚于贪墨"，若任其蔓延，足以毁灭政权，必须采取非常手段予以遏制。他恩威并用，铁腕反腐，查处了空印案、郭桓案等一批贪腐大案、窝案，甚至不惜律外用刑，对贪腐者族诛、凌迟，据说朱元璋对贪腐者实行剥皮实草的酷刑。朱元璋高调反腐，铁腕治贪，虽然有律外用刑和违反人道之举，但对官吏贪腐起到了极大的威慑作用，一定程度上扭转了元末以来贪污腐败之风，出现了有名的"洪武之治"。

与此相反，有些王朝统治者奢靡无度，君昏臣贪，反腐不力，腐败之风蔓延，社会正气不张，以致人亡政息。"千里来

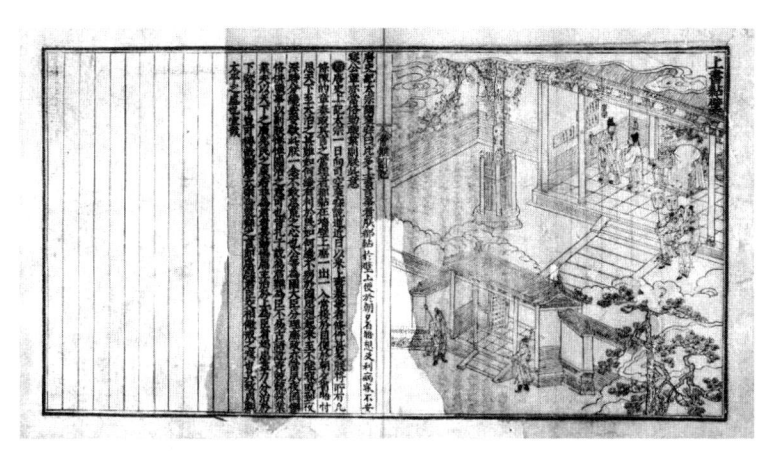

▲唐太宗李世民开门纳谏,群言畅达,君明臣直,成就贞观盛世。图为明朝政治家张居正编写的《帝鉴图说》所载唐太宗"上书黏壁"的故事,明朝万历元年(1573年)潘允端刊蝴蝶装本。

做官,只为吃和穿""三年清知府,十万雪花银"就是中国古代吏治腐败的形象写照。夏桀"乃大昏淫",把夏王朝推到历史终点。商纣王荒淫暴虐,"作新淫声,北里之舞,靡靡之乐",最终身死国灭。主张"人生欢乐富贵几何时"的南朝萧梁时期太守鱼弘曾大言不惭地说,他做官所到之地要做到"四尽",即"水中鱼鳖尽,山中獐鹿尽,田中米谷尽,村里庶民尽"。萧梁有这样贪得无厌而又不知羞耻的官吏主政地方,吏治腐败不堪,结果就是王朝易姓,江山易色。

元朝末期,无名氏作小令《正宫·醉太平》对元朝末年的腐败进行揭露和讽刺:"堂堂大元,奸佞专权。开河变钞祸根源,惹红巾万千。官法滥,刑法重,黎民怨,人吃人,钞买钞,何曾见?贼做官,官做贼,混愚贤。哀哉可怜!"正是元末腐败得不到有效治理,是非颠倒,世事混浊,人民用自己的双手埋葬了腐败的元王朝。

经验：正己养心，表彰廉吏，防惩并举，铁腕反腐

反腐与倡廉，其实是一个问题的两个方面，反腐必须倡廉，倡廉的基础是切实的反腐。历代王朝在与腐败斗争的过程中，逐渐形成了惩于事后、防于事前、防惩并举的反腐思路。在中国古代林林总总反腐倡廉的具体措施中，如下四个方面对当下反对腐败有较好的启示意义。

其一，正人先正己，养廉先养心。

在私有观念还存在的社会里，每个人都有欲求，都有人性的弱点和阴暗面。如果人的欲求得不到有效约束并超过合理的界限，腐败就容易滋生。治腐先治心，公共权力的掌握者只有扎好心灵篱笆，树立正确的人生态度，才能淡泊名利，抵御诱惑，廉洁奉公，勤政为民。

中国古代思想家、政治家提出了许多治腐心、养廉心的思想认识，也摸索出了一些行之有效的方法。如儒家把人生目标定位于成仁成圣，主张官吏要正身修己，仁民爱物，这些人生观、价值观通过学校教育和相关考试制度浸润到人们的心中，起到了很好的防贪拒腐的作用，中国古代一些清官廉吏，如东汉的杨震、明朝的海瑞都是儒家文化的忠实信奉者和践行者。宋朝吕本中撰写《官箴》，强调"为官之法"，唯有清、慎、勤。宋朝包拯以遗训的方式为子孙立下规矩："后世子孙仕宦，有犯赃滥者，不得放归本家；亡殁之后，不得葬于大茔之中。

不从吾志，非吾子孙。"周公把商纣王作为反面教材，规劝周武王、周成王要敬畏天命，要立君王之德，不可贪图安逸，弃德任刑，这些教育内容都保留在《尚书》中的《多士》《无逸》《多方》等篇章中。

其二，表彰廉吏，斥责贪官。

在中国古代社会潜规则盛行，要做一名清官廉吏确实不容易，压力很大，要抵御金钱、美色的诱惑，要排除大大小小权力的干预，要摆脱复杂人情世故的羁绊。为官清正廉洁，就意味着要失去许多物质利益，甚至可能失去权力，失去朋友，失去亲情。从中国古代倡廉的历史实际看，表彰清官廉吏，不让"老实人"吃亏，不失为倡廉行廉的有效办法。

西汉司马迁《史记》设立《循吏列传》以后，历代正史大多设有《循吏传》《良吏传》，宋朝费枢专门撰著《廉吏传》，让"以不贪为宝"的子罕、"一钱太守"刘宠、"二不尚书"范景文等廉吏彪炳史册。历代封建统治者也都注意褒扬"廉吏""循吏"，通过增秩、升迁和死后追赠追谥等方式，树立廉吏的形象，通过廉吏的言行表率作用给予社会正能量，弘扬正气，荡涤官场歪风邪气。汉朝南阳太守召信臣节俭清廉，为民兴利，人称"召父"。蜀郡太守文翁兴办学校，勤政为民，政声显著。汉哀帝下诏为文翁立祠，又命郡二千石官员奉祀召信臣坟冢。三国诸葛亮一生鞠躬尽瘁，死后追赠其"武穆侯"印绶，谥为"忠武侯"。

与表彰廉吏相对应的，是对贪官污吏进行无情的谴责和鞭挞。我国历史上早期称贪污为墨罪，也称赃罪，"贪以败官为墨"，贪腐在人们的心目中就是污黑不净。《诗经》对那些居官行贪，或凭借政治地位和权势攫取各种非法利益的贪人用"败类"予以贬斥，表明人们对贪腐的憎恨和厌恶。明清时期，文学家更是把百姓对贪腐的憎恨融入小说、戏曲、笔记之中，嬉笑怒骂。

清廉光荣，贪腐可耻，表廉吏，斥贪官，一褒一贬，让清廉者名垂史册，将贪腐者钉上历史耻辱柱，善恶彰显，是非明辨，引导人心向善。

其三，立制反腐，巡察地方。

官吏的道德自律在一定程度上固然可以预防腐败，但这种软性约束弹性很大，效率因人而异，因时而异。中国古代政治家们也领悟到，只有依靠较完备的法制，才能保证行政机构的有效运行，有效遏制腐败和处置腐败。所以，无论是皋陶之刑、《禹刑》，还是《秦律》《唐律》对贪腐都有明确的惩罚规定。在防治腐败的制度中，最有创新意义的，一是察举、考试任官制度，二是刺史巡察郡县制度。

防治腐败首先要把好官吏的入口，选出贤能的好官，建立一套良好的官场"准入"制度。什么样的官是好官？一是有"德"，二是尚"清"，即廉洁。为了选到高素质官员，在先秦时即出现了"察举"制度，面向社会公开推荐官员。这种察举手段，民间叫"举贤"。两汉时期，察举贤良方正已成为官员的重要来源之一。为了防止察举中有违规行为，先秦时的秦国就规定，如果所推荐的官员"不善"，推荐人也要被治罪，在汉朝则叫"连坐"，即举贤者要负终身连带责任。曹魏时期的九品中正制，隋唐开始的科举取士制，都是古代为了选拔到"好官"而采取的手段。同时，对官吏进行有效监督，形成权力的制衡。汉武帝设立十三部（州）刺史，刺史受命于皇帝，代皇帝定期巡察地方，以"六条问事"，主要巡察地方二千石等高官的腐败行为。刺史虽然只有六百石，但能监察二千石的地方守相，行政级别虽低，但任重职大。刺史巡察郡县，对整肃吏治、发现和震慑腐败、笼络民心都起到了很大作用。

其四，铁腕治贪，形成威慑。

在中国古代，遏制腐败的一个手段就是重典反腐，甚至运用严刑酷法惩贪。夏朝时定了"昏、墨、贼、杀"之刑，贪墨之官是要掉脑袋的。商朝凡是收受贿赂的贪官都被列在淫风中之"货"罪，要处以墨刑，即在贪官的额上或脸上刺字，以示羞辱。西周把官吏营私枉法、贪污受贿等列为"五过之疵"。

汉朝重用一批铁面无私的循吏，对贪腐者进行定向打击。北魏规定"枉法十匹，罪之以死"，仅太和八年（484年）被处死的贪官就达四十多人。明朝更是重典治贪的典型。在《大明律》《大诰》之外，朱元璋组织人员编写了《醒贪简要录》，规定："官吏贪赃六十两以上者，枭首示众，并处以剥皮之刑。"朱元璋反腐惩贪的决心大，力度强，措施有力，对贪腐者确实起到了强烈震慑作用。

教训：监督不力、潜规则盛行、知行背离等问题亟待解决

中国古代廉政教育一直常抓，反腐利剑时时高悬，腐败亡国的警钟长鸣，但是，历朝历代仍然是贪官如蚁，清官廉吏寥若晨星，因腐败而人亡政息的历史悲剧不断上演，中国历史发展陷入腐败—亡国—再腐败—再亡国的历史怪圈。在封建君主专制制度下，反腐过程中有三个主要问题难以解决。

第一，对权力约束和监督的疲软问题。

虽然中国古代有许多约束权力和监督权力运行的制度，但在君主专制制度下，这些制度对权力的约束力有限。史官记言记事，把君主言行昭诸史册以及君权神授、敬天保民的观念，虽然对至高无上的君权形成了一定的约束，但这种约束力建立在君王有较强烈道德自律意识的基础上，属于软约束，不是法律和制度的刚性约束，这种软性约束力十分有限。而各级官吏的权力受命于君，君明则臣直，君昏则臣奸，对官吏权力的约束系于明君圣主，缺乏人民和社会对官吏权力的约束和监督机制，权力在封建专制的体制内封闭运行，腐败成为一种多发的社会现象就不难理解了。

第二，潜规则对法律和制度的异化以及效率消解问题。

中国古代文化重血缘关系和亲情、友情，法律观念、契约精神和规则意识相对薄弱，潜规则盛行，在亲情、友情和利益导向下，上有政策，下有对策，人们善于把反对腐败、倡行廉政的相关法律规定和制度的执行效率悄然消解得无影无踪。

汉朝察举孝子廉吏，强调以德举人。但在社会现实层面，察举孝廉竟然成为一些投机分子获得功名利禄的工具，出现了"举秀才，不知书，察孝廉，父别居"的尴尬局面。曹魏政权为了选拔优秀人才，实行九品中正制，以德、才举人，把好官吏入口关，若仅仅从文本看，九品中正制的确是善制善政。但是，负责选举人才的中正官选人唯亲，造就了中国历史上"上品无寒门，下品无士族"的门阀社会。

第三，官吏知行背离、行不由衷的问题。

儒家是中国古代社会主流思想，绝大部分官吏是饱读经书、口称圣贤之士。儒家的仁义礼智、仁民爱物的基本思想对于中国古代的各级官吏而言并不陌生，甚至是熟读于心。宋朝范仲淹"先天下之忧而忧，后天下之乐而乐"的名言张贴在许多官吏厅堂的显要位置。翻开史册，贪赃腐败而致身败名裂的前车之鉴历历在目。令人诧异的是，历史上一些贪腐之徒恰恰就是这些满腹经纶的儒生。

清朝和珅出生在一个并不富裕的武官家庭，从小受到较好的教育，十来岁时被选入咸安宫官学，接受儒学经典和满、汉、蒙古文字教育。但和珅贪得无厌，卖官、受贿、结党营私。要说和珅不明事理，难以令人信服，但是他口中说的是圣贤之书，做的却是城狐社鼠之为。身陷囹圄的和珅在《上元夜狱中对月》的诗中写下了"百年原是梦，廿载枉劳神"的句子，流露出"早知今日，何必当初"的悔恨。只有真正解决好官吏知行背离、说一套做一套的问题，才能把反腐倡廉落到实处。

本文发表于2014年12月1日《北京日报·理论周刊》文史版，原题为《中国古代反腐倡廉的文化遗产》，作者时任华中科技大学人文学院历史研究所教授

历代奢靡现象为何屡禁不止

陈忠海

古籍记载，历朝历代颁布了诸多禁奢制度

中国传统文化历来崇尚节俭，反对奢侈浪费，但现实生活中奢靡现象又往往十分普遍，在有些历史时期还十分盛行，对其产生的危害历代统治者也有一定认识，颁布过许多"禁奢令"。

西汉时，针对当时婚丧嫁娶中的奢靡现象，朝廷多次以诏令形式进行制止。《汉书》记载，汉宣帝时，针对嫁娶中铺张浪费现象发布过"禁民嫁娶不得具酒食相贺诏"。《汉书》还记载，汉平帝元始三年（3年）夏，"安汉公奏车服制度，吏民养生、送终、嫁娶、奴婢、田宅、器械之品"。在出土的居延汉简中有一份颁布于汉光武帝建武初期的诏令："吏三百石，庶民嫁娶毋过

▲《汉书》记载，汉平帝元始三年（3年）夏，"安汉公奏车服制度，吏民养生、送终、嫁娶、奴婢、田宅、器械之品"。图为清朝光绪时期五洲同文书局石印本《汉书》书影。

万五千，关内侯以下至宗室及列侯子娉聚各如令，犯者没入所赉奴婢财物。"这份诏令根据官员品级不同，详细规定了办理婚嫁花费的上限标准，并制定了违令处罚办法。

《全唐文》中保存着一份唐高宗李治颁布的诏令："朕思还淳返朴，示天下以质素。如闻游手堕业，此类极多。时稍不丰，便致饥馑。其异色绫锦，并花间闲裙衣等，靡费既广，俱害女工。天后我之匹敌，常著七破间裙，岂不知更有靡丽服饰，务遵节俭也。"唐文宗李昂虽然在历史上没有太多建树，但据史书记载，他是一位勤勉听政、厉行节俭的皇帝，在位期间曾多次下令革除奢靡之风。《册府元龟》记载："文宗锐意求理，每与宰臣议政，深恶侈靡，故每下诏敕，常以敦本崇俭为先庶乎，上行下效之有渐也。"此外，《唐会要》中还有多条关于"禁奢令"的记载，比如关于用器方面的规定："诸一品以下，食器不得用浑金玉；六品以下，不得用浑银。"

明朝的禁奢制度也非常多，《明太祖实录》记载："近世以来风俗相承，流于僭侈，闾里之民，服食居处，与公卿无异，而奴仆贱隶，往往肆侈于乡曲，贵贱无等，僭礼败度，此元之失政也。中书其以屋舍服色等，策明立禁，颁布中外，俾各有所守。"在《大明律》《大明令》《明大诰》等一系列律令中，对服饰、饮食、屋室、用器及婚丧嫁娶等都有严格限定，如规定："两京堂上文职四品以下及五府管事，并在京在外镇守、守备等项，公、侯、伯、都督等官，不分老少，俱不许乘轿，违者参问。"类似的规定细致而周密，处罚办法具体而严厉，其主要意图是"辨贵贱，明等威"，是出于维护封建等级制度的需要，但在制止奢靡之风方面也有一定成效。

清朝人口剧增，由此带来了保障供给方面的巨大压力，奢靡之风的兴起不利于社会发展和稳定，清朝多位皇帝对禁奢的重要性有着深刻认识，如乾隆皇帝多次下诏禁止奢侈、崇尚节俭，他在诏谕中强调"厚生之道在于务本，而节用之道在于崇实而去华"，要求官民"以俭素相先，以摶世相尚"，要求官员"各敦本业，力屏华，以节俭留其有余，以勤劳补其不足，时时思物力之维艰，事事惟侈靡之是戒"，还要求地方官员"务当随时劝谕，剀切化导，俾皆俭朴成风，服勤稼穑，惜物力而尽地利，共享升平之福，毋得相竞奢靡，习于怠惰"。清朝还颁布过一份《大清通礼》，目的是"酌古准今，于品官礼外，更制庶士礼、庶民礼；俾家家知礼而讲之，从循礼而行之"，强调的重点虽是礼法，但其中许多规范对日常生活中的奢侈浪费现象也多有抑制。

认识不足、抓而不实是奢靡现象有禁难止的重要原因

尽管史籍中关于历代禁奢的律令多有记述，但不可否认的是，就总体而言，其执行的成效并不理想，除个别历史时期由于统治者格外重视，或者由于战乱、灾荒而不具备物质条件，社会上的奢靡之风较为收敛外，历史上的大部分时期奢侈浪费是一种较普遍的现象。

究其原因，最重要的一点在于对奢靡之风所造成的危害没有充分认识，有的仅认为社会上的奢靡现象是经济领域里的事，虽然对社会资源造成了一定浪费，但也不是什么大事，强调一下、制止一下就行了，不必为此大动干戈。有的则主要出于维护封建等级制度的需要而颁布若干消费方面的规定，所涉及的主要是穿戴、居住、出行等方面，对其他方面的奢靡现象关注不多。其实，奢靡之风所造成的危害绝不只在经济领域，它的出现和滋长败坏了社会风气，扰乱了人们的价值观念，助长了腐败现象的产生，是许多社会问题产生的根源之一。

另一方面，抓而不实也是奢靡现象有禁难止的原因之一。如清朝的《大清通礼》，虽然篇幅浩繁、规定详尽，但它"藏在官府，民间罕见"，清人葛士浚所编《皇朝经世文续编》中对《大清通礼》的颁布、执行情况进行过细致分析，"在外不过行之督抚，督抚行之布政，布政行之道府州县，止有告示一张，挂于署门，遵依一纸，报于上司，州县奉行之事毕矣，原非家喻户晓也"，而这样的律令也并非经常颁布，"未几而告示损坏，案卷残缺，官员迁谪，父老凋谢，三十年中之禁约，后生子弟，谁能记忆为何事，有厌常喜新而开禁者，亦有愚昧无知而犯法者"。即使有好制度、好办法，但用这种态度和方法抓落实，也只能算走马观花、浮光掠影，自然没什么成效了。

本文发表于2019年10月28日《北京日报·理论周刊》文史版，
原题为《奢靡现象为何诏令难禁》，
作者为文史学者

古代监察制度是如何运行的

张晋藩

中国古代的监察制度是产生于中华民族文化土壤中的一项制度，体现了中华民族的智慧和创造力。它经历了悠久的发展过程，形成了完整的制度和严密的法律规范。它的任务就是维持国家的纲纪；在国家机关体系中，监察机关处于权力制衡的位置，使国家机器得以正常运行；监察机关又以弹劾"官邪"作为重要的职掌，以确保官僚队伍的素质。

由于监察主要以官员为对象，因此在官僚制度取代世卿制度以后，监察制度才获得了独立的发展。监察所涉及的范围极为广泛，凡属立法、人事、行政、经济、军事、司法、文教、礼仪、祭祀等均被纳入监察的职掌范围。正是由于监察机关对于国家的稳定起着一定的作用，因此历代统治者均极为重视。直到晚清官制改革时，都察院仍存而不废，甚至孙中山建立民国时也吸收历史经验，以监察院作为五院制的国家构成。

战国：御史负责监督百官

战国时，韩、赵、魏、秦、齐等国的御史既是国君左右记事之官，也负责监督百官的言行。《史记·滑稽列传》中淳于髡说："执法在旁，御史在后，恐惧俯伏，不敢放量饮酒，不过一斗径醉矣。"说明御史已经具有察官的权威。

秦朝：设立监察机关御史府

至秦朝，中央设立监察机关御史府，执掌典政法度，举劾奸邪。御史执行公务时"皆冠法冠"，以示执法不阿。

汉朝：监察机关自成系统，职权不断扩大

西汉御史台虽为中央最高监察机关，但在法定的官僚系统中地位不高，隶属于少府，御史中丞品秩不过千石。但由于御史台设于宫内，接近皇帝，职权却很显赫。至东汉，御史台逐渐脱离少府，发展成独立的监察机构，地位也随之提高。每逢朝会，御史中丞和尚书令、司隶校尉设有专席，称为"三独坐"。

两汉监察机关活动的重点是监察地方，这和汉朝推行"强干弱枝"的政策是分不开的。汉武帝时曾将全国划分为十三部监察区。各部置刺史一人，为中央派出的常驻监察官。部刺史根据汉武帝手订的"六条问事"，监督郡国守相（二千石）专恣擅权及与地方豪强势力勾结，有违犯者，按"六条"治罪。

在汉朝监察活动中，司法监察列为重点，朝廷选派明法律者充当治书御史，"凡天下诸谳疑事，掌以法律当其是非"。有时，皇帝还特派绣衣直指御史与州郡官共同审理大案。

汉朝监察机关在国家机关体系中自成系统，标志着封建监察制度的发展。监察机关通过对官吏的监督，加强了国家机器的效能，因而职权不断扩大。

魏晋南北朝：御史职权继续扩大，御史人选较严

魏晋南北朝时期，御史中丞已拥有"震肃百僚"的权威，"自皇太子以下，无所不纠"。南梁张缅为御史中丞，号称"劲直"，梁武帝曾请画工画其像于台省，以示褒奖，以励当官。北朝适应加强专制主义的需要，改御史中丞为御史中尉。"出入千步清道，与皇太子分路，王公百辟咸使逊避，其余百僚，下马驰车止路旁，其违缓者，以棒棒之。"

不仅如此，还允许御史风闻言事，而无须实据，显示了职权的扩大。如果百官有罪，御史失纠，则要免官。为了发挥监察机关的职能，御史的人选较严，大士族不得担任御史中丞，以防止株蔓相连，徇私枉纵。但在中国特有的门阀政治时代，士族把持朝政，监察官很难行使职掌，有些严于职守的监察官也很难久留于任。如南朝刘宋六十年间，历任御史中丞者五十三人，"校其年月，不过盈岁"。

▲南朝梁武帝曾请画工为御史中丞张缅画像，以示褒奖，以励当官。梁武帝（464—549年），即萧衍，南朝梁的建立者，502—549年在位。图为大约绘于清末民初的绢本绘画册页《历代帝王真像》所载梁武帝真像。

唐朝：封建监察制度定型，设置谏官组织

至唐朝，封建监察制度已经定型，形成了"一台三院"的体制。台为御史台，是中央最高监察机关，以御史大夫为长，"掌邦国刑宪典章之政令，以肃正朝列"。有权弹劾百官，参决大狱，监督府库支出等。御史台下设台院、殿院、察院。台院，设治书侍御史六人，职掌纠弹中央百官，参加大理寺审判和推鞠由皇帝制敕交付的案件。殿院，设殿中侍御史四人，职掌纠察朝仪。察院，设监察御史十五人，其中三人分察六部，余十二人，根据地方十道监察区，分巡地方州县。三院既分立，又互相配合。唐睿宗在论及监察机关的重要性时说："彰善瘅恶，激浊扬清，御史之职也。政之理乱，实由此焉。"

为使纠弹准确，唐中宗时下诏："每弹人，必先进内状，许乃可。"在推行封建法制而为史家所称道的唐朝，监察机关对京内外各级官吏进行监督、纠弹，"颛举不如法者"，"以刑法典章纠正百官之罪恶"，实质上是依法对有罪官吏进行起诉，表现了司法监察的发展。

唐朝还发展了汉朝以来的言谏制度，设置了谏官组织。谏官的主要任务是研究国家的政策、法令、措施、制度，如认为不妥，有权向皇帝言谏和封驳。就是说，皇帝也要受到谏官的某种监督，这是唐朝监察制度的一个显著特点。由于规谏和封驳着眼于国家利益，保证了皇权的正确行使，因而为皇帝所接受。唐太宗就以能纳谏而为史书所称道。

宋朝：监察机关制度化，皇帝钦点监察人选

宋朝监察机关的地位有所提高，其活动进一步制度化。表现为由皇帝亲自掌握监察御史的任用权，废除了唐朝宰相对于御史的任用权和荐举权。凡是经宰相荐举为官的或其亲戚故旧，均不得为御史。此外，未经两任县令者，不得为御史，以保证御史具有实际的行政经验。宋朝也允许御史"风闻弹人"，且不一定要有实据，奏弹不当也不加惩罚，从而助长了御史弹劾权的滥用。

元朝：中央最高军政长官需接受御史台监督

元朝建立以后，为了监督汉官和控制地方，除了中央御史台，还在江南、陕西两地设立行御史台；同时，派出肃正廉访使监察地方，握有法律内和法律外的权限。《宪台格例》最后一条规定："该载不尽应合纠察事理，委监察并行纠察。"元世祖曾经表达他对监察机关的倚重："中书朕左手，枢密朕右手，御史台是朕医两手的。"这也说明，中央最高的军政长官也要接受御史台的监督。

明朝：设立都察院，推行御史巡按地方制度

明初，改御史台为都察院，太祖朱元璋深知官吏贪渎、危害百姓是元末农民大起义的起因，因此对监察机关十分重视。他说："国家立三大府，中书总政事，都督掌军旅，御史掌纠察，朝廷纲纪尽系于此，而台察之任尤清要。"由于明朝废除

了宰相制度，提高了六部的地位，为了加强对六部的监督，专设六科给事中负责专掌对六部的监察。由此，科道合一，废止了言谏制度，反映了专制制度的强化。

明朝还广泛推行御史巡按地方的制度。"巡按御史"是皇帝的代表，权力极大，"大事奏裁，小事立断"。

清朝：都察院下设五城察院，监察法规十分详备

清袭明制，以都察院为中央最高监察机关，地方督抚也带左都御史衔，负责监察地方。清朝于都察院下设五城察院，由都察院派出巡城御史，是集监察、行政、司法于一体的基层监察机构。

由于清朝专制主义极端发展，监察官多不敢言事，唯恐受到谴责。例如，康熙三十六年（1697年）上谕中说："近时言官奏疏寥寥，虽间有人奏而深切时政以实直陈者甚少。"乾隆五年（1740年）上谕也说："科道为朝臣耳目之官……乃数年中条奏虽多，非猥琐陋见，即抄袭陈言，求其见诸施行能收实将近者何事乎？近日即科道官敷奏者，亦属寥寥，即间有条奏多无可采。"

可是有的御史就是因为直言上奏而受到申斥和惩罚。乾隆二十三年（1758年），御史周照的条奏中提到："行政急于观成，必条理繁多，法令严密，承于下者转得以空文相应。"结果触怒乾隆帝，严行申饬："试问今日之行政，有视昔加严者乎，繁者何条，密者何令？"

值得提出的是，清朝的监察法——《钦定台规》十分详备，为同时期世界其他国家所未有。

启示：强化规范监察法规，严格选任监察官员

总括以上，封建时代的监察机关是国家机关体系的重要组成部分。其职权之所以不断扩大，是因为它对维护国家的统治，发挥官僚机构的职能，提高官吏的素质与吏治，贯彻既定的方针政策与法令，保证国家机器的运转，起着一定作用。因而才有"政之理乱"系之于监察职能发挥的观点。

监察官作为皇帝的"耳目之司"，官品虽卑，但职权极重。位卑，便于皇帝控制；权重，是源于"代天巡守"。正因为如此，监察官的选任标准极为严格。

首先，具有清正刚直、疾恶如仇的品格。其次，需要具有较高的文化素质，"非科举正途出身，不得任用"，而且考选合格后，还须经过试职，才得实授。明成祖曾明令吏部："御史为严耳目之寄，宜用有学识通达治体者。"再次，需有地方实际工作经验，而且年龄适中。为官有瑕疵者不得为监察官。最后，京官三品以上及督抚子弟也不得考选监察官。

封建时代的监察官，除依据国家法律行事以外，还有专门的监察法。从西汉时的"六条问事"到清朝的《钦定台规》，辗转相承，不断丰富，成为法律体系中的一个重要分支。监察法的主要内容是规定监察官的职掌范围、活动规范、行使职权的方式方法，以及违法制裁等。

综观中国古代监察历史的发展，无论是制度的建构，监察法律的制定，监察官的人选，巡按地方的司法监察，弹劾违法失职的官吏与提起诉讼……都说明它是防止官吏贪腐的一道防线。它所积累的成功经验，具有历史借鉴的意义。

本文发表于2017年1月16日《北京日报·理论周刊》文史版，
原题为《"政之理乱"系于监察》，
作者为中国政法大学终身教授

巡视制度：中国历代沿用的监察形式

余少祥

巡视制度是中国每个朝代的君主都采用的一种监督行政官员的监察形式，目的是震慑百官，巩固和强化其统治地位，因此在国家监督体制中具有举足轻重的地位和作用。

古代巡视制度的本质：为君主集权服务

从监察对象看，古代巡视制度主要是针对各级官员，防止其对君主不忠、谋反或违法乱纪，为巩固和强化君权服务。从职能上看，巡察官员主要有五项职责：一是监督朝政，驳正违失；二是纠弹百官，察举非法；三是检查政务，考察民情；四是推鞫狱讼，审录冤枉；五是广施恩惠，举荐人才。如果要总结一下，中国古代巡视制度具有如下特点：

一、官员职责明确，有完备的法规依据和法规保障。如汉朝的《刺史六条问事》、隋朝的《刺史巡察六条》、唐朝的《巡察六条》以及明朝的《出巡相见礼仪》《奏请差点》《巡历事例》等，都是专门的巡察法规。此外，中央巡察官员的权力直接来源于君主，只对君主负责，不受其他部门干扰，便于独立行使职权。

二、官员出巡具有很大的权威性。由于代表君主行使监察权,巡察官员能够"以小监大""以卑督尊",如汉朝刺史的秩位只有六百石,却能监察二千石的地方长官。而且,巡察官员威势极大。在唐朝,有"御史出巡,地动山摇"的说法。在明朝,巡按御史虽然只有七品,但即便是三品以上的布政使、按察使等地方大员也"唯唯承命",州县的一般官员更是"迎跪道旁,倘遇风雨,即知府亦陷膝泥中"。

三、出巡时间有充分保证。汉武帝时的刺史,每年八月出去巡察,年底结束,有四个月的工作时间。唐朝监察御史出巡可达半年之久。明朝巡按御史有大半年的时间在各自的巡视区视察。这些官员长期流动,一般不长驻一地,没有固定的办公场所,不是地方一级行政机构。而且愈到后来,出巡时间愈长,明清时的"巡抚"甚至成了地方一级行政长官。

四、注重对巡察官员权限的设置。按照明末清初思想家顾炎武的说法,中国古代监察官的特点是"人众、秩卑、权重、职广、位显"。"人众"是指其在政府机构系列中占一定的比例,而且兼负监察职责的官员往往更多;"秩卑"是指其品级较低,明朝监察御史秩正七品,同地方县官,给事中则只有从七品;"权重"是指其权限较大,具有相对独立性;"职广"是指其职责十分广泛;"位显"是指其地位非常显要。这样定位是保证巡察官员能够无所顾忌,不畏权贵,独立行使监察、惩处大权。

但是,从本质上看,无论是监察制度还是巡视制度,都是

"人治"，而非现代意义的"法治"。尽管其制度有"法规"依据，在"朕言即法"的封建时代，"法"既不能代表人民的意志，也不能反映人民的利益。也就是说，它在本质上是为君主集权服务的，是为了帝王的"江山永固"，最终维护的是统治集团和官僚阶级的利益。由于巡视制度有惩治腐败的一面，在一定程度上得到了老百姓的拥护。巡视制度与西方以"分权"为特征的横向权力制衡也有不同，其权力来源是君主，是用"君权管臣权"，而君权是不受限制的。一句话，古代巡视制度是为维护君权而设置的，是"王霸之术"的一种具体形式。

古代巡视制度的作用：调节内部关系，保障国家运转

在中国古代，由于生产力水平落后，交通、信息不便，中央和地方以及中央各部门之间不能及时沟通，巡视制度在防止官员与君主离心离德、结党营私、贪污腐化等方面起到了一定的积极作用，在很大程度上调节了统治阶级的内部关系，缓和了社会矛盾，保障了国家机器的正常运转。首先，它有助于维护中央集权统治和国家统一。由于起到了中央对地方的监控作用，该制度成为我国古代社会长期沿用的一种重要的监察方式，加强了中央对地方的监控，有效地维护了封建专制主义的集权统治。其次，有利于防止官员贪污腐化。巡视制度注重实地考察，实地调查，主动出击，而不是坐等吏民检举，在一定程度上减少了官僚主义现象，提高了监察的实际效果。通过对一些不法官吏实行及时和有效的惩

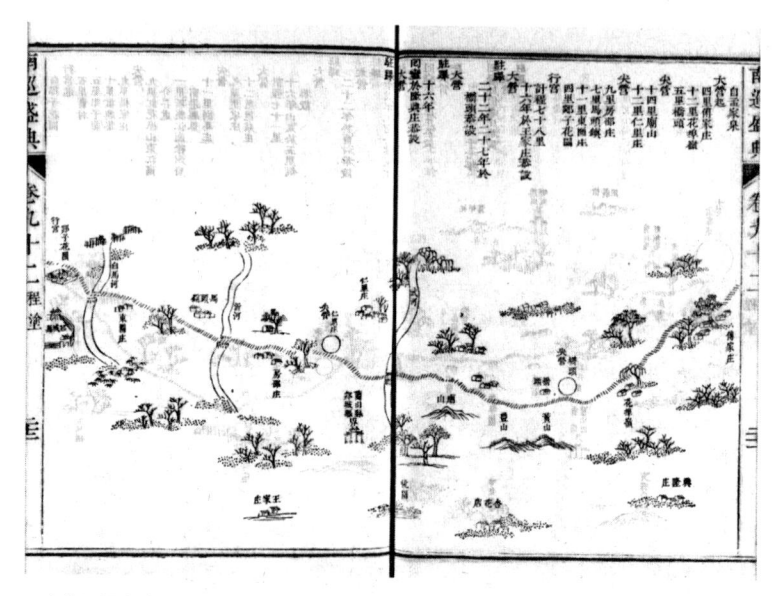

▲古代巡视制度是为维护君权而设置的,是"王霸之术"的一种具体形式。图为清朝两江总督高晋纂辑的《南巡盛典》所载乾隆皇帝巡视江南的"路线图"之一。

处,对遏制权力腐败有一定的震慑和警诫作用。再次,有利于加强对地方官员的考核,做到选贤任能。巡视制度打破了通过官方行文了解官场情况的局限性,扩大了信息来源,能够全面直接了解官员廉洁勤政的真实情况,有利于加强对官员的考核,做到选贤任能。

由于是君主获取地方真实情况、进行决策的重要依据,巡视制度常常成为中央决策系统的重要组成部分。但是,不能因此夸大巡视制度对反腐的"重要"作用,甚至将之作为反腐的唯一手段或主要途径。事实上,中国历朝历代没有哪一个朝代真正解决了腐败问题。明太祖朱元璋对贪污六十两银子的官员即"剥皮实草""株连九族",也没能阻止腐败官员"前腐后继"。英国历史学家阿克顿有一句名言:"权力导致腐败,绝对权力导致绝对腐败。"封建专制制度好比一堆垃圾,必定滋生苍蝇和蚊子。今天灭了苍蝇和蚊子,明天又爬出蟑螂,等抓完蟑螂,过几天又跑出老鼠。总之,防不胜防,抓不胜抓。因此,要根治腐败只能从制度上下功夫,改变过分集中的权力结构,使腐败没有机会。封建专制制度之所以腐败,根本原因是官员集立法权、行政权和司法权于一身,所有的事情"一言而决"。由于老百姓不懂专制与腐败天然共生,总是将希望寄托在好皇帝和清官身上,怎能不哭瞎眼睛呢?

古代巡视制度的弊端:容易流于形式,影响日趋减弱

实质上,巡视制度也会不可避免地产生各种弊端。首先,由于赋权过重,导致巡察官员权力扩张,一方面干扰地方行政,另一方面助长其营私舞弊、贪污纳贿。东汉末年,刺史对地方行政已不仅是干预,而是直接成了郡县之上的行政长官,以致天下大乱。明清时期,巡按御史贪腐更甚,他们公然索贿,"媚上剥下,有同贸易",致"不肖有司应劾者,反以贿得荐,不应荐者,多以贿荐"。由于巡视制度百弊丛生,清末民初法学家伍廷芳痛斥其非:"既需给以盘川,又累地方之供应。所带不法人役,时或狐假虎威,苛索抽丰,沿途骚扰,是为耗费病民之一害。"其次,巡察官员常常成为朋党争斗的工具。这种现象唐宋即有,明清更甚。明熹宗时,魏忠贤阉党专权,许多巡察官员投其门下,互相勾结,"权珰报复,反借言官以伸;

言官声势，反借权珰以重"。清朝康熙时，左都御史王鸿绪与少詹事高士奇"植党为奸"，招权纳贿，给事中何楷等"依附坏法"。乾隆年间，左副都御史仲永檀与大学士鄂尔泰家族"结党营私，纠参不睦之人"。再次，为了防止巡察官员腐败，皇帝又隔三岔五派遣私人心腹，监督包括巡察官员在内的各级官员，如此"架屋叠床""补丁之上再套补丁"，大大增加了行政成本。如汉武帝经常派"绣衣直指"持节到各地，察看刺史和地方官员的工作。唐明时期，太监往往担当这类角色。到了清朝，皇帝对手握重权的汉族大员不放心，往往派旗人充当这类角色。正如明末清初思想家黄宗羲所言："用一人焉则疑其自私，而又用一人以制其私；行一事焉则虑其可欺，而又设一事以防其欺。"事实上，这是帝制的必然，也是集权制解不开的死结。最后，巡视制度在"效用论"上存在边际效应递减的情况，即每用一次，其效用就会递减一分。一方面，庞大的官僚队伍形成了重重叠叠、错综复杂的关系网，影响和阻止了巡察官员发挥职能；另一方面，随着中央集权的削弱，地方势力就会坐大，巡视制度就逐渐流于形式。中国历朝历代末期，巡视制度的"正能量"日趋减弱也是这个道理。

启示：古为今用，批判继承，取其精华，去其糟粕

可以看出，封建王朝时代的巡视制度在本质上是封建专制主义的产物。今天，作为人民当家做主的国家，我国的官员不是封建官老爷，而是人民公仆，我们主要是用好的制度和法律去制约权力,从源头上遏制腐败,使腐败没有藏身之地。对于历史上的巡视制度,我们可以"古为今用",批判地继承其合理内核。同时,对于西方发达国家好的、行之有效的反腐做法,我们也要有勇气以"拿来主义"的姿态,吸取其精华,剔去其糟粕,"洋为中用",为建设繁荣的现代化法治国家服务。

本文发表于2015年4月27日《北京日报·理论周刊》文史版,原题为《巡视制度:历代相沿的监察制度》,作者时任中国社会科学院法学研究所副研究员

古代回避制度为何越来越严

郑金刚

《吕氏春秋·去私》中记载了这样一个故事：晋国的中军尉祁奚告老还乡时，晋平公让他推荐一个南阳令的人选，祁奚称解狐足可担任。晋平公很诧异地问，解狐不是你的仇人吗？祁奚坦然回答说，国君，你问的是有没有能力任南阳令，并没有问是否与我有仇。过了不久，晋平公又让祁奚推荐一个人任国尉，他推荐了午，这次晋平公更是诧异，因为午正是祁奚的亲生儿子。但是祁奚依旧回答说，国君问的是谁能担任国尉，并没问是否是我的儿子。后来事实证明，祁奚推荐的两个人均十分称职，"国人称善焉"。

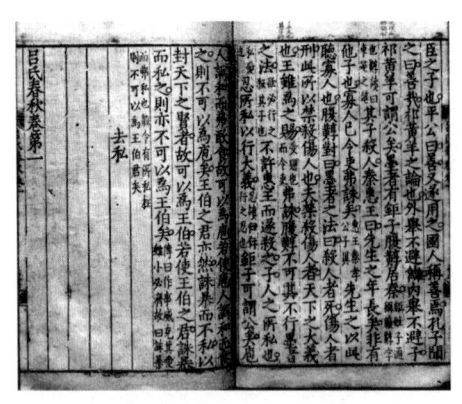

▲《吕氏春秋·去私》中曾记载晋国中军尉祁奚"外举不避仇，内举不避子"的故事，被传为佳话。图为明朝万历时期张登云刊本《吕氏春秋》书影。

晋国祁奚"外举不避仇，内举不避子"，一直以来被传为佳话。但是实际上，中国古代很早就有了防止官吏任人唯亲的回避制度。从现有史籍上看，最早在西汉的武帝时期就已经开始出现地方官任职必须回避本郡的规定，而到了东汉桓帝时，就已经正式出现"婚姻之家及两州人士不得相对临监"的"三互法"，从此初步奠定了中国历代行政回避制度的基础。

历代回避制度由宽到严，不断细化

中国历代实行的回避制度，主要包括地域回避与亲属回避两方面的内容，简单来说即是"避地"与"避亲"。所谓避地，是指地方官员任职时必须回避某些地域，主要是官员籍贯不能与他的任职地重合；而避亲则是指官员担任行政职务或执行公务必须回避与自己有亲属关系之人。随着时代变迁，行政回避制度也在发展，可用一句话来概括：制度越来越严格，回避范围越来越大，处罚越来越严厉。

西汉武帝时期，为了防止官员与地方豪强勾结，规定各郡、国的守相以至于县令、丞、尉等官职，都不允许由本郡人担任，可谓首开地域回避制度之先河。此后，除了在魏晋时期曾一度放松外，历代对地方官任职都有严格的回避规定。如唐朝初期，已开始明确规定除了京兆、河南两府外，其余地方官员均不得在本籍及邻近州、县任职。到了宋朝，地方官员任职回避的地域范围，已不限于本州、县，而是扩大到了路一级区域，宋神宗以后更是不仅要求回避本籍，同时还需要回避田产所在地。

明清时代，中国官僚体制最为成熟，对官员任职回避的规定也最为严格。明太祖时期，为了防范各级官员弄权地方，一度实行南北更调制度，即南人只能任职北方，北人只能任职南方，同时又将全国划分为三大行政区，施行地方主要行政官员轮换制。但是，由于地域回避限制过于严格，地方官员调任频繁、任职遥远，导致很多地方空缺官职难以得到及时补充，不得不又将回避地域限定为省一级，同时将滇、贵等边疆地区地方官员任职回避范围缩至府级区划。入清以后，在继承明朝回避制度的基础上，对官员任职回避要求进一步细化，如康熙四十二年（1703年）规定，各级地方官员任职，"五百里内，均行回避"。乾隆九年（1744年）又补充规定，不得在五百里之内任职，是指"任所与乡僻小路在五百里"，同时也明确规定所谓"原籍"，不仅包括官员籍贯、居住地（户籍），也包括官员祖辈或本人曾居住、生活的地区（寄籍），可谓严密、细致。

同样，与地域回避制度相比，历代避亲制度也经历过由宽到严的发展过程。在唐宋以前，官员任职或行政公务中需要回避的范围仅限于直系亲属，但是自宋朝以后"避亲"范围不断扩大，由此前的直系亲属扩大到本族、妻族，同时需要回避的任职级别也由高级官员扩大到了低级地方官员。如清朝就规定，"京官尚书以下笔帖式以上，祖孙、父子、伯叔、兄弟不得同任一署"，"外任官（地方官）于所辖属官中，有五服之族及外姻亲属，均令属员回避"，而针对具体行政公务更是有着各自不同的避亲要求，其规定尤其烦琐、详密。

历代回避制度有利有弊

以史为鉴，可以明得失。但从历史中汲取经验教训的过程中，我们不能忘记不同历史时代实际存在不同的背景、问题与要求。历代王朝采取严格的任职回避制度，根本原因是中国一直以来以小农经济为基础，宗族、乡土观念浓厚，预防官员利用职权形成"自利"小集团的确十分有必要。但是，自西汉至明清愈加严密的回避规定到底实效如何？客观而言，可以说是有利亦有弊。

积极的方面，历代日益严格的回避制度，最大的功能之一是有效地保证了行政安全。中国自秦汉以来，就已经奠定了大一统帝国的基本格局，因而对历朝统治者及中央政府来说，如何防止地方分离倾向的滋长既是维护皇权统治，也是巩固国家统一的重中之重。历史证明，严格实行任职回避制度的王朝，地方大员依靠宗族、地方势力反抗中央政府的可能性，明显要小得多。反之，一旦回避制度遭到破坏或执行不力，就容易导致地方势力增长，甚至会酿成分裂之祸。最典型的例子之一，如唐末的安禄山、明末的李成梁、清初的"三藩"（云南平西王吴三桂、广东平南王尚可喜、福建靖南王耿精忠），因为能够不受限制地自主安插自己亲属、亲信任职，最终养痈成患、导致叛乱。

此外，实行回避制度也有利于在一定程度上保证行政廉洁。历代之所以制定日益严格的回避制度，是因为中国有重乡土、重血缘关系的传统，各级地方官员很容易陷入各种复杂关系网，难免会利用自身的权力为亲友谋利，从而导致行政腐败。而回避制度可以在一定程度上让官员在任职与具体行政公务中，脱离原本熟悉的关系网，避免官员利用亲属、乡土关系腐败，防止出现"一人得道，鸡犬升天"的后果。从历史经验来看，尽管历代王朝腐败现象层出不穷，但是随着唐宋以后回避制度日趋严格、规定日益细密，官员的腐败现象虽然依旧存在，但是再也没有出现过如汉、魏晋时代梁冀、石崇那样庞大、富可敌国的家族腐败，官场腐败更多的是官员个体行为，证明严格回避制度对防止腐败确有着重要作用。

然而也不能否认，历代实行的回避制度在发挥积极作用的同时，实际上也存在不少固有弊端。无论是避地还是避亲，最根本的目的是维系封建王朝的统治稳定，因此在制定制度及实际执行过程中，历代统治者始终将行政安全置于首要地位。这样做的结果，虽然能够在客观上保障大一统王朝的稳固，但是一旦在行政安全与行政效率间出现矛盾时，历代王朝一致采取以牺牲行政效率换取行政安全的做法，从而导致行政效率降低。最明显的例证之一：清朝在实行严密的地方官任职回避制度的同时，并没有考虑清朝由于疆域广大、各地风俗民情迥异，而基层地方官又多数是科举出身、任期短，实际上不可能根据实际情况合理施政，因而行政效率降低几乎不可避免。另外，实行回避制度虽然能有效抑制家族、集团腐败，但是由于没有与之相配套的法律、行政监督制度，往往会使异地任职的官员反而不惧当地舆论、声誉受损，从而敢于在任内大肆搜刮。"三年清知府，十万雪花银"，晚清官场"捞一把就走"的现象就尤其普遍。

由此可见，尽管历代实行的回避制度对防止亲情、乡土关系网干预行政，防范地方滥权及澄清吏治方面都有着积极作用，对于当今各国完善与发展公务员制度也有着十分重要的借鉴意义。但是，我们同时也应该清楚，单纯依靠人事回避制度并不能兼顾行政安全、效率与廉洁的多重目的，只有完善整个行政制度设计、法律、监督体系，并且同步提高公务人员整体行政素养、道德自律，才能真正解决问题。

本文发表于2014年11月17日《北京日报·理论周刊》文史版，原题为《中国历史上回避制的困境》，作者当时任职于西北大学历史学院

中国古代的人口观

姜 涛

人口观即人口思想，一般是指人们对人口现象的认识或看法，自有人类社会，就会有人口观。中国传统人口观是与小农经济相适应的，在春秋战国时期就已形成，影响了中国两千多年，现在仍在一定程度上发挥着作用。研究中国传统人口观的发展及变化，对于我们今天正确认识我国人口政策有一定的现实意义。

夏、商、西周：中国传统的人口观开始萌芽

夏、商、西周三代，中国传统的人口观已开始萌芽。史书与考古发掘都表明：当时是以集中大批劳动力的大田集体劳作占统治地位。而从人自身的再生产（种的繁衍）的角度看，三代之时以男性家长为中心的一夫一妻制已确立。这一时期考古发掘可以判定为夫妻关系的成年男女合葬墓，最常见的葬式是男子仰身直肢葬，女子侧身屈肢葬，且面向男子，表明男子开始居统治地位，女子降居于从属和被奴役地位。三代时的婚姻又有媵妾为补充。殷商王朝所实行的已是以纳妾为补充的一夫一妻制。周朝直到春秋时诸侯仍可多次婚娶，而且多有陪媵。

中国传统时代以多生育男子，也即"田力"为美好的祝愿。这一祝愿可以追溯到传说中的唐尧之时。《庄子·天地》篇中，记有华之封人（守边人）与尧的对话，他祝愿尧长寿、富有、男孩多。这反映了当时人们祈求多子多孙的一种社会共识。"华封三祝"后被敷衍为"三多"——多福、多寿、多男子，并深刻地影响到后世人们的生育意愿。

春秋战国：中国传统的人口观开始形成

春秋战国是中国历史上一个伟大变革的时代，也是中国传统人口观的形成期。中国社会从经济基础到上层建筑领域都经历了巨大的变化。传统时代，人们的生活资料主要是"食"和"衣"。由于铁器和牛耕，农田的粮食生产不再像以前那样需要劳师动众，而可由"匹夫耕之"；桑在西周时还是大田作物，而到春秋战国时已在房前屋后栽种，并可由"匹妇蚕之"。由牛郎和织女携手组成的个体小农家庭就此登上中国历史的舞台，成了中国传统时代生产和生活的基本单位。

兼具人口再生产和生活资料再生产两大职能的小农家庭，开始在春秋霸权的争夺中发挥自己的功用。各诸侯国为了扩充军备，增强实力，多以行政措施强制早婚，鼓励生育。春秋时期的第一个霸主齐桓公曾下令："丈夫二十而室，妇人十五而嫁。"春秋末年，越王勾践在与吴国的战争中遭到惨败后，也下令早婚并奖励生育。当时的一些思想家，如生活在春秋末年的墨子认为：世间唯有人最难成倍增长。如欲尽快增殖人口，只有通过早婚早育。

人口众多的目标达到后，又有社会经济和文化教育方面的追求。春秋后期，孔子到卫国（今河南濮阳一带）访问，感慨其人丁兴旺。学生冉有问他，人口众多以后该怎么办？孔子答道："使他们富裕起来。"冉有再问，富裕以后又该如何？孔子说："教育他们。"（《论语·子路篇》）孔子本人也幸逢其会而成为中国历史上私人办学且取得巨大成功的第一人。他面向社会广泛招收学生，并提倡"有教无类"。这就使得原本只是少数贵族才能受到的教育，开始成为布衣平民的事业。身为教育家的孔子，对于财富和人口增殖的见解也与那些急功近利的统治者们不同。他说："我听说过：无论是诸侯或者大夫，不必着急财富不多，只须着急财富不均；不必着急人民太少，只须着急境内不安。若是财富平均，便无所谓贫穷；境内和平团结，便不会觉得人少；境内平安，便不会倾危。做到这样，远方的人还不归服，便再修仁义礼乐的政教来招致他们。他们来了，就得使他们安心。"（《论语·季氏篇》）

战国时期："广土众民"是主流的人口观

战国时期，中国人口有了空前的增长。与此相适应的是严密的户籍管理，尤其是被称为"上计"的统计制度在此期间开始形成。战国时期的主流人口思想，可大体归结为对"广土众民"的追求。一些政治家、思想家提出"徕民"的各种主张，以加强对人力资源的争夺，其中以秦国的商鞅最为突出。商鞅提出：地方狭小而人民众多的，叫"民胜其地"，务必开垦荒地；地方广大而人民稀少的，叫"地胜其民"，必须招徕人口。《管子》则提出"三满"的命题：拥有广大土地而不加以开发利用，叫作"土满"；拥有众多人口而不能加以治理，叫作"人满"；拥有强大武装而不知道止息，叫作"武满"。如果听任"三满"的状况持续下去，国家就不成其为国家了。这是后世"人满"之说的源头。

战国之时，一方面是各大国的争城争地，杀人盈野盈城；另一方面是古老的氏族封建制的消亡——大批邦国被灭，无数世家绝禄。激烈的社会变革的现实使人们认识到：无论是君子还是小人，他们的流风余韵最多五世就断绝了。孟子提出"不孝有三，无后为大"，反映了当时的人们对家族是否有"后"，也即是否有男性后代这一问题的关注。在孟子看来，一切"孝"的行为，都应以繁衍后代、子孙众多为首要前提；从不绝子嗣这个大前提出发，私自娶妻也变得无可非议了。他的这一思想深刻地影响了后世人们的婚姻观和生育意愿。

汉朝：探讨养生、治病、身体素质等论著应时而生

秦汉以降，中国进入了大一统王朝相继更替的发展时期，春秋战国时代业已形成的传统人口观在这一漫长的历史时期也有一些新的发展变化。

汉朝的人口观中，贾谊的"民本"思想是极为突出的。贾谊所生活的文帝时期，上距汉兴还不到四十年，对秦亡的教训记忆犹新。他大声疾呼"前事之不忘，后事之师也"（不忘记

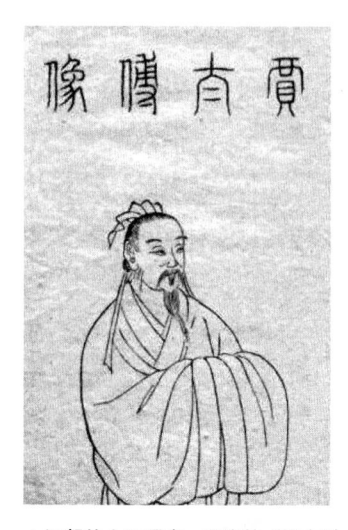

天下有治：长治久安，几千年的不变追求

▲汉朝的人口观中，贾谊的"民本"思想极为突出。贾谊（公元前200—前168年），西汉政论家、文学家，后世亦称"贾长沙""贾太傅"。图为清朝藏书家顾沅辑录、孔莲卿绘像《古圣贤像传略》所载贾太傅像，清朝道光十年（1830年）刊本。

以往的经验教训，作为以后行事的借鉴），并写下了《过秦》等政论性文章。他竭力倡导"民本"的思想，指出：人民虽然低贱却不可以怠慢，虽然愚笨却不可以欺凌。自古至今，凡是与民为敌的，人民或迟或早终将战胜他。他的结论是：人民是"万世之本"，决不可轻忽欺凌。

社会上，一些探讨养生与治病以及论述人之身体素质之类的论著也在汉朝应时而生。大约最后成书于秦汉之间的《黄帝内经》，全面系统地探讨了人之生长发育以及疾病的机理，是中国传统医学的经典之作。贾谊在其所撰的《新书》中甚至专门列有《胎教篇》，阐述怀孕的母亲通过自己的行为对子女进行先天教育的重要意义。在西汉后期，已有人公开对早婚习俗提出质疑。宣帝时的谏臣王吉即认为：夫妇是人伦的大纲，人之寿命的长短也由此决定。世俗嫁娶太早，还不懂得如何做父母就已经有了孩子，教育感化不明，所以人民往往早夭。

汉末唐初：人口水平还十分低下

生活在东汉末年的荀悦，亲身经历了黄巾起义的动乱和战后的萧条，由此得出了"古者人民盛矣，今也至寡"的印象。但他认为：人少也有人少的好处，因为"民寡则用易足，土广则物易生"。曾先后在南朝梁、北齐、北周和隋任职的颜之推，在成于隋初的《颜氏家训》一书中以亲身经历向子弟讲述立身、治家、处世的道理。他深切体会到南北自然条件的差异对人的素质的影响，认为"九州之人，言语不同"，必须正音、正字，才有利于国家统一思想交流。他主张实行胎教，没有条件的，至少也要从婴儿期教起。他反对溺女婴，可又对当时北朝妇女行动不受束缚，甚至交结官府等看不惯，主张妇女只可任家务，不可持家政，更不可参加社会活动。《颜氏家训》被认为是传统家训的楷模，对后世产生了很大的影响。

唐初，曾任太史令的傅奕对"数盈十万"的寺院僧尼"游手游食，易服以逃租赋"深恶痛绝，主张让这些僧尼还俗婚配，以使国家一下子就可多出十余万户人家来"产育男女"，这样既有利于人口的增殖，也有利于朝廷兵源的扩大。但另一位初唐人士王梵志却认为，如果听任人口增长，就会造成"人满"之患，因此竭力主张少生少养。在初唐人口水平还十分低下的情况下，王梵志的观点确实很"另类"。

宋朝：婚龄较前代已有上升的趋势

宋朝重视加强人口管理。作为对人口管理方面的一个补偿，保甲制度于宋朝兴起并逐步得到发展完善。而从人口统计的角度看，成丁由男女兼指发展为专指男子，成丁的统计由男女兼备演变为只统计男丁，也是始于宋朝。北宋教育家、思想家李觏认为：四民之外的"冗者"，也即大量无职业或从事不正当职业的过剩人口以及过量的工商人口的存在，造成了平民生计的艰难；而究其原因又是土地兼并使然。因此，他赞成"限田"，并要求取缔那些"冗者"，尤其是取缔僧尼、道士。

值得注意的是，自宋朝起，婚龄较前代已有上升的趋势。北宋还依唐开元令，规定"男年十五岁，女年十三岁，听嫁娶"；到了南宋嘉定年间已改为男年十六岁，女年十四岁。而实际婚龄，男多在二十岁左右，女多在十五到十九岁之间。

明朝：对"人满"之患有了较多的思考和忧虑

明朝末年，人们则对"人满"之患有了较多的思考和忧虑。文学家冯梦龙说：如果每对夫妇总是生一男一女，永远没有增减，可以长久维持下去；倘若生二男二女，每一代就加一倍，只增不减，如何来养活他们？科学家徐光启以宗室贵族人口的增长为依据，得出结论：所谓古代人民多，后世人民少是没有根据的。人口的增长率，大抵每三十年增加一倍。如果没有大的战争，绝不可能减少。

清朝：中国传统的人口观遭到颠覆

清朝乾隆末年，已届耄耋之年的乾隆帝在一份上谕中表达了他对人口增长太多的忧虑：国家承蒙上天的眷佑，一百多年来太平无事，但人口也比往昔多了十余倍。以一人耕种而供十多人食用，生产的粮食已不可能像从前那样充裕了，再加上庐舍所占土地也在成倍增长，从事生产的人手少，消费粮食的人口多，这与百姓的生计很有关系。倘若再因年成好，随意浪费粮食，民情游惰，田亩荒芜，势必有粮食不够吃而经济窘迫的那一天。朕对此十分忧虑!

著名政论家、文学家洪亮吉也明确提出了关于人口增长带来危险的警告：治平的时间长了，天地不能不生人，而天地所能用来养人的资源是有限的；治平的时间长了，国家也不能不让人出生，而政府为人民所能采取的手段也是十分有限的。一人居住的地方，让十个人来住就已不够了，何况让百人来居住呢!一人的食物让十个人来吃也已不够了，何况让百人来吃呢!

活跃于道光年间的龚自珍、魏源等人，对中国之"生齿日益繁，气象日益隘"极为焦虑，对可能到来的大动乱也十分敏感。除"平均"之类古已有之的主张外，他们还主张对社会上大量存在的"不士、不农、不工、不商"的游惰人口实行自愿或强制性的迁徙。

曾目睹太平天国占领南京的文人汪士铎，把太平天国革命爆发的原因直截了当地归结为中国的"人多"，并提出了一系列超越甚至违背情理的减少人口的措施。他的中心论点是："世乱之由：人多（女人多，故人多）。人多则穷（地不足养）。"因为"世上女人多，世乱之由也"，他所提出的减少人口的措施中，除了对"乱民"的屠杀政策外，更多的是针对妇女的，如推广溺女之法，施送断胎冷药，严再嫁之律，立童贞女院，等等。中国传统时代的人口观至此遭到了颠覆，终于发生了从"人多为福"到"人多则穷"的转变。

本文发表于2010年11月22日《北京日报·理论周刊》文史版，原题为《中国历史上的人口观》，作者时任中国社会科学院近代史研究所研究员

古代人口为何呈梯级性增长

陈忠海

中国的人口总数由商周时期的千万左右发展到清末的4亿,其过程并非等量增长,中间经历了几次反复和爬升,重要的梯级有1000万、5000万、1亿等。造成人口呈梯级性增长的原因,除政治、军事甚至气候变化等因素外,经济因素无疑更为重要。

生活资料供给约束,先秦人口总数处于低位徘徊阶段

关于人口增长的规律,英国政治经济学家马尔萨斯有一个著名理论,认为人口在"无妨碍条件下"每二十五年会增加一倍。如果按这个速度计算,即使把西汉时期的公元元年中国人口总数假定为1000万,到5世纪初的东晋时人口总数就会突破1万亿了,但事实上这两个时期的人口数却没有太大差别。

马尔萨斯认为,在"无妨碍条件下"人口以几何级速率增加,但生活资料却以算术级速率增加,一个是2、4、8、16……,一个是1、2、3、4……,按照这个速率,只需经过二百年人口对生活资料的比例将会达到256∶9,经过三百年比例是4096∶13，生活资料是制约人口自然增长的最主要原因之一。

先秦时期的人口总数一直处在低位徘徊阶段，据赵文林、谢淑君《中国人口史》，夏朝的人口约为1300万，经过近两千年的发展，到战国末期仍大体保持在这一水平，秦统一时人口总数估计为2000万左右。两千年的时间不可谓不漫长，但人口总数却基本保持了稳定，原因就是生活资料供给的约束。

这一阶段是中国传统农业的萌芽期，出现了粟、黍等被驯化栽培的农作物，青铜农具代替了石质农具，又初步掌握了物候知识和天文历，农业经济有了初步发展，为养活上千万人口提供了物质基础。但总体来说，这一阶段的农业生产还处在粗放和落后阶段，作物品种单一，青铜农具存在很多缺陷，缺乏水利基础设施保障，生活资料的增长受到极大制约，加上战乱、自然灾害等，人口总数始终维持在同一水平。

农业技术获得突破性进步，汉朝出现中国第一次人口梯级

中国第一次人口梯级出现在汉朝，据《汉书·地理志》，西汉平帝元始二年（2年）全国人口总数达到了5900万左右，西汉末年人口数虽然锐减，但到了东汉初期又快速回升，据《后汉书·郡国志》，东汉明帝永平十八年（75年）人口总数为

3400万，章帝章和二年（88年）为4300万，桓帝永寿三年（157年）为5600万。

两汉四百多年间，人口总数大体在5000万上下波动，较夏商周三代有了质的突破，除了统一王朝带来的社会稳定以及战争的减少外，生产的发展，尤其是农业技术的突破性进步是最关键原因之一。

汉朝进入中国传统农业的形成期，农业由粗放逐步向精细发展，农具进入铁器时代，出现了铁犁壁、二人三牛的耦犁以及铁耙、耧车、风车、水车、石磨等先进生产工具；畜力成为生产的主要动力，耕作的速度和质量都大为提高；农作物品种也更为丰富，通过丝绸之路等途径的传递，大量新品种农作物被引进；对水利建设和农业生产经验的总结也更加重视，出现了更为精确的历法，这些使得徘徊了两千年的劳动生产率得到质的飞跃。

夏商时的粮食亩产量缺少文献记载，《管子》说过，"一农之事，终岁耕百亩，百亩之收，不过二十钟"，这说的是春秋时期的产量，亩产0.2钟，1钟为10石，即亩产2石。

汉朝粮食亩产量有了突破性提高，《前汉纪》谈及西汉文帝时的亩产："今夫农五口之家，其服作者不过二人，其能耕者不过百亩。百亩之收，不过三百石。"即亩产3石。《史记·河渠书》讲五千顷耕地"今溉田之，度可得谷二百万石以上"，5000顷合50万亩，即亩产4石。汉末嵇康《养生论》："夫田种者，一亩十斛，谓之良田，此天下通称之也。" 1斛即1石，这里说亩产10石，不过不是粮食的普遍产量，而是"良田"。但不管怎么说，汉朝粮食单产较先秦时期有了较大提高，《中国历代粮食亩产研究》估算，汉朝粟的亩产量超过了140公斤。

经济重心南移，隋初人口重回5000万梯级

汉朝人口达到5000万梯级后又出现了新的徘徊，其间发生的战争固然对人口变化有一定影响，但新的峰值出现后便不再进一步突破，根本原因还在于经济对人口的支撑作用又出现了新的瓶颈。

魏晋以后国家出现分裂，人口一度出现了波谷，据《中国人口史》推测，三国时期人口总数在1400万~1800万，西晋的人口总数约为2000万，随后人口出现了缓慢回升，南北朝人口最多时达到了4200万，隋统一时约为4900万。

从汉末到隋初，人口重回5000万梯级用了三百多年，与大一统时期的两汉不同，这段时间国家处在更大的分裂与动荡之中，政权分割，战事频发，对经济发展造成了极大破坏，严重制约了人口增长。在这种恶劣条件下人口总数重新回升，得益于经济重心的南移。

晋朝之前中国经济重心一直在北方，广大南方地区虽然早已被纳入国家版图，但那里地广人稀，多属未开化之地，一直到汉末，黄河流域都是人口密集区，据《中国人口史》的研究，东汉时的一百四十年，今河南省辖区内人口约923万、山东省约863万、河北省约638万,而同期江苏省约222万、浙江省约81万、广东省约86万。

从西晋末年开始经济重心逐渐南移,江南地区气候较闷热,土地肥沃,更适合耕种,北方地区虽开垦较久,但潜力已经不大,且战乱多发,迫使大量人口南迁。据梁方仲《中国历代户口、田地、田赋统计》,从西汉平帝元始二年(2年)到东汉质帝本初元年(146年),全国耕地面积为6.9亿亩至8.2亿亩,如果考虑统计的误差,这一时期耕地面积应当大体保持不变,而到了隋文帝开皇九年(589年),全国耕地面积一下子跃升到19.4亿亩,增加了一倍多,多出来的部分,最重要的应该是长期开发江南所增加的。

汉末至隋初数百年的战乱虽然严重削弱了生活资料的供给,但江南的开发恰好弥补了这一不足,所以人口总数才能重新回到5000万的梯级。

江南地区深度开发,宋朝人口总数跃上1亿新梯级

唐宋以后经济进一步发展,不仅社会相对稳定,而且江南的开发进一步持续,这为生活资料的不断积累创造了条件,在社会总供给量不断增加的推动下,人口也在不断增长,到宋朝时人口总数跃上了1亿的新梯级。

在主要依靠传统农业的情况下,养活1亿人并非易事,除生产技术的进一步提高、水稻等新品种作物的进一步推广外,各地区的均衡发展,尤其江南地区的深度开发功不可没。据《中国人口史》的研究，南宋时今江西省辖区内的人口达到了1025万，而同期河北省仅为466万，江南地区后来居上。

1亿的人口梯级一直保持到清初，抛开其间因王朝更迭而出现的暂时人口下降外，人口总数基本上又稳定了数百年，人口增长出现新的停顿，意味着生活资料供给又出现了新的瓶颈。

经济因素对人口的梯级变化起到制约作用

在此之前一直强调农业的重要性，但在经济结构中农业并非唯一构成，自然经济条件的小农经济无法支撑起一个强大的国家，所谓"生活资料"，也并非吃饱穿暖那么简单。宋、明之间人口出现了新的徘徊，与经济结构矛盾不无关系。这是一个由量到质的转变，意味着供需矛盾出现了新变化，明朝中期以后出现的消费变化更能说明问题。

明朝中期开始，人们的消费观逐步由朴素变为追求享受，一些原本只有皇室、贵族和官员才有资格享受的衣食住行逐渐走向商业化和世俗化。从饮食消费看，一部分富裕家庭开始讲究起来；从服饰消费看，人们逐渐突破了原有的服饰制度，富裕人家竞尚奢华；从住房消费看，不仅房舍等第之分不断被突破，而且在江南又兴起了"园林热"，由士人带动，富商跟进，私家园林被大量修建。除此之外，还兴起了"旅游热"，一些钟情山水的文人或结伴或独行，遍游山川，出现了徐霞客等一批旅行家和沈周、唐寅那样喜欢自然山水的画家。

这种"消费升级"现象是之前历代所没有的，与当时世界范围内的经济变革不无关联。当时欧洲一些国家正在经历着一场工业革命，传统农业已退出经济的主导地位，手工业、服务业快速发展，这种现象既是经济发展的必然结果，也改变了人们的生活状态和生活方式。

但是，中国受到了这个潮流的影响却没能跟上这个潮流，由于经济政策的保守和失误，明朝在这一轮经济结构调整中总体是失败的，传统农业依然占据了国家经济90%以上的份额，生产效率难以得到提升，整个明朝二百多年间GDP（国内生产总值）增速平均不到0.3%，不仅经济总供给量不足，供给的结构性矛盾也十分突出。

历史有巧合，但更多情况下是必然。政治的好坏、战争的胜负以及关键历史人物的出现固然可以影响王朝更替的频次和方式，进而影响到人类自身的发展，但把时间的维度拉长到百年、千年以上，就可看出一些更为宏观的规律。

从数千年中国人口增长的几次梯级变化可以看出，真正起制约作用的还是经济因素，经济增长提供了更多的生活资料，从而促进了人口的增长，但经济增长又不可能永远按照一个速度持续向前，它受到多种因素的制约，经济发展取得一次突破后又会遇到新的瓶颈，形成新的"供给约束"，这大概才是左右历史发展进程的关键。

新的"供给约束"既有量的一面，也有质的一面，当人们

中国古代人口记录摘录（万以下四舍五入）

汉	元始二年	公元 2年	5 959万口	《汉书·地理志》
晋	太康元年	280年	1 616万口	《晋书·地理志》
隋	大业五年	609年	4 602万口	《通典·食货·历代盛衰户口》
唐	天宝十四年	755年	5 292万口	同前
宋	大观四年	1110年	2 088万户	《宋史·地理志》
金	昌明六年	1195年	4 849万口	《金史·食货志》
元	至元二十八年	1291年	5 985万口	《元史·世祖本纪》
明	永乐元年	1403年	6 660万口	《明成祖实录》卷二十六
清	顺治十二年	1655年	1 403万丁	《清世祖实录》卷九十六
	乾隆六年	1741年	14 341万口	《清高宗实录》卷一百五十七
	乾隆二十七年	1762年	20 047万口	同前，卷六百七十
	乾隆五十五年	1790年	30 149万口	同前，卷一千三百六十九
	道光二十年	1840年	41 281万口	《清宣宗实录》卷三百四十三

▲将时间维度拉长到百年、千年以上，就可看出一些更为宏观的人口增长规律。图为《中国大百科全书》所载汉朝至清朝"中国古代人口记录摘录"。

不再只满足于基本生存需要时，影响人口增长的"生活资料"便出现了新的内涵。改善供给既要重量也要重质，这使突破"供给约束"变得越来越困难，但每一次梯级性突破都会迎来数百年持续的新发展。

本文发表于2016年1月25日《北京日报·理论周刊》文史版，原题为《论中国古代人口梯级增长的"供给约束"》，作者为文史学者

管仲"以商治国"为何不能长久

陈忠海

管仲被认为是中国历史上一个成功的改革家,也是商人从政的成功代表。在他的主持下,齐国进行了一场内容丰富的综合性改革,使偏于一隅、不占优势的齐国成为春秋时期第一个称霸的国家。然而,齐国"一世而衰",管仲创造的奇迹未能像商鞅变法那样使一个国家持续强盛。

不被看好的"另类"改革者管仲

春秋时期,齐国的齐桓公是个有政治理想的人,他既想坐稳国君的位子,又想在诸侯争霸中抢得先机,但摆在他面前的现实却与目标相去甚远。齐桓公知道要实现自己的目标必须任用能人,他看中了一个人,名叫鲍叔牙,但鲍叔牙认为自己的才能只够辅佐齐桓公做一个守成之君,无法实现其称霸的梦想,于是推荐了自己的好朋友管仲。齐桓公于是拜管仲为国相。

按照当时的标准,管仲实在不是国相的理想人选:他家境贫寒,并非世家贵族;早年为谋生与别人合伙做过一些小生意,每次总因为多占红利而让伙计们看不惯;参军打过仗,每次冲锋都躲在后面;做过几次小官,每次都因为表现一般而被免职……一个出身低下的商人,一个连本职工作都做不好的人，把整个国家交给他治理，这不是开玩笑吗？

但是，齐桓公费尽心思把管仲接回齐国，在他没有脱下囚衣时便迫不及待地宣布了国相的任命。齐桓公最关心的是如何称霸，他为此向管仲求计。管仲要他别急，因为称霸之前必须先做好几件事。

管仲认为要称霸先得兵强，要兵强先得国富，要国富先得民足，所以他的改革逻辑很简单。管仲认为"凡治国之道，必先富民"，作为一名商人，理财是管仲的强项，他改革的重点首先放在了经济领域。

为解决"民足"问题，管仲提出了"六兴之策"：辟田畴、利坛宅、修树艺、劝士民、勉稼穑、修墙屋，这是"厚其生"；发伏利、输滞积、修道途、便关市、慎将宿，这是"输其财"；导水潦、利陂沟、决潘渚、溃泥滞、通郁闭、慎津梁，这是"遗其利"；薄征敛、轻征赋、弛刑罚、赦罪戾、宥小过，这是"宽其政"；养长老、慈幼孤、恤鳏寡、问疾病、吊祸丧，这是"匡其急"；衣冻寒、食饥渴、匡贫窭、振罢露、资乏绝，这是"振其穷"。

▲管仲（？—公元前645年），名夷吾，春秋初期政治家、改革家。图为明朝文献学家、藏书家王圻及其子王思义撰写的百科式图录类书《三才图会》（又名《三才图说》）所载管夷吾像。

也就是通过全面搞活经济、鼓励生产、减轻赋税、调节贫富、加强社会救助等使百姓充分富足，在这一系列措施中尤其以大力发展手工业和商业、推行自由贸易、鼓励消费等最为引人瞩目，作为两千六百多年前的一场综合性经济改革，其技术层面具有划时代的先进性。

通过这些措施，"民足"很快得以实现，齐国的经济出现了繁荣，但"民足"不等于"国富"，在缺乏有效制度安排下，社会财富只会向贵族、大臣等既得利益者集中，管仲也深知这个道理，所以在搞活经济的同时推出了"四民分业""官山海"等措施，保证了国家财富的积累。经济发达、贸易繁荣为国家带来了丰富的税收，盐铁专卖等又使国家增加了额外收入，齐国的经济实力大为增强，迅速成为"经济强国"。

富国强兵，管仲改革收奇效

"民足""国富"为"兵强"提供了经济基础，在齐国的军事建设方面，管仲同样推行了改革，不仅扩充军备，而且从体制上加强了国家对军队的控制力。

过去，由于行政权、财权的分散，军队实际上分散地掌握在贵族、权臣们的手中，国君对外用兵必须与他们商量，常常遇到讨价还价的情况，这样的军队自然缺乏战斗力。为解决这个问题，管仲提出了"乡里建设"的构想，把齐国分为十五个乡，每乡分为十个连，每连分为四个里，每里分为十个轨，每轨由五户构成。如果每户征兵一人，每个乡就能征兵两千人，把五个乡的兵源集中在一起就是一万人，编为一个军。

这样齐国的常备军就有了三个军，总兵力保持在三万人左右，这个数字在后世也许不值一提，但在当时的诸侯国里绝对是了不起的规模。不仅军队的数量可观，而且士兵按照"乡里制度"层层征召上来，打破了原有的权贵垄断，国家此时也有能力提供军费支出，所以这支军队被牢牢地掌握在了国君的手中。

齐桓公终于可以用这支军队称霸天下了，但齐国的争霸之路与后世许多国家不同，它很少四处征伐，而是用诸侯会盟的形式体现霸主的权威。公元前681年，齐桓公在鄄地召集宋、陈、蔡、邾四国会盟，在春秋时代第一个代替周天子充当盟主。在这次会盟中，齐桓公因为打出"尊王攘夷"的旗号而受到周天子的肯定和赏赐，齐桓公于是成为春秋时代的第一个霸主。

公元前656年，齐桓公率领各诸侯国的联军进入楚国，质问楚国为何不按时向周天子进贡祭祀所用的茅草，在强大的军事压力下，楚国不得不低头认错。齐桓公在位四十二年，其间真正的对外打仗只有两次，一次为保卫燕国击退山戎，一次为保卫邢国击退狄人，而主持诸侯会盟有九次之多。

"九合诸侯，一匡天下"的奇迹成为以后乱世争雄者们的梦想，曹操在《短歌行》中赞叹道："齐桓之功，为霸之道。九合诸侯，一匡天下。一匡天下，不以兵车。正而不谲，其德传称。"

经济不稳定,"管仲奇迹"未能持续

然而,齐国的辉煌仅昙花一现。

公元前644年(一说公元前645年)管仲去世,临终前向齐桓公推荐隰朋任国相,不巧的是隰朋这一年也死了,与他有"管鲍之交"的好友鲍叔牙也死于该年。第二年齐国就发生了内乱,齐桓公被软禁后活活饿死,死后六十多天竟无人知晓,其后晋、楚、吴、宋等诸侯国先后崛起,齐国陷入长期低迷。

齐国为何"一世而衰"呢?有人认为主要原因是用人不当,齐桓公晚年出现了竖刁、易牙、开方等小人,他们最后祸乱了齐国,正是齐桓公用人不当、管仲荐人不力导致了小人弄权,齐国迅速由辉煌走向了衰落,所以北宋文学家苏洵在《管仲论》中说:"故齐之治也,吾不曰管仲,而曰鲍叔;及其乱也,吾不曰竖刁、易牙、开方,而曰管仲。"

还有人认为主要原因是制度建设问题,管仲的改革多为人治而非法治,许多改革措施没有像商鞅变法的二十等爵制、户籍制、什伍连坐制那样成为制度固化下来,今后无论谁执政都不影响政策的执行,而齐国随着改革决策者和主要推动者的离去,改革事实上也消失了。

这些说法各有道理,但或许并不是问题的要害,"管仲奇迹"未能持续,更重要的原因也许与改革措施本身相关。管仲善理财、以商治国,固然创造了经济的繁荣,国家财力因此大增,甚至打造出了数量可观、装备优良的军队,但这些繁荣和强盛又是脆弱的。

齐国创造了对内对外贸易的繁荣，因此赚了很多钱，然而商业的本性是重交易而轻生产，这增加了经济的不稳定性。又因为商业获利更容易，人们既然可以通过这条渠道致富，就会把它作为优先方向，大家不仅不羡慕繁重的生产劳动，更不会冒着生命危险去战场上厮杀以博取向上晋升的机会，这是以商治国的弊端，至少在那个时代"商战"不如"耕战"更为坚实、牢靠。

齐国拥有大量的甲士和战车，但无法解决"为谁而战"的问题，这是机制造成的。也许管仲看到了这一点，所以他曾提出了著名的"利出一孔"思想，强调国家对百姓和一切社会资源的绝对控制，强调百姓希望得到的一切都由国家来掌握、分配和赐予。但仔细考察一下，这句话也许只是一种主张而非业已达成的现实。

在一个重商主义和自由贸易盛行的社会，很难完全控制人的思想、利益和欲望，自然也无法完全控制人的行动，"利出一孔"更像是为争取君王对改革的支持而提出的口号。对一个国家来说，民不富、国不富是"万万不能的"，但只有民富、国富也不是"万能的"，由民富、国富到兵强、国强再到实现持续强盛，有时候差的还真不是一两步。

本文发表于2016年3月21日《北京日报·理论周刊》文史版，原题为《管仲改革：重商主义带来脆弱的霸业》，作者为文史学者

吴起变法为什么会失败

孙立群

吴起在魏文侯死后因内部纠纷来到楚国，被楚悼王任命为令尹，主持变法。与其他国家相比，楚国旧贵族保守势力强大，他们把持许多重要职位，而且盘根错节，动弹不得。吴起是一位勇敢的改革家，他分析楚国的局面，对楚悼王说："大臣太重，封君太众。若此，则上逼主而下虐民。此贫国弱兵之道也。"他把魏国改革措施运用到楚国，对楚国的贵族保守势力予以猛烈打击。

一个理想主义者的改革：雷厉风行，大刀阔斧

吴起变法的内容主要有两条：第一，废除贵族世卿世禄的特权，规定封君"三世而收爵禄"，即贵族只要传了三代的，一律收回封爵和俸禄、世袭特权。吴起还将居住在京城的贵族迁往荒凉地区。第二，整顿吏治，淘汰冗官。吴起提出"罢无能，废无用，损不急之枝官"，精简机构，还要求官吏"私不害公，谗不蔽忠""塞私门之请，一楚国之俗"。将省下的行政经费用于训练军队，"要在强兵"。

吴起变法的劲头之大、勇气之足，实属罕见。他是一个理想主义者，恨不得一下子将旧贵族势力全部扫清，使国家迅速强大起来。然而，事与愿违，吴起的目标并没有实现。他的变法仅过一年，支持他的楚悼王死去，对吴起心怀不满的贵族、宗室大臣就按捺不住，聚集起来，杀死吴起，并将他车裂。吴起之死是悲壮的，他是中国历史上第一个为改革事业献出生命的人。他雷厉风行、大刀阔斧式的作风也为后人所称颂。的确，吴起立志改革的精神值得肯定，在战国，不改革只有死路一条。

缺少群众基础，吴起变法很难走远

有的学者将吴起变法失败的原因归结为楚悼王死得太早。我看这只是一厢情愿。首先，中国古代是人治社会，人在政在，人亡政息，社会改革得以进行主要是国君有变法图强的愿望。若国君保守，不支持改革，仅凭改革家是无济于事的。支持吴起的楚悼王早死固然可惜，但新上台的国君是什么态度呢？还是未知数。因为楚悼王刚去世，吴起就被贵族杀掉了。吴起死后，变法失败，楚国又回到原先的状态。同样，在秦国，支持商鞅的秦孝公一死，商鞅的政敌也立即反扑，商鞅

▲吴起（？—公元前381年），战国初期军事家、改革家，与孙武并称"孙吴"，著有军事典籍《吴子》。图为清朝丁善长所绘《历代画像传》所载吴起为士兵吮吸疽疮的故事，清朝光绪二十二年（1896年）刊本。

被车裂。总之，在中国历代王朝，能否实施改革，握有实权的最高统治者的态度至关重要，他们若无决心，缺少魄力，下面的人再积极也没有用。

从吴起变法的内容看，基本是在政治层面。政治改革无疑是改革中的核心问题，它涉及国家选人、用人和重要制度的建立。然而，在中国古代，政治改革多在统治阶层进行，对于老百姓而言实在天高皇帝远，人民关心的还是生活问题、温饱问题，吴起变法没有涉及与人民利益相关的经济问题是一大缺憾。在当时，不扶持小农经济，不保障农民利益，就得不到人民的支持。比如魏国，李悝颁布"尽地力之教"，西门豹实行"藏粮于民，寓兵于农"，都使农民切实得到了好处，这就使改革有了稳定的社会基础。吴起变法缺少这方面内容，如同一个人缺了一条腿，不可能走得太远。照吴起的思路，只抓政治，不抓经济，只抓军事，不抓民生，再给他几年的时间，国家也好不到哪儿去。

简单粗暴，激化矛盾，注定了吴起变法的悲剧

楚国是一个贵族保守势力很大的国家，错综复杂的宗法关系、人际关系，使得既得利益集团树大根深，要想触动他们，扫除他们的势力，必须掌握轻重缓急，从薄弱环节入手，而不能简单草率，必须有破有立。比如，他废除贵族世卿世禄制，"三世而收爵禄"，这是对西周以来宗法制度"五世则迁"的重要修改。可以估计，当时爵禄传承三代的贵族一定不在少数，他们执行的是老祖宗定下的传统。而吴起竟断然宣布，从即日起爵禄传至三代者不再下传！贵族丧失了爵禄，要不要给予安置，或者帮他们找个出路？不仅没有，而且"迁往广虚之地"——流放到荒无人烟的地方！这实在有些不近情理了。什么事情容易激起剧烈的矛盾冲突？莫过于断了人家的生路，使其生计出了问题。其实，对这些旧贵族可以用缓和的手段和办法，有节奏、有分寸地逐步解决，不要扩大矛盾，不要打击面过宽。而吴起大刀阔斧，不管不顾，使许多并非敌人的贵族利益受到损害，对吴起恨之入骨，最后导致楚悼王死后仅三天，尸骨未寒，吴起就被贵族们杀死并车裂。

以往一些研究吴起变法的学者说，吴起变法之所以失败是因为吴起对旧贵族的打击不够坚决，镇压不够彻底。我说，非也。是他打击面过宽，办事过于简单粗暴，迅速激化了矛盾。西汉史学家司马迁说吴起"行之于楚，以刻暴少恩亡其躯。悲夫"，意为吴起到楚国执政却因为刻薄、暴戾、少恩葬送了自己的生命。从性格看，说吴起"刻暴少恩"并无不确之处，这是吴起的性格，也是法家的性格。吴起的悲剧很值得我们深思。

本文发表于2015年10月26日《北京日报·理论周刊》文史版，原题为《急进的政治改革易夭折——吴起变法研究札记》，作者时任南开大学历史学院教授、博士生导师

战国时期魏国为何能够首先崛起

张国刚

三家分晋之后，魏国成为战国时期首个崛起的大国。魏国崛起的原因是多方面的。就"天时"而言，当时的秦国还在沉睡，齐国国君大权旁落，楚国内乱不止，魏国四周无强敌。就"地利"而言，魏国横跨黄河南北，主要领地包括今日之山西南部、河南北部，以及河北和陕西的部分地区，都是当时经济、文化最发达的中原区域。但最重要的还是"人和"因素，魏文侯、魏武侯父子两代国君，在开国之后数十年，积极有为，励精图治，讲信修睦，使魏国成为强盛一时的大国。

原因一：内政外交，"人和"至上

先说外部的"人和"。在外交政策上，魏文侯致力于三晋结盟，营造和平的环境。韩国曾前来借师伐赵，赵国也曾想借师伐韩，魏文侯采取和事佬的态度。"韩借师于魏以伐赵。文侯曰：'寡人与赵，兄弟也，不敢闻命。'赵借师于魏以伐韩，文侯应之亦然。二国皆怒而去。"开始，韩、赵都不满于魏国。后来，知道魏文侯是希望两家和平友好，"皆朝于魏"。魏国促成了三晋结盟，自己因此成为盟主，"诸侯莫能与之争"。

在内部的"人和"上，首先是通过改革，化解矛盾；其次注意识人、用人,儒法并用,不拘一格,调节好各方面的利益关系。

战国的改革自三晋始。三晋之中,魏文侯首用李克(一般认为李克即李悝)变法。李克(公元前455—前395年)变法的宗旨是为了富国强兵,所谓"尽地力之教"就是国家鼓励垦田、激励农耕。他颁布的《法经》,"以为王者之政莫急于盗、贼",即要有效保障百姓的生命权和财产权。《法经》曾被商鞅带到秦国,是商鞅变法的指导思想。《晋书·刑法志》说:"秦汉旧律,其文起自魏文侯师李悝(克),悝(克)撰次诸国法,著《法经》。"又说:"商君受之以相秦。"李克出自儒家,又是法家的鼻祖。钱穆在《先秦诸子系年》的"序"中说,法家固然起源自儒家("法原于儒")。这是有一定道理的。儒家思想只要务实,用于治国实践,就不能没有法治手段。汉朝以后号称崇儒的政治家(唐太宗)、政论家(贾谊)莫不如此。而其源头则出自魏文侯的老师李克。

原因二:用人得当,各取所长

《史记》和《资治通鉴》都津津乐道李克的一则逸事。一天,魏文侯向李克请教国相人选:"先生总是告诉寡人,家贫思良妻,国乱思良相。魏成与翟璜这两位大臣,先生看哪一位更适合担任国相?"李克没有说具体人选,只谈了谈自己对识人的看法:"居视其所亲,富视其所与,达视其所举,穷视其所不为,贫视其所不取。"也就是说,要细致地观察他的行为:

居常看他亲近谁，富贵看他结交谁，显赫看他保荐谁，困顿看他何事不为，贫穷看他何利不取。李克说："凭这五条您就足以确定国相人选了，何必征求我的意见！"魏文侯大喜，说："先生回去吧，我知道选任谁做国相了。"李克的这一套识人术在春秋战国时代不乏类似表述，后代也流衍甚广。其核心思想，一是行胜于言，二是人以群分。

刚出门，李克就碰到了翟璜。翟璜笑眯眯地问："听说今天国君就选相一事征求您的意见，结果是谁啊？"李克说："我猜测国君会选择魏成。"翟璜唰地变了脸，愤愤不平地说："我哪一点比不上魏成？"

魏成、翟璜的差别在哪儿呢？魏成把自己的绝大部分俸禄用来搜罗人才，向国君推荐了卜子夏、段干木、田子方。这三个人都是大名鼎鼎的儒门高手。卜子夏是孔子的得意门生，在孔子最优秀的学生中，他以"文学"见长。有人甚至认为，《论语》的编纂就出自子夏及其门人之手。子夏在魏国讲学授业，创立了一个"西河学派"，其中不乏经世英才。李克崇尚法治，兼习儒术，大概就受到子夏等人的影响。汉武帝之前，儒家思想不曾被统治者真正奉行过。有之，则从魏文侯始。魏文侯师从子夏学习经艺，向隐居不仕的段干木请教治国之道，聘著名儒商子贡（孔子爱徒端木赐）的入室弟子田子方为客卿，引起当时诸侯震动，"文侯由此得誉于诸侯"。《史记·魏世家》记载，秦人曾欲伐魏，有人提醒："魏君礼敬贤人，仁爱国人，上下和合，未可图也。"

当然，翟璜也向国君推荐了许多优秀干才。比如，西河郡守名将吴起，治理邺地的能臣西门豹，攻打下中山国的大将乐羊，乃至太子的师傅屈侯鲋等。这些人都是杰出的文臣武将，各有所长。于是，我们就发现，魏文侯治国用了两种不同类型的人才。卜子夏、段木干、田子方有道德上的优势，儒家自律比较严，同时还有战略上的开阔视野，追求修身、齐家、治国、平天下。他们是帝王之师，"坐而论道者

▲魏国国相翟璜曾向魏文侯推荐了西门豹、屈侯鲋等优秀人才。西门豹曾任邺令，政绩突出。图为清朝藏书家顾沅辑录、孔莲卿绘像《古圣贤像传略》所载古邺令（西门豹）像，清朝道光十年（1830年）刊本。

也"。而吴起、西门豹在不同岗位上各司其责，是分而任事者也。根据李克的说法："魏成推荐的人，国君以之为师；你翟璜推荐的人，国君以之为臣。你识人的眼界，还是比魏成差一截。"翟璜认同了李克的说法，为先前的失态向李克道歉。

原因三：有识之士，得力助手

治国理政，需要各种人才。"五常异禀，百行殊轨，能有兼偏，智有短长。"（《人物志》）李克认为，国君不仅需要各行各业的干才，更需要能够帮助其提升境界和格局的指导者。下面这两则故事可以说明这一点。

一次，魏文侯与田子方在一起吃饭，欣赏音乐。魏文侯说："钟声不和谐，左边的声音好像略高。"田子方只是笑笑，没有吱声。魏文侯迷惑地问："你笑什么？难道不是这样吗？"田子方说："臣听说，为君者致力于辨官，不着意辨音。如今主公着意辨音，臣担心会忽略对官员的识辨。"田子方的意思是说，为君之道，无非用人任事，国君关注的重点应在用人是否适当，不宜对臣下的具体工作做即兴式品头论足。田子方不愧是儒商子贡的高足，深谙领导艺术。

还有一次，魏文侯的嗣子魏击（约公元前432—前370年）路遇田子方，下车伏谒施礼。田子方并没有还礼。魏击很不高兴，冲着田子方大声嚷道："富贵者骄人乎？贫贱者骄人乎？"意思是说，是富贵者可以高傲，还是贫贱者可以高傲呢？田子方平静地回应道："当然是贫贱者可以，富贵者不能。诸侯傲慢失其国，大夫傲慢失其家（封邑）。失去国家和封邑，要想重新获得就没有那么容易了。我是贫贱之人，言不听，计不从，拔腿就走，到哪里去不是贫贱呢？！"魏击，即后来的魏武侯，犹如被当头棒喝，赶紧向田子方谢罪。

田子方教导太子的道理也发人深省。有担当、有事业、对未来有期待的领袖人物，应该比他人更自律、更克己。北宋司马光《稽古录》卷十六《历年图序》，相当于《资治通鉴》的大纲。他在文中论及五种不同的人君：创业之君、守成之君、陵夷（出现危机谓之"陵夷"）之君、中兴之君、乱亡之君。这些人君的差别不全是因为才能有高下，更取决于其自我约束和自我管理能力的差异。司马光认为，同样是中等才能，能够自我约束，即可守住家业不坠，是为守成之君；倘若不能自修，就会出现衰败的危机，是为陵夷之君。领导首先要学会管理自己，说话、处事、为人，要比一般人更加严格要求自己，才能在更高的平台上，管理更宏大的事业。

魏文侯治国理政，不仅有成就，而且有经验。这些经验构成了中国古代明君治国的微型标本。

本文发表于2015年4月27日《北京日报·理论周刊》文史版，原题为《古代人才兴国的微型标本》，作者时任中国唐史学会会长、清华大学历史系教授

汉初"郡国并行"为何行不通

张国刚

汉朝建国时期的制度设计中,有一项基本的政治安排——"郡国并行",即封国与郡县并行,既有周朝的封建制,又有秦朝的郡县制。这种政治生态在几十年后,汉景帝即位初年,引起一场大祸。以吴国与楚国为首的诸侯王发动叛乱,提出"清君侧,诛晁错"的口号。

如何评价汉初"郡国并行"?我们必须从汉初的政治生态谈起。

刘邦为何搞"郡国并行"

公元前221年,秦始皇统一六国,采纳李斯的建议,海内皆郡县,废除了封建制度。刘邦在打天下过程中,有两类帮手:第一类是"职业经理人",比如萧何、张良,此类人战后论功行赏,最高就是封侯拜相,出任各种职务;第二类是大小"股东",分割汉王朝的"股权",他们被分封为诸侯王。从形式来说,刘邦只是这些诸侯王推举的"董事长":"(汉王)正月,更立齐王信为楚王,王淮北,都下邳;封魏相国建城侯彭越为梁王,王魏故地,都定陶。……诸侯王皆上疏请尊汉王为皇帝。二月甲午,(汉)王即皇帝位于氾水之阳。更王后曰皇后,王太子曰皇太子。"皇帝随即下诏：封吴芮为长沙王，无诸为闽越王。

细读这一段文字可知，名义上刘邦这个皇帝是大家推出来的。然而，形式上由韩信带头推举刘邦为皇帝，这确实是中国历史上唯一的一次，前不见古人，后不见来者！这种看似形式主义的东西，背后体现的是时人对于政治体制的认识和当时的政治生态。公认的道理是，一起打天下，就应该"分封"，由共同打天下的英雄瓜分利益是合法合情合理的。或者说，刘邦赢了天下，分封异姓王，这是必须的！

为什么又要分封同姓王？目的是屏藩中央。这种屏藩作用，在吕后去世、文帝刘恒即位的政局博弈中就体现出来了。吕禄、吕产等"吕家帮"掌控朝廷大权时，最先起兵发难的就是齐王刘襄（刘邦的长孙），琅琊王刘泽也始终站在维护中央皇权的立场上。远在代国的中尉宋昌剖析政变后的时局，认为长安主政的元老，只能拥立刘家人为帝，所列举的几条理由中，老刘家统治得人心等"软实力"之外，属于"硬实力"的就是同姓王的威慑力："高帝封王子弟，地犬牙相制，此所谓

▲刘邦（公元前256或前247—前195年），字季，西汉王朝建立者，公元前202—前195年在位。图为清朝拓本《历代君臣图鉴》所载汉高祖刘邦像。

磐石之宗也，天下服其强"；"外畏吴、楚、淮阳、琅琊、齐、代之强"。

如果说，周政分封制是王道，秦政郡县制是霸道，那么，刘邦的霸王道杂之——"郡国并行"，也是"应时"之举，顺势而为，在巩固汉初政权中发挥了重要作用。

弊端：尾大不掉之患

任何正确的制度、理论，只有与一定的历史时空条件结合起来才有意义。汉初的同姓分封也是这样。

同姓分封在文景时代已经显露出弊端。这就是尾大不掉，中央不能掌控地方。各个诸侯国内部并不是贵族式封邑制，而是集权式郡县制。因此，汉朝的封国的发展，其结果不是中央制服地方，就是地方作乱取代中央。

文帝即位不久，贾谊的《治安策》就敏锐地观察到中央与地方关系的不正常："天下之势方病大瘇。一胫之大几如要，一指之大几如股。"他尖锐地提出，解决诸侯王坐大的问题刻不容缓。贾谊写这篇文章之前，已经发生了文帝之亲弟淮南王刘长称东帝、文帝侄子济北王刘兴居举兵为乱的事件。文帝的太子刘启（后来的景帝）失手打死吴王太子，吴王刘濞怨恨，颇有丑言，拒绝朝觐。晁错从中敏感地察觉到，诸侯有谋反之心。

晁错官为太子家令，是太子宫中事务总管，号称"智囊"。文帝十五年（公元前165年），晁错在给文帝上疏中，提出了两个建议,第一是加强武备,第二是发展农业生产。解决了兵和粮的问题,也就有了解决诸侯王割据问题的物质条件。文帝对于晁错的建议持褒奖态度,并且立即下诏施行。景帝即位不久,晁错被擢升为御史大夫,加紧了削弱诸侯王的行为,以各种罪名削减诸侯王封地。景帝三年(公元前154年),削去楚王刘戊的东海郡。"前年,赵王有罪,削其常山郡;胶西王卬以卖爵事有奸,削其六县。"晁错还建议削去吴王刘濞的会稽郡、豫章郡:"今削之亦反,不削亦反。削之,其反亟,祸小;不削,反迟,祸大。"正是在这种情况下,激起了吴楚七国之乱。

回归:海内皆郡县

吴楚七国之乱,很快就被周亚夫率领的朝廷军队平定,历时不过三个月。吴王刘濞自杀,楚王刘戊、赵王刘遂、济南王刘辟光、淄川王刘贤、胶西王刘卬、胶东王刘雄渠,或被杀或自杀。七国中六国被废。

汉景帝进一步加强中央权力,削弱诸侯王的势力。关键措施之一是采取稀释策略,扩充封国数量,缩小单个封国的版图。汉景帝十四个儿子中,十三个被分封为诸侯王,相当于实质上落实了贾谊早就在《治安策》中提出的削藩主张:"欲天下之治安,莫若众建诸侯而少其力。力少则易使以义,国小则亡邪心。"措施之二是削弱诸侯王治国的行政权力,国相以下的官吏,均由朝廷派遣,诸侯王只是获得封国的赋税收入,军政事务均由朝廷派遣的官员主掌。

汉武帝时期进一步的削藩措施，主要有二策。一策是采纳主父偃的建议，施行"推恩令"，给稀释政策披上仁孝的外衣（推恩），而且更加制度化，便于操作：诸侯王嫡长子继嗣王位之外，其余兄弟亦当推恩，均沾先王之福荫，即嗣王需让出一半的疆土和人民，分给其余兄弟。这样数代之后，王国不断变小。另一策是严惩违法乱纪的诸侯王，治其罪而废其国，例如，淮南王、齐王、燕王都是因为过失而被取消封国。这样到西汉灭亡，即使还有一些很小的国王（如阳城王刘章的后代，一直存续到汉末新莽时期），也不复诸侯王的本来样子，只是一些衣食租税的贵族罢了。秦始皇时代的海内皆郡县，经过一百年左右的沧桑，在汉武帝时代以更成熟的制度重新巩固下来！

西汉以后王朝，是行郡县制还是分封制，仍然有所反复。"八王之乱"却葬送了西晋王朝。明初朱元璋的分封，也给燕王朱棣起兵"靖难"，篡夺皇位提供了条件。因此，中国历史反复地证明，中央集权下的郡县制，是适合中国国情的行政体制。

本文发表于2020年7月20日《北京日报·理论周刊》文史版，原题为《从"郡国并行"到"海内皆郡县"》，作者时任清华大学历史系教授

《史记》中的外交"史迹"

王子今

通过政治文化视角，观察国家治理效果，《史记》保留了许多行政史的记录。《史记》所考察和记述的内容，包括"兴师""讨伐""强乘弱""威而服"的战争场景，也包括"会盟"等外交形式。《史记》又有《六国年表》，同样载录战国时期七雄兼并，"征伐会盟"，即战争史和外交史两方面的内容。在"海内争于战攻"之战场角逐的另一面，更有外交方面的智慧展示。

《史记》记载外交活动多达十九次

我们看到，在"春秋无义战"（《孟子·尽心下》）、"五霸更盛衰"（《史记·太史公自序》）的东周前期，已经多有"会""盟""会盟"的史事记录。如《史记·秦本纪》记载："（秦桓公）十年，楚庄王服郑，北败晋兵于河上。"随即有"会盟"行为，"当是之时，楚霸，为会盟合诸侯"。"会盟"，经常是成就霸业的标志。随后，秦桓公二十四年（公元前580年），"晋厉公初立，与秦桓公夹河而盟。归而秦倍盟，与翟合谋击晋"。秦桓公与晋人"夹河而盟"之后，随即撕毁盟约，"倍盟"，即背弃外交约定，会同"翟"人合力"击晋"，致使晋军反击。"二十六年，晋率诸侯伐秦，秦军败走，追至泾而还。"所谓"晋率诸侯伐秦"，也应当是经过了"盟"的程序。

在战争激烈的年代，"会盟"的记录也最为频繁。春秋时期，据说"秦僻在雍州，不与中国诸侯之会盟，夷翟遇之"，而到了战国时期，却成为中原会盟的积极参与者。《史记·秦本纪》记载，公元前308年，秦武王表示了"欲容车通三川，窥周室，死不恨矣"的愿望。事又见《史记·樗里子甘茂列传》及《战国策·秦策二》。秦武王于是与甘茂有息壤之盟，促成甘茂艰苦攻伐，占领宜阳。这是秦史中仅见的君臣之盟的史例。

自秦武王时代至战国时期结束，"以至于秦，卒并诸夏"（《史记·太史公自序》），《史记》记载各国间以"会"为基本形式的外交活动多达十九次。这是"会盟"活动最密集的历史时期。十九次中，有十八次都是秦与其他国家"会盟"。秦国在外交行动中的活跃，体现出与征战同样的积极性。

《史记》中的"好会"之谜

值得我们特别注意的是，战国时期的"会"中，有特别称为"好会"者。这应当是体现双方友好，会见主题、会谈环境、会话言辞都比较亲切和缓的"会"。

《史记》中几次说到"好会"。

《史记·齐太公世家》记载："（齐景公）四十八年，与鲁定公好会夹谷。"关于这次"好会",由于与孔子事迹直接相关,《史记·孔子世家》也有记录。太史公写道:"定公十年春,及齐平。夏,齐大夫黎鉏言于景公曰:'鲁用孔丘,其势危齐。'乃使使告鲁为好会,会于夹谷。鲁定公且以乘车好往。孔子摄相事,曰:'臣闻有文事者必有武备,有武事者必有文备。古者诸侯出疆,必具官以从。请具左右司马。'定公曰:'诺。'具左右司马。会齐侯夹谷,为坛位,土阶三等,以会遇之礼相见,揖让而登。"

这是一次著名的外交会见。由于孔子有突出的表现,被看作具有标志性意义的外交之"会"。"会"的正式进程中,出现了争执。孔子以看来颇为偏执、矫情的言辞宣传"君子之道",强调这一原则在礼仪形式方面的约束作用。他在"会遇之礼""献酬之礼"之外,就"乐""戏"表演的风格和形式提出了强烈的抵制意见,改变了"会"的气氛环境,致使齐景公"惧而动,知义不若,归而大恐"。齐景公自以为"有过",甚至退还了侵占鲁国的领土以"谢过"。

▲《史记》记载各国间以"会"为基本形式的外交活动十九次。《史记·齐太公世家》记载:"(齐景公)四十八年,与鲁定公好会夹谷。"图为南宋建安黄善夫家塾刊本《史记·齐太公世家》书影。

从"以会遇之礼相见,揖让而登""献酬之礼"等仪程,以及"奏四方之乐""奏宫中之乐"等安排看,"好会"通常应当营造亲和的气氛。"鲁定公且以乘车好往",大约在孔子建议"请具左右司马"之前,准备以更随意的方式赴会。由于孔子对"君子之道"的坚持,竟然令"好会"的发起者齐景公"惧""恐"不安。"好会"的效应看来并没有实现。史家记述此事,肯定了孔子坚守自己的文化原则。但是我们对于"好会"本来的情境,只能通过片段的记录进行推想。

渑池"好会":一件外交史标本

《史记》中记录的另一次著名的"好会",是秦王与赵王间的渑池之会。以此为背景,发生了蔺相如维护国家声誉的故事。

在蔺相如"完璧归赵"的故事发生之后,"秦伐赵,拔石城。明年,复攻赵,杀二万人"。随后,秦王主动提出与赵王"好会"。《史记·廉颇蔺相如列传》记载,"秦王使使者告赵王,欲与王为好会于西河外渑池"。赵王心怀畏惧,不愿赴会。而朝中文武重臣廉颇、蔺相如商议道:"王不行,示赵弱且怯也。"赵王于是启程,蔺相如随行。廉颇送至边境,与赵王诀别。廉颇说:"王行,度道里会遇之礼毕,还,不过三十日。三十日不还,则请立太子为王,以绝秦望。"商定接应回程的时间,并提出万一"不还"则立太子为王的预案,得到赵王的赞同。

"遂与秦王会渑池。秦王饮酒酣,曰:'寡人窃闻赵王好音,请奏瑟。'赵王鼓瑟。秦御史前书曰:'某年月日,秦王与赵王会饮,令赵王鼓瑟。'蔺相如前曰:'赵王窃闻秦王善为秦声,请奏盆缻秦王,以相娱乐。'秦王怒,不许。于是相如前进缻,因跪请秦王。秦王不肯击缻。相如曰:'五步之内,相如请得以颈血溅大王矣!'左右欲刃相如,相如张目叱之,左右皆靡。于是秦王不怿,为一击缻。"蔺相如随即要求赵国御史将其作为史实予以记录:"相如顾召赵御史书曰:'某年月日,秦王为赵王击缻。'"

蔺相如的机智和强硬,还表现在后来的争辩中。"秦之群臣曰:'请以赵十五城为秦王寿。'蔺相如亦曰:'请以秦之咸阳为赵王寿。'"一直到会面结束,"秦王竟酒,终不能加胜于赵"。同时,廉颇的高戒备防卫,也起到保障君臣和国家安全的作用。"赵亦盛设兵以待秦,秦不敢动。"

会见的约定,"秦王使使者告赵王,欲与王为好会于西河外渑池"。而渑池之会的细节告诉我们,"好会"的通常程式有"会饮""饮酒酣"等情节。而"鼓瑟""击缻"的音乐演奏,可能也是惯常节目。渑池"好会"或许可以看作一件外交史的标本。大概所谓"怒",所谓"欲刃",所谓"张目叱之"等情感动作表现,只是"好会"进行的异常情态。所有的外交之"会",可能双方都一心追求"加胜于"对方。面对秦国的军事强势,蔺相如智勇兼备,捍卫了国家尊严,也维护了国家利益。

大致可以说,"好会"语词很可能是《史记》的创制,也为太史公所习用。所谓"好会",透露出太史公的和平意识。作为对战国时期复杂的军事外交形势非常熟悉的史学家,"好会"一词的使用,也体现出他对成熟的外交理念、深度的外交智慧和灵活的外交技巧的肯定。

本文发表于2020年11月23日《北京日报·理论周刊》文史版,原题为《"好会":〈史记〉记述的和平外交》,作者时任中国人民大学国学院教授

诸葛亮为什么在用人上摔了跟头

黄朴民

中国传统政治中的一个重大弊端,是山头林立、党同伐异。一个人是否可信,是否能在政治上委以重任,很大程度上不是根据他的才能、本领,而是看他是否属于自己圈子里的人。这种用人上的圈子意识,不仅普通人摆脱不了,而且连睿智杰出的政治家也无法摈弃。

偏爱与私心使诸葛亮过于主观判断

三国时期政治家诸葛亮对马谡的器重与任用,非常典型地透射出这种经营自己势力、打造自己圈子的政治意识。诸葛亮与荆襄宜城马良兄弟关系十分密切。《三国志》本传裴松之注透露了这一点:"臣松之以为良盖与亮结为兄弟,或相有亲;亮年长,良故呼亮为尊兄耳。"这种亲密关系,自然要在政治安排上体现出来。马良在先主朝即深受重用,官至郎中。但不幸的是,在夷陵之战中,马良殁于阵中。诸葛亮失去马良,悲恸之情可以想见,于是把更多的关爱倾注到其弟马谡身上。

马谡也是了不起的人物,史称其"才器过人,好论军计"。诸葛亮对他器重有加,尽管刘备早已指出马谡"言过其实,不可大用,君其察之",但诸葛亮的偏爱与私心,使得他不以刘

诸葛亮为什么在用人上摔了跟头

备的提醒为意,重用马谡不避任何嫌疑:"犹谓不然,以谡为参军。"

诸葛亮与马谡的亲密,早已超越了工作关系的范畴,而进入了私人隐蔽的空间:"每引见谈论,自昼达夜。"这是一般部属无法想象、无法企求的殊遇。马谡自己也承认他与诸葛亮之间关系亲密:"明公视谡犹子,谡视明公犹父。"

▲诸葛亮(181—234年),字孔明,谥忠武侯,三国蜀汉政治家、军事家。图为清朝拓本《历代君臣图鉴》所载诸葛武侯像。

这种特殊的关系,加上马谡本人的才能,使诸葛亮对马谡寄予深切期待。而马谡在诸葛亮平定南中之役中建议采用"攻心"之策,为诸葛亮的取胜提供了最佳方案,使诸葛亮得以顺利平定南中地区的叛乱,消除了北伐的后顾之忧。通过这件事,诸葛亮更加欣赏马谡的才能,认定他是继承自己事业、保持荆襄势力在朝廷政治主宰地位的最佳人选。

圈子意识使诸葛亮在用人上犯下致命错误

为了巩固荆襄势力圈子,诸葛亮加快了起用马谡的步伐。诸葛亮知道,要进一步提拔重用马谡,光凭马谡充任副手(参谋长)这样的资历是不够的。马谡必须有充任主官、独当一面并在战场上立下赫赫军功的经历与成就,才可以堵塞天下悠悠之口，为马谡日后担当诸葛亮事业接班人创造必要条件。这样的圈子意识，使得诸葛亮在任用马谡问题上犯下致命错误。这就是在第一次北伐中原时，他弃魏延、赵云等能征惯战的宿将不用，而任用马谡充任前敌主帅。

问题在于优秀的参谋人才，不一定是合格的主帅人选。马谡作为参谋人才，参襄军事、辅佐主将无疑是合格的，但担当一军统帅却力有不逮。而他又偏偏遇上像张郃这样的名将，于是街亭一战，马谡损兵折将，丢失战略要地街亭，使蜀汉整个北伐作战陷入全线被动，"进无所据"。诸葛亮不得已下令还军汉中，轰轰烈烈的第一次北伐就如此以失败告终，而马谡本人也因此战役丧失了性命。

马谡失街亭，固然有拘泥兵法教条、不善于具体指挥作战的问题，但关键原因是诸葛亮本人在马谡的任用上没能做到"量才节任，随器付业"，把马谡放置到了他无法适应、无法践行的岗位上。诸葛亮如此英明的人物，却会犯这般愚蠢的错误，"授任无方"，其根源是他脑子里的圈子意识太浓厚，私心太重，在荆襄势力集团经营上过于投入，导致迷惘、糊涂。

诸葛亮终于在用人上摔了大跟头

诸葛亮因经营荆襄势力集团小圈子而在马谡任用问题上摔了大跟头。然而后来的历史演变表明，他似乎并没有从中真正汲取必要的教训。在荆襄、益州两大势力的平衡方面，很显然，他还是依托荆襄集团而有意无意地贬抑益州集团。所以，他宁愿起用凉州天水人姜维，也不愿将实权交付到有益州集团背景的人手中。应该说，诸葛亮的所作所为对日后蜀汉政治演变趋势产生了深远的影响。蜀汉政权作为以荆襄人士为主体的外来政权，与当地人士的磨合、协同似乎一直存在着问题。巴蜀之地的名流、官绅、豪强、士人对它的认同、拥护程度很可能是有一定保留的。

当日后司马昭派遣钟会、邓艾诸将统兵攻蜀时，诸葛瞻（诸葛亮之子）战死绵竹。而巴蜀等当地出身的官吏（如谯周等）却积极鼓动刘禅献城投降，就多少透露出个中端倪。道理很简单，占主导地位的荆襄集团不甘心丧失自己的权益，自然要殊死抵抗。而对长期受压，甚至多少被边缘化的益州利益集团来说，既然蜀汉政权本质上并非自己的政权，那么对它的生死存亡也就不必过于关心，改换门庭，转由曹魏来统治未必就是灾难。

本文发表于2019年3月11日《北京日报·理论周刊》文史版，原题为《都是朋友圈害的——论诸葛亮用人之失》，作者时任中国人民大学国学院教授

李世民独特的用人之道

王玉堂

纵观中国封建社会数千年的历史，不难发现，凡有成就的统治者，都在用人上有其独到之处。唐太宗李世民君临天下二十三年，一举开创了"贞观之治"的局面，他的成功，得益于"择善任能"。唐太宗的用人思想和主张，可以概括为以下几个方面。

认知清醒：为政之要，惟在得人

"入国而不存其士，则亡国矣。"选贤任能历来是治国安邦的头等大事。唐太宗曾不止一次地说过，"为政之要，惟在得人"，"能安天下者，惟在用得贤才"。在唐太宗看来，人才是无价之宝，是比任何东西都贵重的。战国时期的思想家墨子说过："归国宝，不若献贤而进士。"唐太宗更是认为，"任使得人，天下自治"，"与其多得数百万缗，何如得一贤才"！正是由于唐太宗对人才的作用有着如此清醒而深刻的认识，他不仅要求朝廷大臣"大开耳目，求访贤哲"，而且自己也处处留心，多方搜求，一旦发现，便破格任用。贞观三年（629年），唐太宗命令百官上书，议论朝政得失。中郎将常何向太宗提出了二十多条意见和建议，条条切中时弊。常何本是一介武夫，不

李世民独特的用人之道

通经史，怎么会有如此高明的见解？太宗不解，便问常何，常何告诉他这都是家臣马周出的主意。太宗立即召见马周进宫，由于相见心切，在马周未到之前，曾一连四次遣使催促。见面一谈，发现马周确有真知灼见，当即决定留在门下省任职，不久任监察御史，接着又提拔他担任中书舍人、中书令。马周见事敏捷，机智雄辩，谨慎周到，处事公允，深得太宗信赖和同僚们的好评。

胸怀宽广：为官择人，惟才是与

唐太宗用人，一向主张不记私仇，不分亲疏故旧。"吾为官择人，惟才是与。苟或不才，虽亲不用，襄邑王神符是也；如其有才，虽雠不弃，魏徵等是也。"这里提到的襄邑王李神符，是李世民的叔父，在创建唐王朝的过程中出过力，但他不会管理节制下属，而且腿脚有毛病，故太宗一直未予重用；魏徵原是太子李建成的主要谋士，曾多次劝说李建成除掉李世民。玄武门之变后，他成了李世民的阶下囚。当时，很多人猜想魏徵必死无疑。当李世民追问他为什么离间他们

▲ 唐太宗（599—649年），即李世民，在位二十三年（626—649年），开创"贞观之治"的局面，其成功得益于"择善任能"。图为清朝拓本《历代君臣图鉴》所载唐太宗像。

125

兄弟时,魏徵毫无惧色地说:"皇太子若从徵言,必无今日之祸。"李世民见魏徵刚正不阿,有胆有识,便摒弃前嫌,以礼相待,任命他为谏议大夫,以后又升任秘书监、侍中等要职,直接参与朝政。魏徵任职期间,为了唐朝大业,在一些重大问题上,经常与太宗据理力争,直言进谏,对促成"贞观之治"做出了巨大贡献。643年,魏徵驾鹤西去,太宗痛苦不已,对群臣说:"夫以铜为镜,可以正衣冠;以古为镜,可以知兴替;以人为镜,可以明得失;朕常保此三镜,以防己过。今魏徵殂逝,遂亡一镜矣!"除魏徵外,原李建成集团的知名人物王珪、戴胄、徐懋功等,也都分别得到重用,充分表现出唐太宗李世民不记私仇、豁达大度、善用人杰的政治家风度。

用人谋略:用人如器,各取所长

人的才智各有大小,才能互见高低,究竟怎样具体使用人才,唐太宗有他独到的见解。他认为,"人不可以求备,必舍其所短,取其所长",并说"君子用人如器,各取所长"。特别是在他晚年写的《帝范》一书中,有这样一段精辟论述:"明主之任人,如巧匠之制木,直者以为辕,曲者以为轮,长者以为栋梁,短者以为栱角,无曲直长短,各有所施。明主之任人,亦由是也。智者取其谋,愚者取其力,勇者取其威,怯者取其慎,无智、愚、勇、怯,兼而用之。故良匠无弃材,明主无弃士。不以一恶忘其善,勿以小瑕掩其功。割政分机,尽其所有。"李世民不仅是这样说的,也是这样做的,大臣萧瑀,性格清高,不能与其他大臣很好地合作共事,看问题有时也很偏激,曾多次在太宗面前发表过错误意见。但太宗认为他"忠直居多",人品还好,一直予以重用。其他大臣如房玄龄长于出谋划策,杜如晦长于当机立断,戴胄长于执法严明,唐太宗都各用所长,使他们发挥应有的作用。

考察机制:为官择人,不可造次即用

唐太宗用人,十分注重考核官员的实际能力和政绩。他认为:"为官择人,不可造次即用……用得正人,为善者皆劝;误用恶人,不善者竞进。"因此,他十分重视对官员的考核,不论是科举、门荫、自荐等途径选拔出来的人才,还是现任的官员,在授官、晋升时,都要接受考察。唐太宗不仅重视对朝廷枢要大臣的选拔和考察,而且对地方官吏的选拔和考察也十分重视。他认为"为朕养民者,唯在都督、刺史",都督、刺史各掌管一个地方的军政大权,尤其需要选派称职的人。鉴于此,他像记账一样,把全国各地都督、刺史的名字写在寝室的屏风上,并随时把他们的政绩和过失记在上面,作为职务升迁的依据。

奖惩机制:国家大事,惟赏与罚

唐太宗认为,"国家大事,惟赏与罚","有功则赏,有罪则刑,谁敢不竭心力以修职业,何忧天下之不治乎"。但赏罚绝不是没有标准的乱施，更不是以臣下是"适己"还是"逆己"为依据，而是看对国家有功还是有过；赏罚的最高境界是"赏者不德君""罚者不怨上"。唐太宗说："赏当其劳，无功者自退；罚当其罪，为恶者戒惧"，"适己而妨于道，不加禄焉；逆己而便于国，不施刑焉"。武德九年（626年）九月，太宗召集群臣论功行赏，房玄龄、杜如晦被列为一等功臣，并分别被封为中书令、邢国公和兵部尚书、蔡国公。由于房、杜二人均非资深族贵之人，因而遭到唐太宗亲属故旧的嫉妒。太宗的叔父、淮安王李神通甚至当面质问唐太宗："义旗初起，臣率兵先至。今房玄龄、杜如晦等刀笔之吏，功居第一，臣窃不服。"太宗听后，以理相劝："……今计勋行赏，玄龄等有筹谋帷幄、定社稷之功，所以汉之萧何，虽无汗马，指踪推毂，故得功居第一。叔父于国至亲，诚无所爱，必不可缘私，滥与功臣同赏耳。"一番话说得李神通满面羞惭，无言以对。其他一些文武大臣也只好收起攀比之心，打消了起哄的念头。房、杜二人不负厚望，忠心耿耿，辅佐太宗兴国安邦，为开创贞观盛世立了殊功；后人谈及唐朝贤相，无不首推房、杜。

对有大功而偶犯微过的人，唐太宗主张抓住主流，舍其支流，"唯录其功，不计其过"。相反，对那些罪大于功的渎职官员，唐太宗从不因小功而舍大罪，坚决予以惩处。他一贯"深恶官吏贪浊，有枉法受财者，必无赦免"。贞观二十年（646年），唐太宗派孙伏伽等二十二人巡察天下，一次就处死七人，判处流放罪或罢免降职的有数百人。由于唐太宗较好地运用了赏罚这个杠杆，因而赢得了大臣们的赤胆忠心，许多人都愿为朝廷舍生效命。

本文发表于2019年1月21日《北京日报·理论周刊》文史版，原题为《"为政之要，惟在得人"——谈唐太宗的用人思想》，作者时任上海交通大学客座教授

贞观年间为何盛行"谏诤风"

张茂泽

谏诤是我国君主政治体制里自我监督、自我纠错机制的核心，目的在于帮助治国者听取、吸收不同意见，以合理有效决策。谏诤观则是对谏诤的认识和反思，乃古代政治学说的一部分。

在我国，唐朝谏诤制度获得重大发展。谏官在皇帝诏书制定前和制定后，都要谏诤，避免决策失误；谏官人数多，受重视，职能健全，能参与军国大政，"凡发令举事，有不便于时、不合于道者，小则上封，大则廷诤"。唐朝谏诤观可谓当时君臣谏诤活动经验的历史总结，内容丰富，达到了古代高峰。

唐太宗李世民认识到谏诤对国家兴旺发达的重要性，真诚求谏、纳谏，重用魏徵等，努力尽君主职责，可谓古代开明君主榜样。他评价魏徵，"见朕之非，未尝不谏"，"每犯颜切谏，不许我为非"；自言"每行不欲与其相离者，适为其见朕是非得失，独'能正朕'"。

太宗读历史，看出两重意义：一是谏诤不用，君主耳目闭塞，不知时政得失，不知自己过失；二是行政机构主要职能在做君主耳目，发挥谏诤作用，匡正救过。其中关键在国君是否能求谏、纳谏。

贞观年间谏诤盛行，太宗求谏、纳谏最关键，其谏诤观也占主体地位。有以下要点：

首先，君主有自知之明，乐闻己过，不自以为是。太宗说："人欲自照，必须明镜；主欲知过，必藉忠臣。"做不到这一点，难有真正求谏、纳谏活动；甚或自以为是，小视天下，绝难求谏、纳谏，结果国家遭殃。

其次，"兼听则明，偏信则暗"。太宗问："为君者何道而明，何失而暗？"魏徵答："君所以明，兼听也；所以暗，偏信也。"

再次，君以大臣为师友的君臣关系观。贞观十九年（654年），太宗说："每思臣下有谠言直谏，可以施于政教者，当拭目以师友待之。"他还将君臣关系比喻为金矿和锻冶良工的关系。

最后，把守好谏诤作为"臣臣"的内涵、臣下的职责。贞观群臣多忠心为公，直言敢谏，魏徵可谓忠臣谏诤的成功案例。他"能以义制人主之情"，"每每以谏诤为心，耻君不及尧、舜"，一生谏诤"累数十余万言"，是我国历史上最负盛名的谏官。

▲魏徵（580—643年），唐初政治家，字玄成，谥文贞，以直言敢谏著称，多次劝唐太宗以隋亡为鉴，"任贤受谏"。图为清朝藏书家顾沅辑录、孔莲卿绘像《古圣贤像传略》所载魏文贞像，清朝道光十年（1830年）刊本。

《说难》(韩非子)、《吕氏春秋·直谏》研究了谏诤者的危险性:"言极则怒,怒则说者危,非贤者孰肯犯危?而非贤者也,将以要利矣。要利之人,犯危何益?"魏徵也发现臣下不犯颜直谏的原因,"懦弱之人,怀忠直而不敢言""疏远之人,恐不信而不得言""怀禄之人,虑不便身而不敢言",导致"相与缄默,俯仰过日"的结局。太宗深为赞成,乃下决心"开怀抱,纳谏诤",终成盛世。

本文发表于2014年7月28日《北京日报·理论周刊》文史版,原题为《贞观君臣的谏诤观》,作者时任西北大学中国思想文化研究所教授

唐朝"永贞革新"：古代治理体系的转折点

韩毓海

中国的统一自秦朝开始，问题是：秦朝与隋朝如此富强，为何这两朝如此短暂？汉朝和唐朝则不然，这里的原因是什么？中国为什么自秦朝以来还是反复地出现战乱和分裂呢？

国家的统一，必须建立在财政和税收统一的基础上，只有这样，行政的统一才有保障，这是"永贞革新"直面的问题，是这场改革的实质所在。

780年，唐德宗李适时代的宰相杨炎提出两税法的改革，它标志着中国第一次有了中央财政预算。以前是需要钱就花，财政税收是个无底洞和一笔糊涂账，有了预算以后，就可以把预算摊派到各个州郡，更为重要的是，这就可以约束藩镇的横征暴敛。而对老百姓来说，就是夏、秋两季收税，谓之两税，"居人之税，秋、夏两征之。其租、调杂徭悉省，皆统于度支"，确立财政预算，这就把度支的地位抬了起来。而与杨炎同朝的转运使刘晏，则推行榷盐法，实行盐的国家专营，只在山西与江淮这两个产盐的地方设置盐官，并负责把盐销售到全国，这又使得盐官和转运使的地位抬升起来。

唐朝制度的核心"三省"，即中书、门下和尚书，是一个类似于"三权分立"的贵族制度，而德宗时代的改革，则使得度支、转运和盐铁这三个部门的地位迅速上升，这就是以国家的经济集权，代替了原来的贵族制度。到了后唐的李嗣源，正式确立了以户部、度支和盐铁为核心的"三司"制度，宋朝则延续了这个制度。

以"三司"代替"三省"，标志着中国从徭役制国家向赋税制、预算制国家的转变，这是一种具有现代意义的转变，是中国传统治理体系的大转变。

"永贞革新"发生在唐顺宗的永贞元年，也就是805年。这场改革的实质，就是把藩镇的财权和税权收归中央，把上述变革以制度的形式确立下来。

唐顺宗李诵是个残疾皇帝，"顺宗失音，不能决事"。国家大事由王叔文和王伾两个人决定。这两个人是翰林学士，都是做户部和度支起来的。围绕着他们形成了一批从财政、商业和产业角度思考治理问题的官员，柳宗元和刘禹锡也在"永贞革新"的集团里。柳宗元在朝廷里做监察御史、吏部侍郎，类似于纪委的工作。刘禹锡做的是盐铁转运的工作。这些改革者认为，唐顺宗虽然身体不好，失音，不能理政，可是他并不糊涂，应该支持他。

顺宗退位后，柳宗元被放逐到永州，写了著名的《封建论》，他提出：秦朝崩溃的原因"在治不在政"。政治体制是好的，是统一的制度，但治理方式是错的，仅靠秦始皇和官员的勤政不能保证统一，如果国家没有财政预算，仅凭徭役制度，勤政就会变成"苛政"。汉朝州郡的财政供给是国家，但封国

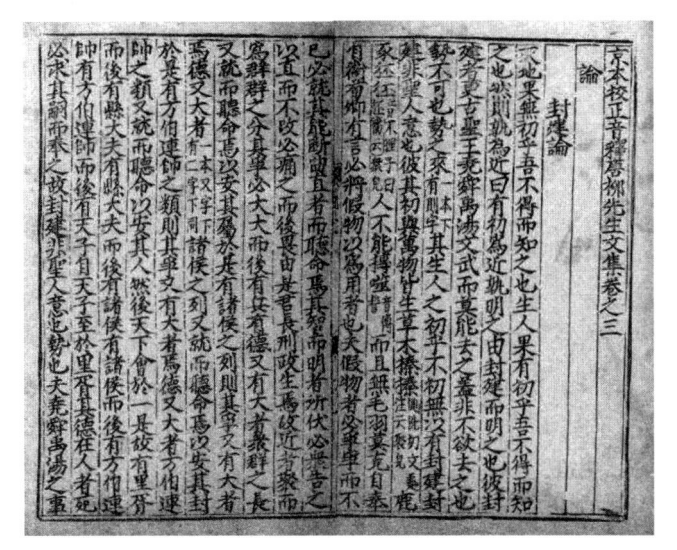

唐朝"永贞革新"：古代治理体系的转折点

▲"永贞革新"失败后，代表人物之一柳宗元被放逐到永州，写下著名的《封建论》。图为明朝嘉靖时期福建建阳所刊刻的柳宗元作品集《京本校正音释唐柳先生文集》所载《封建论》书影。

诸侯有财政和军事裁度权，所以，汉朝只有封国才敢造反。唐朝的问题在于藩镇有兵，而国家不能节制藩镇手里的兵。唐朝州郡的官员没有敢造反的，就是因为他们手里没钱也没兵，缺乏造反的资本。因此，柳宗元认为维护统一的办法，就是把兵权、财权收归中央。

我们谈中国治理体系的转变，为什么要从"永贞革新"开始说起呢？因为统一是需要物质条件的。这是马克思主义观察中国历史的一个基本方法。马克思在《政治经济学批判（1857—1858年手稿）》中讲道，中国与欧洲气候不同，相对欧洲来说，中国比较干燥，中国土地的耕种比较依赖大规模的公共水利设施建设，因此，中国先天不具备土地私有化的条件。大规模进行水利基础设施建设，这就成了中国历代王朝最基础的工作。在这个过程中，终于产生了一个很重要的工程，就是大运河。正是这样一个公共的工程，把中国的南方和北方沟通起来。中国长期统一的基础是公共工程、公共财政，这是历史转变的物质条件，所谓的唯物主义的解释，就是这样的。

而除了物质条件外，还需要制度条件和制度保障。为什么宋朝以后，中国的政治稳定有了保障呢？这是因为，经历了唐朝中期的"永贞革新"之后，贵族与皇帝分权的三省制度，逐渐变成了技术文官执政的所谓三司制度。国家治理的核心工作就是预算（度支）、商业（转运）和产业（盐铁），而不是过去贵族擅长的礼仪、辞赋和经史。这是很重要的转变。这种工作重心的转移，使中央的财政制度能够确立。

本文发表于2016年6月6日《北京日报·理论周刊》文史版，原题为《"永贞革新"开启治理体系转变》，作者时任北京大学教授

分权制衡：北宋精致的顶层设计

赵冬梅

北宋制度的精致程度是惊人的，目标只有一个：分权制衡。用宋人自己的话来说，"上下相维，内外相制"，目的就是让除皇帝之外的任何个人、群体或机构都没有可能独揽大权，动摇赵氏江山。其实，就连皇帝也是在这"相维相制"里面的——纵然大权在握，基本上也做不到为所欲为，还是有东西可以约束他的。

为防范军人，采取"兵权宜分"的策略

宋朝建国之前那一百年的历史，基本上为武力所主导：军人凭借武力搞垮了唐帝国之后，群雄混战，最终，"天子，兵强马壮者得为之"，新王朝依托强大武力对地方割据势力开战，努力重建中央控制，然而又不得不忍受来自中央军事将领的背叛。宋朝的开国皇帝赵匡胤就是一位如假包换的军人、禁军高级将领。因此，宋朝建立之后，首要的防范对象就是军人。

对于武装力量，宋朝采取"兵权宜分"的策略。如何分法？第一招，把全国各地地方军队中的精兵悉数搜罗到中央，编入禁军，在首都地区驻扎，让皇帝直接掌控的禁军成为宋朝国家唯一具有战斗力的武装力量。各地剩下的由地方政府直接

▲宋太祖（927—976年），即赵匡胤，宋朝的开国皇帝，960—976年在位，重文轻武，偏重防内，对宋朝"积贫积弱"局面形成有所影响。图为清朝拓本《历代君臣图鉴》所载宋太祖像。

管控的军队叫作"厢军"，人少、个儿矮、待遇差、基本无训练。其主要功能是卖苦力，比如修城墙、看仓库、运送物资，等等。这样的军队是连小股土匪都挡不住的，就更别提抗衡中央了。第二招，禁军的最高司令部，从建国之初的两个变成了三个，最高军事将领的级别随之降低。那些曾经跟赵匡胤称兄道弟的老将们，早就被他一杯美酒释了兵权，回家享福去了。第三招，禁军的三个司令部只有管理军队的权力，没有调动军队的权力。调动军队，必须要枢密院的兵符，而枢密院的长官从来都不是军人。用非军人来牵制军人。

然而，在宋朝最高统治者看来，上述分权措施是有明显问题的。什么问题呢？经过整编之后的宋朝武装力量，有战斗力的禁军全部集中在首都，地方上没有能打仗的兵。地方上没有强兵，如果在内地，是没有问题的。问题是，边境地区怎么办？要命的是宋朝的边防形势又是如此严峻——北有契丹大国虎视眈眈，西北有党项桀骜、跃跃欲试。地方上没有强兵，边境怎么守？宋朝的解决方案是从中央派禁军来守——禁军以五百人为单位，以半年到一年为通常期限，轮流守边，这种制度叫作"更戍法"。"铁打的营盘流水的兵",流水的兵跟营盘、跟守边将领、跟地方官的关系都很难密切起来。更何况,按照制度,戍边军人的家属还在开封的军营里住着,由中央财政供养,边防军当然是心向开封、忠于皇帝和中央的。这是分兵权的第四招。

此外还有第五招。领导那些被打散了编制又在边境重组的戍边军队的,基本上不是军人。宋朝的军人和非军人之间的区别肉眼可辨——军人一旦入伍就要在脸上刺字,此字终身不去,此人终老不复是农人,士兵向上爬升可以当军官,得厚禄,但却始终被隔离在正常社会之外。被派去领导边防军的大部分官员脸上没字,我管他们叫"武选官",这是一个夹在文官和军人之间的官僚群体,他们没当过兵,多半出身官僚家庭,念书不多但是识字、有基本的计算能力,平均文化水平不能跟正经文官比,但是肯定比军人高。能够被选拔到边防上来管理军队的武选官不少都有背景,大多是开国元勋的子孙后代。不过即便如此,他们在抵达边防岗位之前的主要履历可能只是管仓库,至多是个城市公安局局长或者乡村治安巡逻队队长。用武选官来管理军人,这就让"铁打的营盘流水的兵"之外,又多了一重"流水的官"。这种机制,分权很彻底,但就战斗力的养成而言,"将不知兵,兵不知将"。这样的军队上战场,吃败仗一点儿都不奇怪。仁宗的时候范仲淹在西北整军,神宗和王安石改革军制,都是希望在军队和统兵官之间建立相对稳固的联系。可是谁也不敢或者不愿触动"兵权宜分"的红线。

为防止地方割据，权力分割，互相制约，互不统属

以上是兵权，下面来看政府。先说中央。宋朝的中央政府是"三权分立"的，行政、军政、财政分别由中书、枢密院、三司三个机构管理。中书就是传统意义上的宰相府。但是，跟传统宰相府包揽一切、无所不统不同，宋朝的中书不管军政，也不管财政。枢密院的级别比中书略低，三司更低，但是，这两个机构的长官都是直接向皇帝负责的。枢密院负责军队的调度等；三司负责国库里究竟还有多少钱等。在宋朝中央，还设有两个非常重要的机构——御史台和谏院，前者负责行政监察，后者专司舆论，皇帝的错误、朝政的缺失，御史台官和谏官都可以提出批评。御史台官和谏官的活跃让宋朝政治一度呈现出积极的状态，这是一种宝贵的自我纠错机制。

从地方来看，宋朝的地方政府比较固定的设置是州、县两级。很有意思的是，州长的头衔不是刺史，而是知州，县长的头衔也可以叫作"知县"。知州是"知某州事"的省称，什么意思呢？以其他身份（通常是中央官）管理某州事。这种听起来很"临时"的头衔的确是新制度。在统一战争过程中，宋朝在新收复的土地上不再任命刺史，而是派其他官员来管理该州事。为什么要这样做？因为之前的刺史多半是军人，以至于刺史头衔本身被赋予了军政一把抓的军人政治色彩。而宋朝政府决不想让军人再度掌握地方，因此，他们要从中央派出文官去管理州政。文官知州，手里又没兵，当然不会形成割据隐患。知州还有一个新设的副手叫作"通判"。曾经有通判与知州闹矛盾时自称"监州",说自己是皇帝派来监视知州的特派员。通判起初的确有这功能,后来天下太平,通判的监视功能退化,但是知州有什么重要文件,还需要跟通判联署,所以,通判对知州仍然在一定程度上构成了制约。

宋朝建立之前,在州之上其实是有大行政区存在的,比如,一个节度使就管着好几个州。当然,也正是因为辖区广大,手里又有兵,节度使才最终走到了中央控制的对立面,成为分裂割据因素。宋朝建立之后,把节度使的辖区从几个州缩小到一个州(也就是节度使的驻地州),让节度使从雄踞一方的诸侯蜕变成区区一州之长,到后来,又干脆用文官知州取代了它。节度使没了,大区域的管理需求还是存在的。既要管理,又要防止割据,怎么办?宋朝的办法,是在州之上设置职责各异的多种大区域管理机构,每一种只负责一个方面的事情,转运使负责财政、上供物资转运,提点刑狱使负责司法监督复核,经略安抚使负责军队的管理,各管一摊,互不统属,分别向自己的中央上级主管部门负责。这些职能各异的大区域管理机构,通常都负有监督区域内州县官员的责任,还是中央的耳目。

皇帝也受到各种制度传统的约束

受到分权制衡精神影响的不只是武装力量和政府,皇帝也在其中。这并不是说有哪个机构或者个人在制度上分割了皇帝的权力,而是说皇帝也受到各种制度传统的约束。首先,皇帝的宗族——天皇贵胄们被关在了政府外头,开国三兄弟的子子孙孙被国家用锦衣玉食养着，其主要作用是为皇位提供备胎——万一皇帝生不出儿子，还得用他们来保证赵宋江山的血统。但是，宗室不能参与政治。对于后宫和宦官，宋朝也都各有一套。实践证明，宋朝对于这些皇帝身边人的隔离管理是非常有效的。"本朝百年无内乱"是很多宋朝人引以为豪的政治成就。其次，宋朝的官员有着批评皇帝的制度、渠道和态度。论制度，宋朝有专以批评、纠错为职责的御史台官和谏官，他们享有言论特权。论渠道，不同级别的官员可以通过面见皇帝、书面上疏等多种方式提出自己对国家大事、朝政缺失的看法。论态度，多数皇帝有大度包容之量，赵宋祖宗家法，"不杀大臣，不杀言事官"，尊重官员作为儒家学者的尊严。优秀官员有大忠爱国之义，在他们心中，是非法度比皇帝的好恶更重要，"人臣以公正为忠""以道事君""从道不从君"，所以，在宋朝，你会不止一次地听到一个不大的官儿敢于义正词严地对皇帝说："这是我的工作，我愿意用生命来捍卫它，陛下不能侵犯我的职责！"

人事管理分门别类，互相牵制，各用其长

宋朝政府的人事管理制度也是很值得一提的，它的特点同样是"分"。如果我们把军人之外服务于政府的各种官员都算在一起的话，宋朝的官员其实有三种——文官、武选官、宦官。文官的核心是科举出身的，进士出身的官员是其中最高素质的官僚群。武选官，就是上面提到的那种不专业的统兵官。宋朝

宦官的数量和行政事务参与度都比我们正常想象的大，而且，他们并不像明朝的宦官那样腐败，所以宦官也算一种官员。这三种官员按素质排，文官>武选官>宦官，按与皇帝的亲密程度排，则正好倒过来，宦官>武选官>文官。所以在很多机构，特别是经济管理机构里边，还有就是在军事行动当中，通常是这三类官员都有或者至少有两类，这样做的目的，是明摆着的——让他们互相牵制，各用其所长。

总的来说，北宋的制度，在方方面面都精巧地贯彻了分权制衡的精神。唐朝灭亡的历史教训、五代军人跋扈的鲜活记忆，给北宋统治者以深刻的教训。宋朝制度在"防止出毛病"方面毫无疑问是成功的，上层无内乱，下层也没有出现全国范围的大规模民众反抗。但是，在某些方面，比如军队的建设方面，就被捆住了手脚，损失了效率。分权制衡与效率兼得的制度，能不能做到？怎样做到？宋朝没有给出答案，只提供了个案，今人可以自行探寻。

本文发表于2014年8月11日《北京日报·理论周刊》文史版，原题为《北宋精致的分权制衡》，作者时任北京大学历史学系教授

宋朝士大夫的从政精神

屈超立

宋王朝建立于唐末五代长期社会动荡之后，鉴于前代历史教训，宋太祖赵匡胤立国之初即推行佑文政策，陆续制定和实施了一系列提高文官地位的措施。后世皇帝均奉行祖宗之法，大都对文人士大夫采取优容政策，士大夫的社会地位有了很大提高。这些不同于前代官僚群体的宋朝士大夫所具有的从政精神，对宋朝政治经济文化社会的发展产生了积极影响。

"先忧后乐"的忧患意识

宋朝官僚群体中有相当大比例的人来自民间，官僚队伍的构成发生了前所未有的改变。文人士大夫的政治和社会地位空前提高，能够自觉地把自身命运同国家命运紧密联系，部分杰出者更是胸怀天下，有着强烈的使命感和责任感，对国家大事尽心竭力，对冗官、冗兵和冗费所导致的社会政治问题充满忧患意识，并致力于积极推动变法图强。

宋仁宗年间，范仲淹系国之安危、时之重望于一身，怀着强烈的忧患意识，推动了"庆历新政"改革。他在上仁宗《答手诏条陈十事》中，提出"明黜陟""抑侥幸""精贡举"等十项改革纲领，主要内容包括：严明官吏的升降，抑制做官的侥幸途径，防止任人唯亲，避免官员冗滥，均衡官吏职田分配收入，杜绝违法乱纪，以及重视农桑、整治军备、减轻百姓负担等。其中，廉洁吏治是改革的重点，也是推动改革的焦点，"仲淹以天下为己任，裁削幸滥，考核官吏，日夜谋虑兴致太平"。庆历三年（1043年），新法正式实施，朝廷派员到各路对地方官的德才政绩进行考察，一批庸碌贪财、不称其职的官员被裁撤，一些勤政廉洁、贤能务实的官员得到提拔。由于守旧官僚的激烈反对，"庆历新政"很快就结束了，但在很大程度上影响了当时的政风，并对王安石领导的规模更为宏大的"熙宁变法"产生了直接影响。

在政治风云变幻之中，更有一些士大夫即便仕途失意，依然能够坚持匡世济民的治国理念，这种百折不回的精神尤为难能可贵。例如，范仲淹曾经三次被贬官，始终"不以毁誉累其心，不以宠辱更其守"。王安石两次罢相，仍然"以文章节行高一世，而尤以道德经济为己任"。欧阳修因支持改革新政而屡遭贬官并被诬为朋党，他作《朋党论》明示自己忧国忧民之心，"（君子）所守者道义，所行者忠信，所惜者名节。以之修身，则同道而相益，以之事国，则同心而共济，终始如一"。据欧阳修晚年自述：他在贬官夷陵（今湖北宜昌）时，查看以前的司法档案，"见其枉直乖错，不可胜数，以无为有，以枉为直，违法徇情，灭亲害义，无所不有。且以夷陵荒远偏小尚如此，天下固可知矣。当时仰天誓心，自尔遇事不敢忽也"。此后三十余年，欧阳修逢人所谈主要就是以前的士大夫所不屑的包括司法审判和行政管理等"吏事",在当时及南宋都产生了很大的影响,这种身处逆境仍不改忧国忧民之志的精神值得后世传承。

"重义轻利"的精神世界

两宋之世,经由科举从政的士大夫往往具有很高的知识水平和道德修养,他们长年浸润"性理之学""心性之学",十分注重自觉地做圣贤功夫、做道德实践以完善自身德行。这种集人生哲学与道德修为于一体的政治伦理,深刻塑造了士大夫廉洁自重的从政精神。南宋大儒朱熹说:"君子所以为君子,以其仁也。若贪富贵而厌贫贱,则是自离其仁,而无君子之实矣,何所成其名乎?君子无终食之间违仁,造次必于是,颠沛必于是。"把传统士大夫倡导的"仁"阐释为做人应遵守的基本道义,为官者只有坚守道义,才能戒掉贪欲,做到清廉从政。宋末名士罗大经在《鹤林玉露》中,品评两宋政治人物和史事

▲南宋大儒朱熹把传统士大夫倡导的"仁"阐释为做人应遵守的基本道义。图为大约绘于18世纪的《历代帝王圣贤名臣大儒遗像》(彩绘)所载朱熹像。

时精辟概括"士大夫若爱一文，不值一文"，可以说是许多士大夫的从政信条。

一批士大夫以古今圣贤为榜样，不仅自己清廉自重，而且勇于与危害国家和平民利益的贪腐行为做坚决的斗争。仁宗在位时，包拯曾七次上书弹劾担任过知州和转运使的贪官王逵，终于使王逵受到惩治。至今可见的《包孝肃公奏议》（又名《包孝肃奏议》）中，大都是要求惩治贪污腐败等犯罪行为的奏折。天圣二年（1024年），梓州路提点刑狱王继明按劾知梓州王世昌"昏耄不治"，王世昌被罢免。至和年间（1054—1056年），淮西地区发生蝗灾，山阳县尉李宗因残害请求治蝗的百姓，被提点刑狱孙锡奏劾而罢职。孝宗时期，朱熹任提举浙东常平茶盐公事，曾六次上书弹劾贪赃枉法的知台州唐仲友，唐仲友终被免职。士大夫对贪腐行为的斗争无所畏惧，甚至连皇帝本人如有"违于礼而妄作"的情形，也会被士大夫们抵制。张尧佐是宋仁宗宠妃张贵妃的伯父，因贵妃之力而被越级升迁，殿中侍御史唐介等士大夫得知后极力反对，仁宗最后也只得取消这一任命。由此可见，在宋朝士大夫的制约之下，皇帝也不能凭一己喜怒而赏赐任免，士大夫跟种种贪腐行为的激烈斗争对吏治清明起到了积极的作用。

"为民请命"的民本思想

宋朝有大量长期饱受儒家义理思想熏陶的士大夫进入官场，他们不仅自觉提高克己戒贪、清正廉洁的个人操守，而且还怀着强烈的关心民生疾苦、维护社会公正的社会责任感。

宋仁宗天圣八年（1030年），进士陈希亮在地方和中央先后任官三十余年，为人刚直寡欲，大公无私，王公贵人也很忌惮他。嘉祐二年（1057年），陈希亮担任开封府判官。朝廷因三司事务冗繁，簿书留滞，又命他兼理开拆司。地方三司簿书留滞成百上千件，他日夜考核属吏督促审理，九个月时间完成了三分之二，并严厉惩罚了不称职的官吏。当时荣州十八口盐井，由于年份较长几近枯竭，但地方官仍然课税如初，导致三百余家盐户破产抵税。陈希亮得知后为盐户着想，退还了盐户被没收的财物，减免赋税三十余万斤。史家认为他"见义勇发，不计祸福。所至，奸民猾吏，易心改行，不改者必诛。然出于仁恕，故严而不残"，因而得到世人的尊敬。

儒家倡导的礼法并用、宽猛相济、以民为本等法律思想观念，很大程度上主导着宋朝士大夫的司法实践。他们在审判案件时，重视把法令贯彻落实到解决民间疾苦之中，能够较好地保障司法公正。例如，包拯任开封知府时，取消诉讼当事人所递诉状须先交"门牌司"，由门牌司收转的旧制，让百姓有冤者可以直接到庭前申诉，属下胥吏因此失去勒索钱财的机会。当时京师流传"关节不到，有阎罗包老"的民谚，包拯成为公正执法的象征而受到人们的景仰。再如唐介担任岳州（今湖南岳阳）沅江令，秉公执法，严肃法纪，在不长的时间内便处理完了沅江的历年积案，纠正了许多冤案，由此得到"善治"之名。

从宋人留下的《名公书判清明集》所记载的四百余篇司法判词来看，宋朝士大夫在司法审判中重视证据收集和判别真伪，甚至到田间地头实地调查，注重依法判决，他们着眼于国运兴衰、民生疾苦，自觉运用法治思维探索治国理政的途径，深刻影响了国家的法治思想和社会政治秩序，并对维护司法公正、保障百姓权益具有积极作用。

宋朝立国三百余年，虽然面临来自内部与周边的诸多新问题与新挑战，但是仍然造就了中国历史上社会经济文化发展的又一个高峰。它在物质文明、人文精神方面的突出成就，在政治文明、制度建设方面的独到建树，使其无愧为历史上文明昌盛的辉煌阶段。这些成就的取得，与宋朝士大夫勤政爱民、反腐倡廉、清明公正的从政精神有着十分密切的关系。这种精神作为中国古代优良的政治文化传统，对于复兴中华文明有重要的借鉴意义。

本文发表于2020年10月19日《北京日报·理论周刊》文史版，原题为《宋代士大夫的从政精神》，作者时任中国政法大学政治与公共管理学院教授、博士生导师

明初"重典治吏"的功过是非

陈忠海

《周礼》说"刑新国,用轻典",一个新王朝初建阶段的统治往往较为缓和,以便融合纷争、休养生息。但明朝的创建者朱元璋却一反常态,推出了一系列强化吏治的措施,有些措施被认为过于严苛甚至残酷,这种"重典治吏"的做法是出于怎样的考虑呢?

腐败蔓延,财政吃紧

朱元璋出身于社会底层,深知民间疾苦,对元朝统治失控的症结也做过深入的剖析和反思。他曾说:"元氏昏乱,纪纲不立。主荒臣专,威福下移。由是法度不行,人心涣散,遂至天下骚乱。"在建明朝之初,他告诫臣下:"天下初定,百姓财力俱困,譬犹初飞之鸟,不可拔其羽;新植之木,不可摇其根。"

然而历史的发展往往具有强大的惯性,官场上的贪墨之风、特权思想并没有因为改朝换代而彻底改观,相反,一些旧有的习气仍在明初的官场上蔓延。当时"天下有司役民无度,四时不息",一些官员变身为豪强地主或与之勾结,依旧兼并土地、隐匿人口、逃避税收,一些人自视为功臣,特权思想严重,腐化堕落,骄奢淫逸,大将军蓝玉"多蓄庄奴假子数

明初"重典治吏"的功过是非

千人,出入乘势渔利",户部的一些官员勾结在一起,借掌管全国钱粮的职权大行贪污,仅一案的赃款就可折合粮食数百万石。基层的情况也很糟糕,有些地方"所在有司,凡征收,害民之奸,甚于虎狼"。种种迹象表明,如果不采取果断措施加以制止,元朝官场上发生的一切势必会重演。

明朝初年朝廷的财政收入情况一样不容乐观,经过元末连年的战争,加上饥馑疾疫,北方很多地方"乱兵杀掠,城郭空虚,土地荒残,累年租税不入",冀鲁豫一带"十室九空"。洪武十年(1377年),户部上报,全国税收没有达到预定标准的就有一百七十八处,此时已距明朝正式开国有十年了,江浙一带本是重要的税收来源,但"两浙富民畏避徭役,大率以田产寄他户"。

"重典治吏",评说不一

朱元璋正是看到了这些现象,联想到元朝灭亡的根源,所以才痛下决心去解决问题。与元朝统治者重治标不同,朱元璋采取了治本之策,这就是通过整顿吏治来削除贪腐、破除特权,从而挽救政治和经济。但由于积弊既久且深,朱元璋只得下猛药、出重拳,为惩戒贪腐,在《大明律》

▲明太祖(1328—1398年),即朱元璋,明王朝的建立者,1368—1398年在位。图为明朝文献学家、藏书家王圻及其子王思义撰写的百科式图录类书《三才图会》(又名《三才图说》)所载太祖高皇帝像。

之外又颁布了《大诰》，制定了一百五十多条专门惩治贪污和特权的规定，用凌迟、抽肠、挑筋、断手等残酷刑罚惩办职务犯罪，这些措施在历史上产生了很大影响。

后世对明朝初年的这场"重典治吏"仍有褒贬或争议，但不可否认的是其效果是明显的，到朱元璋晚年的洪武二十六年（1393年），明朝土地总面积达到了八百五十多万顷，是元末的四倍多，相信这些多出来的土地大部分并不是通过"开荒"增加的，而是破除兼并后重新纳入朝廷登记的，朝廷征收的税粮也达到了三千二百多万石，是元末的2.7倍。这场"重典治吏"打下了深厚的政治和经济基础，为明朝后来取得的各项繁荣创造了条件。

有人认为明朝初年的"重典治吏"刑罚过重，其做法属于"法外施刑"，并不可取。但是，如果放到当时的历史环境中去考察，这场"重典治吏"恐怕又是无奈之举和唯一的选择，面对积弊深重的现实，尤其是面对日益严峻的经济状况，妥协和温和的办法都无法达成治本的目标，而只治标不治本又只会步前朝失败的后尘，成为另一个"早逝"的王朝。

对于这场"重典治吏"，清人赵翼的评价较为中肯，他说朱元璋的有些做法"虽不无矫枉过正"，但是它得以"挽颓俗而振纲纪，固不可无此振作也"。

本文发表于2017年5月22日《北京日报·理论周刊》文史版，
原题为《明初重典治吏的经济原因》，
作者为文史学者

明朝好老师张居正为什么教不出好皇帝

刘志琴

中国自古以来就重视宫廷教育，明朝又多有小皇帝，对少年天子的教育尤其重视。教育的目的是造就一代贤明君主，然而在高度集权的封建专制体制中，面对至高无上的皇权又往往失效，张居正对少年天子教育的失败就是典型的一例。

明神宗对张居正由敬畏而生嫌隙

张居正以神宗的老师和顾命大臣的声望，热切期待神宗成为一代圣主，对少年神宗的教育，呕心沥血。为了营造宫廷的读书氛围，鼓励小皇帝读书，让宫女、太监都接受经书教育，使后宫无人不读书。对神宗的起居日用、行事为人，更是关怀备至，循循善诱地进行教导。他为小皇帝亲自编写《帝鉴图说》。书中讲了一百一十七个帝王故事，有八十一件"圣哲芳规"，记载圣明君主的嘉言美行；三十六件"狂愚覆辙"，阐述暴君的恶行劣迹。文字浅显易懂，朗朗上口，一篇一个故事，配有插图，文后附有解读，生动有趣，堪为一部优秀的帝王启蒙读物，后来远传到日本，广为流传。

十一岁的神宗喜好书法，作为帝王这也受到限制，在张居正看来："帝王之学，当务其大。自尧舜至唐宋的贤明君主，

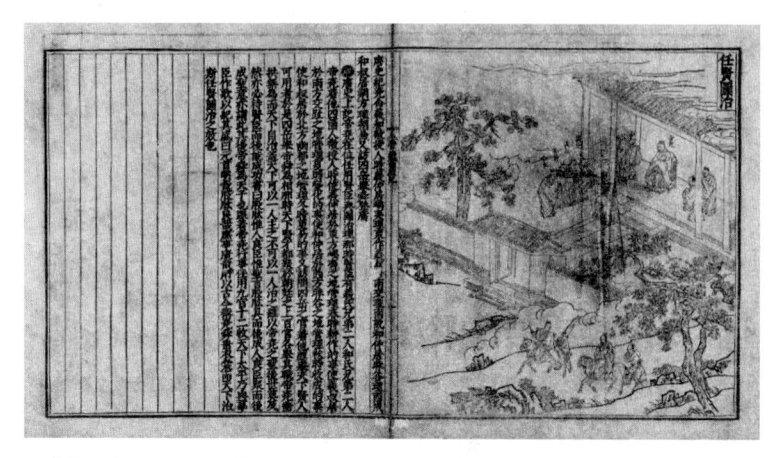

天下有治：长治久安，几千年的不变追求

▲张居正（1525—1582年），字叔大，号太岳，明朝政治家，身为帝师，亲自为明神宗编写启蒙读物《帝鉴图说》。图为张居正编写的《帝鉴图说》所载帝尧"任贤图治"的故事，明朝万历元年（1573年）潘允端刊蝴蝶装本。

都重视修德养性，治世安民，不追求一技一艺。汉成帝知音律，能吹箫作曲。梁武帝、陈后主、隋炀帝、宋徽宗、宁宗，都能文善书，精通绘画，但都不能挽国家的乱亡。君主要以道德修养为重，岂能以一艺沾沾自喜。"神宗刚满十四岁，张居正就把神宗的爷爷世宗（年号"嘉靖"）的二百四十二件文档，交给他学习治理。张居正不停地进呈四书直解，进呈大宝箴，进呈皇陵碑，进呈宝训，进呈御札，进呈百官图御屏……使一个少年背负这样的重担，连书法的爱好也不能尽兴。

此时的神宗对张居正甚为畏惧，背诵《论语》，偶有失误，张居正说一声读错，神宗也会吓一跳。作为一个少年免不了爱好玩耍，可是神宗却没有这么幸运。有一次，夜间跟随太监孙海到别宫游乐，穿窄袖小衣，学着走马持刀嬉戏，被李太后知道，罚了长跪还不算，又写下罪己诏才作罢。还有一次偶尔在宫中唱戏，突闻有巡城御史的呵呼声，赶忙停下来说："我畏御史！"

值得玩味的是，神宗对张居正由敬畏而生嫌隙，是在"帝渐长"时发生的，这预示神宗随着年龄的长大，权力意识开始苏醒，他本是受万众山呼万岁的皇帝，权力之大所向披靡，无所不能，也无所不有。

张居正的君主教育理想终成泡影

对君主是自律还是他律，实际上是人治和法治的问题，不论儒、法、道、佛的主张有多少差别，但都崇尚道德自律，张居正努力实践君主教育，得到的却是失败回报。他本是裕王府的讲官，又是神宗的老师，为父子两代君王授课，对小皇帝兼有老师和顾命的情谊。作为首辅又得到皇帝和太后的充分信赖，这是他放手教育小皇帝的极好机会和条件。按理说，皇帝自小就受到他严格的教育和训练，本应成长为一名他所期望的圣主，事实上全都化为泡影，这一失败，证明依靠道德自律来约束君主根本行不通，促使人们丢掉对君主自律的幻想。只有抛弃对自律的幻想，才能从自律以外的途径，寻找限制君主的方案。黄宗羲、唐甄的抑制君权，成为中国政治思想史上的飞跃，就在于突破传统的道德制约说，提出以权力制约权力的新思路。虽然因为社会条件的不成熟，这一思想没有实践的可能，可贵的是在中国终于出现了具有近代因素的新思想。张居正君主教育的失败，是他君主观念的破灭，这种破灭必然促使人们对君主专制进行反思，所以这也可说是抨击君主专制主义思潮酝酿中的阵痛。

这种阵痛，是对君主教育难以化解的艰难，不身处其境者，不足以理解这难点的发生和发展。张居正死后，神宗失去最后的顾忌，犹如脱缰的野马，贪婪地掠夺社会的一切财富，甚至踢开地方官府，派出太监特使到各地征税，把本该收归户部的税金纳入皇帝的小金库，横征暴敛，杀人夺产，激起全国性的反对矿使税监的风潮。因此，清朝学者赵翼在《二十二史札记》（又名《廿二史札记》）中说："论者谓明之亡，不亡于崇祯，而亡于万历云。"这祸害就起自神宗的疯狂掠夺，自己搬起石头砸向自己的统治基础。

反观张居正的道德教育，真是莫大的讽刺！君主教育的彻底失败有力地证明，再优越的教育条件，再严格的自律要求，也无法改变制度造就的帝王本性。张居正有清醒的君主观念，却醉心于君主教育，呕心沥血地想造就的圣主，竟成为一代暴君。连自身都保不了，又何从保民、保天下？超越自律，在他律中寻找制约君主的力量，才是唯一的出路，明清之际启蒙思潮的兴起，以抨击君主专制主义为主题，就是最好的回应。

本文发表于2010年6月28日《北京日报·理论周刊》文史版，原题为《张居正的君主教育为什么失败》，作者时任中国社会科学院近代史研究所研究员

清朝政令落实靠什么

刘文鹏　李以清

上谕俗称"圣旨",是古代皇帝日常发布命令、指示的文书。其形式多种多样,既包括皇帝特发的指示性命令,也包括皇帝在臣工题本、奏折上的批示。在中国古代君权至上的政治和行政体制中,上谕的落实与执行一般都比较严格,否则一旦某官员被证明"违旨""抗旨",轻则革职处分,重则性命难保。但这并不能排除很多官员在上谕的落实方面存在拖延、阳奉阴违、弄虚作假等问题,所以,如何督查皇帝旨意的真正落实,显得非常重要。清朝在维系国家大一统方面成效卓著,很大程度上归功于全国政治和行政系统在执行皇帝上谕及各项中央政令方面的效力,而且清朝也摸索出一套比较严格的上谕督办、落实制度。

常规性督办:都察院定期稽查

按照规定期限对各部院落实上谕的情况进行稽查,是都察院所属科道官员的重要职责之一。清初即已经明确规定,上谕经内阁发给中央各部院后,各部院据此制定文件发给各省执行,之后必须在一定时限内将落实情况向内阁做专门回复,方为最终完结此事,否则便属"未结",即没有落实上谕。

清朝的都察院掌握监察大权，下设六科给事中和监察御史。所谓科道官：科，即吏、户、礼、兵、刑、工六科给事中。道，即对应全国行省的十五道监察御史。六科为传统意义上的封驳、谏议机构，类似唐宋时期的门下省，负责对中央拟下发的谕旨、文件进行检查、审校，若有不当之处，则可以封驳。明清时期，门下省的谏议大夫等官员改为六科给事中，在政令程序上，他们位于内阁与各部院之间，上承内阁，下启各部，分别对口监察内阁发给六部等中央部院的政令。即"凡科抄，给事中亲接本于内阁，各分其正抄、外抄而下于部"。理论上，若六科给事中不同意，上谕就无法发出，亦无法执行。

六科给事中不仅掌管政令发布，还要督查政令的执行。《清会典》记载，给事中负责"掌发科抄，稽察在京各衙门之政事，而注销其文卷"。这里所说的"注销其文卷"，就是每个部院衙门将所办之事，每月两次造册，送到稽核之科、道注销。按照法定期限，一个部院把一个政令执行完毕后，该科就把这件事的文卷注销，是为"已结"。若这个部院在规定期限内未能完成中央政令，则这件事仍是"未结"，该科就需要向皇帝禀报，并对无故逾限、未能按时落实上谕的相关官员进行参劾。

按照清朝的规定：吏科负责稽核吏部、顺天府，户科负责稽核户部，礼科负责稽核礼部、宗人府、理藩院、太常寺、光禄寺、鸿胪寺、国子监、钦天监，兵科负责稽核兵部、太仆寺、銮仪卫，刑科负责稽核刑部、通政使司、大理寺，工科负责稽核工部。

同样，都察院所属的监察御史也有类似职责，"掌稽察在京各衙门之政事，……若掣签、磨册、勘工，则道各分其职"。

由以上内容可以看出，清朝将朝廷日常政令的执行、督办置于都察院科道官员的监督之下，按说应该很有效果。但实际上，这种常规性监察与督办在很多时候作用有限。究其原因，一则，虽然科道官员位列九卿，专责纠弹，可独立言事，但他们仅为五六品，而中央部院长官、地方督抚多为从一品、正二品大员，这种级别上的反差让他们多是谨言慎行。二则，各地各省总是能有很多逾限的理由，省、部之间的官员又存在着利益关系，仅从陋规角度来说，各省官员每年要给各部官员，甚至书吏各种名目的好处，过节有节费，夏天有"冰敬"，冬天有"炭敬"等，即使科道官员也难以自洁。例如，道光十一年（1831年），竟查出有六科书吏将某一未完成之事，在注销时，通过更改日期，改为完成。只是此事被查出参劾，得到纠正。设想，是否还有很多类似的作弊没有被查出？所以，仅仅依赖这种常规性督办还不能完全解决中央政令的及时落实问题。于是，雍正时期，为强化皇帝上谕、中央政令的落实，又逐渐建立起一套专门性督办制度。

专门性督办：高级官员直接督办

专门性督办是指由内阁和皇帝指派的大学士等高级官员直接督办上谕的落实，以解决以科道为主的常规性督办工作的不足。这种专门性督办机制由两个机构负责。

一是内阁稽察房。雍正帝继位后,在力行改革的同时,一直努力纠正康熙晚年以来官场因循疲玩、官员怠政懒政,一些中央部院办事拖沓、缓慢的状况。雍正五年(1727年),清朝在西北有与准噶尔蒙古部的战争,在西南有大规模改土归流的展开,国家军政事务一浪紧似一浪,需要各部院高效运转。可是雍正帝发现很多上谕发布后,久久不见部院大臣回奏,于是他下令在内阁设立稽察房,专门监督各部院按时落实政令。当时议定:除步军统领衙门、八旗、内务府自行稽查具奏外,各部院衙门每月均需将"一切事件,声明已结未结,送阁汇奏","将朕特旨交与各该处一切事件,俱著查明具奏"。稽察房每月将关于上谕已经完成和未能完成的情况汇总后,由内阁于月终向皇帝汇奏。稍后又规定:内阁、科道对各部院衙门办理应奏事件迟延者,有权究参。

相对于都察院所属的科道,内阁稽察房的设置意味着内阁直接介入上谕的督办落实,不仅提高了督办部门的权威,而且,由于内阁本身就是上谕,包括皇帝所发的各种特旨的下发机构,所以对事情来龙去脉非常熟悉,更加便于督办。雍正帝借此机会,又专门下令压缩中央各部办事期限,吏、礼、兵、刑、工等衙门,原来需要二十日完结的,改为十日完结。户部事件原来需要三十日才能完结的,改为二十日完结。

可以看出,雍正帝通过设立内阁稽察房,强化了对中央各部院落实政令的督办力度。但他强化政令落实的脚步远未停止,三年后,另外一个更为权威的上谕督办机构成立。

这就是第二个机构，稽查钦奉上谕事件处。在雍正帝看来，如果没有级别足够高的官员专司稽察督催，各部院衙门、地方大员对上谕的落实仍然是有缓有急，参差不齐。稽察房职权有限，八旗、步军统领等都不在其稽查范围之内。因此，雍正八年（1730年），雍正帝下令在内阁设立稽查钦奉上谕事件处，专门负责稽察中央各部院、八旗是否按照时限落实上谕的问题。按其规定，各部门接到上谕或者带有皇帝朱批的奏折后，都要抄录一份给稽查钦奉上谕事件处，由该处按照规定时限进行稽察，每月二十五日，该处将各部门落实上谕的情况造册注销。对于无故逾限的官员进行参奏。即使某部院衙门这个月没有接到皇帝的上谕，也要向该处报告情况。每年年底时，该处将各部院中未能完结的事项汇总向皇帝奏报。

在管理方面，稽查钦奉上谕事件处不设专官，由皇帝从内阁满汉大学士及各部院尚书、左都御史中特旨简派兼领该处之事。下设委署主事一人，由满人担任。又下设行走司官汉四人，掌稽察事件。又设供事五名，于各部书吏内考取。他库尔什八名，于八旗马甲内挑补。从后来实际运行情况来看，兼管此

▲晚清名臣李鸿章等人曾以内阁首辅大学士身份兼管稽查落实上谕之事。李鸿章（1823—1901年），字少荃，清末洋务派和淮军首领。图为1906年出版的美国前驻华公使查尔斯·田贝（Charles Denby）的著作《大清国及其臣民》所载李鸿章影像。

处的内阁大学士、尚书、左都御史等往往都是皇帝所倚重之大臣，可谓位高权重，在朝廷极具发言权。而且乾隆以后，愈至晚清，清廷对此事愈发重视，一些名臣如董诰、曹振镛、穆彰阿、孙家鼐、贾桢、王文韶、李鸿章等，都曾以内阁首辅大学士身份兼管稽查落实上谕之事，而军机大臣世续还属宗室。相比而言，清朝派重臣监管上谕督办，其权威性大大超过科道的常规性督查。

咸丰十一年（1861年），在清军与太平天国起义军激战正酣之际，刚刚垂帘听政的慈禧太后以同治小皇帝的名义发布上谕，重申各部院接上谕后必须在十天内回奏落实情况，而对于要求某部院速议的上谕，则需七日内回奏。要求内阁稽察房和稽查钦奉上谕事件处严格按照时限稽查，若有逾限或遗漏情况，查明责任者，严厉参处。

总体而言，清朝在上谕的督办、落实方面，制度严，威权重，在很大程度上保证了有清一代中央的权威，这在清朝大一统国家维护方面具有重要意义。宣统三年（1911年）五月，辛亥革命爆发之前，清廷进行内阁官职改革，稽查钦奉上谕事件处被裁撤，旧有的上谕督办体制宣告结束。

本文发表于2020年6月15日《北京日报·理论周刊》文史版，原题为《直接督办，定期稽查——谈清代政令督办制度》，作者刘文鹏时任中国人民大学清史研究所教授，李以清当时为中国人民大学清史研究所研究生

吏胥勒索：清朝官僚体制的毒瘤

潘洪钢

小书吏索贿福康安的故事

乾隆时，威名赫赫的大帅福康安征西藏归来，曾有一户部小吏求见他，为了把一张名片递到这位福大帅手中，这人前后花了十万两银子。那么，这位小书吏为何要见福大帅，又达到了什么目的呢？

据记载：这张名片递上来了，说是来"贺喜求赏"的。福康安何等人，立即发了脾气，"小小的胥役，也来向大帅索贿？这家伙如此胆大，一定有什么说的，且让他进来"。小吏进来后，福康安厉色而问，小书吏也并不怯场，侃侃而谈，竟也说出一番大道理："索贿肯定不敢，但大帅您此次用兵，用款达数千万之多，此次报销册籍太多，必须多添人手，日夜赶办，要在几个月之内，全部办完并上奏皇上。皇上此时关注西藏的捷报，正在兴头上，定会一喜而定。如仅就部里现有的人手，一桩桩卷宗地申办，办完一件上报一件，没有几年的工夫是不可能完成的。到那时，今天一份奏报，明天一份奏报，皇上天天看你的军费报销案，必定厌烦，那时再有些人乘机发些议论。这么多的军费报销哪

▲福康安（1754—1796年），字瑶林，号敬斋，清朝满洲镶黄旗人，富察氏，大学士傅恒之子，官至武英殿大学士，封贝子，后病死于军中。图为清朝所绘福康安便服坐像。

会没有一点不合规矩的，到时必兴大狱。我这是为大帅您考虑，并不是为户部这些小吏着想的。"一番话出口，福康安恍然大悟，对这小吏"大为激赏"，立即下令粮台给户部特拨了二百万两，用于军费报销案的处理（清朝，欧阳兆熊、金安清，《水窗春呓》卷下，中华书局，1984年3月版，第53~54页）。

吏胥百般作弊、谋取私利极为普遍

吏胥，是清朝政治体制中的一个重要环节。清朝继承中国封建专制王朝对官员的限制，如官员的南北回避制度，使得官员往往要在远离乡土千里之外的地方任职，官员不久于一地一任，调动频繁等，此类制度的主要出发点是对官员权力进行限制，不使一地一员坐大。但事情的另一面却是，清朝法律繁复，律例并行，非专业人员一般难以掌握，而人口大量增加，新生事务不断出现，社会事务剧增。官员又多为科举出身，对于一般事务性问题的处理能力低下，势必需要依赖这些吏胥承办和执行具体事务。与流动性极大的官员不同，吏胥一般都是长期盘踞一地，专司一职，熟悉当地风土人情。如此，吏胥人等蒙蔽官员，上下其手，利用田地、税收、文案、官司等事，百般作弊、谋取私利的情况极为普遍。

清朝的吏胥之制沿自前明，清初即有人看出了其中的弊端。顺治八年（1651年），御史秦世桢就在江南惩治了一批扰害百姓的吏胥，并提出地方官员要限制吏胥数量，不得于定额之外增加人员，对这些人任职的时间，也要依制严格限定，不得久充吏职，把持官府事务。此后，也有多次针对吏胥的裁革行动。但清朝各部事务繁杂，官员们离了这些人根本无法办事，吏胥数量越裁越多。官员们每办一案，处一事，必查部中旧例，"而例案之堆积，高与屋齐，非熟手，未从得一纸。书吏皆世业，窟穴其中，牢不可拔，辄执例以制司官，司官未如之何，乃遂藉以售其奸，而皆得致富"。官员们任职时间一般较短，有的人甚至一年数次调动，就是有任职稍久的，也没有几人能认真对待旧案旧例，他们还要忙于官场上的应酬，诗酒往还，而吏员正好借事弄权，捞取好处。晚清时胡林翼就说："大清律易遵，例难尽悉；刑律易悉，吏部处分律难尽悉，此不过专为吏部生财耳，于实政无丝毫之益。""六部之胥，无异宰相之柄。"至清末，光绪时有人建议销毁这些没用的档案以减少吏员对事务的把持，于是派了一位陈御史前去户部查办，户部吏员打开仓房，例案堆集得与房檐一样高，请御史查看，这位御史也不知从何下手，想了半天，只好说，择其中较重要的留下来吧。吏员说，每一件都很重要，还是请御史大人自己来挑吧。陈御史没办法，只好把其中一些残破的卷宗销毁，回去销差了事。

正是在这种背景之下，才有了户部一个小小书吏敢于到封疆大吏福大帅口中讨食之事，他这一次，为户部要来银子二百万两之多，自己自然也赚得个盆满钵满。京师各部中，吏员最多、差事最肥的就是户部，因为所有各地方的报销与税收事务都要经过户部，事务最多，借机分肥的事也特多。其他各部也因其职责而中饱私囊。如吏部，因为掌握了官员铨选等职事，对于官员上任、候补、调派也多有需索。浙江省当年有一个候补知县，应当补某缺，吏部来了一封文书，说这一缺该当你补，但按例你得给我一千两。知县思忖，这事本来就该是我的，何必再花这么一大笔银子，于是不理会部中小吏的索贿。结果，那个缺额顶补却给了别人，他托人打听才知，部吏在补缺时说他原来曾经过保举，一个人占了两个补缺途径，所以把他放到另一班中了。县令急忙请求部吏帮忙，那小吏说，这次你是来不及了，若要为将来计，你要另给五千两，否则只能在两班中注销一班。县令筹不到这笔巨款，只好注销保举一班，一心等待候补。结果，不久，部吏又告之，本来这次保举有个县令实缺的名额，可惜你注销了。县令听了懊丧不已，却也无可奈何。吏部一个小小书吏，本没有任何品秩，索贿不遂，也可以把一个县令折腾得半死。

有时候，部院大臣也会被吏胥们整治得丢官去职。如晚清时阎敬铭掌户部，驭下极严，整得仓库小吏恨之入骨。一天，他正要上朝，帽上的红顶却不知所终，四处寻找不得，等他在别处找了个代替品再去上朝时，太监们已到朝房来催促了几次。这类耽误事的情况屡屡发生，终于触怒了西太后，把他免职调离了户部。其实他心里也清楚，这只不过是库吏们在整治他而已。

体制与实际不协调，导致吏胥势力扩张

清朝吏胥势力扩张，成为官僚体制下的一个毒瘤，说到底，还是一个体制与社会生活实际不协调的问题。

清朝法律中，律与例并行，律简而例繁，大量的案例成为办理案件与社会事务的依据，非专业人员根本难于掌握，而官僚们多从科举出身，既贱视具体事务，也没有能力具体操作，势必需要依靠长期盘踞衙门中的吏胥，造成吏胥势力恶性膨胀。吏员没有上升为官员的途径，多半也没有法定的收入，要让他们不想方设法索贿，几无可能。同时，清朝也是一个文牍主义盛行的时代，官员的权力说大就大，说小也小，一件事往往要往返多次，反复将情况上报，案牍堆积如山，官员们离开了书办人员，根本无法办事，这也成为吏胥从中舞弊的一个原因。雍正时有名的重臣田文镜曾说，按制，他一个总督府中只准有二十人为书吏，但他用了差不多二百人，文件还是赶办不及，这也道出了体制中的某些弊端。更重要的一个方面是，清朝中叶以后，社会向近代化转型，出现了许多过去没有的事务，没有专业人员根本无法承办，而体制仍然僵化如故，必然出现官僚弄权于上、吏胥舞弊于下的局面。道光时，太常寺卿许乃济请弛鸦片之禁，理由之一就是"法令者，胥役棍徒之所藉以为利，法愈峻，则胥役之贿赂愈丰，棍徒之计谋愈巧"（清朝，梁章钜，《浪迹丛谈》，卷五，中华书局，1981年9月版，第75~77页）。虽然是出于反对禁止鸦片的私心，却也道出了在吏胥势力扩张的情况下，法令根本无法执行的社会现实。

本文发表于2016年4月25日《北京日报·理论周刊》文史版，原题为《清代官僚体制的毒瘤：吏胥勒索》，作者时任湖北省社会科学院文史研究所研究员

清朝巡按制度为何仅存顺治一朝

许 颖

巡按制度是明清两代监察制度的重要组成部分。明朝从开国皇帝朱元璋统治时期开始派遣御史巡按地方州县，明成祖永乐元年（1403年），将派遣巡按御史巡视地方作为正式制度确定下来。清承明制，顺治元年（1644年），以"察吏安民"为宗旨的巡按制度就被刚刚建立新政权的清廷所采用。虽然由于各种复杂的政治原因，巡按制度仅存于顺治一朝，其间曾屡行屡停，发挥作用的时间较短，但作为清初监察体系的重要组成部分，许多地方官员违法违纪问题都是由巡按御史首先提出的。

巡按制度的三个实行期

清朝的巡按御史并非专门职官，而是一种定期委派的差使，而且选派有非常严格的标准。一般由都察院会同吏部从现任的才能与德行都很出众的监察官（御史）中甄选，选定适当人员后题名上奏，由皇帝最终确定人选。顺治初期，巡按出差任期沿明制为一年，自顺治八年（1651年）后，巡按出差任期被定为一年零六个月。巡按御史作为"天子耳目之官"，首要职责是"察吏安民"，而履行职责的主要方式就是对违法犯罪的官吏进行纠弹。上可弹劾部院大臣、督抚、总兵等朝廷重臣，下可纠举州县官、书吏等亲民之官。

作为一项从明朝承继的制度，从巡按制度设置之初，清廷内部围绕巡按的派遣即形成了主遣派和主停派，两派对巡按的选任标准、人品操守、职责范围、经费保障等问题的争论一直伴随着该项制度的始终，而两派激烈的争辩与矛盾也最终导致了巡按制度从康熙朝直至清廷覆灭始终没有机会再登上历史的舞台。

巡按制度的首次实行期是从顺治元年（1644年）五月至顺治七年（1650年）四月，为期六年，正值多尔衮摄政时期。这一时期的巡按是随着清军征服疆域的扩展由北向南陆续派遣，选派也是非常急促，基本上是先于督抚而设。至顺治七年（1650年）四月，四方平定，由于经费困难，户部建议裁撤巡按，该制度遂暂时停废了。

巡按制度的第二个实行期是从顺治八年（1651年）四月至顺治十年（1653年）五月，为期两年。顺治八年（1651年）二月，福临刚刚亲政，给事中姚文然便以言官身份上疏请求顺治帝重新派遣巡按巡察地方，顺治帝立即采纳了此建议。按照制度规定，巡按要从监察御史中进行选派，但清初监察御史额定的四十人均为汉人，满、蒙官员无法参与竞选。而且这一时期，各地巡按参劾了大量地方官员贪腐案件，仅顺治八年（1651年）九月这一个月内，就有三起地方官员贪腐案件被巡按御史纠参，分别是巡按御史王应元劾福建建南道佥事曾延孔、巡按上官铉劾江南徽宁道参政袁仲魁、巡按杜果劾浙江绍台道副使耿应衡，被弹劾的官员均被革职。由于清初地方官员绝大多数为满、蒙出身，出于维护自身利益的考虑，巡按制度激起了满、蒙利益集团的强烈不满，由此产生了巡按存废的反复论争。以郑亲王济尔哈朗为首的满洲贵族官员不断上疏，顺治十年（1653年）五月，济尔哈朗等又上疏建议裁汰巡按，吏部与都察院商定暂停派遣。

▲巡按制度仅存于顺治一朝，其间屡行屡停，发挥作用的时间较短。清世祖（1638—1661年），即爱新觉罗·福临，年号"顺治"，1643—1661年在位。图为大约绘于清末民初的绢本绘画册页《历代帝王真像》所载清世祖真像。

第三个实行期是从顺治十二年（1655年）七月至顺治十七年（1660年）七月，为期五年。顺治十一年（1654年）四月，给事中林起龙等纷纷指斥州县官贪腐现象严重，如果不选派巡按巡视各地，难以扭转吏治败坏的局面。济尔哈朗等见巡按派遣势在必行、无法阻挡，便提出每省应增加一名满洲巡按，实行巡按满、汉复职制，顺治帝未予采纳。济尔哈朗等又提出巡按可从中央各部郎官和御史中共同选派，力图增加满洲官员被拣选巡按的机会，但也没有被采纳。这一时期派遣的巡按御史在澄清吏治方面仍然发挥了十分重要的作用，如顺治十二年（1655年），陕西巡按王继文参疏劾布政使黄纪、兴屯道白士麟贪污不法，二人均被革职，且王继文任内共参劾文武官员四十余人，确实产生了震慑百官的效应。

时代变迁，自身弊病，巡按制度终被废止

顺治十七年（1660年）八月，御史陆光旭继续论争巡按的设废，指出停派巡按之害。后经过主停派与主遣派两个多月的疏辩，顺治帝倾向于重新遣派巡按，但由于不久后顺治帝即驾崩，辅政四大臣均主张停遣巡按。顺治十八年（1661年）五月，兵部尚书管左都御史事满臣阿思哈提出停遣巡按，得到辅政四大臣的同意，巡按制度就此停废。此后，康熙、雍正年间也曾有官员就复差巡按提出建议，但后来都是通过派遣一些钦差、御史等行使部分察吏之责，终清之世，巡按制度未能再启用。

自顺治元年（1644年）五月至顺治十八年（1661年）巡按制度被废止，清廷向十五省区派出巡按御史共一百六十三人，计一百九十七人次。巡按御史在清初复杂多变的政治环境下为整肃朝纲、维护吏治清明发挥了一定的积极作用。由于巡按制度本身就是皇权的附庸物，从根本上是作为调整和平衡统治阶级内部各种政治力量对比关系并进而巩固其统治的工具而已。因而，巡按提出很多官员贪腐案件都具有相当的主观性和目的性，很难做到客观和公正，诬陷、徇庇等问题也就接踵而至，这些弊病的存在一定程度上影响了巡按制度监察的效能，也为满洲贵族等势力不断要求取消巡按制度提供了口实。随着顺治帝的驾崩，巡按制度因触动了满洲贵族的利益、限制了督抚权力的发挥、缺乏制度化的设计等诸多因素而退出了历史舞台。

以明清巡按制度为代表的我国古代巡视制度的经验与实践，为中国共产党党内巡视制度的建立与发展提供了丰富的文化与制度镜鉴。清初巡按制度存废论争值得我们深思，若要充分发挥党内巡视制度在加强党内监督、促进党风廉政建设、密切党群关系、纯洁干部队伍中的保障作用，需要我们重视党内巡视工作长效机制的构建，努力实现巡视工作的制度化、规范化和常态化。

本文发表于2014年8月4日《北京日报·理论周刊》文史版，
原题为《清代巡按制度的存废》，
作者时任河北省委党校河北发展战略研究所教授

清朝反腐有妙招

霍玉敏

清王朝的兴起和康乾盛世（又称"康雍乾盛世"）的出现，得益于顺治到乾隆前期的统治者推行了较为得当的政治、经济和民族政策，其中政治的清正廉明也是清朝迈向盛世的关键因素。但是就在国家鼎盛之际，统治阶级放弃了文治武功的进取精神，反而因富而奢、因盛而骄，使盛世滑向衰落。

贪污盛行，风气恶劣，整顿吏治势在必行

康熙年间，官员的贪污现象已相当严重，一些大权在握的大官僚肆无忌惮地贪污公款，收受贿赂，如满族大臣索额图、明珠，汉族大臣徐乾学兄弟、高士奇等。当时的民谣说："九天供赋归东海（徐乾学），万国金珠献澹人（高士奇）。"康熙皇帝也觉察到情况严重，曾经惩办了一批贪官，还大力表扬于成龙、张伯行、张鹏翮等一批廉官，作为各级官员的榜样。但康熙渐渐发现不但贪污无法肃清，就连自己树的廉洁典型也并不真是两袖清风，像张鹏翮在山东兖州当官时就曾收受过别人的财物；张伯行喜欢刻书，每部至少得花上千两银子，光靠官俸无论如何是刻不了的。晚年的康熙已是心力不济，不仅不再致力于肃贪，反而认为"若纤毫无所资给"，则"居官日用及家人胥役，何以为生"。此论一出，各级官员自然更加无所顾忌了。

雍正皇帝继位后，决心改革积弊，打击贪污，整顿吏治。他令各省在限期内补足国库的亏空，对查实的贪污官员严加惩处，追回赃款，抄没家产。当时雍正对一些大臣的惩办显然还有政治上的复杂原因，但也确实起了打击贪污的作用。与此同时，雍正解决了官吏俸禄过低和地方政府开支没有保障的问题。具体办法就是实行"养廉银"。雍正在位期间，吏治有了明显改善。

但自雍正离奇暴亡，乾隆接过权杖后，便一改其父严厉冷峻的处事行为，转为平和放任的风格。尤其在乾隆晚期，贪污之风盛行，吏治废弛。乾隆皇帝照康熙之例六度南巡，而"供亿之侈，驿骚之繁，将十倍于康熙之时"。为了维持奢靡的生活，乾隆帝巧立名目，勒索官吏、商人和百姓的钱财。乾隆帝规定，官员犯有某些过失或不尽职责，可向皇帝交纳罚银或赎罪银，以换取宽恕或免罪。交纳的银两，收归皇帝私囊。乾隆帝的宠臣和珅，任户部侍郎兼军机大臣，执政二十多年，深受乾隆帝倚重，嘉庆时被责令自杀，抄没家产。人谓其家财八万万，抵清朝当时岁入十年以上。与官僚们骄奢淫逸生活相伴随的，是贪污的风气盛行，贿赂公行，政以贿成。各级官吏层层贪污中饱，整个官场弥漫着贪赃枉法、唯利是图、阿谀奉迎的恶劣风气。各级官吏过着声色犬马、骄奢淫逸的腐朽生活，置国计民生于不顾。

历朝历代灭亡的原因并不完全相同，但是贪污腐败，如蚁噬柱，久而久之，柱朽如渣，常常成为历朝由盛转衰的重要因素。对这一历史现象，统治者应该说还是有所认识的。清朝皇帝顺治曾说："朝廷治国安民，首在严惩贪官。"基于此种认识，清朝的统治者也采取了一系列的反腐廉政措施。

建立遍及全国的监察网，监视大小官吏

清初的统治者接受历代封建政权正反两方面的经验教训，深知以廉政为主要目的的监察制度对于维护封建政权的重要性。康雍乾时期的监察制度在明制的基础上进一步完善和发展，建立了多元多轨的监察制度，从中央到地方形成了多层次、全方位的监察网络，建立了一套周密、严格的监察制度。其监察制度之完善在其成文法《台规》（又称《钦定台规》）中有完整的体现。

清朝把监察机构作为一支特殊的政治力量，给予相当高的地位与权力。在设立都察院时，就指出无论何人"不法"，都察院均可直言不隐，并且"即所奏涉虚，亦不坐罪"。康熙十一年（1672年），上谕又指出："一切吏治民生，得失利弊，皆宜殚忠极虑，据实直陈。"

为周密、严格地监视从中央到地方的各级机构及大小官吏，清朝建立了遍及全国的监察网。它在设置上呈现三个特点：一是中央与地方并举。都察院是监察机构最高机构，地方督抚大吏均是中央监察系统的一部分，对地方各级各类官员有监察权。这样，从监察体制上，形成了上下相维、中央与地方交互

▲《钦定台规》始纂于清朝乾隆八年（1743年），共八卷，二十二目，堪称中国古代历史上最完备的一部监察法典。图为清朝光绪十八年（1892年）刊本《钦定台规》书影。

为用的网状结构，使各级官吏均置于它的监督之下。二是科道合一。雍正元年（1723年），清廷将六科归属都察院。科道合并，加强了监察队伍，扩大了监察范围，把提高政府机构办事效率、维护国家机器正常运转的职责也归入了监察系统。三是设立稽察、巡察御史。据《台规》记载，清朝除对在京各机构及各地形成系统的监察机构网外，一度曾对一些重要机构及特殊系统和边远地区，另设有专门的监察御史，以补其不足。

清政府是将全国政府、军队、司法、文教、财政等机构全部置于监察机构的监督之下，使科道官员具有上可谏君、下可纠臣之权力。其任务主要有：拾遗、补阙、规谏君主。这在《台规》规定的任务中占有极大比重。历代皇帝反复要求科道官员留心政事得失，极言直谏。尽管清朝实行封建专制，敢于犯颜直谏者极少，但最高统治者力图广开言路、听取不同

177

意见、纠正执政中失误的意图还是可取的。另外,还有监察吏治、严禁结党、稽核财政收入、监督各级考试、稽察刑名案件等任务。

雍正倡立"养廉银"制度,澄清了吏治

清朝施行低俸禄制,正一品官一年一百八十两俸银,七品知县一年才四十五两俸银。当国家财政困难时,还要在官吏的俸禄上打主意,要他们减俸或捐俸。还有地方存留的公费,本属地方办公开支,数额本就很少,清初因军需一再裁减。康熙说:"从前各州县有存留银两,公费尚有所出。后议尽归户部,州县无以办公。"这样,官吏们不但生活费用无保证,连办公费用也被克扣,因此不得不从老百姓身上进行搜刮。这种体制实际上就是鼓励各级官吏的层层剥削。上谕中也承认:"今部中每遇事,辄令地方官设法料理,皆掩饰美名,实则加派于地方耳。"另外,"远则西征之雇车,北口之运米(指征讨噶尔丹时的后勤供应),近则修葺城垣,无不责令设法"。所谓"设法",就是贪污勒索的别名。官僚本性加上俸禄过低,决定了官吏必然大肆贪污。

雍正为了清理财政,杜绝贪污,从赋税和俸禄制度的改革入手,实行"耗羡归公"。所谓"耗羡",是指征收赋税、交纳钱粮时,对合理损耗的补贴,例如熔铸银两时会发生零星损失,粮米收放也会有一些亏损,所以允许地方官在收税时每两银子加征二三分,称为"火耗""耗羡"。雍正规定"每两加耗五分"，作为政府的正常税收，统一征收，存留藩库，从中提取"养廉银"，发给官吏作为生活补贴和办公费用，而且其数量大大超过正俸。督抚大吏每年一二万两，知县一二千两。意思是说，得了这笔钱，就应该廉洁奉公，不再贪赃剥民。这是雍正时的一项重要改革，这一制度的实行，在一定程度上澄清了吏治，使雍正在位时期成为清朝吏治最好的时期之一。

严管八旗子弟，对高官、高官子弟实行任职回避制度

清朝旗人在政治与经济上占有特殊重要地位，受到朝廷多方面的关照。但八旗子弟中有相当一部分由暗中贪污、盗窃到公开明火执仗地抢劫，给清朝社会风气造成严重影响。清朝多数帝王为了维持其统治，除了频繁申谕，加强教育外，也采取了一些有效的措施来解决这一问题。

一是迁居。对于屡教不改的八旗子弟，尤其是宗室子弟，清初统治者令其到东北地区观摩满洲旧俗或移置东北，长期定居，重习满洲淳朴旧风。这样可以一举两得：虽然清政府口头上说移驻宗室七十户都是安分朴实可以造就之才，实际上是将不安守本分的人撵出京师，减轻京师治安压力。这一做法确实对加强宗室教育，改变奢侈风气起到了一定的作用。

二是严惩。对于触犯刑律的八旗子弟坚决绳之以法，甚至处以极刑。清朝前期，对腐化堕落的官员，哪怕是宗室、将军、亲王、公伯之爵，查处也是很严厉很及时的。乾隆末年，杭州将军富春，由于每日听戏，自求逸乐，被革退所有职衔。这些官员被革职后，朝廷还恐其在原地仍扰害地方，常常向边区艰苦地方发遣。

三是取消旗籍。这是对旗人的一个较重的处分，它意味着受罚者不再享有旗人待遇，不再是统治集团一员。八旗子弟因奢侈、唱戏等多有被削去旗籍者。

在任职制度上，清朝对高官及高官子弟任职有明确规定。清朝对官员任职有一整套规定：外官避籍（包括本籍、祖籍和寄籍）、同官避亲（亲属，特别是直系亲属）、京官不得在同一衙门任职、外任官不得在同一地区任职、科考监试官员子弟回避在本地考试以及禁止内外官员交结等。监察官员不仅要带头执行这些回避制度，而且鉴于其工作性质，又为其制定了更为严格的回避制度。比如在科考官员的人选上，《台规》有明确规定，对于御史也规定"应回避本省"。御史本为京官，不在回避本省、本籍之例，但因职司稽察，特于乾隆十三年（1748年）明令回避本省。《台规》中这类特殊的回避内容颇多，应该说定制较为合理且非常严密。

本文发表于2014年12月22日《北京日报·理论周刊》文史版，原题为《康雍乾时期尝试的制度反腐》，作者时任河南科技大学教授

雍正帝如何将铁腕反腐进行到底

刘凤云

在中国历史上，清朝的康雍乾时期被誉为"盛世"，康熙帝以其"守成兼创业"的历史功绩成就帝业，而乾隆帝的"开疆拓土"，也为缔造中华多民族统一国家写下厚重一笔。在康熙帝用六十一年、乾隆帝用六十年创下的业绩面前，雍正朝十三年的统治似乎相形见绌。但是，如果没有雍正帝的系列改革就不会有自康熙到乾隆的继往开来。没有雍正帝的铁腕反腐，更不会有国家开创盛世的政治环境。因此，雍正朝的十三年是成就康乾盛世的重要奠基时期。

清查亏空，追究到底

雍正朝政治向以严猛著称，而清查亏空更是犹如一场政治飓风，几乎所有的官员都卷入其中，其手段之厉，尤其表现在追赔上，用雍正帝的话说，叫作"追到水尽山穷处，毕竟叫他子孙做个穷人"。

具体做法之一，限时补足亏空。继位伊始，雍正帝破例将内阁草拟的《登基恩诏》中有关豁免官员亏空的条文删除，一个月后，即在康熙六十一年（1722年）十二月，谕令全面清理钱粮，除陕西省因用兵外，"限以三年，各省督抚将所属钱粮严行稽查"。在清查过程中，一旦发现亏空，必令亏空责任人赔补："凡有亏空，无论已经参出及未经参出者，三年之内务期如数补足"，"如限满不完，定行从重治罪。三年补完之后，若再有亏空者，决不宽贷"。

具体做法之二，责任上司分赔。在如何弥补亏空的问题上，雍正帝仍然继续以往的由亏空本官以及失察上级分赔的政策，即连带责任制。所谓"州县力不能完，则上司有分赔之例"。对于亏空官员，经审核确系因公挪用而无侵欺入己之人，勒限一年内赔补，全完准以原职补用。而对于失察并蓄意徇庇之上司则重点惩治。

具体做法之三，亏空官员一律革职与"追变家产"。与以往不同的是，雍正朝增加了将亏空官员一律革职分赔与追变家产两项严厉处分，即"嗣后亏空钱粮各官，即行革职，着落伊身勒限追还"，"凡亏空官员于题参时，一面严搜衙署，一面行文原籍官员，封其家产追变"，"亏空之官查其子有出仕者，解任发追，完日开复"。

这些定例表达了三个信息，即亏空官员本人审明革职、勒限追补；任所及原籍家产变价赔补；子孙也一并解任承担赔

▲雍正帝整饬官风吏治成功的保证之一，就是进行制度改革。清世宗（1678—1735年），即爱新觉罗·胤禛，年号"雍正"，1722—1735年在位。图为清朝宫廷画家所绘雍正帝朝服像轴（绢本设色）。

补。对于亏空数额较大的官员，在追赔中的处置尤其严厉，本人在革职后还要被监禁起来，家产一律查封。

在中央成立独立审核机构"会考府"

吏治腐败到如此程度，如果不重加惩治，贪风难以止息。正如雍正帝在事后所说的那样："朕若不加惩治，仍容此等贪官污吏拥厚资以长子孙，则将来天下有司皆以侵课纳贿为得计，其流弊何所底止？"而"贪黩之风不息，则上亏国课下剥民膏"。

清查亏空的目的，说到底是国家在经济上对官僚个人非法占有的全面清算并收归国有，因此对官员个人而言是一次利益的巨大损失，没有人愿意将已经到手的银两再拿出来，也没有人能心甘情愿地将挪用侵欺的银两算在个人赔补的账上，而且要赔到倾家荡产。所以，清查亏空的过程是十分艰难的，而赔补的过程就更加不易。地方官为掩饰亏空无所不用其极，而在共同的利益下，互相徇隐包庇是其通用的手法。

正由于清查的难度之大，雍正帝最初设想的三年为限的清查并未达到预期目标。于是，雍正帝开始了第二个为期三年的清查。其间，一个有效的机制是在中央成立了直属于皇帝的独立审核机构"会考府"。同时，各省清查亏空的大员，全部调换为以"风力"著称的干练能臣，其中山东巡抚黄炳、广西巡抚李绂、直隶巡抚李维钧、山西巡抚诺岷、江西巡抚迈柱、广东巡抚杨文乾，以及河南巡抚石文焯、田文镜，湖广总督杨宗仁等，都是在雍正帝清查亏空期间发挥了重要作用的封疆大吏。

经过七年多的严厉整顿，吏治与财政清理初见成效。雍正八年（1730年）二月，雍正帝宣布："近观各省吏治，虽未必能彻底澄清，而公然贪赃犯法及侵盗钱粮者亦觉甚少。是众人悛改之象，与朕期望之意相符，亦可遂朕宽宥之初心矣！"而这场政治飓风对官场吏治也的确起到了警示作用，所谓"人心渐知畏法，风俗亦觉改移"。

制度改革是反腐成功的重要保证

也正是在这种相对清明的政治环境下，才有乾隆初政的崇尚宽大之风。但至乾隆晚年，贪纵枉法者如恒文、蒋洲、良卿、方世俊、王亶望、国泰、陈辉祖、郝硕、伍拉纳、浦霖等督抚大吏接踵败露，被乾隆帝诛杀的二品以上大员，包括战争中贻误军情者共有二十二人。这种状况，不要说康熙朝没有，即以严猛著称的雍正朝也是见不到的。但乾隆朝的吏治却不如雍正朝，也赶不上康熙朝。

用乾隆皇帝的话说，其父雍正帝执政十三年，纲纪肃清，内外官僚大臣俱小心惕励，以奸贪犯法者，只年羹尧一人。那么，为什么会如此？如果说康熙朝的政治强调为官以德，重视官员操守，从而过于依赖教化、失之于宽纵的话，乾隆朝或许应该归之于执法不力与不公。乾隆帝对于能臣李侍尧屡屡侵帑劣行的宽释，对宠臣和珅为非作歹、肆行受贿的失察，都是其整治吏治失败的重要因素。

雍正帝整饬官风吏治在中国历史上可说是成功的一例，而他成功的保证，除了铁腕手段和穷追猛打之外，进行制度改革是重要的一项。贪腐是欲望过度膨胀的结果，所谓"贪污自多欲尚侈始"。康熙朝著名的清官陈瑸说："贪官不在所取之多寡，取一钱即与取千百万金等。必一钱不取，方可谓之清廉。"对贪腐不仅要惩治，而且要从根本上抵制。孔子说："克己复礼。""克己"需要像朱熹说的那样"修身"，"复礼"则要健全法制法规。也就是说，惩治贪腐要道德建设与法制建设二者并举。

本文发表于2018年7月9日《北京日报·理论周刊》文史版，
　　原题为《人心渐知畏法　风俗亦觉改移——
　　雍正朝整饬官风惩贪成功的关键》，
　　作者时任中国人民大学清史研究所教授

雍正帝是如何整肃书吏的

李国荣

所谓书吏，是中央与地方衙门中，专门负责文书处理与档案收存人员的总称。他们多是科举落第的知识分子，虽无官的名分，却行使着官员的部分职权。康熙帝晚年，"政宽事省""无为而治"。诸多官僚作威作福、腐化愚昧、不视政事，只依靠幕友和书吏办事，以致吏治废弛败坏，各衙门书吏"人多庸猥，例罕完善，甚至夹私诬罔，贿赂行文"（章学诚《文史通义》）。对书吏队伍中的这种腐败情弊，雍正帝曾尖锐地指出，官衙书吏"一尘不染者仅一二人而已"（《清世宗实录》），已严重败坏和妨碍国家的行政。因此，在他即位后，针对部院衙门的书吏进行全面清理整肃。

谕令革除"部费"

"部费"，是中央部院的书吏向地方公开索要的各种小费的俗称，上下皆知，公然行之。以兵部为例，据档案载，仅陕西兴汉镇（今隶属陕西省安康市）的兵丁，每年就要摊派凑银三百两，作为到部办事之用，其中庆贺表笺诸事每年送部费四十两，呈报册籍诸事每年送银二十四两，这些已成定例。

雍正帝了解到这一情况后，于雍正八年（1730年）三月颁谕指出：兴汉一处如此，则各省与此处相类者亦必不少；兵部书吏如此，则其他部院衙门收取部费者亦定是大有人在。"此皆内外胥吏等彼此串通，巧立名色，借端科派，以饱私囊。""着通告各省营伍，若有似此陋规，即严行禁革。如部科书吏人等仍前需索，或于文移册籍中故意搜求，着该管大臣等具折参奏"（《雍正朝汉文谕旨汇编》）。

严禁需索讹诈

刑部衙门专司刑名，人命攸关，"部中奸滑胥役，得以操纵其事，暗地招摇"。收到好处费的，则援引轻例，有的甚至将地方督抚的补参咨文沉压下来，暗中潜消其案，求得大事化小，小事化了；没有收到好处费的，虽然督抚声明情有可原，应予宽免，其胥役仍欺隐蒙混，不准邀免。这样，刑部胥役几乎把持了这类补参案件，其标准就是以是否收到好处费来定能否宽免。为根除这一腐败弊端，雍正帝颁谕：嗣后三法司会议案件，凡有行令补参者，督抚咨文到部，其或处或免作何完结之后，令刑部知会画题衙门，公同刷卷，"如此，则胥役不得萌逞故智上下其手矣"（《雍正朝汉文谕旨汇编》）。

就刑部书吏的勒索舞弊问题，监察御史耿大烈在雍正十一年（1733年）三月十七日具呈的一道奏折中谈到：充军流放人犯，例可赎罪者，由刑部查明所犯情由奏闻，请旨定夺。然而，刑部"不法书吏竟敢任意作奸,或称具呈有费,批呈有费,以及查对原案具奏先后迟速之间,百计勒索讹诈"(《雍正朝汉文朱批奏折汇编》)。雍正帝据耿大烈所奏,指令刑部各官"严禁书吏,不得借端需索"。

书吏不得主稿

书吏作弊,还往往在援引案例上做文章。清朝刑罚,律无明文的多比照旧案。由于例案多变,办案人员可以随意比附,而且借此还可以推卸责任,于是书吏便往往从私利出发,断章取义。清朝史学家蒋良骐《东华录》载,雍正朝刑部书吏在查阅文书档案提供例案时,"往往删去前后文词只摘中间数语,即以所断罪承之。甚有求其仿佛比照定议者,或避轻就重,或避重就轻,高下其手,率由此起"。

▲雍正帝即位后,针对部院衙门的书吏进行全面清理整肃。图为清朝宫廷画家所绘雍正帝读书像轴(绢本设色)。

针对这种情弊,雍正十一年(1733年)三月,刑部右侍郎觉河图具折指出,刑部衙门责任重大,一切"稿案"自应由司员主稿,不得假手书吏,致滋弊端。在实际办案过程中,常常是司员酌定主意,而叙稿成文却出于书吏之手,致使书吏得以舞文弄弊,作奸犯科。因此，觉河图奏请："嗣后各司一应档案，仍令各司主事稽查"，满汉各官"亲自主稿"（《宫中档雍正朝奏折》）。雍正帝对此表示赞同，谕令照其所请实行。

严防增删案卷

清初旧例，各部院衙门司官升迁调转，其所掌管的案卷新旧交接时，一般是在案卷的封面上注明司官姓名，接缝处或标"封"字，或用司印，没有统一的规定。制度上的漏洞，给掌管案卷的书吏进行徇私舞弊提供了机会，常有增删案卷的事情发生。

雍正帝就此于元年（1723年）三月颁谕各部院衙门："收贮案卷，封禁虽严，而翻阅查对，不能脱书吏之手，盗取文移，改易字迹，百弊丛生，莫可究诘。嗣后司官迁转，将所掌卷案新旧交盘，各具甘结，说堂存案。"一个月后，雍正帝又进一步指令：各衙门案卷，"有添写处，亦用堂印。并设立印簿，开明年月、用印数目、用印司官姓名。如此，则无腾挪之弊，卷案亦按簿可查。传谕各衙门一体遵行"（《雍正朝汉文谕旨汇编》）。此谕令从制度层面上严格约束了管理档案的吏员。

禁止书吏馈送

雍正帝认为书吏"狡猾性成，或以小忠小信趋奉本官，得其欢心"。因此，他严禁各部院司官书吏向堂官馈赠送礼。

雍正十年（1732年）九月二十六日，雍正帝召见各部尚书、侍郎，当面指出："部院事务，每有本衙门堂官为司官书吏所蒙蔽，不能尽知。"同时更谈到，各部院的司官书吏为往上爬，往往向堂官送礼，他说："即使所馈无多，而一经收受，则举劾之际，不无瞻徇牵制。如其人果属可举，而曾经收受馈遗，则虽公亦私，转滋物议；如系不堪之人，因平日受馈，情面难却，或姑为容留，或滥行举荐，必致贻误公事，有违国家澄清吏治之大典。"（《雍正朝汉文谕旨汇编》）因此，雍正帝明令禁止部院堂官收受司官书吏的馈送。

禁止长期任职

雍正帝注意到，在各部院供职的书吏，时间一长，便会在衙门内、在京城结下关系网，容易徇私作弊。因此，他规定，部院衙门的书吏必须五年一换，期满不得再留。

上有禁令，下有对策。书吏们不能在本衙门继续留职，"役满之后，每复改换姓名，窜入别部，舞文作弊"。有的则"盘踞都中，呼朋引类，遇事生风，影射撞骗，靡所不为"。有鉴于此，雍正帝又多次颁发谕旨，查拿这类书吏。他命令"都察院饬五城坊官严查访缉，其有潜匿京师及附京州县者，该地方官定以失察处分。有能拿获者，以名数多寡，分别议叙"，"严禁缺主、挂名、冒籍、顶替"之徒混充官衙书吏（《雍正朝汉文谕旨汇编》）。由于雍正帝对中央机关书吏的大力整顿，"奸徒渐知敛迹，部务得以整齐"。乾隆帝登基后，还特地重申，沿用其父这套管束书吏的办法。

本文发表于2016年3月28日《北京日报·理论周刊》文史版，原题为《"有似此陋规，即严行禁革"——雍正帝对书吏下了史上最严的整治令》，作者时任中国第一历史档案馆副馆长

《随手档》：清廷军政核心机密全记录

高换婷

《随手档》是清朝军机处每日处理文档的登记簿。军机处成立于雍正七年（1729年），是清朝辅佐皇帝的中枢机构。军机处每日来往文书繁多，日积月累可谓汗牛充栋。为便于管理和检索，军机处于乾隆元年（1736年）设立了随手登记簿，亦称《随手档》，并沿用至宣统三年（1911年）。《随手档》登记的方法是由军机处的值日章京（类似秘书）将当天收到的皇帝谕旨和大臣奏折等，摘录其梗概要点及文书处理的结果，依次抄写在30厘米×28厘米大小的宣纸上，累计一定数量后装订成册。乾隆、嘉庆时期，每半年订为一册，道光、咸丰以后，中外交涉频繁，文书日多，改分春、夏、秋、冬四季装订成册。因文书随到随记，故称"随手登记簿"。类似于现今机关的收发文登记簿。《随手档》登记的内容涉及清王朝的政治、军事、经济、文化等各个方面。清朝发生的一些重大事件中，大臣们是如何进言的、皇帝是如何指示的、事件是如何处理的，无不记录在案，堪称清廷军政要务核心机密的总汇。

这里讲述其中记载的几个事件。

乾隆皇帝为大臣开药

《随手档》乾隆三十一年（1766年）十二月十二日登记：

朱批　庄有恭折　病体渐愈仰慰圣怀由

事情是这样的。乾隆三十一年（1766年），福建巡抚庄有恭生了痰疾之病，且病情严重。乾隆帝得知后非常关心，亲笔批示："安心静养，不必过虑。"同时将内务府制造的十香返魂丹、活络丹、牛黄清心丸等药赏赐给他，安慰说：此药神效，要酌量服用，加意调摄，便可迅速痊愈。乾隆帝很清楚治天下唯以用人为本的道理，采取了宽严相济的封建统治术，得出"治贵得中"的政策。他说："天下之理，惟有一中。中者无过不及，宽严并济之道也。""一张一弛，统治之道也。"由此可见，清朝皇帝在对大臣的宠信驾驭中，多施恩惠是重要的手段，奖励、赏赐是最常用方法。这次乾隆帝的体贴收到了效果，庄有恭对皇帝的恩典感激流涕，口不能言。他在奏折中写道：自己身在病床，心却无时无刻不惦念着巡抚之职责。吃了皇帝赐予的祛病扶衰之神药，比以前日觉健旺，言语、饮食亦有精神。他一再表示，日后将竭尽未竟之志，以报慈父再造之恩。乾隆皇帝看到庄有恭的奏折很是高兴，朱批：欣慰。

▲清高宗（1711—1799年），即爱新觉罗·弘历，年号"乾隆"，1735—1796年在位。图为清朝郎世宁等宫廷画家所绘《心写治平图》所载乾隆帝像。

嘉庆朝永定河发生特大水灾

《随手档》嘉庆六年（1801年）六月十二日登记：

姜晟折一件　查明永定河漫口情形并自请交部严议等由

事情是这样的。嘉庆六年（1801年）六月初，永定河发生了近五百年来的最大洪水。水势漫延迅速，殃及京城。原因是海河发生特大洪水，大雨连下数昼夜，致使永定河、拒马河河水暴涨，永定河两岸四处决口，直隶有七十三州县之多被淹。南苑团河行宫四面水围，苑外随水漂的尸首不计其数。伴随着洪水而至的是京城内一场特大暴雨，下了整整五昼夜。政治中心紫禁城内宫门进水深至五六尺……军机值房内进水一尺多深，不能驻足。各衙门官员奏事都要蹚着过膝深的水入宫。水患扰乱了宫中的平静，人们七嘴八舌，不知如何是好。嘉庆帝更是心急如焚。嘉庆帝曾作河决叹一首："季夏月之初，霖雨昼夜渍。波澜涨百川，放溜如奔骥。西北汇大河，桑干堤溃四。白浪掀石栏，荡漾洪涛恣。"直到七月中旬，永定河水才逐渐回落。其中受灾最重的地方，北为顺义，东为宁河，西为宛平，南多属下游近河区。当地人民饱受灾难，"人多避树上巢居"，"屋宇倾圮者不可数计"，"饥民嗷嗷待哺"。面对洪水泛滥带来的灾难，嘉庆帝亲自部署救急方案，指示大臣一定要悉心筹划，认真落实，并采用抢堵决口、开仓赈济等措施，才使局势有所稳定。

此外，嘉庆六年（1801年）正值清朝三年一次的科举考期。

大臣奏报皇帝说：因为这场水灾，贡院墙垣号舍多有坍塌、渗漏，虽加紧动工修葺，但因天气原因很难如期完工。且近畿一带道路泥泞，士子等来京应试跋涉维艰，如中途稍有阻隔延误考期，便无法实现报国之志。嘉庆帝爱惜人才，随即颁发谕旨：所有本年顺天乡试延期到八月下旬九月初进行。

道光皇帝秘密立储

《随手档》道光三十年（1850年）正月十四日登记：

  谕旨 皇四子奕詝著立为皇太子

事情是这样的。清朝从雍正帝开始，当朝皇帝需要用秘密立储的方式确定自己的接班人。道光皇帝于二十六年（1846年）六月十六日这一天将皇位继承人名字用朱砂红笔写在一张纸条上，内容为"皇四子奕詝著立为皇太子""皇六子奕䜣封为亲王"。这是清朝皇帝最后一份秘密立储的朱谕，也是清朝秘密立储制度创建以来唯一一份留存于世的立储朱谕。这份朱谕的形成堪称是清朝皇子以智取胜的经典事例。

道光皇帝共有九个儿子，因病故或年幼，最后只有奕詝和奕䜣两兄弟符合继位条件。二人地位相近，关系密切，从小在一起读书习武，但奕䜣的才智武功更胜奕詝一筹。道光帝晚年最钟爱奕䜣，几度想把他立为皇太子，又因为奕詝贤良并且年长，更符合清朝立储规制，他犹豫不决，难以定论。最后，奕詝用"藏拙示仁"和"藏拙示孝"之计彻底改变了道光皇帝的看法。道光帝晚年有一次去南苑围猎，命奕詝和奕䜣随往，借

195

此对他们的骑射技能进行考察。围猎中，奕䜣射到的猎物最多，而奕詝却未发一箭。当道光帝问其原因时，奕詝回答：此时开春，万物复生，也是鸟兽孕育后代的时候，自己不忍心去伤害这些小生命，也不想用这种方式与兄弟竞争。道光帝听后非常高兴，赞叹道："此真帝者之言！"奕詝用"藏拙示仁"之计博得父皇的好感。另一次，道光帝召见奕詝和奕䜣，准备考察二人的政治谋略。奕䜣在父皇面前滔滔不绝，大讲特讲，充分展示自己的才华。而奕詝却低头不语，当道光帝说到自己年迈有病，不久要离开皇位时，奕詝仍没有说话，只是趴在地上痛哭，表示出自己的孺慕之诚。道光皇帝非常感动，认为奕詝是懂仁孝的孩子。奕詝用"藏拙示孝"之计再一次博得父皇的肯定，于是，道光帝将奕詝立为自己的接班人。但奕䜣也是非常优秀的，道光帝怕他不服气，在自己逝后与奕詝争夺皇权，便在立储朱谕中同时写下"皇六子奕䜣封为亲王"，以解自己后顾之忧。即便如此，道光帝仍是不放心，就在他临终之前用颤抖的手再次写下了一份同样的立储朱谕。现在，这两份秘密立储的朱谕珍藏在中国第一历史档案馆。

对于《随手档》，乾隆时期的军机章京管世铭这样赞曰："旧事分明记阿谁？独难颠末诵无遗。试翻随手当年簿，充栋封题若列眉。"《随手档》现存数量约八百七十二册，其中中国第一历史档案馆保存七百一十九册，台北保存一百五十三册。目前，中国第一历史档案馆保存的《随手档》已全部编辑影印出版。《随手档》就像一部指南，线条清晰，纲目简洁，让我们清晰地了解到清朝折件、谕旨的运转情况，感受到有些清朝官员日常工作中认真、敬业的态度，同时它也诠释了清王朝理政治国的手段和方法。它就像一根链条，将每一个事件发生的时间、起因、经过、内容完整地串联成一部编年史大纲，为清史研究提供了重要线索和依据。

本文发表于2014年6月30日《北京日报·理论周刊》文史版，原题为《清廷〈随手档〉揭秘》，作者时任中国第一历史档案馆编研处研究馆员

第二章 治吏

古代贤官"为政第一课"

游宇明

近年来，社会上颇流行"第一课"之说，小学、中学、大学各有不同，但它们的方向大体一致，那就是讲究修身。学生的开学"第一课"学的都是最基本的东西，比如明礼、诚信、正直、宽容、真诚、奉献等，从这个角度来看古代贤官的"为政第一课"，可以发现，其"为政第一课"在这些东西之外，还得加上一种最关键的东西：悯民之心。

唐朝白居易关心民间疾苦

唐朝大诗人白居易，一生做的主要是翰林学士、左赞善大夫、左拾遗、刺史之类的职位，大抵是在县处级与地厅级之间徘徊。古代的官员跟文学家往往二位一体，白居易就同时是唐朝著名的大诗人，新乐府运动的主要倡导者，一生写了大量反映民间疾苦的诗歌。白居易早年做陕西盩厔县尉时写过一首《观刈麦》，这首诗一方面描述了农

▲白居易（772—846年），字乐天，晚年号香山居士，唐朝诗人，一生写了大量反映民间疾苦的诗歌。图为和刻本《历代君臣图像》所载白乐天像。

业劳动的艰苦,"足蒸暑土气,背灼炎天光。力尽不知热,但惜夏日长",同时借贫妇拾穗,表达了对农民悲惨遭遇的深深同情:"听其相顾言,闻者为悲伤。家田输税尽,拾此充饥肠。"作为底层官员,白居易的"为政第一课"上得不错。

北宋王禹偁借钱帮百姓办事

在这方面,北宋的王禹偁也是个优等生。雍熙元年(984年)下半年,王禹偁被派到长洲做知县。当时,他面临的形势极其严峻。长洲是七年前才归宋,百多年来土地兼并极其严重,政府一点儿也不体恤老百姓,贫者耕种的土地虽然低劣,但仍然要缴很重的赋税,一遇灾荒,老百姓就得吃草根、树叶,甚至卖儿卖女。还有一件事同样要命,长洲人缴纳皇粮时,得将本县钱粮转运到他州,押运的劳役、运费等概由本人负责。雍熙二年(985年),北宋王朝准备第二次北伐,向全国州县摊派军费,长洲自然也在其中。这一年长洲遭灾,庄稼普遍歉收,缴纳正常的赋税尚且极其困难,何况多出来的军费。赋税是层层压下来的,上面千根线,知县一根针,县里的差役习惯地按早年的法规行事,一是强行收税,二是将不能缴税的农民抓进县衙,每天都要抓数百人,抓了就严刑拷打,许多人被打得血肉模糊、目不忍睹。得知此情,出身寒门的王禹偁内心非常不是滋味。他当即做出两个决定:一是向上级申请将本县钱粮就近运往本州,此事顺利办成了;二是大力制止小吏们抓人、打人。接着王禹偁做了一个工作,他让小吏统计本县全年钱粮赋税任务及亏欠情况，得知本县总共亏欠一万七千贯。摸清了底数，王禹偁告诉民众：自己将以知县的名义去找长洲富商借低息贷款，希望民众用心种地，来年再好好归还。历尽艰难，王禹偁最后借到了这笔钱，他立即购买白米，组织民众将其运到了指定地。顿时，长洲民众感动得涕泪满脸。

明朝汤显祖以"仁政"感化人心

我们熟知的《牡丹亭》作者明朝杰出戏曲家汤显祖，一生仕途不顺，做京官，止于主事；做外官，停于知县，都是七品芝麻官。但他的"为政第一课"也是成绩斐然。主政浙江遂昌时，他极力推行"仁政"，每年开春，都会准备好酒，执牛鞭下乡劝农，使当地风气为之一变；他努力减轻百姓徭役，抵制朝廷搜括民脂民膏的矿税。古代的知县同时也是一县最高的司法长官，汤显祖对囚犯，一样显出了非同寻常的悲悯情怀。某年除夕，他决定将遂昌狱中三十多名犯人全部放回家过年，并由其家人具结作保，在正月初四回狱服刑。汤显祖知道：这些犯人中真正十恶不赦的很少，他们大都是遭受各种灾害，没有得到及时救助，铤而走险为匪为盗的农民。此举得到民众的高度评价，节后，所有囚犯都自觉地回到了监狱。

官员为政一方，应真心为百姓着想

人生来都是渴望幸福、快乐的，官也好，民也罢，概无例外。若官员认真上了"为政第一课"，有足够的悯民之心，看到民众日子过得舒适，手舞足蹈；了解到民众度日艰难、脸有戚色，伤心难过，他们就会想方设法将自己的工作做好，就会呈现出某种为一般人所不及的担当。还是拿王禹偁、汤显祖为例吧。在皇权社会，他们只要不贪不占，将上面规定的公事办完，就是一个称职的官员，不会受到上级的责备，但他们宁愿给自己增加麻烦，也要去做一些"自选动作"，温暖老百姓。正是这种高洁的"自选动作"，体现出了他们对民众的柔情。

官员认真上"为政第一课"，有利于社会的和谐。民众一般都是讲理的，官员为政一方，是否真心为他们着想，是否干了实事，他们一清二楚，官民关系好不好，从来不是取决于老百姓是否刁钻，而是取决于官员在关系民众基本权利和正当利益的事情上是否守住了正道，体现出了应有的人性温度。回答是否定的，官民关系就坏，社会就不稳定；回答是肯定的，官民关系就好，社会就会太平。

本文发表于2020年8月3日《北京日报·理论周刊》文史版，原题为《古代贤官的"为政第一课"》，作者时任湖南人文科技学院副教授

古代什么样的人能做御史

李 伟

唐朝诗人张谓有一首著名的五言诗《送韦侍御赴上都》，开头两句是"天朝辟书下，风宪取才难"，述说当时朝廷选任"风宪之官"亦即御史的困难。那么，古代选任御史到底有多么困难，以至于张谓发出如此之感慨呢？

在中国古代官僚体系中，官员可以分为"治事之官"与"治官之官"，前者的典型代表是地方的州县知事，而知府、巡抚、总督等则大多是监督官，也就是所谓的"治官之官"。中国历史上有"明主治吏不治民"的吏治传统，"治官之官"历来为君主所倚重，而最为典型的"治官之官"则非御史莫属。

众所周知，古代社会中的御史是专司监察之职的，但追根溯源，这一职位是从史官逐渐演化而成的。中国传统上非常重视治史，在史官的选任上，一般需要选择那些有责任感、能够秉持真理且有非常之学识的人担任。春秋战国时期，官僚制蒸蒸日上，本为记言记事的传统史官逐渐转化成以监察官吏为专门职责的御史。

能否正直敢言成为考察御史人选的首要前提

御史肩负纠察百官的重任，在中国讲求"和为贵"的思想环境下，能否正直敢言成为考察御史人选的首要前提。古代十分崇尚儒家"其身正，不令而行，其身不正，虽令不从"的观念，因此，历代王朝在选任御史上都特别强调"正""直"等品性要求，将之作为选任御史的首要条件。中国古代涌现出很多正直刚毅的御史，他们的道德、品性和气节经常为后人所敬颂。如西汉初任御史大夫申屠嘉，为人秉直清廉，为了不受私人关系的影响，坚持不在家中接待客人。明朝的冯恩任南京御史，上书弹劾当朝三名权贵罪状，被逮入狱中刑讯拷打，仍坚持弹劾，在他被押解经过长安门时，围观百姓为之赞叹："是御史非但口如铁，其膝、其胆、其骨皆铁也。"因此冯恩被称为"四铁御史"。清朝乾隆时，只有六品职衔的监察御史钱沣弹劾权倾一方的皇亲国戚、山东巡抚国泰，置权臣和珅对国泰的包庇于不顾，将国泰撤职查办，后钱沣被人称为"铁面御史"。

选拔御史注重文化素质，尤其注重法令与学识

在品性要求之外，为了确保御史能够担当起监察重任，历代在御史选任上均注重文化素质要求，尤其注重法令与学识，因此，明法博学成为御史人选的一项硬性要求。例如，西汉时以"审鼠"而闻名的张汤，自小就学习法律，后被举荐为补侍御史，累官至御史大夫。北魏时甚至出现八百人中选任一个御史的情况。隋唐开科举后，多由进士或举人出任御史，很多都是考中进士后直接被选拔为监察御史的。宋朝明文规定以荫补入仕者不能担任御史。明朝则要求御史必须是科举出身。清朝康熙、雍正、光绪皇帝都曾经要求出任科道官员的汉人必须是科举出身，满人也必须是通晓满汉文字者经举荐后方可充任。

各朝均注重从政绩良好的基层官员中选拔御史官员

从政经验也是选拔御史的一个重要考察条件。由于御史属于"治官之官"，经验、阅历有助于御史正确行使其监察职能。从历史上看，各朝均注重从具有良好政绩的基层官员中选拔御史官员。汉朝时规定，御史大夫要从表现出色的郡守当中选拔。唐朝玄宗、肃宗时，都要求御史要从具有州县从政经验的官员中任用。宋璟、萧至忠、裴度、元稹等著名御史都有过担任州县官的经历。宋朝时明确规定，御史必须有出任知州、通判的经历，否则不得选用。

历史是现实的一面镜子，古代社会对于御史的选任制度，为当今执掌监察职责的国家司法监督监察部门提供了良好的参照。古代御史的选任条件往往要比一般官吏严格得多，这从源头上保证了御史的整体素质，为监察

▲唐朝时，元稹、宋璟等著名御史都有过担任州县官的经历。元稹（779—831年），唐朝诗人，字微之，曾任监察御史。图为清朝画家上官周晚年所绘《晚笑堂竹庄画传》所载元稹之像，清朝乾隆八年（1743年）刊本。

权的正常发挥提供了人事上的保证。中国历史上出现的诸多刚正不阿的监察官员，应该说就是直接源于御史选任中的严格要求。

本文发表于2013年9月9日《北京日报·理论周刊》文史版，原题为《古代如何选拔御史》，作者当时任职于中国人民大学法学院

古代选官制度的演进史

张晋藩

中国古代自战国起,实行由国君任免文武官吏的制度。任官时发给印玺,免职时收回,同时建立了酬劳官吏的俸禄制度。

秦朝:建立统一的官僚制度

秦始皇吞并六国,在全国范围内建立了统一的官僚制度。凡能"辟地""胜乱""力农"者,可以仕进为官。睡虎地云梦秦简《为吏之道》所载"审民能,以任吏",表明秦朝任官的标准。除皇帝掌握对官吏的任免权外,官吏之间也可以荐举,但须负连带责任,以示慎重。《史记·范雎蔡泽列传》记载:"秦之法,任人而所任不善者,各以其罪罪之。"

汉朝:通过察举、征辟任官,国家统一发放俸禄

至汉朝,采取察举和征辟两途任官。察举是两汉选拔官吏的常设制度,始于高祖十一年(公元前196年)求贤诏。惠帝、文帝也先后下诏求"孝悌力田""贤良方正""直言极谏"。武帝初,令郡国举"孝廉"各一人。征辟始于西汉而盛行于东汉,除皇帝下诏征辟外,公卿、州郡长官也可以征辟士人为官，但如举非其人，也要负连带责任。

此外，博士弟子经过考试为官的，称为"郎选"。两千石以上的高官，任满三年还可以保举子弟一人为郎，称为"任子"，所谓"子弟以父免任为郎"。汉武帝时，为了解决战争的经费支出，实行"赀选为官"，实际就是卖官鬻爵。

汉朝无论中央和地方官吏都按品级由国家统一发给俸禄，而且免除各种赋役。西汉铨选官吏很少有籍贯的限制，如朱买臣以会稽人任会稽太守。但有身份限制，商人不得为官，宗室子弟也不得担任公位高官。两汉官吏皆重久任，无限期，如于定国任廷尉十七年。

汉初，为了加强皇帝集权，虽百石小吏也由皇帝任命。其后，随着权力关系的演变，丞相也握有高官的调任权。汉朝任官的方式有"假"，即代理之意；有"兼"，即兼摄；有"领"，即兼领，如领尚书事；有"行"，是以本官代行缺额官职务；有"试守"，即以一年为试用期，若称职再正式任命。从任官方式中反映出，一者表示慎重，力求授官得人；再者防止官僚队伍增长过快，

▲东汉政治腐败，察举制度流于形式。东晋医药学家葛洪在《抱朴子·审举》篇中说："举秀才，不知书，察孝廉，父别居，寒素清白浊如泥，高第良将怯如鸡。"图为光绪年间吴县朱氏槐庐家塾刊本《抱朴子》所载《审举》书影。

造成财政的危机和百姓的负担。至东汉时期，政治腐败，使一度盛行的察举制度完全流于形式。东晋医药学家葛洪在《抱朴子·审举》篇中说："举秀才，不知书，察孝廉，父别居，寒素清白浊如泥，高第良将怯如鸡。"

魏晋南北朝：九品中正选官制度

魏晋南北朝时期，士族门阀享有法定特权，由此而产生了九品中正的选官制度。其制始于魏文帝时吏部尚书陈群所立九品官人法，即在州设"贤有识鉴"的大中正，郡设中正，由他们按门第将本地人物评定为上上、上中、上下、中上、中中、中下、下上、下中、下下九品，凡出身上品，可以任高官，由此出现"上品无寒门，下品无士族"的现象。

隋朝：确立科举取士制度

隋朝建立以后，废除九品中正制。隋文帝建立秀才科，令诸州每年选定三人。炀帝时建立进士科，科举取士制度开始确立。

唐朝：改进科举选官制度，大兴学校培养人才

唐朝适应封建经济与官僚政治的高度发展，改进了科举选官制度，以便广泛吸纳各阶层的才学兼优者参加政权。科举考试比起保证门阀特权的九品官人法，具有民主性，是历史的进步，因而扩大了中央集权的统治基础，选拔了一批寒门出身的

士人，如马周、孙伏伽、张应素等。凡是科举及第取得出身者，须经吏部再试宏词拔萃入等，方可入仕、授官。不应此试者，可由吏部按期召集，试以"身"（取其体貌丰伟）、"言"（取其言辞辩证）、"书"（取其楷法遒美）、"判"（取其文理优长），合格者注授适当的官缺。除中央掌握铨选权外，地方州县长官也有任命僚属的权力。一经地方任用，吏部即给予铨选合格的待遇。此外，五品以上的京官和诸州总管、刺史，均有荐举人才的义务，但如"贡举非其人"，或"应贡举而不贡举"，均要判处一至三年徒刑。

为了培养官僚的后备力量，中央和地方大兴学校。唐玄宗时期，将国家教育法制与学校体制正式编入《唐六典》中，详定各类学校的教师、学生员额，招生对象以及学习内容、教师和学生待遇等。唐朝学校对于官僚预备队伍的教育、培养，起了重要的作用。对于专业性强的官职，设有特定的选官程序，譬如技术专业官职由本部门机关诠注委任，而后送吏部备案。司法官的委任，吏部须与刑部尚书共同研究决定，然后注拟。太常博士的委任，须与太常卿商拟决定。

任命官职以"告身"为法定凭据。按唐制，"告身"一般由中书省中书舍人起草，有一定的规格。但中叶以后，官爵冗滥，有权任官者手握空白"告身"，视贿赂多少而随时填写。

宋朝：增加科举录取名额，并实行恩荫法

宋初，仿唐科举制每岁一举，从英宗起改为三年一举，自

后遂成常法。为了加强中央集权，扩大统治基础，积极网罗人才，增加了科举录取的名额，而且一经录取便可为官，按名次的高下定官品的等级。除科举外，还实行恩荫法，凡皇族宗室和高官的子弟、亲属都可按恩荫授官，数量多而滥。

明朝：开科取士，考中即授予官职

洪武十五年（1382年），定制每三年开科取士，考中进士即授予官职。除科举外，荐举和充当吏员，也是任官的途径。文臣有功还可以任子，武官亦可世袭。从明代宗起，捐纳草、粟也可得官。至穆宗，又实行纳银入监，即所谓"例监"，使得吏治大坏。

清朝：正科之外增设特科，捐官制度遗患无穷

清朝仍以科举为选官"正途"。正科之外，有时增加特科，如"博学鸿词科""经济特科"等。有些官职如詹事府、翰林院、吏部、礼部各司郎官，必须科甲正途出身始能充任。凡由皇帝直接任命的官员称为"特简"，由大臣互推称为"会推"，功臣或殉难官员的子弟可以袭荫得官。贤能廉洁之士也可经荐举入仕，乾隆时曾多次下令命廷臣密举贤能。

清朝还广泛实行捐官制度。康熙十三年（1674年），因平"三藩"叛乱，实行捐纳，以补军费之不足，三年内捐纳知县五百余人。为了防止冗官扰民，规定"捐纳官到任三年，称职者具题升转，不称职者题参"，但实际上无法贯彻。捐官制度

虽然为清政府补充了一项临时财政收入，但却使封建官僚机构恶性膨胀，而且"官不安于末秩，士不安于读书，众志纷然，群趋于利"，进一步败坏了吏治。

清朝官吏任用的方式有：

署职：初任官试署二年（后改三年），如称职，再实授。

兼职：大学士例兼尚书，总督兼兵部尚书、右都御史。

护理：低级官兼高级官。

加衔：于本官外另加品级稍高的官衔。

额外任用：皇帝对个别官的优待。

清朝不仅禁止本省人在本省为官，即使不同省但距离原籍五百里以内，也须回避。地方官员中不归吏部铨选者，由督抚选拔，报请批准。清朝内外官可以相互升转，并有一定的任期。

本文发表于2020年1月13日《北京日报·理论周刊》文史版，原题为《官员任免与考选：从秦到清的演进》，作者为中国政法大学终身教授，时任中国政法大学法律史学研究院名誉院长

古代是如何考察官吏的

张晋藩

宋朝苏洵说过："有官必有课，有课必有赏罚。有官而无课，是无官也；有课而无赏罚，是无课也。"这是他总结中国古代察官治官之法得出的结论。

唐朝：小考大考，三等九级

唐朝是中国古代典章法制趋于成熟与定型的朝代。考课之法见于《唐六典》。按唐制，每年一小考，四年一大考。四品以下官由吏部考核，三品以上官由皇帝亲自考核。唐朝考课以标准细化为显著特点，所谓四善二十七最法。"四善"：一曰德义有闻，二曰清慎明著，三曰公平可称，四曰恪勤匪懈。"二十七最"是根据各部门职掌之不同，分别提出的不同要求。如铨衡人物，擢尽才良，为选司之最；扬清激浊，褒贬必当，为考校之最；礼制仪式，动合经典，为礼官之

▲考课之法见于《唐六典》。按唐制，每年一小考，四年一大考。图为清朝《钦定四库全书》所载《唐六典》书影。

最；等等。

经过考核，定出上、中、下三等九级。"一最四善为上上，一最三善为上中，一最二善为上下；无最而有二善为中上，无最而有一善为中中，职事粗理，善最不闻者为中下；爱憎任情，处断乖理者为下上，背公向私，职务废缺者为下中，居官饰诈，贪浊有状者为下下。"对于流外官，则按四等第考课："清谨勤公，勘当明审为上；居官不怠，执事无私为中；不勤其职，数有愆犯为下；背公向私，贪浊有状为下下。"

宋朝：考课有法，赏多罚少

宋初，沿袭唐制内外官任满一年为一考，三考为一任。由于宋朝厉行中央集权，特定的政治环境使得宋朝也很注重依法考课，以充分发挥官吏的治国作用。

太宗时州县官考课法："郡县有治行尤异、吏民畏服、居官廉恪、莅事明敏、斗讼衰息、仓廪盈羡、寇贼剪灭、部内清肃者，本道转运司各以名闻，当驿置赴阙，亲问其状加旌赏焉。其贪冒无状、淹延斗讼、逾越宪度、盗贼竞起、部内不治者，亦条其状以闻，当行贬斥。"真宗时又定"州县三课"法："公勤廉干惠及民者为上，干事而无廉誉、清白而无治声者为次，畏懦贪猥为下。"神宗熙宁元年（1068年）颁行《守令四善四最》考课法。

宋朝虽然考课有法，但在实践中赏多罚少。官员一入仕途，不问治绩劳逸，只要无大过错，照例文官三年一升，武官五年一迁，所谓"知县两任，例升通判；通判两任，例升知州"，"贤愚同等，清浊一致"。因此，暮气沉沉，笼罩官场。不仅如此，由于考课不力，冗官充斥朝廷上下，成为百姓沉重的负担。

明朝："考满""考察"，后世称道

明朝考课分"考满"与"考察"。前者三年一考，九年三考，分为称职、平常、不称职三等，以定黜陟。后者按八法（贪、酷、浮躁、不及、老、病、罢、不谨）考察内外官吏。京官六年一考，为"京察"；外官三年一考，为"外察"。京官四品以上官自陈政之得失，以候上裁。五品以下分别优劣，或降调，或致仕，或闲住为民，具册奏请。

由于明太祖朱元璋深知元末官吏贪婪掠夺，激起民变，因此重视吏治。洪武十一年（1378年），命吏部课朝觐官，"称职而无过者为上……有过而称职者为中……有过而不称职者为下"。洪武十八年（1385年），吏部奏称天下布、按、府、州、县朝觐官四千一百一十七人，其中称职者十之一，平常者十之七，不称职者十之一，贪污阘茸者十之一。称职者升官，平常者复职，不称职者降调，贪污者付有司治罪，阘茸者免为民。

对于地方官的考课，称为"大计"。因大计而受处分的官员，永不叙用。结论不当者，可以辩白；任情毁誉失实者,连坐。史称"明兴考课之制,远法唐虞,近酌列代,最为有法"。

清朝:"京察""大计",有奖有罚

清朝考课官吏分为"京察"与"大计"。京察是对京官的考绩,每三年举行一次,于子、卯、午、酉年进行。三品以上京官和地方总督、巡抚自陈政事得失,由皇帝敕裁。三品以下京官由吏部和都察院负责考核。京察分三等,一等为称职,二等为勤职,三等为供职,根据等级实行奖惩。

大计是对外官的考绩,也是三年一次,于寅、巳、申、亥年进行。大计的范围除督抚外,还包括藩、臬、道、府及州县官。大计的程序是先期藩、臬、道、府,递察其贤否,申之督抚,督抚核其事状,注考造册,送吏部复核。大计分"卓异"与"供职"二等,按等予以奖惩。

清朝经历了康熙、雍正、乾隆三朝百余年的盛世,其成因是多种多样的,但认真推行考课制度起了积极的作用。康雍乾时期实行考课比较认真。康熙朝自二十二年(1683年)至六十一年(1722年),共举行大计十四次,共举卓异官五百八十名,纠参、罢斥、降调官员五千一百三十七名。乾隆朝六十年,京察、大计共进行三十三次,举卓异官八百七十六人。乾隆帝还特别提出,不能让"年力就衰之人,听其滥竽贻误"。清朝中叶以后,政治腐败,国事衰微,无论京察还是大计,都逐渐流于形式。

综上所述，中国古代的职官考课，从战国起直至清朝，虽代有兴革，但一直沿行不衰，是一种常态化的职官管理制度，从而雄辩地说明考课对于整肃官僚队伍、发挥官吏治国理政的职能起着不可忽视的作用。

本文发表于2017年3月13日《北京日报·理论周刊》文史版，原题为《"有官必有课，有课必有赏罚"》，作者为中国政法大学终身教授

古代的考勤制度和业绩考核

陈忠海

司马迁说"治国必先治吏",加强吏治是历代统治者都很重视的事情。吏治是一项系统工程,并非"治吏"那么简单,但吏治的基础又是从点滴之处着眼和着手的,整治懒官怠政就是其中之一。

违反考勤制度的官员会受到严厉处罚

古人称懒官、怠官为"具臣",据颜师古以及朱熹等人的注解,这指的是那些在位子上但只能充数的官员,历代吏治都把这些人作为整顿治理的重点。

古代对违反考勤制度的官员处罚一向都很严厉。唐玄宗、唐文宗时都有不按时到岗罚1个月或1个季度俸禄的记载,《唐律》中专门设"官人无故不上"的罪名,其中规定无故缺勤的官员,每缺勤1天笞20小板,满3天罪加一等,满25天笞100大板,满35天直接判处1年徒刑。

宋朝的处罚虽没这么重,但对于无故迟到、缺岗或者"泡病号"的官员也有惩处,宋仁宗时右巡使张亿弹劾多名官员托词生病不赴朝会,朝廷下诏予以严斥,并警告百官,对那些"老病号"则派医官前去检看。

元世祖时桑哥任丞相，特别重视官员考勤，有迟到、早退的，一经发现就予以杖罚。有一天赵孟𫖯迟到了，被抓了个正着，赵孟𫖯时任兵部郎中，又是当朝最著名的书法家，但桑哥毫不通融，结果赵孟𫖯挨了板子。

明朝吏治更严，《大明律》规定"无故不朝参、不办公，一日笞十，罪止杖八十"。那时官员上朝不仅很早，而且有段时间还规定不许骑马、坐轿，大家只得摸黑提前出发，时间紧张时只得一路小跑。有一次下雨路滑，有个官员怕迟到，结果一不小心掉进了紫禁城外的御河里。

▲元朝书画家赵孟𫖯（1254—1322年）任兵部郎中时，因为上朝迟到挨了板子。图为明朝文献学家、藏书家王圻及其子王思义撰写的百科式图录类书《三才图会》（又名《三才图说》）所载赵孟𫖯像。

业绩考核不过关，轻则受罚，重则治罪

如果说上班迟到还只是打打板子、罚罚钱，那业绩考核方面不过关，后果就更严重了。汉朝官员考课结果分为九等，《汉书》说"君课第六"，意思是第六等算及格，第六等以下的就要受罚了，轻则降职、撤职，重则治罪。南北朝以及隋唐各朝对官员考核结果也都有类似的划分，如唐朝分为上、中、下三级，每级再分上、中、下三等，算下来就是三级九等。

宋朝对官员考核结果做了简化，一般分为三等，其中"政绩优异者为上，职务粗理者为中，临事弛慢者为下"。明朝则将其形象化，直接分为称职、平常、不称职三等，对于不称职的官员一般要进行处罚，有的降职、调任，有的撤职，其比例通常都不小。以洪武十八年（1385年）为例，当年参与考核的官员共有4117人，考核结果为称职的约占10%，平常的约占70%，不称职的也约占10%，另有约10%为贪赃枉法。

官员考核完毕，朱元璋通常还会让礼部大摆宴席，考核为称职的官员可以坐着吃，考核为平常的官员可以站着吃，而考核为不称职的官员则站着不给吃，以此鞭策和警示，至于贪赃枉法的官员，当然只能在牢狱中吃了。

明朝中期以后，吏治又出现了松懈，到张居正改革时着力整顿，为此专门制定了《考成法》，把朝廷各部要完成的工作细化成账簿，一式三份，分别存在本部给事中、都察院和内阁，各部每月分别对照账簿汇报工作完成情况，完成一件勾销一件，全部完成后本部给事中、都察院、内阁才出具完成意见，否则按未完成处分。以万历三年（1575年）为例，当年共有未完成事件237件，结果有54名高级官员受到处分。张居正执政期间，因《考成法》考核不过关而直接被裁革的官员占到总人数的30%，已不是"末位淘汰"而是"末段淘汰"了。

在历代官员考核中，是否勤政、能不能打开工作局面都是重要的方面。清朝根据官员"四格"标准进行考核，之后评定出称职、勤职和供职三个等级，只有勤于政事并有能力出色完成各项政务的官员才能在考核中脱颖而出。

雍正皇帝在位时,直隶巡抚李维钧上报了所辖各县县令的考核结果,其中对吴桥县令常三乐的考核结果有两条,一是"操守廉洁",二是"懦弱不振",也就是说,人是好人,但工作打不开局面,李维钧建议调其去管教育,但该意见被吏部否决,理由是常三乐并无明显过失,调整其职务的理由不充分。报告到了御前,雍正皇帝想都没想,直接批示将该官员撤职。

由于体制原因,古代吏治也有许多弊病和不成功之处,即使考勤考绩,通常也是抓一下好一些,不抓就马上松懈,但考察历代整治懒官和怠政的一些经验,其实也有许多可供借鉴的地方。

本文发表于2016年12月5日《北京日报·理论周刊》文史版,
原题为《治怠政必严惩具臣》,
作者为文史学者

古代官员考绩法为何中看不中用

刘绪义

古代对官员的考察有过许多制度，然而，不管哪一种制度都难以取得实效。三国时景初年间曾经发生一起围绕考绩法而进行的争论，即可见一斑。

三国魏明帝的绩效考核法遭到百官一致反对

景初元年（237年），魏明帝曹叡下诏给吏部尚书卢毓："选拔举荐人才时，不要唯名是取，名声如同地上的画饼，只能看不能吃。"卢毓回对道："古代通过上奏陈事考察大臣的言谈，凭实际工作考察大臣的能力。如今考绩法已经废弛，只是凭借誉毁的舆论决定晋升和罢免，所以真假混杂，虚实难辨。"

魏明帝听后，命散骑常侍刘邵作考课法。刘邵作《都官考课法》七十二条。魏明帝将一部绩效考核法交给百官审议，没想到遭到了一致反对。

司隶校尉（秘密监察官）崔林反对说："《周官》中绩效考试之法，条例已十分完备了。从周康王以后，就逐渐废弛，这就说明绩效考核法能否实行完全在人。皋陶在虞舜的手下做事，伊尹在商王朝供职，邪恶的人自动远离。如果大臣们能尽到职

▲三国时期，司隶校尉崔林曾说："绩效考核法能否实行完全在人。皋陶在虞舜的手下做事，伊尹在商王朝供职，邪恶的人自动远离。"图为大约绘制于18世纪的《历代帝王圣贤名臣大儒遗像》（彩绘）所载皋陶像。

责，成为百官效法的榜样，那么谁敢不恭恭敬敬地尽职尽责，岂在绩效考核？"

黄门侍郎杜恕也坚决反对说："经历六代，考绩办法没有明著于世，历经七位圣人，考核条例也没能流传下来，我认为这是由于绩效考核的原则可以作为粗略的依据，详细的规定很难一一列举的缘故。如果法制是万能的，那么唐尧、虞舜不必需要后稷、子契的辅佐，商朝、周朝也不会以伊尹、吕尚的辅助为可贵了。如果容身保位没有被处放逐罢官之罪，而为国尽节，却处在被怀疑的形势中，公道没有树立，私下议论却成为风气，这样即使是孔子来主持考核，恐怕也无法发挥一点点才能，何况世俗的普通人呢？"

鉴于反对声浪太大，这一次绩效考核的讨论久议不决，最终无法施行。

宋朝司马光：考求于迹，则文具实亡

宋朝政治家司马光针对这一件事，在《资治通鉴》中罕见地用很长篇幅发表了自己的看法，核心意思是，再好的制度都离不开人。人心不公不明，制度也可被扭曲。为什么这样说呢？所谓至公至明，是出自内心；所谓绩效，只是外在表现。内心都不能理正，而要去考察别人的绩效，不亦难乎？做领导的，如果真能做到不以亲疏贵贱改变心思，不因喜怒好恶改变意志，那么，想要了解谁擅长经学，只要看他博闻强识，讲解精辟通达；想要了解谁是执法人才，只要看他断案穷尽真相，不使人含冤受屈；想要了解谁是理财人才，只要看他的仓库是否盈实，百姓是否富裕；想要了解谁是治军的将领，只要看他战必胜、攻必取，能使敌人畏服。文武百官，莫不如此。虽然可以听取别人的意见，但决断在于自己；虽然绩效考核要看实际表现，但审察却在自己内心。

作为政治家的司马光，意思很明显，官员的考绩本质上在于官员的任免，其本在用人，考绩只是末枝，用人得当，则考绩可行；用人不当，则考绩无力。换言之，考核官员的目的是什么？目的当然是考核其能力与业绩，胜任与否，避免用人失误，而不是看其琐碎的表现。要在考核中得到真实情况，不在于文书条目，而在于官员实质性的能力与业绩，而官员的能力与业绩不是一时可以显现出来的，同样性质的工作，可能由于环境、条件不同，评价标准就应当有所不同，不能僵化地拿一个制度去套。

古代官员考绩法看上去很美，实则发挥不了实效，其根源就在于司马光的论断："考求于迹，则文具实亡。"

本文发表于2017年11月13日《北京日报·理论周刊》文史版，原题为《"考求于迹，则文具实亡"——古代官员考绩之法为何中看不中用》，作者时任长沙税务干部学院教授

古代如何处理不作为官员

陈忠海

中国古代法家思想代表人物韩非认为"吏者，民之本，纲者也，故圣人治吏不治民"，这一思想影响深远。封建时代的统治者特别注重吏治，在防范官员乱作为的同时也十分关注官员不作为现象，按照"无功即有过"的原则对那些不作为的官员进行治理和惩戒。

秦朝：流放是常用刑罚

在上古时期的吏治思想中，不作为是渎职罪中重要的类型，《尚书大传》有"百姓不亲，五品不训，则责司徒""沟渎壅遏，水为民害，田广不垦，则责之司空"的话，《韩诗外传》也说"山陵崩陁，川谷不通，五谷不殖，草木不茂，则责之司空"，这些话的意思，都是讲社会没有治理好、经济没有得到发展，就要对相应的主管官员进行问责。

春秋战国以后，对官员不作为进行惩戒的规定逐渐趋于细化。云梦秦简中有《法律答问》，载有一名基层官员不作为的案例："啬夫不以官为事，以奸为事，论何也？当迁。"啬夫是秦国所置乡官，职掌听讼和收取赋税，这位啬夫不认真履行本职工作，还干了一些坏事，被判处流放的刑罚。

秦朝建立后，法令更加完备，对各级官员如何履行职责有详细规定。如对管理仓库的官员，规定其要做好日常防卫工作，加强夜间巡逻、值守，严防烟火、漏雨、虫蠹等，如因工作疏忽发生被盗或火灾、水灾、虫蠹等，负主要责任的官员要被严处，上级主管官员也要担责。涉及玩忽职守罪的，秦律常以"不从令""犯令""废令"相称，其中"废令"是荒废政令之意，消极应对上级指令，在其位不谋其事，这样的官员一般都要承担责任，根据所犯过失的大小分别受到惩处，而流放是常常被用到的刑罚。

唐朝：先劝诫再惩处

隋唐以后，官员队伍日趋壮大，对官员队伍的管理也不断加强。隋炀帝时萧琮担任内史令一职，该职即后来的中书令，协助皇帝处理日常政务，责任重大，然而萧琮工作不上心，"不以职务自婴，退朝纵酒而已"，隋炀帝大为不满，命杨约"宣旨诫励"。唐玄宗时，尚书省的一些中下级官员"怠于理烦，业唯养望，凡厥案牍，每多停拥"，唐玄宗命"当司长官，殷勤示语"，对他们进行劝诫。唐玄宗重视官员考核，在一次考核中发现吏部员外郎褚璆等十来位官员"案牍稽滞"，唐玄宗立即诫勉道："尚书郎皆是妙选，须称其职，焉可尸禄悠悠，曾无决断。"并警告他们："自今已后，各宜惩革，若有犯者，别当处分。"还有一次，唐玄宗发现兵部、吏部工作不得力，于是提出诫勉："朕今申之宽宥，许以自新，庶观将来，冀能效节。"还警告相关

古代如何处理不作为官员

▲唐玄宗重视官员考核，并不时对官员进行诫勉、警告。图为日本江户时期画师狩野山雪大约绘于1646年的故事长卷《长恨歌图》（下卷，局部）所载唐玄宗（左）生活场景。

官员："无谓幽昧，朕皆察焉，宜各尽心，靖恭尔位。"

每一名官员在位时都承担着相应职责，不能按要求认真履行职责就是不作为的表现。唐律中有对"应奏不奏""应言上而不言上"行为的处罚规定，对于"依律、令及式，事应合奏而不奏"的，或虽上奏却"不待报而行"的，都视为失职。《唐律·职制律》规定，对于"诸事应奏不奏"的要"杖八十"，对于"应言上而不言上"和"不由所管而越言上，应行下而不行下"的要"各杖六十"。

唐律中还有很多这样的具体规定，比如，对官员不能按时出勤的，规定："诸在官应直不直，应宿不宿，各笞二十；通昼夜者，笞三十；若点不到者，一点笞十。"再比如，对官员在政绩考核工作中走过场的，规定："若考校、课试而不以实及选官乖于举状，以故不称职者，减一等。失者，各减三等。"还有，对于治内水利不修、基础设施破坏的"主司杖七十"，如果因此出现"毁害人家,漂失财物者",处罚还要加重。甚至,对于所辖之内有人才却没有及时发现并举荐的也视为不作为,规定:"诸贡举非其人,及应贡举而不贡举者,一人徒一年,二人加一等,罪止徒三年。"

明朝:田地荒芜也是罪

历代统治者都很重视发展经济,在农业经济为主导的古代社会,出现田地荒芜现象也被认为是相关官员不作为的重要表现,历代从吏治角度对治理这方面问题也有许多规定,其中以明朝的做法最为细致。明朝初年,由于连年战乱,大量土地出现荒芜,为发展经济,解决迫在眉睫的吃饭问题,明太祖朱元璋颁布了一系列诏令发展农业生产,朱元璋为此还告诫大臣们:"军国之费所资不少,皆出于民,若使之不得尽力田亩,则国家资用何所赖焉?"

为防止官员在农业生产上不作为,朱元璋想了很多办法,其中重要的一条就是制定严格而翔实的法令来监督、鞭策各级官员抓好此项工作。明律规定,除非"水旱、冰雹、蝗虫等天灾所致",其他田地无故荒芜或"应课种桑麻之类而不种者",相关官员都要予以处罚,具体处罚标准是:"俱以十分为率,一分笞二十,每一分,加一等,罪止杖八十。"处罚的对象不仅包括主管官员,还有其他相关人员,"长官为首,佐职为从"。这里的"十分为率",意思是无论里长还是县长都把自己所管辖的土地分为十份,以此进行考核,每荒芜其中的百分之十称为"一分"。

明太祖朱元璋在位三十一年,经济得到了快速发展。洪武二十六年(1393年),天下田亩数为八百五十多万顷,比元朝末年增长了四倍多。粮食产量增加迅速,从朝廷税粮征收增长就可以看出来,洪武二十六年(1393年),天下税粮合计三千二百多万石,是元朝平均水平的1.5倍以上。这些成就的背后有亿万人民群众的辛勤努力,但不容否认的是,从制度层面督促各级官员戒散戒懒、努力作为也是取得成功的保证之一。

清朝:整治司法不作为

司法是维护社会公平正义非常重要的一道保障,随着社会的进步,人们对司法方面越来越重视,对司法领域内不作为的现象也越来越不满。到了清朝,在治理官员不作为方面,除延续前代各种有效做法外,还进行了许多创新,惩治司法不作为就是一个重要方面。

《大清律例》中有"告状不受理"一条,规定在非停审时间如农忙期以外呈诉有关户婚、田宅、斗殴等事,以及在停审期间控告谋反、叛逆、盗贼、人命、贪赃枉法等,只要"查有确据",应管官员必须受理,如不受理,则根据控告内容不同分别对主管官员进行处罚:告谋反、谋逆,不立即受理并差人掩捕,主管官员处杖一百、徒三年的刑罚,如因此造成聚众作乱或攻陷城池的,处斩监候;告恶逆如子孙谋杀祖父母、父母之类，不受理者杖一百；告杀人、强盗不受理者，杖八十；告斗殴、婚姻、田宅等事不受理者，最高可杖八十。

晚清时，借鉴日本刑法而制定的《大清新刑律草案》又加入了许多近代司法理念和规定，比如对警察、检察人员等不履行特定保护职责的要追究刑事责任，强调司法官员及其辅助人员遇公民受不法侵害而请求救助时必须履行保护责任。除此之外，《大清律例》还有"收养孤老"的规定："凡鳏寡孤独及笃废之人，贫穷无亲属依倚，不能自存，所在官司应收养而不收养者，杖六十。若应给衣粮而官吏克减者，以监守自盗论。"

与乱作为相比，官员不作为同样具有很强的破坏力，不仅降低了行政效率、阻碍了经济和社会发展，还损害了官员队伍的形象。面对不作为的"软拒绝"，只有加强制度建设、强化管理才能予以有效克服。中国古代封建王朝时常陷入"历史周期率"的循环中，吏治也不例外，依靠几条规定自然解决不了官员队伍不作为的顽疾，但历代惩戒官员不作为的做法仍然有一定的借鉴价值。

本文发表于2019年7月15日《北京日报·理论周刊》文史版，原题为《古代对不作为官员的治理和惩戒——"无功即有过"》，作者为文史学者

古代的"吃空饷"

郑金刚

所谓"吃空饷",本意是指军队虚报名额、冒支军饷的行为。在古代,由于军队员额总数不仅庞大,而且时常会因为战争、逃亡等原因产生变动,再加上军权相对独立,难以监管、核查,很容易就形成"吃空饷"的温床。随着时间的推移,这种通过虚报名额来冒取的现象从军队蔓延到地方,成为中国历史上的一大痼疾。

"吃空饷"始自秦汉,盛行于唐宋

历史上,何时开始出现"吃空饷"现象?先秦时代,由于是世袭贵族社会,无论是地方的官,还是军队里的将领,都是有分封领地的贵族,并不领取俸禄,而且士卒当兵打仗只是服劳役,也没有军饷可领,因而自然也就不会有所谓"吃空饷"的问题。只有到了秦汉大一统之后,随着世卿贵族社会的解体,由朝廷付给的俸禄代替了此前的封地,"吃空饷"才有了存在的可能。1975年,在湖北云梦出土的《睡虎地秦简》中,就出现了"不当稟军中而稟者,皆赀二甲"的律文,即是专门针对冒领军粮的处罚,说明到了秦朝军中已经出现了虚报名额、冒领军粮的现象,可谓中国古代"吃空饷"的最早源头。

▲ 宋朝军队"吃空饷"现象严重，宋仁宗时期，虚报兵额超过半数。宋仁宗（1010—1063年），即赵祯，1022—1063年在位。图为大约绘于清末民初的绢本绘画册页《历代帝王真像》所载宋仁宗真像。

从现存的史料来看，中国古代军队出现大规模"吃空饷"弊端，是中唐以后的事情。随着时间的推移，隋唐时期一直实行的府兵制到了唐朝中期已经名存实亡，不得不改为募兵制，士卒载于军籍并由朝廷按册支付军饷、供给，由此给统兵将领打开了虚报兵额、冒领军饷物资的方便之门，军队"吃空饷"现象也就十分普遍。唐代宗时期的大诗人白居易，形容当时军队"吃空饷"的乱象时说：天下各地统兵之将，无不捏浮报军籍以冒领粮饷，按实核计，真正实存的兵数不到十之六七，如果出现战死、逃亡情况，则十年之内实际兵数又将减少十之二三。全国军队"有籍无人"的比例竟然已达到了一半以上，足见其时"吃空饷"问题之严重。不仅如此，即使实际在籍的兵员中，还存在很多隐形"吃空饷"的现象，不少士卒不过是按时应卯，平时却各有营生，甚至有士卒终日在市场摆摊做小买卖。

延至宋朝，军队"吃空饷"的现象更是激增。据《宋史》《续资治通鉴长编》等史书记载，北宋开国之初军队"吃空饷"的问题就已经极为严重。例如，宋仁宗时期的中央禁军，按照正常编制，应该是以马军四百、步军五百为一指挥，但是"额存而兵阙"、不满编的情况比比皆是，大多数指挥仅有马军数十骑，步军也不过二百余，虚报兵额超过半数。一直困扰北宋始终的"三冗"之弊中，因"吃空饷"而起的就有"冗兵""冗费"两项，三占其二。"吃空饷"泛滥，军队虚空，最终也导致了北宋国防虚弱不堪。

明清时期，"吃空饷"花样翻新、变本加厉

明清时期，军队"吃空饷"现象可谓花样翻新、变本加厉。本来，明朝肇建之初，明太祖朱元璋鉴于宋朝募兵制造成的"冗兵""冗费"之害，回头改行"兵农合一"的"军户"制度，被划为"军户"之家能分到一块土地，战时出征，平时务农，并不从朝廷支取粮饷，因此一度杜绝了"吃空饷"的可能。但是，这种不分良莠、强制限定军籍的军户制度，时间一久不可避免地会走上僵化、衰落之路。由于军户兵弱不堪用，明朝后期又重行募兵制，"吃空饷"的历史老问题也就如影随形地出现，到了明朝末期已相较唐、宋有过之而无不及。

明末军队"吃空饷"严重到了何种程度？从袁崇焕诛杀毛文龙后，向朝廷报告毛文龙的罪状书中，我们可以略窥其大致情形：按照袁崇焕的报告，毛文龙任左都督、平辽总兵，所辖东江（皮岛）加上老幼平民总数不过四万七千余人，其中实际士兵数额不足两万，但是虚报朝廷其兵数为"十万"，私设领兵将领多达千人。以不足两万之数，虚报十万之众支取粮饷，其中将近八万的"空饷"，自然是落入了毛文龙以下各级将领的私囊。按照史书记载，毛文龙在被袁崇焕诛杀之前，因为

"上事多浮夸,索饷又过多,岁百二十万,兵二十万,朝论多疑而厌之",可见其部队"吃空饷"早已不是什么秘密。明末军队"吃空饷"之害,仅此就可见一斑。

清军入关之后,军队编制有八旗与绿营之分,两者差别很大,但都普遍存在"吃空饷"的严重问题。八旗军属于职业兵,旗人除了当兵吃粮之外被禁止从事其他各业,因此未当兵的旗人实际上可以合法地"吃空饷"。清乾隆皇帝曾一度核查云南绿营驻军粮饷情况,结果发现绿营上下"吃空饷"早已是不成文的规矩,如开化镇额定驻军应该有一百八十五人,但实际兵丁数仅七十一人,有一百一十四人是在"吃空饷",有营官甚至将自己不满十岁的亲属编入册籍支领钱粮。至于嘉庆、道光之后,清朝各地八旗、绿营驻军"吃空饷"蔚然成风且花样翻新,军队"不事操防,以空名冒钱粮,专事肥己",而且出现了军队里的空饷名额不仅可花钱贿买,还可以父子相传,并且美其名曰"荫粮""荫德"的情况,"吃空饷"俨然已经走向了公开化、合法化。

古代地方行政"吃空饷"相对较少,主要是因为不实惠

随着时间推移,"吃空饷"开始从军队向地方行政系统逐渐滋蔓,最后成为军、政两界均存的一大痼疾。

与军队明目张胆虚造名册、冒领粮饷不同,历代地方行政"吃空饷"大多是"实有其人但不履职",属于一种"隐性"的"吃空饷"。例如,东汉末年,董卓擅权,"一人得道,鸡犬升天"，不仅让家族成员担任各种要职，还加封自己年幼的孙女为渭阳君，甚至将自己仍在襁褓之中的幼子也封为侯爵。除此以外，如魏晋、两宋时代官制繁复，存在不少"遥领""兼""摄"等只领俸禄、不需实际履职的官员，也算是另一种形式的合法"吃空饷"。但是，上述两种"吃空饷"现象的存在，显然都是为了"权"而不是"饷"。

明清之后，地方行政"吃空饷"现象才开始变得日渐多了起来。明嘉靖十四年（1535年），工部书吏蔡泳受等人，通过造假印、虚报官员姓名的方式，前后共计冒领银七万两之多。明末崇祯年间，一度任职京官的林时对曾描述自己在京中衙门见闻：京城各衙的衙役多半"窜籍"三大营，两边冒名领取粮银，已是十分普遍的现象。清朝虽然对地方衙门的吏役人数有严格限定，但是全国各地州、县衙门的书吏、衙役规模总数多达百万计，其中到底有多少只是"挂名"而已，到了清中后期实际早已无法计算，地方赋税"存留"中有多少真正用于支付给吏役，也就成了一笔难以厘清的糊涂账。

当然，与军队"吃空饷"相比，中国古代地方行政"吃空饷"现象一直要少得多，问题也远没有军队那么严重。个中原因，除了地方官薪俸支出相对军队监管更严格、透明外，还有一点就是，中国历代多是由地方官全权负责的"代理人"制度，地方官员对于地方的税赋收入，除了按规定数额上缴中央以外，剩下的地方行政经费都是由地方官全权处理，因而"吃空饷"对于官员并无太大意义。而对于差、吏，由于可支取的薪俸（"工食钱"）微薄，挂名领薪、"吃空饷"反而不如弄权谋私、敲索乡里来得"划算"。因此，中国古代地方行政中"吃空饷"现象不如军队那样普遍，不仅不是因为地方官吏更加廉洁、自律，而恰恰是因为在同样缺乏权力监管的情况下，地方官吏有比"吃空饷"更为简便、实惠的谋私途径。

由此而论，无论是军队里"吃空饷"泛滥，还是地方行政"吃空饷"相对较少，都是权力监管缺失、滥用造成的结果，因此要想真正根治"吃空饷"的历史痼疾，就需从权力监管着手，真正地"将权力关进笼子里"。

本文发表于2014年12月8日《北京日报·理论周刊》文史版，
原题为《"吃空饷"溯源》，
作者当时任职于西北大学历史学院

古代官吏的"普法教育"

张晋藩

中国古代重视司法，进而也重视对司法官的培养与选任。既重视司法知识与能力，更重视品格与德行。秦汉时，已设有专门传授法律知识、培养司法官吏的官署，称作"律学"。西汉元光元年（公元前134年），皇帝下诏，令郡察举人才设"四科"，其三曰"明法律令"，说明"明法律令"是担任司法官的重要条件。

由魏晋至唐宋，设律博士为讲授法律之官，以培训司法人才。据《三国志》记载，魏明帝时始设律博士，以培训地方司法官吏。晋时，律博士为廷尉属官执掌司法教育。

唐宋时，律学隶属国子监，仍设律博士，凡命官、举人皆得入学。

唐朝建立科举制度以后，设明法，开科取士。永徽三年（652年），高宗下诏指出，"律学未有定疏，每年所举明法，遂无凭准，宜广召解律人条义疏奏闻"。可见，定疏议的目的之一就是为明法考试提供评卷解卷的标准。

宋沿唐制，科举中仍然设明法科，而且扩大录取名额。神宗改制时，为了进一步改变"近世士大夫，多不习法"的学风，"又立新科明法，试律令、《刑统》、大义、断案"。科举试法起着某种导向作用，激发了士人学习法律的积极性。如同神宗时大臣彭汝砺所说："异时士人未尝知法律也，及陛下以法令进之，而无不言法令。"苏轼在《戏子由》诗中说："读书万卷不读律，致君尧舜知无术。"嘉祐二年（1057年），苏轼参加科举考试撰写的策论《刑赏忠厚之至论》说明他是读书读律的，此文受到主考官梅尧臣和欧阳修的赏识，拔擢为第二名。至礼部复试时，苏轼再以《春秋对义》论取为第一名。

从明朝起，废除律博士，同时科举中废明法科、刑法科，改用八股取士，致使入仕之官对法律茫然无知，而明清律又都规定"诸断罪皆须具引律例"，如有舛错则予以处罚，因此审判时不得不倚仗幕吏，遂使幕吏擅权。这是明清司法的一大弊端。

为了弥补司法官法律知识的缺乏，防止司法权下移，《大明律》"吏律·公式"中首列"讲读律令"："百司官吏务要熟读，讲明律意，剖决事务。每遇年终，在内从察院，在外从分巡御史、提刑按察司官，按治去处考校。若有不能讲解，不晓律意者，初犯罚俸钱一月，再犯笞四十附过，三犯于

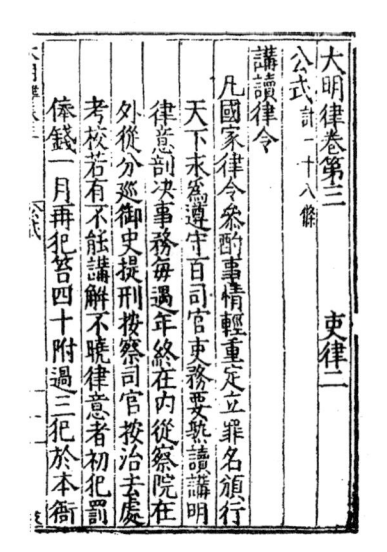

▲为了弥补司法官法律知识的缺乏，防止司法权下移，《大明律》"吏律·公式"中首列"讲读律令"："百司官吏务要熟读，讲明律意，剖决事务。"图为明朝刑部尚书刘惟谦等奉旨编修的《大明律》书影。

本衙门递降叙用。"

对于"讲读律令"之法，清朝律学家吴坛在《大清律例通考》中考证说："前明成化四年（1468年）旧例内开：各处有司，每遇朔望诣学行香之时，令师生讲说律例及御制书籍，俾官吏及合属人等通晓法律伦理，违者治罪。"

清朝建立以后，仿《大明律》制定《大清律集解附例》，仍将"讲读律令"条列于"吏律·公式"之中，并加小注"盖欲人知法律而遵守也"。

雍正一朝，对"讲读律令"极为重视。据《大清会典事例》载，雍正三年（1725年）议准："嗣后年底，刑部堂官传集满汉司员，将律例内酌量摘出一条，令将此条律文背写完全，考试分别上、中、下三等，开列名次奏闻。"

乾隆初，吏部以内外官员各有本任承办事例，"律例条款繁多，难概责以通晓，奏请删除官员考校律例一条"，乾隆帝"不允"，谕曰："诚以律例关系重要，非尽人所能通晓，讲读之功不可废也。"乾隆七年（1742年），上谕中严肃指出："若谓各部则例未能尽行通晓则可，若于本部本司律例茫然不知，办理事件徒委书吏之手，有是理乎。"

"讲读律令"条中所谓的"国家律令"，是指"颁行天下，永为遵守"的《大明律》和《大清律例》而言。这两部法典虽以刑法为核心内容，但也是诸法合体的国家大法，涵盖十分宽广，涉及行政、民事、财经、刑法、诉讼、断狱、监狱与家庭、社会等诸多方面，故而要求"百司官吏务要熟读，讲明律意,剖决事务"。

为适应官员应付"讲读律令"的需要,清朝允许和鼓励私家注律,形成了由州县官至封疆大吏乃至刑部官员组成的律学家队伍。为便于官吏学律,编著了"便览"之类的简易读本,此外,还有便于记忆的图表、歌诀类律学著作。

明清时代对于官吏的"普法教育"和一系列规定,是很值得玩味的。其一,为官者不可不知法,故普法对象首在官不在民。其二,官员普法不限于本部门的法规,更应当熟悉国家最重要的法典。其三,官员普法的要求载于刑法典,是具有强制性,违反者要给予制裁。其四,每年定期考试官员的法律知识形成制度而不是一时的轰轰烈烈。其五,考试结果区分优劣,按法予以奖惩。"讲读律令"起了很好的导向作用,增强了官民的法律意识。历史的经验证明,只有提高执法者的法律素质,才有助于援法断罪,改善司法状况。

本文发表于2019年10月14日《北京日报·理论周刊》文史版,
原题为《古代官吏的"普法教育"》,
作者为中国政法大学终身教授,
时任中国政法大学法律史学研究院名誉院长

古代官场为何盛行"读书热"

散　木

古代官场"读书热"是持续性现象

古代官员普遍好读书，这是一个悠久的良性传统。

大凡古代历朝的官员，大多是自幼入学，随之开始读书（经、史、子、集），目的是秉持"达则兼济天下，穷则独善其身"的士子的价值理念，经过若干年严格的训练和伏案阅读的习成，在入仕时方能知晓为人处世之理和感悟治乱兴衰之道，同时，为官者通过读书提升了自我的品格，高远者更会提升了自己的思想境界。所谓"人有三宝精气神，腹有诗书气自华"，读书造就、成就了官员，这是不言而喻的。在古代，官员的读书是持续性的现象，大凡为官一生，"致仕"（退休）时一般也要"刻部稿"（与"讨个小"并列），企盼给后世留下一点雪泥鸿爪。

如果要追寻一下这种现象发生的原因，大致可以有以下的解诠：

一、这是官员日常行为方式和士大夫儒家核心价值观的要求。

古代官员的选拔，依靠的是入仕制度，即所谓"学而优则仕"，没有若干年寒窗下读书经历的人，没有对儒家学问有一定造诣的人，是不可能通过严格的科举考试进入官场的，这样一来，习惯使然，但凡有一点读书的天赋，后天又长期熏染于人文知识的气氛和训练，也就养成了他们阅读的习惯，入仕以后也往往离不开书册。在官场，天下太平必然是推崇文化和学术的朝代，而考量官员的标准，不仅要看其政绩，也要看其文化修养的高下，后者是前者的铺垫和补充，很难想象一个有较好政绩的官员没有一定的文化修养。在官场的圈子中，出身、门第、谈吐、书法、辞章、风度、名望、口碑……都是评价的标准，于是风气所向，读书以及文风的讲究自是水到渠成，而作为历朝执政理念的儒家学说也强调包括读书等官员的个人修养，这与其说是治理天下的理念，倒不如说是中国文化内核之中亟求学会做人的道德伦理要求，所谓家国同构的"修身齐家治国平天下"，不读书无以养成符合朝廷对官员素质要求的条件。

▲中国古代社会以节奏缓慢著称，历史上时不时形成某种"读书热"现象。图为明朝画家仇英所绘《独乐园图》（局部）所载"读书堂"景致。

二、古代制度设计和保障的要求，以及人才选拔机制的要求。

中国古代社会在上三代时还是一个世袭血亲的时代，也是一个相对封闭的等级制社会时代，随着物质文明的进步，精神文明也在不断地提升，讲求偃武修文、附庸风雅（如"周文"和"周礼"）成为制度文明的内容。经过秦始皇中央集权官僚体制的建立和汉武帝实行察举制度，朝廷对官员条件的要求有了相对进步性和公平性，德行才学成为其中的标准，以至"唯才是举""唯学是举"。到了隋唐，遂成为公开选拔官员的科举制度，这种考试制度主要是考察应试者对人文经典知识的记忆、理解和文字的组织能力，此后不读书者（不好读书者）不能为官成为定例。当然，这种古代士子的读书风气（与科举制度并为传统），其优劣亦并存，对其评判具有一定困难，好读书与好官并非能够成为正比，如清朝大贪官和珅就是一个饱读诗书的文人。不过，虽说好读书不尽然是好官，但劣官则一定是不喜欢读书的草包，此也无他，此类官员的主要兴致不在读书，而是那些乌七八糟的东西，在他们的文化消费品中，书籍肯定是居于酒色之下的。

三、时代气息和风气所向的特征。

中国古代社会以节奏缓慢著称，不过，仔细考察的话，历史上也时不时形成某种"读书热"的现象，善于自觉反省的官员尤其如此，乃至形成风气，是之谓"时代意识"和"自我角色认同"，在历史上的转型时期，更是屡见不鲜。这也就是说：

古代官员执政，官场的规则和潜规则之外，还依靠阅读来汲取"间接经验"，以给自己提供智力资源和支持。

古代官员一般读什么书

那么，古代官员读的是些什么书呢？汉武帝"独尊儒术"政策以及后来的科举制度实施之后，简而言之，就是一部"经书"（"四书五经"），以及由此扩展而来的"四库"（经史子集），前者运用于政事，后者则成就官员自身修养，如诗文等的陶冶。应当说，古代官员对读书的热忱对于中国传统文化的传承和发展是起过很大作用的，具体到这些"政治家"中优秀的"文学家""艺术家"等，从韩愈、柳宗元到曾国藩、左宗棠，从范仲淹、苏东坡到林则徐、魏源，可谓不一而足，给我们留下许多不朽的印记，如一部《古文观止》中的《谏逐客书》《过秦论》《前后出师表》《岳阳楼记》《卖柑者言》等，以及一些脍炙人口的读书故事。如北宋寇準罢相后以刑部尚书知陕州，蜀帅张咏还朝时途经其地，寇準尽东道之谊，临别时问张咏："何以教準？"张咏说："《霍光传》不可不读也。"寇準不解其意，找书来读，读至"不学无术"四字，笑着说："此张公谓我矣。"（后来相似的例子，如毛泽东嘱咐许世友四读《红楼梦》等。）

古为今用。中国共产党历来强调各级领导干部加强学习，这固然是要他们加强政治理论和专业知识的学习，这是领导干部的职务所需，舍此无以提高自己的政治理论和政策、管理水平及专业文化素质，而加强人文社会科学等知识的学习也在于提高自身的道德文化修养，如此才能更好地尽职尽责。然而，如今也有一些不好的风气，有的官员陷于"文山会海"和无聊的应酬客套之中，远离了书香，尽管有所谓"博士群体官员"的现象，"博士"头衔其实与读书毫无关联；有读书者，也常常表现为浅阅读（时尚的快餐文化）、负阅读（专门汲取书籍中的负面信息和负面"间接经验"，如《厚黑学》等，尤以"官场学"为烈）等，而后者相较于完全不读书的官员似乎更为可怕，因为他们读书不是为了志存高远，只是在追求官场亨通和声色犬马的享乐，所谓"书中自有黄金屋，书中自有颜如玉"等，其劣者甚至还会根据自己的"直接经验"去"创造"一些作品（如《香艳日记》等）并被人广泛"阅读"，这在此前的成克杰（有"书法"作品）等一些大案中都可以看到。

如今，我们党致力于建设"学习型政党"，中央高层也十分重视全党乃至全社会的学习和读书，一些地方的领导也确立了"以书施政"的理念并发起了"劝学运动"，秉持"告别粗俗、经世致用、提升自我"的阅读理念逐渐成为当下为官执政的信条。如果说"一个人的精神成长史就是一个人的阅读史"，那么，"一个国家的兴衰史也就是一个国家国民的读书史"，其中，一个国家官员的读书兴趣和持久力会在很大程度上影响前者。

本文发表于2010年3月29日《北京日报·理论周刊》文史版，
原题为《古代官员的读书风气》，
作者时任浙江大学教授

"亦师亦吏"的汉朝循吏

李雅雯

循吏群体形成于汉朝，宣帝以后其队伍不断扩大，成为汉朝官僚群体中的特殊类型。在社会治理中，发挥了"亦师亦吏"的双重作用。在社会治理中，汉朝循吏通过礼义道德教化、发展地方教育、整顿社会风俗等方式将"以教为治"的观念付诸实践，这对于稳定乡里秩序和促进蛮夷边地对华夏的认同有着重要意义。汉朝循吏的社会治理模式被后世所承袭，对当代社会治理同样具有借鉴意义。

汉朝循吏"以教为治"的思想渊源

"循吏"最早见于《史记》。《史记·太史公自序》曰："奉法循理之吏，不伐功矜能，百姓无称，亦无过行，作循吏列传第五十九。"在《循吏列传》中，司马迁借用五位春秋时代良吏的事迹归纳了心中循吏的标准。其中，孙叔敖"三月为楚相，施教导民，上下和合，世俗盛美，政缓禁止，吏无奸邪，盗贼不起，秋冬则劝民山采，春夏以水，各得其所便，民皆乐其生"，这说明司马迁把教民看作循吏的主要职责之一。归纳《汉书》《后汉书》所记载的十八位汉朝循吏，他们大多是郡守或县令等地方官，在治理地方时都十分重视教民。比如，"（文翁）景帝末，为蜀郡守，仁爱好教化"，"（黄）霸力行教化而后诛罚，务在成就全安长吏"。究其思想渊源，汉朝循吏重视教化治理模式源于儒家"以教为治"的思想。

《说文解字》曰："教，上所施，下所效也。"段玉裁注曰："上施故从攵，下效故从孝。故曰：教学相长也。"从字面理解，"教"是一个"上行下效"的单向过程。在儒家语境中，"教"是古代中国"政教合一"传统中的一项政治实践，兼具社会性和道德性，是统治者通过传递政治要求、价值观念使下层民众形成良好的道德修养、更化社会风气，从而达到政局稳定、社会和谐的一种统治手段。

汉武帝"罢黜百家，独尊儒术"，儒家的社会治理思想也逐渐受到重视。董仲舒谓："圣人之道，不能独以威势成政，必有教化。"他认为，社会治理依靠的不是刑罚等国家强力手段，而是润物无声的道德教化。他提倡发挥礼乐和教育的教化功能，主张设立国家层次的太学以及地方的庠序，并且简省刑罚，以由上及下推行教化的方式更化风俗。这与汉武帝"公卿大夫，所使总方略，一统类，广教化，美风俗也"的政治要求不谋而合，也为循吏的教化行为提供了理论支持。

汉朝延续三代以来"以吏为师"的历史传统

吏以治民，师以教民。"以教为治"的治理观念要求循吏在担任地方官的同时扮演"师"的角色。这种"亦师亦吏"的角色定位有其历史渊源，即三代以来形成的"以吏为师"

的传统。

汉朝延续了三代以来"以吏为师"的历史传统。汉文帝说:"且夫牧民而导之善者,吏也。"汉景帝也说:"夫吏者,民之师也。"实际上,循吏"吏"与"师"的双重身份相辅相成,在社会治理中这两种角色相互融合、渗透,而非有学者所说的"汉承秦制,故严格言之'吏'的本职仍然是奉行朝廷的法令。不过由于汉廷已公开接受儒学为官学,因此不得不默认地方官兼有'师'的功能而已"。以颍川太守黄霸为例,史载"霸少学律令,喜为吏","为人明察内敏,又习文法,然温良有让,足知,善御众",是典型的文吏。因夏侯胜非议诏书一事受到牵连,入狱三年,跟随夏侯胜研习《尚书》,渐受儒家思想浸染。黄霸复出后,将儒家"以教为治"的思想运用到颍川的治理中,"时上垂意于治,数下恩泽诏书,吏不奉宣。太守霸为选择良吏,分部宣布诏令,令民咸知上意","然后为条教,置父老师帅伍长,班行之于民间,劝以为善防奸之意"。黄霸为政宽和,"力行教化而后诛罚"。治颍川八年,"百姓乡化,孝子、弟弟、贞妇、顺孙日以众多,田者让畔,道不拾遗,养视鳏寡,赡助贫穷,狱或八年亡重罪囚"。黄霸的政治实践表明,汉朝循吏"亦师亦吏"的双重角色定位是对三代及秦的"以吏为师"传统的统合与升华:循吏上承三代"君师合一"之遗风,重拾礼乐伦理规范以化民成俗,使"吏民乡于教化,兴于行谊",同时又继承了秦政"以吏为师"的"法治"精神,将帝国政令作为"教"

的重要内容,"分部宣布诏令,令民咸知上意",并在民间颁行条教,承担作为帝国官僚的职责。

汉朝循吏"以教为治"的社会治理实践

在"吏"与"师"的双重身份下,循吏不仅涉身于纯粹的行政事务,还要以"师"的身份从事教化工作。《周礼·地官·大司徒》云:"四曰联师儒。"郑玄注曰:"师儒,乡里教以道艺者。"按:"艺"当为"义",《北堂书钞·礼仪部》引郑玄注"乡里教以道义者",并谓"《地官》注作道艺"。乡里之间传播道义是循吏作为"师"的基本责任。孔子曰:"道之以政,齐之以刑,民免而无耻;道之以德,齐之以礼,有耻且格。"在孔子看来,理想的社会秩序是"道之以德,齐之以礼"的德治和礼治秩序。循吏所遵循的"道义"即是儒家的"德治"和"礼治"。

发展教育是循吏实现"以教为治"的重要途径之一,儒家历来重视教育,孔子提倡"有教无类",广招门徒,兴办私学,打破了西周"学在官

▲循吏不仅涉身于纯粹的行政事务,还要以"师"的身份从事教化工作。《周礼·地官·大司徒》云:"四曰联师儒。"图为明朝嘉靖时期李元阳校勘元十行本并参考其他诸本加以补正刊刻,隆庆二年(1568年)重修刊本《十三经注疏》所载《周礼注疏》书影。

府"的贵族教育制度。孔子的平民教育的实现为"礼下庶人"提供了可能。《礼记·学记》曰:"君子如欲化民成俗,其必由学乎!"发展教育是形成良好社会风气的重要途径。文翁"仁爱好教化,见蜀地辟陋有蛮夷风","又修起学官于成都市中,招下县子弟以为学官弟子,为除更繇,高者以补郡县吏,次为孝弟力田","由是大化,蜀地学于京师者比齐鲁焉。至武帝时乃令天下郡国皆立学校官,自文翁为之始云"。古代的学校教育以教民为目的。《孟子·梁惠王上》曰:"谨庠序之教,申之以孝悌之义,颁白者不负戴于道路矣。"朱熹注曰:"庠以养老为义,校以教民为义,序以习射为义,皆乡学也。"文翁开创了汉朝地方官建立地方学校的先河,培养官学弟子,为基层行政队伍输送人才,使得蜀地风俗大为改观,"至今巴蜀好文雅,文翁之化也"。此后重视地方教育者众多,如"(牟)长自为博士及在河内,诸生讲学者常有千余人,著录前后万人",伏恭"迁常山太守,敦修学校,教授不辍。由是北州多为伏氏学",他们都是受到文翁的影响。

"为政之要,辩风正俗,最其上也。"整顿风俗也是循吏社会治理的重要任务。《孟子·滕文公上》:"上有好者,下必有甚焉者矣。君子之德,风也。小人之德,草也。草尚之风,必偃。"居上位者的品行,会直接影响下层社会风气的形成。这首先要求循吏要正己修身。只有提高自身修养,成为民众之表率,才能担负起教化一方的责任。"是以百里不同风,千里不同俗,户异政,人殊服",整顿风俗要根据各地风俗以教化的方式进行疏导。《汉书·循吏传》载:"(龚)遂见齐俗奢侈,好末技,不田作,乃躬率以俭约,劝民务农桑,令口种一树榆、百本薤、五十本葱、一畦韭,家二母彘、五鸡……劳来循行,郡中皆有畜积,吏民皆富实,狱讼止息。"渤海太守龚遂躬亲劳作,劝民农桑,改变了重商贾、轻农业的社会风俗,不仅使渤海地区农业生产水平得到提升,也使得社会秩序更加和谐稳定。

循吏整顿风俗与儒家所倡导的民族观密切相关,儒家所倡导的民族观是基于文化认同的民族观。孔子曰:"微管仲,吾其被发左衽。"不用华夏衣冠,被视为夷狄化的象征。如韩愈所概括的:"孔子之作《春秋》也,诸侯用夷礼,则夷之;进于中国,则中国之。"汉初承秦立国,疆域辽阔,七国旧地已是风俗各异,"七国异族,诸侯制法,各殊习俗"。贾谊曰:"夫移风易俗,使天下回心而乡道,类非俗吏之所能为也。俗吏之所务,在于刀笔筐箧,而不知大体。"这体现了汉儒整顿风俗,在天下秩序中构建华夏认同的追求,循吏任延治理九真是对这一追求的具体实践。九真地处华夏边缘,属化外之地,任延通过推行华夏嫁娶礼法,整顿边境风俗,从而建立起九真对华夏的认同感,这对于稳固汉帝国的统治秩序具有积极作用,正如学者葛兆光所说:"如果没有一个新的认同基础,变化了的国家很难建立稳定的秩序。"

循吏"以教为治"的政治实践让我们看到了儒家以礼治为核心、以教化为途径的"治道"之合理处,提示我们在当今社会治理中,将礼治、德治与法治相结合,在灵活地发挥政府教化职能的同时,鼓励民间教化组织在继承儒家"修身齐家治国平天下"治国理念的基础上推进社会治理的创新性和现代化。

本文发表于2020年3月23日《北京日报·理论周刊》文史版,原题为《亦师亦吏:汉代社会治理的循吏作用》,作者当时任职于中国人民大学国学院

汉朝如何防范和惩治选官腐败

王子今

自秦朝统一的高度集权的政治格局形成之后，汉王朝执政者继承了这一体制并有所创新和完善。两汉选官制度即是在此意义上的更新，提高了执政效能和管理质量。同时，对于产生的以腐败为主要表现形式的弊病，也通过政治引导、道德教育、法律约束和舆论评议有所防范，有所纠治。

选官形式：察举制度，兼重德才

中国古代选官制度的演变，大体可以理解为"世官制""察举制""科举制"三种形式的递进。"世官制"即世系官职的制度，汉初依然施行。西汉司马迁《史记·平准书》说，汉初社会安定，"为吏者长子孙，居官者以为姓号"。南朝裴骃《集解》引如淳曰，"仓氏、庾氏是也"，反映了"世官制"的传统。汉文帝时，已有从社会基层选用"贤良""孝廉"的做法，指令中央官吏和地方官吏从社会下层推荐从政人员。名臣晁错就是以"贤良文学"之选，又经帝王亲自策试，得以升迁为中大夫的。所谓"贤良文学"，强调道德和才能标准。不过，当时这种选官形式还没有成为完备的制度。汉武帝即位之初，就诏令中央和地方主要行政长官举"贤良方正直言极谏之士"。

六年之后，又下诏策试贤良，同时明确规定郡国必须选举的人数。汉武帝时代，察举制基本成为正统的政制，这具有十分重大的历史进步意义。有学者指出，汉武帝"初令郡国举孝廉各一人"的元光元年（公元前134年），是"中国学术史和中国政治史的最可纪念的一年"。

察举作为新的选官体制强调德能，避免其他因素影响官员任用，这对于防止选官腐败是有效的。南朝范晔《后汉书》记载，如"令试之以职，乃得充选"，唐朝李贤注引《汉官仪》称之为"务实校试以职"，"吏职满岁，宰府州郡乃得辟举"，即在行政岗位实践一年才可以向上级推举。这种对于德行人品和工作能力确定考察时限的要求也有积极的意义。

行政方式：监察、举劾、弹治、同坐

汉朝有更为完备的监察体制。御史大夫下辖侍御史十五人，"侍御史有绣衣直指，出讨奸猾，治大狱，武帝所制，不常置"。汉武帝时根据需要特设"直指绣衣使者"作为皇帝特派专史，主管贵族高官的监察。汉元帝时，有"诏丞相、御史举质朴敦厚逊让有行者，光禄岁以此科第郎、从官"的做法，隋唐颜师古解释说："始令丞相、御史举此四科人以擢用之。而见在郎及从官，又令光禄每岁依此科考校，定其第高下，用知其人贤否也。"所谓"考校"，与现今"考察""考核"语义接近。看来，选用官员和考察官员，以道德水准为标尺，体现了对选官制度予以健全完善的一个行政侧面。

监察官"禁察逾侈",即惩罚违反制度的贵戚近臣,查处究办称作"举劾",这些特使有很大的权力。一般官员也可以相互揭发举报,史称"弹治"。对于犯罪官员应当举劾而"阿纵""不举劾"的,也要受到处罚,严重者甚至同坐。《晋书》卷三十《刑法志》说:"汉承秦制,萧何定律,除参夷连坐之罪,增部主见知之条。"由此可知,官员犯罪,主管负责的上级要承担连带责任。选官程序中,荐举候选人才者,如果其推选对象渎职犯罪,荐举者也要承担罪责。如富平侯张勃举张汤"茂才",而张汤因"父死不奔丧"被举奏"下狱",张勃也因"举不以实,坐削户二百"。胡广"为济阴太守,以举吏不实免"。在并非故意的情况下,选举不实仅削户、免职而已。如属故意,则要给予刑事处分,实例有"山阳侯张当居坐为太常择博士弟子故不以实"受到"完为城旦"的处罚。又有戴涉因举荐的人"盗金"而"下狱"。

汉明帝刚刚即位,就下诏宣布:"今选举不实,邪佞未去,权门请托,残吏放手,百姓愁怨,情无告诉。有司明奏罪名,并正举者。"指出选官方式的严重问题,要求主管部门"明奏罪名",予以惩处,重申"举者"也必须同样严厉责罚。所谓"并正举者",李贤注解释为"举非其人,并正举主之罪"。《后汉书》卷二《明帝纪》还记载:有官员因"辟召非其人","遂策免之"。对于选官程序中发现的"举非其人"的问题,"举者"必须承担责任,已成为汉朝制度。

李贤注引《汉官仪》说,汉章帝明确了选官的四个条件:

"一曰德行高妙，志节清白；二曰经明行修，能任博士；三曰明晓法律，足以决疑，能案章覆问，文任御史；四曰刚毅多略，遭事不惑，明足照奸，勇足决断，才任三辅令。"强调基本原则是"皆存孝悌清公之行"。要求"自今已后，审四科辟召，及刺史、二千石察举茂才尤异孝廉吏，务实校试以职。有非其人，不习曹事，正举者故不以实法"。就是严格执行对举荐者提供虚假信息予以追责并严厉惩处的法律。《续汉书·百官志一》刘昭注补引应劭《汉官仪》也强调"四科取士"的原则，"有非其人，临计过署，不便习官事，书疏不端正，不如诏书，有司奏罪名，并正举者"。所谓"正举者"，成为坚持选官公正的行政传统。类似的史例，还有《后汉书》卷六《顺帝纪》记载司空刘授免官，李贤注引《东观记》（又名《东观汉记》）说，是以"辟召非其人，策罢"。名臣陈蕃批评时政，"帝讳其言切，托以蕃辟召非其人，遂策免之"。这也说明"辟召非其人"，是罢免责任官员的正当理由。

社会舆论：《书》歌《诗》刺，"谣""谚"品评

朝廷议政时，可以对"辟召非其人"情形公开揭露、指责。如《后汉书》卷四十五《张酺传》："三府辟吏，多非其人。"《后汉书》卷五十四《杨秉传》："内外吏职，多非其人。"这种政治批评，有时利用灾异的出现而发表，从而扩展了影响力。如《续汉书·五行志二》"灾火"条说，汉灵帝时发生火灾，是上天对政治黑暗的警告。当时，"官非其人，政以贿成，

内嬖鸿都,并受封爵。京都为之语曰:'今兹诸侯岁也。'"对于选官腐败的社会舆论谴责,形式是多样的。《后汉书》卷六《顺帝纪》记载一道诏书:"间者以来,吏政不勤,故灾眚屡臻,盗贼多有。退省所由,皆以选举不实,官非其人,是以天心未得,人情多怨。《书》歌股肱,《诗》刺三事。"说"吏政"的问题导致了灾异频繁,这当然是源自当时"天心"与"人情"相对应的神秘主义意识。"《书》歌"和"《诗》刺",是古来通常出现的社会舆论表达方式。

《续汉书·五行志一》"谣"条记载,汉桓帝初年,"京都童谣"对"政贪"有所揭露和谴责。其中涉及选官:"梁下有悬鼓,我欲击之丞卿怒。"这里所说的"童谣",与上文说到的"京都为之语曰:'今兹诸侯岁也'"一样,也是民众口传的舆论方式。晋朝葛洪《抱朴子外篇》卷二《审举》说,"灵献之

▲《续汉书·五行志一》记载,"京都童谣"对"政贪"有所揭露:"梁下有悬鼓,我欲击之丞卿怒。"图为西晋司马彪著、南朝梁刘昭注补《续汉书》书影,南宋绍兴年间刊本。

世",选官体制败坏,"台阁失选用于上,州郡轻贡举于下。夫选用失于上,则牧守非其人矣。贡举轻于下,则秀孝不得贤矣。故时人语曰:举秀才,不知书,察孝廉,父别居,寒素清白浊如泥,高第良将怯如鸡"。《太平御览》卷四九六引《抱朴子》"故时人语曰"写作"桓灵谚曰",也是以民间谣谚为形式的社会舆论。《后汉书》卷十一《刘玄传》记载,两汉之际,农民军控制关中,"其所授官爵者,皆群小贾竖,或有膳夫庖人","长安为之语曰:灶下养,中郎将。烂羊胃,骑都尉。烂羊头,关内侯"。虽然并非正统王朝的选官体制,却同样因为选举"非其人",遭到以歌谣为形式的社会舆论批判。多种社会舆论的压力,可以在一定程度上迫使选官腐败的情形有所收敛。

本文发表于2020年2月24日《北京日报·理论周刊》文史版,
原题为《"举非其人"必须承担责任——
两汉对选官腐败的防范与纠治》,
作者时任中国人民大学国学院、出土文献与中国古代文明
研究协同创新中心教授及中国秦汉史研究会顾问

中国古代"举报箱"的发明者

周铁钧

《汉书》记载：西汉时期，许多地方官衙大门一侧都挂着一个瓶状的陶器，上写"受吏民投书"，名曰"缿筒"。这就是中国最早的"举报箱"，它的发明者是赵广汉。

赵广汉，西汉涿郡蠡吾县（今河北博野县）人，公元前73年被汉昭帝任命为颍川太守。他为官不久，发现地方的许多土豪劣绅、地痞无赖结党营私、独霸一方，被欺压的老百姓却不敢公开来官衙告发。赵广汉受存钱罐的启发，令窑工烧制出形状如瓶的器皿，有小口投放简牍，可入而不可出，挂在官衙门侧，发现有人暗中投入举报简牍，便用铁条钩出或将缿筒砸碎。

《后汉书》记载："又教吏为缿筒，及得投书……吏民相告讦，汉得以为耳目。"赵广汉发明的"举报箱"，扩大了信息来源，能很快地掌握各种消息。

他在颍川任职时，收到百姓举报信，告发颍川原氏、褚氏两大家族蓄养门客欺压百姓的罪行。赵广汉经明察暗访，搞清了原、褚两家横行乡里、胡作非为的事实，把作恶的头领抓了起来。原、褚两家便四处托人，给赵广汉送来名贵的玉镯、珍珠、马蹄金为恶人求情，但都被赵广汉严词拒绝，最终把恶徒依法斩首。赵广汉因此名声大振，不久升迁为京兆尹。

赵广汉出任京官后，把缿筒也挂到了官衙大门前，有人举报博陵侯霍禹依仗父亲霍光是当朝国丈、官任大司马大将军的势力，非法开设酒坊、屠宰场，无人敢管。但赵广汉不畏权势，亲自带人查封了霍禹开的酒坊、屠宰场，并没收全部工具、资产，连皇后来求情都被他拒之门外。

不久，他又收到举报修建昭帝陵墓（平陵）总管杜建的信，杜建在官场根基深厚，颇有人脉。建造平陵是一项浩大工程，杜建便指使门客大量倒卖工程物资，从中牟取暴利。赵广汉根据举报通过明察暗访掌握了事实，将杜建抓捕归案。

但杜建还没被押到牢里，为他说情的高官、豪绅等就纷至沓来，有人送来十万钱，有人送来名贵的珠宝玉器。赵广汉没收一文钱、一件东西，也没给说情人一点面子，杜家族人恼羞成怒，密谋劫牢抢出杜建。赵广汉又从缿筒里得到密报，掌握了他们的阴谋，迅速将劫狱主谋控制起来。在事实清楚、证据确凿的前提下，将贪官杜建斩首示众，京城百姓无不交口称赞。

▲赵广汉（？—公元前65年），字子都，曾任颍川太守、京兆尹，执法不避权贵。《资治通鉴》评价赵广汉："京兆政清，吏民称之不容口。"图为清朝《钦定四库全书》所载《资治通鉴》书影。

赵广汉任京兆尹期间，为官廉洁清明，威制豪强，深得百姓赞颂。《资治通鉴》记载"京兆政清，吏民称之不容口"，这是对赵广汉最好的评价，他被后人誉为中国古代十大清官之一。

本文发表于2016年5月9日《北京日报·理论周刊》文史版，原题为《西汉廉官赵广汉》，作者为文史研究者

棍打送礼人的南朝廉官顾协

周铁钧

《梁书》记载：顾协，吴郡（今苏州）人，南朝时官居县令、郡守、中书通事等职。顾协十九岁考取功名，跻身官场，任扬州议曹从事。为人正直、处事公道的他，立志修身操守、廉洁从政，决不贪占，深得府衙同僚好评，不久官升安都县令。

他到职后，把全县积案卷宗全搬了出来，逐一审阅。县衙的人私下说："惊堂木一响，雪花银万两，县太爷升堂审案，就要发财喽！"顾协审理的第一个积案，是一个叫武同的皮毛作坊掌柜，状告县衙差役蔡法度。

蔡法度原是一个地痞，巧取豪夺霸占了武同的作坊，后来花钱活动，进了县衙做差役。武同多次投告，蔡法度贿赂县令久拖不审，案子便被压了下来。

新任县太爷要审案，蔡法度有些惊慌，又一想：只要金钱铺路，没有过不去的坎儿，心又安了下来。他听说顾协为官清廉，没敢直接送银子，先拿一件上好的貂皮长袍试探。顾协一见皮袍，装出很喜欢的样子："太贵重了，一定很值钱！"

蔡法度满脸虚伪："是小人作坊做的，不值钱，十个钱一件。"

顾协故作惊讶："十个钱？本官一个月的俸银能买一百件？"其实这件皮袍两千钱也不止。

第二天，顾协升堂，把皮袍摆在官案上："蔡法度，你说此皮袍十个钱一件？"

蔡法度不知何意，疑惑地点点头。顾协说："本官豁出半年俸禄，给你一万钱，买一千件，发给全县六十岁以上的老者。"

蔡法度闻听如同五雷轰顶，莫说一千件，他连十件也拿不出来，只好抱回皮袍，乖乖地把作坊还给了武同。

不到三个月，安都县积案审理完毕，犯人该放的放，该判的判，充军、流放的全部执行，县衙的监房空无犯人。安都县秩序、治安空前稳定，老百姓真正过上了"路不拾遗，夜不闭户"的日子。

再说武同重掌了作坊，对顾协心存感激。一天，他带着二十两银子来到顾协家，恰赶顾协不在，便与顾协的母亲寒暄几句，放下银子离去。顾协归来得知银子是武同送的，怒气冲冲地拎着来到县衙，命令衙役马上把武

▲南朝廉官顾协两袖清风，陷淤泥而不染，其棍打送礼人的故事，成为世代传扬的历史佳话。图为民国时期中国南洋兄弟烟草有限公司制作的烟卡所载"顾协杖徒"的故事。

同抓来!

身着铐锁的武同被牵来,顾协把银子摔在他面前:"你莫不是要断送我半世清名!"

武同闻听急忙叩头认罪,顾协断喝:"你送钱玷污本官,罪不可赦,判你一两银子买一棍子,来人,重打二十大棍!"

顾协棍打送礼人,很快在官场传颂。后来,顾协官升中书通事。他在朝廷任职十六年中,同僚都在京城购置了富丽堂皇的宅院,而他的住所、器物、衣食等一直保持简朴、力戒奢华。

在贪腐之风盛行的南朝,顾协两袖清风,陷淤泥而不染,留下了世代传扬的廉官佳话。

本文发表于2016年6月13日《北京日报·理论周刊》文史版,
原题为《棍打送礼人的廉官顾协》,
作者为文史研究者

唐朝考课制度容易出人才

杜文玉

唐朝考课制度在中国历代最为完善，它重视考核官员德行，属于职官管理制度的一部分。唐朝考课制度将所有的官与吏均纳入考课范围之内；等级与标准明确、客观，便于执行；制度严密而公正。其以考等定奖惩，有力推动了吏治的改善，使得唐朝良吏不断涌现，对于当代社会极具借鉴意义。

考课制度标准明确，制度严密公正

唐朝的考课每年进行一次，称为小考，每三至四年（指一个任期）举行一次大考。小考考核官员当年的政绩优劣，大考则考核官员任期内的政绩。

唐朝主管考课的最高机构是吏部考功司，"掌内外文武官吏之考课"，由考功郎中判京官考，员外郎判外官考。京师诸司及地方官府的考簿皆汇总于考功司，由其司人员分类整理、登录，进行初步审核，并分别评出考课等级。考功司的工作主要是基础性的工作，内外官员最终考等的审定是由校考使评估的。唐初就规定，以京官望高者二人分校内外官考，称校考使；又以中书舍人、给事中各一人充监内外官考，称监考使，意在保证考课的公平。每年校考工作结束后，要予以公布，并给所考之官发考牒，作为其官职迁降的依据之一。

唐朝官员的考课等级共分九等，即上上、上中、上下、中上、中中、中下、下上、下中、下下，每个等级都有相应的考课标准和奖惩办法，按标准定等级，按等级定奖惩。唐朝官员考课标准分为"四善"与"二十七最"。"四善"是德义有闻、清慎明著、公平可称、恪勤匪懈，这是对官员品德、作风以及工作态度的要求；"二十七最"则是针对不同工作性质，提出对官员职责和政绩的原则要求，比如对谏官、言官，要求勤于"献可替否"，即敢于就政事提出有益的建议；对铨选官员，则要求"擢尽才良"，即要求把德才兼备的人才提拔上来；对考课官员，要求"褒贬必当"，即做到公平公正……此处不一一列举。《旧唐书·职官志》载："一最以上，有四善，为上上。一最以上，有三善，或无最而有四善，为上中。一最以上，有二善，或无最而有三善，为上下。"以此类推，最后两等是："背公向私，职务废阙，为下中。居官谄诈，贪浊有状，为下下。"对地方官员考课时，除了按照以上标准外，还要参照土地开垦、户口增减、农业丰歉、赋税征收等情况，进行奖励或者惩罚。

唐朝后期实行藩镇制，对节度使、观察使、团练使、防御使、经略使等官员，另外制定了一套考课标准。《新唐书·百官志》中对此有详细记载，即"节度使以销兵为上考，足食为中考，边功为下考。观察使以丰稔为上考，省刑为中考，办税为下考。团练使以安民为上考，惩奸为中考，得情为下考。防御使以无虞为上考，清苦为中考，政成为下考。经略使以计度为上考，集事为中考，修造为下考"。

可见，唐朝的考课制度有三大主要特点：一是覆盖广泛，把所有的官与吏均纳入考课范围；二是等级与标准明确、客观，便于执行；三是制度严密，既有专门负责此事的机构，又有明确的考课时限，既有校考使，又有监校使，相互制约，相互监督。

▲唐朝考课制度在中国历代最为完善，《新唐书·百官志》中对考课标准有详细记载。图为清朝《钦定四库全书》所载《唐书·百官志》书影。

以考等定奖惩，吏治改观，良吏涌现

根据考课结果，唐朝制定了严格的奖惩办法，规定获得中上以上等级者，每进一等，加禄一季；获得中中者，保持本禄不变；中下以下等，每退一等，减禄一季。五品以下官员，四年之内，皆获中中者，可以晋升一阶。四考中获一中上考，则可再晋升一阶；四考中获一上下考，则再晋升二阶。由于官员任期内每年的考等高低不同，如果有比较低的考等，则"以一中上覆一中下，以一上下覆二中下。上中以上，虽有下考，从上第"。如果有下下考者，则解除其官职。可见官员能否升迁与考课成绩关系密切，这就促使官员不得不做好本职工作，不敢稍有松懈。

唐朝前期，地方官员如获上考（指获中下考以上者），除了可进阶外，也有经济奖励。贞观时规定，地方官获上考，给禄一季。因为这一时期京官有禄，地方官无禄，所以才对获上考的地方官额外给禄，以示奖励。对于考绩特别优异的，则直接升其官职。开元中，卢从愿任豫州刺史，考课天下第一，皇帝不仅赐其绢百匹，还将其升为工部侍郎。县令如果获下考，则直接免官。因其为亲民官，直接与百姓打交道，如果无所作为，则百姓受累，故对其格外严厉。对于政绩突出的县令，当然也会给予额外的奖励。如睿宗时任长安令的李朝隐，不畏权贵，政绩突出，获得中上考，进一阶，授太中大夫衔，皇帝还特意赐绢百匹。

有唐一代，始终鼓励官员关心政事、积极进谏，这一点在考课中亦有体现，据《新唐书·百官志》载："凡制敕不便，有执奏者，进其考。"对于刺史类的地方大员，虽然也要考课，但却没有进阶的规定，而是在任期满后根据其政绩优劣以确定其官职的改转升降。

唐朝前期对官员的考课等级控制颇严，最高为中上考，未有获上下以上考者。如狄仁杰，在高宗时任大理丞，一年断案一万七千八百件，无一人诉冤，年终考课仅获中上考。即使如此，校考使刘仁轨仍认为其为新官，不可能有多大的成绩，遂将这一考等否定了，经大理卿张文瓘据理力争，于是将其考等改为上下。这在当时已经是了不起的等级了。永徽中，滕王李元婴任金州刺史，骄纵逸游，不理政事，考课时被定为下上考。李元婴乃唐高宗叔父，在宗室中地位尊贵，即使如此，也难以稍获宽纵。直到天宝时期，考课仍然比较严格。韦坚在天宝元年（742年）任陕郡太守、水陆转运使，改革漕运，每年运输到长安的粮米、财宝不计其数，也仅获得了一个中上的考等。

有唐一代的考课制度本身变化不大，其内容、标准为广大官吏所熟知，便于执行，有利于吏治的改善。开元十七年（729年），左丞相张说校京官考，确定其子中书舍人张均为上下考，当时人不以为私。之所以出现这种情况，根本原因就在于考课标准与过程是公开的。卢迈任给事中时，负责监京官考课，由于其能做到公开、公正，当时准备给其上考，但卢迈却认为自己任此职时间不长，政绩不算突出，"不敢当上考，时人重之"。再比如阳城任道州刺史时，由于当地环境恶劣、土瘠民贫，阳城不愿加重百姓负担，以至于不能完成赋税的征纳，受到观察使的指责。于是在考课时，自署其考等为下下，下下是要解除官职的，阳城不等朝廷批准，自行离职而去。阳城为了百姓利益，固然应该得到赞扬，然其举动却反映了当时的官员严于执行制度规定的史实。由于严格执行了考课制度，唐朝的吏治得到了很大的改善，良吏不断涌现。虽然不乏酷吏、贪官的存在，但却从未出现过大面积的贪腐现象。一直到唐朝末年，贪腐现象始终控制在一个有限的范围内。

考课制度特点鲜明，极富借鉴意义

其一，重视考核官员德行。

唐朝考课标准中的"四善"，可以简化为德、慎、公、勤四字，这实际上都是强调官员的德行。考课标准中的"二十七最"，是对官员工作业绩的要求，排在"四善"之后。在评定官员的考等时，首先强调的也是道德，如上上的标准是一最四善，上中是一最三善或无最四善，上下是一最二善或无最三善。中等以上的考级可以无最，但不能无善，善的多少决定了官员考等的高低，可见唐制对官员德行的重视。

其二，考课工作透明公正。

唐制规定，每年考课由本部门长官初步评议，当众宣读，"议其优劣"。考第的确定，并非出自本司长官的个人意愿，而是由众人共同议定的，这体现了考核的透明、公正。唐宣宗大中六年（852年）还规定：考等确定后，要把相关情况悬挂于本部门、本州官署大门外三日，外县要当日通知本县，如果考课不公，必须改正考等，没有异议后才能申报考功司。

其三，考课主体多元。

多元化的考课主体有利于相互监督，避免一个主体说了算的弊端。从史书记载看，校考使并不一味遵从呈报上来的考等，而是有所辨别。如开元中，刑部尚书卢从愿任校考使时，御史中丞宇文融"以括获田之功"，被本司评为上下考，但卢从愿却认为此举加重了百姓负担，遂压低了其考等。

其四，考等评定呈中等化趋势。

唐朝前期的考课标准很严，高者不过中上。自"安史之乱"以后，被定为中上考的人越来越多，遂使考课的积极作用有所降低。这是因为按照唐制，只要获得中中考就可以保持本禄不变。五品之官，如果四年之中皆获中中，就可以进阶一级，所以这一等级是决定官禄增减以及官阶升降的关键。于是，官员遂竭力追求中中以上的考等，在政局不稳的情况下，给予官员中上考的现象便越来越多了。需要说明的是，以上所论只是就整体趋势而言，在唐朝后期也不乏考课严格的时期或者忠于职守的官员。

唐朝后期，随着中央权威的衰弱，各种制度的执行力度有所下降，考课制度亦是如此，出现了各部门按官职高下确定考等的现象。据《因话录》卷三载："（裴充任太常寺太祝时）年甚少。时京司书考官之清高者，例得上考，充之同侪，以例皆止中考。诉于卿长曰：'此旧例也。'充曰：'奉常职重地高，不同他寺，大卿在具瞻之地，作事当出于人。本设考课，为奖勤劳则书，岂系于官秩！若一一以官高下为优劣，则卿合书上上考，少卿合上中考，丞合中上考，主簿合中考，协律合下考，某等合吃杖矣。'"这是唐朝后期考课流于形式的表现。这种情况并非一时之现象，其历史教训是非常深刻的，需要认真汲取。

本文发表于2020年1月20日《北京日报·理论周刊》文史版，原题为《德慎公勤考核透明公正——唐代出良吏的考课制度》，作者时任陕西师范大学教授

唐朝律令严防官员家属腐败

韩 伟

在以"情"为主,强调群体主义本位的中国文化中,很多腐败现象表现在人情关系中,就此形成中国传统文化中特有的"关系主义",或曰"关系支配性"。这种人情、关系,又突出地表现在家庭关系中。正因为如此,看似"温情脉脉"的家庭亲情关系,是造成以权谋私、权力滥用的一大诱因。

禁止外任官员家属随同赴任

在中国历代廉政法制中,唐朝可谓集大成者。唐朝律令对于可能蕴含于家庭"亲情"中的腐败风险,做出了明确的规范。《大唐六典》明确规定:诸外任官人,不得将亲属宾客往任所,及请占田宅,营造碾硙,与百姓争利。所谓外任官人,主要是相对于在唐都长安任职的"京官"而言的。这一规定明确禁止外任官人携带家属、宾客至任所。其理由是,官员如果将家属等携来,势必申请占田宅,在占田中如有水渠,又需要营造碾硙,就会将水利资源私自占有,从而与地方百姓争利。在物质资源相对匮乏的时代,这样的理由自然不难理解。《旧唐书·李元纮传》就记载了类似的实例:"诸王公权要之家,皆缘渠立硙,以害水田。"

唐朝律令严防官员家属腐败

唐朝法律禁止官员与民争利，其背后的逻辑在于：在中国古代士农工商明确的职业分工之下，官员享受了职业的尊荣与有保障的生活待遇，不应该再过度追求利益，所谓"工商之家不得预于士，食禄之人不得夺下人之利"。官员家人利用其权势，必然更容易在市场竞争中获得优势地位，进而与"不得夺下人之利"的约束相悖。

此外，更应该看到的是，家属随同赴任，必然会给有所企图者造成更多利用亲情关系的机会，从而大大增加官员腐败的风险，故不能不严格禁止。

▲唐朝律令明确禁止外任官人携带家属、宾客至任所，因为担心会与地方百姓争利。《旧唐书·李元纮传》记载："诸王公权要之家，皆缘渠立硙，以害水田。"图为清朝光绪年间五洲同文书局石印本《旧唐书》书影。

监临之官家人违法获利将治罪

唐朝不仅禁止外任官员携带家属赴任所，对负有监临之责的官员家人还有额外的规定：在唐朝官制中，"临统案验为监临"，所谓监临官，就是负有监察临视责任的官吏，具体包括州、县、镇、戍折卫府等判官以上的职官。唐律的"职制"中明确规定：诸监临之官家人，于所部有受乞、借贷、役使、买卖有剩利之属，各减官人罪二等；官人知情与同罪；不知

275

情者各减家人罪五等。也就是说，负有监临职责的官员家人，如果对其临统部内之人，有受财、乞物、借贷、役使、买卖有剩利等情形的，都要依照"监临之官家人乞借"定罪处罚。监临官员本人，如果对此知情的，要处以同等刑罚；如果确实不知情，也不能完全免其罪责，而要比照监临之官家人罪减五等处罚。

相对于禁止外任官携带家属赴任，对监临之官家人违法获利的严厉规制，其立法用意就更为明显了。监临之官"临统案验"，对于所属部下具有很大的权力，部下前途命运多系于主司，其中，官员家人，尤其是妻妾的"枕边风"，就显得十分重要。因此，除了直接行贿主司外，通过各种方式，"交好"监临之官家人，就成为一个重要的途径。

因是之故，要保持掌握重要职权的监临官职务的廉洁性，就需要优先确保其家人不能、不敢以各种方式违法获利。只有堵住了通往职官家人的违法获利之途，官员自身的廉洁才能得以实现。

立法禁止"监临娶监临女"

唐朝为了从家人方面规制职官的贪贿行为，还专门立法禁止"监临娶监临女"，诸监临之官，凡娶所监临女为妾者，要处以"杖一百"的处罚。如果监临之官为亲属娶所监临女，同样"杖一百"。唐律对这里的"亲属"做出解释，包括本服缌麻以上亲及大功以上婚姻之家。若是监临之官为娶的，亲属不坐罪；如果是亲属与监临官共同强娶，或恐吓为娶者，则以监临官为首，亲属为从科罪。如果是"在官非监临者"有类似行为，减一等处罚。这些规定还是针对一般情形，如果有事之人，有所行求，如求监临官司曲法判事，则需以奸论加二等治罪。为亲属娶监临女的，也比照自娶定罪处罚。

唐朝律令法制之所以对官员家人的各种不当行为做出严格规制，其最终目的当然是保障官员职务的廉洁性，进而实现国家政务的高效有序。这些涉及官员家人的法律规范虽然零散，却透露出唐朝立法者对中国家族主义下的人情事理的深刻体察，以及依法进行规制的娴熟运用。禁止外任官携带家人与民争利的规定，更是凸显了作为"士"的职官群体的自律、自省，值得后世深思。

本文发表于2014年9月1日《北京日报·理论周刊》文史版，原题为《大唐律令规制职官家人》，作者当时任职于陕西省社会科学院政治与法律研究所

"弄獐宰相"李林甫的畸形人生

王丹誉

李林甫（683—753年，一说？—752年），小字哥奴，祖籍陇西，唐朝宗室，官至宰相。天宝十一年十一月（753年1月）病亡，追赠太尉、扬州大都督。不久，杨国忠告其谋反，遭削官庶葬，"剖林甫棺，抉取含珠，褫金紫"，抄没家产，子孙流放。

李林甫任宰相十九年，是玄宗朝任职时间最长的宰相。据《旧唐书·李林甫传》记载："太常少卿姜度，林甫舅子，度妻诞子，林甫手书庆之曰：'闻有弄獐之庆。'客视之掩口。"李林甫将"弄璋"（古称生男为"弄璋"，璋为玉器）写成了"弄獐"（獐为野兽）。因此，李林甫被戏称为"弄獐宰相"。

《资治通鉴》记载，大唐天宝六年（747年），李林甫的儿子李岫（官为将作监，宫廷建设造办署长官，从三品），特别为其父的权势满盈而担心，曾指着正在搬运重物的苦役对父亲李林甫说："父亲大人，您担任宰相要职这么多年，生怨结仇的人满布天下，万一哪天'出事'，再想做他们（苦役），还可以吗？"李林甫听罢很不高兴地说："形势已如此，我们没办法啊！"从李氏父子的对话，不难看出表面上位高权重的李林甫内心所承受的巨大精神压力。

明知那样做明显不对，且最终不会有好下场，但为了满足自己追求权势的欲望，而继续去做那些坏事；要扮演好各种角色，并且能转换自如。这样必然导致心理扭曲和变态，从而承受难以想象的精神压力。

李林甫和别的宰相真不一样。唐朝开国以来，任宰相的人都是以道德和大度来严格要求自己，从来不搞狐假虎威的事儿，外出时牵马的随从只有几个，官民可以不必回避。而李林甫自知结怨太多，经常要防备别人暗杀自己，外出必须有上百步兵、骑兵组成警卫部队分为左右翼保护自己，还派出京城和宫廷禁卫军（金吾）到大街上搞戒严，警卫部队的先锋队提前开进数百步之外，公卿大臣见状纷纷逃走躲避；在家居住，所有门户必须加配多套关锁，所有的墙壁都要双层，用石板把地面铺得像铁桶（防止有人挖地道实施偷袭），墙壁内装置木板（防止穿墙而入），好像要防备强大敌军的突袭，一晚上睡觉经常换房间、移床位，即使是他的家里人也不知道他到底在哪儿睡觉。《资治通鉴》强调："宰相骑从之盛，自林甫始。"

唐玄宗晚年自恃承平已久，认为天下已经没有令他担心的事情了，于是深居禁中，专门用声色自

▲ 李林甫（683—753 年，一说？—752 年），小字哥奴，为相十九年，权势甚盛，杜绝言路。《资治通鉴》强调："宰相骑从之盛，自林甫始。"图为清朝《钦定四库全书》所载《资治通鉴》书影。

娱，就把国事全部交给了李林甫。于是，李林甫就谄媚皇帝身边的人，专门迎合玄宗皇帝的心意，用以巩固皇帝对他的宠幸；他杜绝言路，千方百计掩蔽，不让皇帝了解到真相，用以养成他的奸诈；他嫉贤妒能，排挤、压制比自己有才能的人，用以保护他的地位；他多次兴起重大冤假错案，陷害、诛杀、驱逐王公大臣，用以显示自己的权威。皇太子以下的全国臣民，因害怕他都站不稳脚（"畏之侧足"）。他居相位十九年，养虎为患，酿成后来的"安史之乱"，而且唐玄宗竟然没有什么觉察和醒悟。

开元二十四年（736年），李林甫召集全体谏官开会，并训诫："现在圣明英主在上，群臣顺着圣意都跟不上趟，你们就不要多言。诸位没看见大殿门外的皇帝仪仗队的马匹吗？只要它们不吭声，老老实实站在队列里就可以吃上等草料，一旦鸣叫一声（惊扰圣驾），立即就被呵斥、拖走。到那时，它们再想吃好料就不可能了，再后悔也没用……"补阙杜琎上书言事，第二天就被李林甫贬为下邽县令。此后，唐朝谏官进言的渠道被断绝，大唐帝国开始进入万马齐喑的沉闷时代。

李林甫特别忌恨有文才学识的知识分子，经常假装表面上和有才华的人很亲近，对他们说很好听的话，却在暗地里陷害人家。"世谓李林甫'口有蜜，腹有剑'。"李林甫城府很深，没人能看到他的真面目。他很会搞两面三刀，干尽坏事却从来不露声色。"虽老奸巨猾，无能逃于其术者。"可见，李林甫把权术玩弄得多么高明。

尽管李林甫还有"杖杜宰相""弄獐宰相"的笑柄,但他"自处台衡,动循格令,谨守格式,百官迁除,各有常度",并主持编撰了我国现有的最早的一部行政法典——《唐六典》。他既没有同朝为相、用金玉珠宝装饰车马的杨国忠那么贪腐,也不像"伴食宰相"卢怀慎那样无能。而史册上也没有关于李林甫贪腐的记录。李林甫之"贪"不在物质,而在权力,这种"贪"更加隐蔽,危害更加严重。

本文发表于2015年12月21日《北京日报·理论周刊》文史版,原题为《"宰相驺从之盛,自林甫始"——"弄獐宰相"李林甫的精神压力》,作者当时任职于中国言实出版社

司马光的用人原则

刘后滨

通观一部《资治通鉴》可以发现，北宋政治家司马光对选官用人问题给予了突出关注，并以"臣光曰"形式的议论，对中国古代的选官用人原则进行了高度的总结。这些原则是他站在治国理政高度上对用人之道的总结，是对历史的总结。

"德者，才之帅也"：只能以德统才，不可以才胜德

《资治通鉴》是以三家分晋开篇的，司马光为了论述其关于用人标准的理论，在叙述三家分晋的事件之后，追述了五十年前三家灭智伯之事，并由此引发了一段关于才德关系的长篇议论。

原本是智家的势力最大，为什么没多长时间就被赵家消灭了呢？司马光通过鲜明的对比，用事实回答了这个问题。他认为，智伯之所以亡，关键是"才胜德也"，智氏在选接班人的时候，过于看重了才而忽略了德。司马光接着对才和德两个概念以及二者关系进行了定义，"聪察强毅之谓才，正直中和之谓德。才者，德之资也；德者，才之帅也"。聪，是聪明睿智；察，是精明细致；强，是强大健壮；毅，是果敢坚毅。这些方面是由人的才所带来的品格，或者说是才的具体表现。而德所表现出来的，是一个人的正、直、中、和。这四个字在中国传统的人生哲学中有着特别丰富的内涵，也是司马光强调的用人标准的核心。正对应的是邪，强调的是纯正、正派、正大光明，它的反面是自私、贪求、歪门邪道；直对应的是曲，强调的是公道、合理、诚实不欺，它的反面是虚伪、狡猾、阴谋诡计；中对应的是偏，强调的是守常、折中、不偏不倚，它的反面是多变、极端、厚此薄彼；和对应的是争，强调的是协调、均衡、和而不同，它的反面是狭隘、排他、你死我活。在司马光看来，才和德的高下轻重，昭然若揭。在二者关系中，只能以德统才，不可以才胜德。司马光接着按照才德之有无及相胜关系，分人群为四等：才德全尽谓之"圣人"，才德兼亡谓之"愚人"；德胜才谓之"君子"，才胜德谓之"小人"。至于取人之术，则是"苟不得圣人，君子而与之，与其得小人，不若得愚人"。

▲ 司马光（1019—1086年），字君实，号迂叟，北宋大臣、史学家。图为明朝文献学家、藏书家王圻及其子王思义撰写的百科式图录类书《三才图会》（又名《三才图说》）所载司马君实像。

司马光出于现实感慨而发的这一番愤激之语，无疑将复杂的人性与才性做了过于简单化的处理。不过，德才兼备，以德统才，却一直是中国政治传统中选官用人原则的主流。

唐文宗太和八年（834年），面对牛李党争的困局，唐文宗感叹："去河北贼易，去朝中朋党难！"在司马光看来，这是唐文宗在用人问题上的严重失误导致的，"朝廷有朋党，则人主当自咎，而不当以咎群臣也"。他批评唐文宗总想在臣僚之间搞平衡，发生争端的时候，不问对错，各打五十大板；或者明明知道对错，也不敢表明态度，支持正直公忠之士。

"先器识而后才艺"：推崇有担当意识和包容能力的人

在政治生活中，一个人的德还体现在器识上。一个具有担当意识和包容能力的人，才真正称得上是"器识宏伟"。司马光在《资治通鉴》中特别强调器识。在记唐朝儒将裴行俭去世时，司马光又追述其担任吏部侍郎时"有知人之鉴"，通过裴行俭对包括"初唐四杰"在内的几位年轻士子发展前途的判断并得到应验的事例，突出表达了"士之致远者，当先器识而后才艺"的观点。尽管裴行俭的所谓"知人之鉴"难免主观武断之嫌，甚至对"四杰"的这一段负面评价是否出自裴行俭也受到质疑，但司马光对裴行俭的称颂，以及对"先器识而后才艺"用人原则的推崇却是显而易见的。

司马光看重器识，还体现在他对唐玄宗朝被人们称为"伴食宰相"的卢怀慎的态度上。因为自己的同僚是被称为"救时之相"的姚崇，气场强大，才能突出，所以遇到事情，卢怀慎都推给姚崇去拿主意，只是每天和姚崇一起吃工作餐。司马光记此事为："怀慎与崇同为相，自以才不及崇，每事推之，时人谓之伴食宰相。"接着就为卢怀慎辩解："崇，唐之贤相，怀慎与之同心戮力，以济明皇太平之政，夫何罪哉！"司马光并不认为卢怀慎是吃饭不干事的宰相，而是有气度有容量的贤臣，是符合其"正直中和"标准的有德之人。他因此提出了同僚关系中的两种不良倾向："夫不肖用事，为其僚者，爱身保禄而从之，不顾国家之安危，是诚罪人也。贤智用事，为其僚者，愚惑以乱其治，专固以分其权，媢嫉以毁其功，愎戾以窃其名，是亦罪人也。"

在司马光看来，实行集体宰相制的情况下，如果和心术不正、品行不端的同僚共事，为了保住自己的位置，不顾国家安危、不讲原则地附和他，以维持一种表面的和谐，这种人是应该批判的罪人。如果和你同僚的是贤者智者，你非要与其一争高下，甚至不惜采取阴谋手段，对其进行扰乱、诋毁，以达到分其权、窃其名的目的，这同样也是历史的罪人。司马光为卢怀慎辩解，强调的是，谦退也是一种气量和器识，推功于贤智之人以维持一个团结协作的领导班子，而不是处处出风头、抢角色，因此而被人们不冷不热地讥讽一句"伴食宰相"，这也并不是什么丢人的事情。

"用人如器，各取所长"：不求全责备，主张随器授任

在用人思想中，司马光对人才并不一味地求全责备，而是主张随器授任。在《资治通鉴》中，他非常注意选取那些"用人如器，各取所长"的言论。如记战国时期子思向卫侯推荐苟变之事，卫侯因为苟变"尝为吏，赋于民而食人二鸡子"，德行有亏，故决定弃而不用。子思劝诫说："夫圣人之官人，犹匠之用木也，取其所长，弃其所短。故杞梓连抱而有数尺之朽，良工不弃。今君处战国之世，选爪牙之士，而以二卵弃干城之将，此不可使闻于邻国也。"卫侯听取了子思的建议，任用苟变，造就了卫国的一代名将。

《资治通鉴》中最推崇的用人成功的君主当数唐太宗，其中最突出的是唐太宗驳斥封德彝错误人才观一事。唐太宗即位之初，就要求担任宰相的封德彝去考察和举荐人才，但许久都没有推荐一人。唐太宗诘问何故，封德彝回答说："非不尽心，但于今未有奇才耳！"封德彝的回答暴露出严重的思想观念问题。人才在哪里？每个时代是否都有适应时代需要的人才？看似简单的问题，不是人人都能想得通的。此前，唐太宗就一直为难于发现人才而苦恼，给事中杜正伦乘机对他说："每一个时代都一定有人才，随时都可以用，岂能等到梦见傅说，遇到吕尚，然后才求治理国家呢？"傅说是传说中商王武丁时的贤人，吕尚就是姜太公，是周文王时期的贤人。这句话点醒了唐太宗，为了发现人才，他下令中央各部门的长官举荐贤能，表示将量才任用。现在封德彝居然回答说满世界也找不出一个像样的人才，唐太宗就理直气壮地搬出杜正伦的理论驳斥道："君子用人如器，各取所长，古之致治者，岂借才于异代乎？正患己不能知，安可诬一世之人！"事实上，经过多次举荐，各方面的人才都陆续被提拔到合适的岗位上，并形成了历史上难得一见的人才班底。

贞观四年（630年）年底的一天，在任的各位宰相陪同唐太宗一起吃饭，宴席间，唐太宗对王珪说："卿识鉴精通，复善谈论，（房）玄龄以下，卿宜悉加品藻，且自谓与数子何如？"意思是说，你王珪是以善于品评人物出名的，口才又好，今天你就针对在座的各位宰相，都来品评一番吧，还要对自己有个定位，与各位大臣相比，衡量一下自己的短长。王珪也不推辞，当着皇上和宰相同僚的面，就发起了高论。在王珪看来，这个宰相班子中，有负责全面打理朝政且忠心耿耿的房玄龄，有随时可以带兵出征、才兼文武的李靖，有负责为皇帝上传下达而能做到简明扼要、准确无误的温彦博，有能够在繁杂的日常政务中分清轻重缓急、做到众务必举的戴胄，有希望通过自己的谏诤使君主克服人性的弱点而成为圣明之君的魏徵，还有王珪那样一个敢于当众表扬与自我表扬、对待看不惯的事情敢于毫不留情指出来的炮筒子。唐太宗是多么的幸运啊！但是，唐太宗的幸运不是天上掉下来的，正是他"用人如器，各取所长"方针指导下所达成的良好局面。

在贞观后期的纪事中，司马光还专门选取了唐太宗分析自己成就"贞观之治"的五点总结，都是关于用人方面的，其中有一点就是"人之行能，不能兼备，朕常弃其所短，取其所长"。只有"用人如器，各取所长"，才能真正地发现人才。

"举之以众，取之以公"：克服人情干扰与规则约束的矛盾

选官与用人，除了讲究原则，还需要有制度的保证。到司

马光的时代，中国古代选官制度已经非常完备，完备到出现了新的困局。一个人能否做官，能够做什么级别的官，不是哪个人可以说了算的，而是通过严格的资历体系各项指标的计算得出来的。这个资历体系，由出身、任职经历、考绩、举主、年资等因素构成，而且都是有档案可查的。用北宋文学家苏轼的话说："今举于礼部者，皆用糊名易书之法，选于吏部者，皆用长守不易之格。"所以，他提出了任人与任法的两难抉择问题："任人而不任法，则法简而人重；任法而不任人，则法繁而人轻。法简而人重，其弊也，请谒公行而威势下移；法繁而人轻，其弊也，人得苟免，而贤不肖均，此古今之通患也。夫欲人法并用，轻重相持，当安所折中？"（苏轼《私试策问·人与法并用》）简言之，苏轼的问题在于，选官用人的过程中，如何克服人情干扰与规则约束的矛盾。

司马光当然没有直接回答"苏轼之问"，却在《资治通鉴》中评论唐朝中期宰相崔祐甫用人之时，间接提供了一个答案。由于德宗皇帝居丧，崔祐甫获得了特别的授权，面对前任宰相常衮积压的大量人事安排，他放开手脚，不到二百天的时间里，就安排提拔了八百来人。德宗皇帝对他说："人或谤卿，所用多涉亲故，何也？"崔祐甫回答："臣为陛下选择百官，不敢不详慎，苟平生未之识，何以谙其才行而用之。"不认识的人自然无法知道其才能、德行如何了。德宗觉得他说的很有道理。君臣之间的这段对话，涉及苏轼说的任人与任法的问题，崔祐甫的做法是任人而不任法，凭着皇帝的信任，本着一颗公心，在自己认识的人中大胆提拔任用。

司马光并不认同崔祐甫的做法，仅凭一人之力，熟识的人总是有限的，即使完全出于公心，也不可能没有遗漏。他提出的办法是："举之以众，取之以公。众曰贤矣，己虽不知其详，姑用之，待其无功，然后退之，有功则进之；所举得其人则赏之，非其人则罚之。进退赏罚，皆众人所共然也，己不置豪发之私于其间。"这是司马光有关选官用人问题论述中最切近制度设计的议论，也是对"苏轼之问"最接近出口的一个回答，这样做既不陷于人情干扰，又可免于越来越繁密的规则的束缚。但是，这个议论毕竟还是停留在理念上，在制度设计中如何做到"举之以众，取之以公"，这就不是生活在遥远北宋时代的司马光和苏轼等人能够解决的问题了。

本文发表于2013年3月18日《北京日报·理论周刊》文史版，原题为《〈资治通鉴〉也是选官用人通鉴》，作者时任中国人民大学历史学院教授

范仲淹的为官之道

王曾瑜

宋朝范仲淹有两句很有名的格言：一是人们熟知的"先天下之忧而忧，后天下之乐而乐"；二是"作官公罪不可无，私罪不可有"。

唐宋时，官员犯罪，分公罪和私罪。据《宋刑统》卷二，"公罪谓缘公事致罪，而无私曲者"，"私罪谓不缘公事私自犯者，虽缘公事，意涉阿曲，亦同私罪"。用现代的话说，政治上必须坚持原则，不怕得罪上级和皇帝，不怕受罪，而个人操守，则务求清白，决不能贪赃枉法。

中国古代是个等级森严的社会，实行的是专制主义中央集权的等级授职制。尽管如此，按照儒家的教义，是不能求利而不求义的。义就是凡事须讲究原则。据《三朝北盟会编》卷一九一，有个低官杨炜写信批评副相李光说："某闻忠孝从义，而不从君、父。"忠孝是古人的重要道德规范，但忠孝须讲原则，不能说绝对服从君主和父亲的错误，也是忠孝。

在等级授职制的官场里，只有像范仲淹那样的哲人，才能提炼和总结出"公罪不可无，私罪不可有"的为官之道。一般说来，做官无非是希望步步高升，得罪上级和皇帝，就无法指望升迁，甚至受惩罚，得死罪。坚持原则，不计较个人的升黜荣辱，当然是一种很高的情操和修养。北宋苏轼说："平居必（常）有（忘）躯犯颜之士，则临难庶几有徇义守死之臣。若平居尚不能一言，则临难何以责其死节？"（《东坡七集·东坡奏议》卷一《上皇帝书》，《皇朝文鉴》卷五十四）欲在官场中阿谀奉承，迎合上级和皇帝，就决不能说真话和直言。宋朝优养士大夫，超过前朝后代，然而到北宋末的危亡时刻，那些称颂"四海熙熙万物和，太平廊庙只赓歌"（《挥麈后录》卷二）的宠臣辈，一个个立即显露出鼠辈的本色。面对金军的凌厉攻势，李纲和宗泽临危脱颖而出，敢以大气魄和大器识身膺救国重任，但宋廷从皇帝到群臣，却容不得两人施展抱负，而使他们沦为悲剧人物。这两人正是按范仲淹的为官之道而立身行事的。李纲曾因上奏直言，"谪监南剑州沙县税务"（《宋史》卷三五八《李纲传》），被贬为一个最低等的税务所长。宗泽更是整整在官场屈沉了三十五年。宋徽宗迷信道教，宗泽却因"建（道教）神霄宫不虔"，受很重的"除名，编管"处分（《宋史》卷二十二《徽宗纪》宣和元年〈1119年〉三月），他"半生长在谪籍中"（宋朝吴芾《湖山集》卷四《哭元帅宗公泽》）。他们宁愿受打击，被贬黜，也要坚持原则不动摇。唯其如此，所以在国

▲范仲淹（989—1052年），字希文，北宋政治家、文学家。图为1911年出版的美国旅行家威廉·埃德加·盖洛（William Edgar Geil）的著作《中国十八省府》所载范仲淹像。

难当头时，方能挺身而出。

朱熹《朱子语类》卷一二九说，"至范文正（范仲淹谥号）方厉廉耻，振作士气"，范仲淹对宋朝士大夫名节观的发展和振作，产生了很大的影响。但此种影响也不应估计过高。事实上，范仲淹的为官之道对少数优秀士大夫（真正的精英人物）是产生影响的，对多数士大夫却并未产生影响。宋仁宗时，包拯说："官吏至众，黩货暴政，十有六七。"（《包拯集》卷二《请先用举到官》）宋哲宗时，李新说："廉吏十一，贪吏十九。"（《跨鳌集》卷十九《上皇帝万言书》）等级授职制的官场是个贪墨的大染缸，大多数士大夫经历官场的染色，只能成为国家和民族的蠹虫，他们贪污腐化有种，横征暴敛有能，奉承拍马有才，结党营私有份儿，钩心斗角有术，文过饰非有方，妒贤嫉能有为。史实证明，他们是决不会受范仲淹的为官之道感化的，其为官之道只能是公罪不可有，私罪不可无。等级授职制的官场绝不可能培育出人们高尚的道德和情操。从另一方面看，等级授职制的官场也是埋没真正的精英和清官的坟场。如果没有两宋交替时的浩劫，如李纲和宗泽那样的正人君子，就只能泯灭在众贪官之下，绝不可能在史书上留名。

从历史上看，等级授职制的官场是个贪墨的大染缸，难以造就有担当、赤心报国的官员，在这样的大染缸中，范仲淹的"公罪不可无，私罪不可有"的为官理想、为官之道，是难以实现的。今天，如果视等级授职制为中国传统政治文明的"传家宝"，看不到其弊端，尤其是看不到其与现代政治文明极不相称的积弊，那么，它只能阻碍中华民族的进步，使各种严重积弊（比如近年来诸多因素引发的一些学术腐败等）得不到根本性的扭转，其结果如何，自不待言。今日的公仆应与历史上的清官有严格区分，进行公仆意识的教育固然是必要的，却不是主要的，重要的在于进一步改革和完善干部任用制度，特别是重视完善干部的选举制度。尽管如此，今天重提范仲淹的为官之道，也是很有必要的，至少可以使某些公仆们自省，古代哲人尚有"公罪不可无，私罪不可有"的为官之道，自己又当如何做公仆？

本文发表于2010年1月4日《北京日报·理论周刊》文史版，原题为《公罪不可无，私罪不可有——古时的哲人怎么当官》，作者时任中国社会科学院历史研究所研究员

宋朝官员的公务旅行日记

黄纯艳

《于役志》是欧阳修记录其景祐三年（1036年）自开封赴夷陵令之任时的行程，是宋朝除外交使节行程录外的第一篇官员旅行日记，开创了一个新的文体（日记体），其后官僚纷纷效仿，今天仍留有多篇宋人旅行日记。这些旅行日记从一个特殊的角度记录了当时官员生活、交通、社情、环境等情况，为后人留下了第一手资料。

宋朝官员为什么要写公务旅行日记

宋朝文人官僚常见的长途公务旅行主要有三类：一是调换任所，如赴任、离职；二是职务行为的公差，如出巡、押纲等；三是临时差遣，如出使境外等。现在文献中留存下宋朝文人官僚调换任所和出使境外的多种旅行日记。出使官员必须撰写行程录（又称语录），作为工作报告递交枢密院。外交出使是特种公务旅行，有路线和日程规定，特别是贺正旦、贺圣辰等常使，有具体时限，入出使国后又有对方伴使陪同，使臣身负外交使命和搜集境外情报的责任，现存的使臣行程录除楼钥《北行日录》外，几乎都是记载出境后的见闻，略记甚至不记本国境内的活动和见闻。公差和出使可使用驿站设施，且多为团队行动。外交使团使副三节人等往往达数十人。另如郑刚中绍兴九年（1139年）作为从官，随签书枢密院事楼炤往陕西公差，宣谕德意，一众官员有十五人。官员赴任或离职的旅行与上述两种公务旅行有所不同。赴任或离职的官员行程相对宽松，且多拖家携口，他们的旅行反映的信息具有自身特点。

宋朝官员调换任所时的旅行日记始于欧阳修作《于役志》。《于役志》全稿不分卷，记录景祐三年（1036年）欧阳修被贬为夷陵令的赴任行程。作为宋朝第一篇官员赴任旅行日记，加之欧阳修一代文宗的地位，《于役志》被后来的官员纷纷效仿，涌现了一批日记体游记。陆游显然阅读过《于役志》，其《入蜀记》所记自两浙经长江入蜀行程，运河与长江交汇点以西至夷陵的行程与欧阳修赴夷陵任相同。《入蜀记》谈到长江有地名"大信口，欧阳文忠公《于役志》谓之带星口，未详孰是"。

《入蜀记》按日叙事，记载交游会友，以及对名胜古迹和社情风俗的观感，显然仿行了《于役志》。郑刚中的《西征道里记》就是按日记事，不记公务，只记观览。郑刚中称"其本末次序属吏不敢私录，至于所过道里则集而记

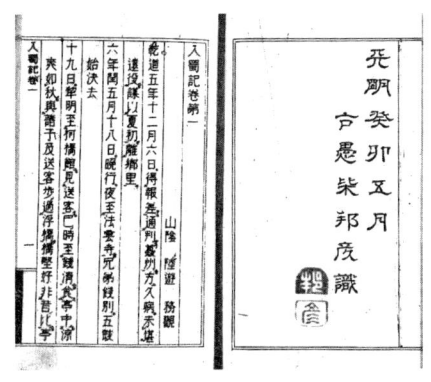

▲宋朝官员的公务旅行日记，从一个特殊的角度记录了当时官员生活、交通、社情、环境等情况。比如陆游的《入蜀记》，记载交游会友以及对名胜古迹和社情风俗的观感。图为1880年日本求古堂刊本《入蜀记》书影。

之。虽搜览不能周尽，而耳目所及亦可以验遗踪而知往古。与夫兵火凋落之后人事兴衰，物情向背，时有可得而窥者"，"自吴逾淮，道京入洛，至关陕，其所经历得于闻见者靡不具载"，体例与《于役志》完全相同。外交使节行程录写作目的主要是记录境外信息和稽查使节言行，因而主要记录出境后的见闻和言行，但也有楼钥《北行日录》按日记录了宋朝境内的行程及见闻。王十朋《西征》诗中有"岁云莫矣却归来，捉笔书为《于役志》"之句，说明《于役志》已成为旅行日记的代名词，具有广泛影响。

宋朝官员公务旅行日记写了什么内容

官员赴任或离职的旅行与公差和出使比较，不同在于行程时限相对宽松，官员们有比较充分的时间会友、游览。这也成为他们积累阅历、增长识见的重要机会。

一是交游，会见亲友故旧及沿途官员，结识新知。

欧阳修说夷陵之行："行虽久，然江湖皆昔所游，往往有亲旧留连，又不遇恶风水，老母用术者言，果以此行为幸。"与亲朋旧友的交游使漫长的旅途成为愉快的经历。《于役志》不长的篇幅中记载最多的就是与亲朋旧友的交游宴乐，以至于王慎中曰："此公酒肉账簿也，亦见史笔。"

欧阳修虽为贬官，但文章名闻天下，地方官乐而与之交往。如在南京，留守推官石介、应天推官谢郛、右军巡判官赵衮、曹州观察推官蒋安石"来小饮于河亭，余疾不饮，客皆醉以归"。在楚州，知州陈亚在魏公亭与欧阳修置酒赏荷。在扬州，在此任官的王君玉、许元、唐诏、苏仪甫等轮流宴请欧阳修。此外，欧阳修与沣阳县令赵师道、丹棱知县范佑、蕲春主簿郭公美、黄州知州夏屯田等都有交游。欧阳修与有些人是初识，如在泗州始见春卿，在洪泽始识李惇裕，在鄂州始与令狐修已相识。在鄂州他还与哥哥相见。

张舜民、周必大、范成大、陆游等人在赴任或离职的旅途中未有不会见官员、访问亲朋的。此不一一枚举。

二是游览，官员一般都沿途参观名胜古迹，观察社情民情。

观景访胜也是欧阳修旅途中的重要活动。《于役志》详细记载了与友人的交游，对游览活动也有着笔，如五月乙巳"午次陈留，登庚庙"。六月庚戌"晚次灵壁，独游损之园"。六月乙丑"与隐甫及高继隆、焦宗庆小饮水陆院东亭，看雨，始见荷花"。六月甲戌"知州陈亚小饮魏公亭，看荷花"。七月甲申"与君玉饮寿宁寺。寺本徐知诰故第，李氏建国以为孝先寺，太平兴国改今名"。他在楚州及江宁多日滞留也一定游览胜迹。

张舜民《郴行录》、范成大《骖鸾录》《吴船录》、陆游《入蜀记》、周必大《乾道庚寅奏事录》的主要篇幅都是记载沿途的游览观感。在特有的风光里愉悦身心，在往古的遗迹中追怀历史，在身临其境时体验前人的诗文，官员们在旅途中借以增长阅历，验证知识。

官员们的旅行日记还记载了诸多社会状况，不仅充实了他们的知识视野，也为后人保留了可贵的第一手材料。如张舜民在湖北见"万石船。船形制圆短，如三间大屋，户出其背，中甚华饰，登降以梯级，非甚大风不行。钱载二千万贯，米载一万二千石"。又如，范成大见到自徽州而来的杉木在严州江上被课重税，使本来甚贱的杉木贩运至杭州价钱大增，"婺至衢皆砖衢"，因"两州各有一富人，作姻家，欲便往来，共甃此路"。此类见闻不一而足。

三是祭祀，行走在充满未知险情的水上世界，祭祀神灵成为旅途生活的重要组成部分。

水上世界会面临陆上所没有，甚至是无法理解的危险，在人们心里促生莫名的恐惧和敬畏，不用说随时可能船毁人亡的三峡和险滩令"摇橹者汗手死心，皆面无人色"，"旁观皆神惊"，就是寻常的江段，大风一起也会夺人性命。陆游航行在长江马当河段，顿遇险情，"舟至石壁下，忽昼晦，风势横甚。舟人大恐失色，急下帆趋小港，竭力牵挽，仅能入港系缆，同泊者四五舟皆来助牵"。随时面临不测之险，人们常常把一些奇异的现象视为预兆，就在这次险情发生前，"忽有大鱼正绿，腹下赤如丹，跃起柂旁，高三尺许。人皆异之。是晚果折樯破帆，几不能全，亦可怪也"。而在这个石壁上就有一神庙，"依峭崖架空为阁"，"江上神祠惟此最佳"。遇到险情，当时的人们自然会去求助于神灵。

欧阳修的旅程平安，"不遇恶风水"，但也曾几次祭拜神灵。八月丙辰，在江州"祷小姑山神"；八月癸亥，"次新冶，祷江神"；八月丁丑，"次昭化港，夜大风，舟不得泊，祷江神"。可见，祈祷神灵是水上航行生活的组成部分。张舜民的郴州之行就多次祷告神灵。在南京，"拜双庙"（张巡祠、许远祠）。在洞庭湖口有忠洁侯庙和青草庙，"乘舟人当有酒肉之赐"。"夜船上不敢打更提举。舟人云：'庙中自打更报牌也。'"在潭州"舣舟王公亭，奠南岳行祠"。在衡山拜岳祠，又"谒北门侍郎神位"。

宋朝官员赴任及离职的公务旅行程限宽松，有比较充分的时间交游观览。公务旅行也成为官员们积累阅历、验证知识、增长识见的重要途径。宋人说："不行一万里，不读万卷书，不可看杜诗。"宋朝士大夫的知行风范正是在这"行万里路，读万卷书"的过程中养成的。

本文发表于2016年9月26日《北京日报·理论周刊》文史版，原题为《宋代官员日记中的公务旅行》，作者时任上海师范大学历史系教授

北宋官场：处理不好家事也会被撤职

冯尔康

儒家讲修身、齐家、治国、平天下，以端正己身为根本，在家管好家庭，出仕理好政事，造就太平世界。修身、齐家、治国、平天下，前一个为后一个的前提，齐家与治国紧密联系在一起。北宋就有几个官员因不能治家而遭到谴责，甚至降职。

薛居正对养子疏于管教，其妻受到太宗批评

薛居正，自后晋开始做官，北宋初任参知政事、门下侍郎、平章事十八年，对老人讲究孝道，生活简朴。不过，他的俭约可能与受制于妻子有关。居正妻是凶悍的妇人，丈夫有姬妾，不让接近。据记载，他们没有儿子，所以居正收养惟吉为子，从小溺爱。惟吉少年就有大力气，不喜欢读书，好游玩，听音乐，常同优伶在一起，又爱蹴鞠（踢球）、角抵（杂技、摔跤），这在当时被认为不务正业，是纨绔子弟的行为，居正对此并没有察觉，更无从教导了。与居正同时任宰相的卢多逊、沈伦的儿子，都被宋太宗不秩拔擢，任为秘书郎，惟吉因不能作文章被用为武职。等到居正亡故，宋太宗亲临吊唁，对居正的妻子说：你那个不肖的儿子如果不改变行为，你的家业恐怕传不下去。惟吉听到这话，决心改变生活方式，认真读书，多与文士往来，于是得到知过能改的好评。

王举正因管不了老婆，被撤掉副宰相职务

王举正，宋仁宗时官给事中、参知政事。妻陈氏，妻父是宰相陈尧佐，伯父尧叟也是宰相，叔父尧谘官至节度使，兄弟中有十几人做官，陈家"荣盛无比""推为盛族"。陈氏可能凭借娘家势力，对丈夫毫不客气。王举正做官，有时好讲直理。御史台推荐李徽之做御史，李徽之是举正朋友的女婿，举正不帮忙，且以给事中的职责在掌封驳，认为李徽之不合格。李徽之因此仇恨举正，并控告他："妻悍不能制，如谋国何？"意思是在家连老婆也管不了，如何能管理好国家？言下之意，举正认为他不能做御史是不对的。这时，知制诰欧阳修也认为举正懦弱不称职，举正不得不自动要求离职，宋仁宗遂撤掉他的副宰相职务，以礼部侍郎职衔出知许州。

陈执中因处理不好家事，被撤掉宰相职务

陈执中，以向宋真宗建议立太子，获得继位的宋仁宗信任，这是他敢于干预皇家事务而得福。

▲宋真宗（968—1022年），即赵恒，宋太宗之子，997—1022年在位，在位前期勤于政事，在位后期劳民伤财。图为大约绘于清末民初的绢本绘画册页《历代帝王真像》所载宋真宗真像。

他历官右正言、中书门下平章事、枢密使、集庆军节度使判大名府。在家中，执中与妻子感情不好，使妻子不敢理家，生活也很简单，而执中爱妾胡作非为，痛打婢女，竟致死亡，这是在家内不能使妻妾名正其位。御史赵抃参奏执中八条罪状，其中包括妾打死奴婢事，翰林学士欧阳修也批评他。至和三年（1056年）春天大旱，谏官范镇、御史中丞孙抃等轮流弹劾执中，仁宗乃将执中罢相，以镇海军节度使兼亳州知州。

家事虽小，影响很大

在古代，把理家看作与治国同样的大事，官员甚至因理家好坏而升降官职。然而治国与理家是两种能力，应当有所分别。刘邦以匹夫而打天下、坐天下，但家务事处理不好，对太子的废立就拿不定主意，实际上是受吕后的干扰。刘邦死后，爱子赵王如意被吕后杀害，爱妾赵姬被吕后解肢为"人彘"，他在家中保护不了子、妾。唐太宗、康熙帝都是英明的君主，废立太子的事也伤透了脑筋，乃至太宗欲拔剑自刎，康熙帝担心被太子谋害而无有宁日。这些英主处理不好家务，益发说明理家是很不容易的事情，很应当讲究，任何一个家庭都不能忽视它，越是社会上层越应如此，因为这种家庭、家事处理的好坏，不仅是自家的事，还影响到社会，所以讲求家法更重要。社会上层人士因为政务或其他社会事务繁忙，可能没有精力料理家务，这是客观原因，但这不能排除主观上不重视家政的误失。重视理家是一回事，能否料理好又是一回事，这就需要自觉地增强理家的能力,把它当作一门学问来学习,来实践。如此看来,古人把齐家与治国关联在一起有一定道理,不会理家的官员遭到惩处也不为冤枉。

本文发表于2016年9月5日《北京日报·理论周刊》文史版,原题为《治家无能遭贬的北宋高官》,作者时任南开大学教授

整饬吏治，雍正帝不得不做的事

李 多

雍正皇帝在位十三年，顶着种种骂名，不遗余力地整饬吏治。对于他的这一举动，旅日华人学者杨启樵曾评价道："康熙宽大，乾隆疏阔，要不是雍正的整饬，清朝恐早衰亡。"近读史著《雍正吏治录》（李换运著，中国长安出版社2014年8月出版），深感此书可为读者了解雍正整饬吏治提供一个很好的窗口。

康熙末年，吏治腐败，百弊丛生

康熙末年，贪官污吏，无视民瘼，懈怠公务，"念念只营功名，时时只顾身家，刻刻只虑子孙，而国家之安危，民生之休戚，毫不相关"。吏治之腐败废弛几乎不可救药。正如雍正自己所概括的："人心玩偈（贪图安逸）已久，百弊丛生。"

雍正认为吏治废弛的危害比之其他更甚，"命案、盗案，危害不过一人一家之害而止"，若官吏不做事，不认真做好事，甚至做坏事，"在一县则害被一县，在一府则害被一府，岂止杀人及盗之比"。所以，"治天下之道，惟在察吏一事"。

当时，朝廷里的大员，当着和尚不撞钟。每逢议事，要么"彼此推诿，不发一言"；要么"群相附和，以图塞责"。雍正斥其为"议事理中,各怀私心",乃"国家之大蠹,妨政败俗,莫此为甚"。别看有些人不干正事,却不妨碍他们"名实兼收"。雍正一针见血道:"所谓名者,官爵也;所谓实者,货财也。""今之居官者,钓誉以为名,肥家以为实,而云名实兼收。"

雍正教育官吏要"实心任事,洁己奉公,一毫不欺"

在奏折和朱批的联系间参悟政治玄机,在雍正与臣下的对话中能揣摩历史深意。透过《雍正朝汉文朱批奏折汇编》等史料,可见雍正皇帝不断地加强对官吏的训谕,敦促各级官吏要实心任事的良苦用心。例如,雍正颁谕给各省封疆大吏说,朕望天下总督、巡抚大员,"屏弃虚文,敦尚实政",并形象地说,"惟以实心行实政,重公忘私,将国事如身事办理"。

在整顿吏治中,雍正一方面提倡怎么样做个好官,一方面告诫什么样的人是不好的官。他深知"自古圣贤为治,皆尚实政,最恶虚名","为治之道在于务实,不尚虚名"。他说,"朕生平最憎'虚诈'二字","一处不实,则事事难以为信也"。每个官吏应该奉行的是"实力实心,勇往办事","实心任事,洁己奉公,一毫不欺"。

雍正对官吏的教育,另一个重要方面是克己奉公,去除私心。他时常提醒官吏要铭记一个"公"字,崇尚一个"公"字,践行一个"公"字,把为"公"当成一生的追求。他见有的官吏对下属贤良与否了解不多,便嘱咐说:"何能周知,不过将一'公'字放在心中。"

▲雍正皇帝在位十三年，不遗余力地整饬吏治，学者杨启樵曾评价道："要不是雍正的整饬，清朝恐早衰亡。"图为清期《胤禛朗吟阁图像》轴（绢本设色）所载雍正帝胤禛（右三）在朗吟阁内端坐的肖像。

雍正一边讲着奉公，一边说着去私。雍正对那些做事周全、老百姓拥戴的官吏褒奖说，他们把朝廷的事情看得很重，把老百姓的疾苦看得很重，做什么事情都会从维护社稷的安宁出发，"若有一毫私心未融，断不能筹划如此周详"。他与那些刚刚走上新岗位的官吏谈话，引经据典地讲，如果一旦有了私心，不讲诚实，不讲公道，那就会"是亦私，过亦私，罪亦私"；"谨慎亦私，勤劳亦私"；"为名亦私，兴利亦私"；"严亦私，宽亦私"；"用人亦私，退人亦私"。说来说去，这都是因为不讲"公"。"根本一失，百私举矣。"

要做到"公"，就必须诚实、忠厚。所以，雍正教谕官吏，为政"只在行，不在言。奸猾老吏之行为，封疆重任用不得"。他还说："凡事只以诚真务实，内外上下，毫无隔疑欺险，何愁天下不太平，万民不乐业也！"一位封疆大吏在上奏折时向他谈到报恩，他说："若何云报，惟务以'诚'字，少有欺诈。""君臣中外，原系一体，只要公正真实，上下一德同心，彼此披诚（展露真诚）即是。"

雍正勤勉谨慎，吏治清明，风气改观

学者赵秀忠指出："清朝衰亡，病在康熙。"康熙晚年疏于吏治，导致吏治废弛，他决不会想到"宽政"能影响到雍正朝，乃至影响到大清王朝的前途。因此，整饬吏治，成为雍正皇帝"不得不做的事情"。

从史料来看，雍正不失为封建社会中一个勤勉谨慎的皇帝，他希望官吏们勤劳、谨慎。他与河南巡抚交流，曾很动感情地说："慎始至终方是大丈夫，我君臣期共勉之。"有人对他的恩泽多次言及，他并不以为然，而是教导说："好好做官……千古声名要紧，时刻不可偷安，勤苦任事方不负朕大恩也！"为了时刻提醒自己和大臣们丝毫不能懈怠政事，他自撰对联，悬挂于正大光明殿："心天之心而宵衣旰食；乐民之乐以和性怡情。"披露自己的愿望是：与苍天有着同样的爱民之心，要早起晚食，勤于政事。雍正从政的十三年间，每天的睡眠时间不过四五个小时。如此勤政，无非是为了吏治风清气正，社稷牢固稳定，百姓安居乐业。

纵观雍正一朝，吏治为之一清，更重要的是，社会风气改变了。不过，雍正虽然竭尽心力整饬吏治，但始终没有从根本上解决问题。毕竟，雍正的整饬吏治有些迟了。

本文发表于2014年9月29日《北京日报·理论周刊》文史版，
原题为《雍正整饬吏治一瞥》，
作者时任中国长安出版社副编审

清朝州县循吏为何被称为"亲民官"

张海英

"循吏"之名,最早见于《史记》中的《循吏列传》,后为《汉书》《后汉书》直至《清史稿》所承袭,成为正史中记述重农宣教、奉公守法、"所居民富、所去见思"(《汉书·循吏传序》)的州县地方官之固定体例。

清朝非常重视州县循吏的选任

《清史稿·循吏传》撰写者夏孙桐(1857—1941年)在《清史〈循吏传〉编辑大意》中谈到,循吏入传之标准有三:其一,官阶以终于监司(布政使、按察使及道员)为限;其二,主要政绩发生在任内;其三,必须"廉、能",缺一不可。按此标准,《清史稿》共记载了一百一十六名循吏的事迹。这些政绩卓著、勤廉施政的州县官,是清朝地方基层官员中的"正能量",也是国家政策在地方的具体实践者。

州县官作为"亲民之官",是真正负责地方实际事务的基层官员。有鉴于此,清朝非常重视州县官的选任。如县官的来源主要是科举中试的进士及举人,其余则是以积功受奖或"拔贡"(由地方保送入京朝考)等方式授官。清朝省府州县按管理难度与特点定为冲、繁、疲、难等缺。交通频繁曰"冲",

行政业务多曰"繁",税粮滞纳过多曰"疲",风俗不纯、犯罪事件多曰"难"。有四字相兼之州县,也有三字、二字、一字之州县。所选官员,按其能力高下分派各县。

经过严格考核的州县循吏如何履职

《清史稿·循吏传》中刘衡的为官实践具有一定的代表性。嘉庆五年(1800年),二十五岁的刘衡中乡试副榜贡生,充正白旗教习。嘉庆十八年(1813年),刘衡以知县派发广东四会(今四会市),开始其长达近二十年的地方官生涯。

刘衡为官通达下情,诚信动人,平时有事下乡巡行,轻车简从,自备干粮,决不扰民。他自垫江调署梁山时,垫江民众前往州府请愿,希望"还我刘公"。梁山民众则哀求州府,乞求"暂借刘公"。梁山处于群山之中,远离水道,常年为旱情所困。刘衡率众修筑塘堰,因时蓄泄。他还倡捐银两,置田建屋,每年得谷数百石,以养孤贫。刘衡后来路过垫江,乡人以为他回来执政,道途相迎,欢声雷动,后来得知是转赴他任经过此地,乡人恋恋不舍,至有痛哭。

▲"循吏"之名,最早见于《史记》中的《循吏列传》,后为《汉书》《后汉书》直至《清史稿》所承袭。图为明朝万历时期吴兴凌稚隆自刊本《史记评林》所载《循吏列传》书影。

道光五年（1825年），刘衡调任巴县。巴县为重庆府首县，五方辐辏，讼狱繁多，号称难治。县内额外胥役多达千余，时常擅权作恶，危害百姓。刘衡上任后，事必躬亲，将额外胥役遣散为民，只留百余人使令，自此吏役皆畏法而收敛。他强调"官须自做"，潜心研读律令，颇有心得，以亲审案、明断狱既而杜绝胥吏之弊而著称。每日坐堂署判狱，不设家丁，堂中设立一锣，号称"达情锣"，事先声明，凡有冤情，均可直接击锣，闻声即出堂审判，并不假手他人，百姓称他为"刘大锣"。判决时，他亲书判语，让双方过目。若有不识字者，令书吏朗诵，必令双方心服离去，亦使蠹役无从作弊行奸。所判或有舛误，立即更正，决不马虎，百姓感动，呼为"刘青天"。

为政重教是州县循吏的重要特点

州县循吏不仅兴学校、办书院，还订立条规，严格监督，而且时常亲自授课，以为表率。刘衡刚到博罗时，便召诸生到明伦堂宣讲"四书"，当地书院经费欠缺，他又捐出俸银生息。在垫江，刘衡修葺凌云书院，与诸生讲论经史文艺，贫困子弟无力向学，他发动绅民捐建乡学二十余处。

道光七年（1827年），刘衡升为绵州直隶州知州，蒙皇帝召对，训以"公勤"二字。道光十年（1830年），擢升为河南开归陈兵备河务道。这年冬天，清廷派使者巡阅各地河防，江南、河北等地料垛不实，官员多被罢黜，唯河南厅汛无人被免职。不久，刘衡染病，久而未愈，乞归。道光二十一年（1841

年），病逝于家中。

刘衡注重经世，尽心吏治，他在讲经讲学时常常强调，为治之要在恤贫保富，端正人心，匡正士习。所著《庸吏庸言》《蜀僚问答》《读律心得》《庸吏余谈》等书，详述兴利除弊之道，为时人所重，奉为圭臬。同治五年（1866年），四川学政杨秉璋疏陈刘衡历官循绩，奏请将其政绩宣付史馆，编入《循吏传》，诏谕允准。

在中国古代，循吏是国家各项政策措施的实际贯彻者和具体执行者，是国家政权在地方的代表。正是由于这些循吏所发挥的正面作用，政府对地方基层社会的治理得以有效实施。从《清史稿》所载循吏保民、惠民、恤民、养民的诸多吏治实践中，我们可以看到，这些循吏大多具有体民心、重民情的民本意识，并特别注意以廉率下，以德化民，劝民向善。

在中国古代制度建设尚不规范，地方治理很大程度取决于"人治"的背景下，循吏作为"亲民之官"，以其身体力行，承担着沟通国家行政体系与地方基层社会的重要职责，体现了国家对基层社会的有效治理。以此角度言之，清朝循吏的吏治实践，为我们认识传统社会国家政权与地方行政及社会发展之间的"互动"，提供了一种有益的参照。

本文发表于2014年7月14日《北京日报·理论周刊》文史版，原题为《州县循吏惠民亲民的章法》，作者时任复旦大学历史学系教授

清朝州县官的为政之道

冯贤亮

三国时代以降，政府对地方官员的要求，多不出清、慎、勤三字的范围，为官以清为本。所以到清朝，州县衙署的讼堂上多书有"清慎勤"三字匾额以为训诫。

州县官上任之初，措施很关键

清朝州县长官的行政准备，多与明朝相仿。康熙时期，曾任山东郯城县令的黄六鸿，从政伊始，即重拾以往一些良吏的言论，皆是上不负皇恩、下造福百姓的内容。后来将他的从政经验制成《福惠全书》，可以作为一种地方官的思想体认。在省级官员看来，所谓县令下车伊始，务当提纲挈领，择要施政，像江南的震泽县，正疆界、清词讼、缉盗匪、禁枪船、兴水利等工作是知县行政过程中必不可缓之事。曾任平湖知县的王凤生说，"凡措施所肇，防范于微，亦最莫难于此时"，莅任之初的工作是十分关键的。

不少行政长官，都希望能够成就良好的吏治。甚至是地方公共的空间处所，也应该仿效社会贤达人士，义捐钱粮进行维护，如明人所言："陆而除道，民不病行；水而成梁，民不病涉，皆为政者之责，非有责于民也。"而一般的从政业绩，最终都会由朝廷来进行考核。例如在清朝,每三年要对官员进行一次"大计"。每一名州县官的评估报告,均由其直接上司官员写出,再附上他们的评语("考语")并呈给总督或巡抚。督抚复审报告,批准或修正评估意见,然后上交吏部。其政绩显著者列为第一类,评为突出而特殊("卓异")的向吏部推荐,甚至被皇帝召见("引见")。

康熙十四年(1675年),任嘉定知县的平湖人陆陇其,撰写《"有仪轩"歌》,说道"恭宽信敏惠,斯须不可离",颇能反映像陆陇其这样吏治勤敏的地方官员的一些看法。知县职任的重要性,为时人所深识。清人曹尔堪的短论,可以代表很多人的心声。他说:"吏道难兼,清刚者未必仁惠,勤慎者未必果决,经猷恢扩者未有文章。文章末矣,功名不尽从帖括也。

▲陆陇其(1630—1692年),初名龙其,字稼书,康熙进士,吏治勤敏。图为清朝藏书家顾沅编写、孔继尧绘图《圣庙祀典图考》所载陆陇其像,清朝道光六年(1826年)吴门赐砚堂顾氏刊本。

往时重循吏，士当释褐后，乐为县令。三年报最，入登言路，与天子相可否，循级而升政府枢机，身握天下之本，盖劳勋久而能任大事，剔历深则能断大议，国计民情，物力练习……皆得力于县令也。"

州县官是亲民之官，应取信于民

在康熙看来，知县在面对民众遭受侵扰甚至破家的危难时，应该有慈念之心，让他们少受官衙诉讼之累，即使已经累及词讼，也应该及早结案，使之不伤元气，而无愧于"父母官"之称，不要成为谚语所云的"破家县令"，提示州县官应该怀有的警醒意识。道光年间，曾先后任元和县知县、川沙厅知事的山阴人何士祁，讲述了其在衙门日常办公的一般情形："冬春辰初、夏秋卯初，必发二梆，然后至签押房，阅视上日所送片稿及批词、公文、禀信、稿件。饭后看审案卷籍。未刻发二梆，审理堂事。晚则查核账簿，标记刑名、钱谷簿，查看门簿。或无堂事，则与幕友酌商地方事宜，或考订律例，或检阅史传，或赴市廖村野以察民风……与民约者，尤在必信……刻刻振作，犹恐有失。"何氏在讲述自己日常从政安排的同时，似乎也在显示其为官的理念与从政的目的，并希望通过这样持之以恒的工作，与民以"信"。

在民众的心目中，州县官本是老百姓的依靠，是"父母"，是亲民之官，"为一州则一州之民生所属，为一县则一县之民生所属"，应该"事事裁决精当，而后上之道府，达于院司"。

这也是王朝统治者对他们的期望:"一个衙门一个官,在朝廷本意,原是叫他们替百姓判断曲直,调处是非。"

州县官事关民生,必须风气刚正

尽管官吏群体的薪俸比较低微,但许多官吏仍希望厉行节俭,有人还表示"衙内多一日宴乐,外间即多一日愁苦",意义十分深刻。但不良州县行政的事例实在不少,多因"知县不能约束书吏,致酿重案"。所以州县官的操守,在地方政治生活中就显得意义重大了。明朝成化五年(1469年),长洲知县余金到任后,"群吏以其儒者,颇易之,作奸如故。公以理教戒,率者居半,因稍加惩艾,即皆改行焉"。

海盐人郑晓(1499—1566年)认为,明朝自嘉靖朝以后,"其贪墨奸佞依阿卑谄者,安享荣禄。即有论劾,行贿得解,职任如故,旋复升转。以故今之大臣,实难展布。上为内阁劫持,下为言官巧诋,相率低头下气者以为循谨"。这讲的是京官,地方官就更厉害了。吏部尚书赵南星在天启三年(1623年)的上疏中,无奈地指出这种"贪黩成风"似已无术可禁。下官参谒上官,"辄令行户随之置办下程,饼师、酒保皆受其累。而又有喜于作威者,不问事之大小,一怒辄折人之肢体,伤人之性命"。偏偏这些人,却常得举荐,"以致豺狼满地"。故赵南星认为,"今日之忧"是在郡县之内。在清朝,某些县官深知在一个地方履职不会太久,因此他们的心思全在将来如何升迁、仕途如何发展上,在地方工作中就缺乏责任心,多因循旧

315

习而已。尽管读书人"仕而求富贵",符合古谚所谓"人不衣食,君臣道息"的言说,无可厚非,但作为朝廷命官,就要讲刚正之气。所以,要鼓舞士气、维护世道、保障民生,就要从正士风开始,廉干称职的地方官员应该得到奖荐优擢。

本文发表于2017年2月13日《北京日报·理论周刊》文史版,原题为《清代州县官的训诫》,作者时任复旦大学历史学系教授

清朝的任官回避制度

郭松义

回避制度是我国传统任官制度的重要特点，此制始于东汉，后为历代所沿袭，至清朝已形成一种非常重要的人事管理制度。清朝的任官回避制度中，最重要的是地区回避和亲属回避，此外还有师生回避和拣选回避。其目的是防止官员利用亲缘、乡土、师生关系为亲戚、好友、学生营私舞弊，客观上遏制了官场各种盘根错节的关系。

地区回避

地区回避是指官员的籍贯与就任地区不得相同或接邻。地方官员的回避，规定自督抚至州县官，本省人不得在本省任职，有的虽非本省人，但因原籍与任地相距在五百里以内，也得照例回避。由于外官任职情况比较复杂，所以在具体施行时常有调整。比如按照原先的定例，地方官回避只限于省道府州县厅的正印官，佐贰杂职不在其内。雍正十三年（1735年），回避面则有扩大，规定"各省佐贰杂职驻扎地方在原籍五百里以内者，亦令回避"。又如管理治河的河道官员，初时亦无地区回避之说，乾隆三十二年（1767年）议定：凡河工同知以下各员，有官居本省而距家在三百里以内者，俱应加以回避。乾隆五十五年（1790年），又扩大到五百里。

清朝政府规定的地区回避，开始并不包括满洲等八旗官员。一则八旗官员除少数驻防者，多集中于京畿地区，回避问题并不突出；二则在顺治、康熙之际，八旗人员多出任要职，很少有担任基层职务的。雍正四年（1726年）规定"汉军人员，京官不补刑部司官，在外回避顺天、直隶各官"，但这只指道府以下官，至于督抚布按，仍照旧不在回避之列。乾隆十五年（1750年）把对汉军旗人的限制扩大到满洲旗人，确定若有补授直隶州县官员，凡在五百里以内者，悉行回避。

在地区回避中，有的人因迁居他省，属于长期寄籍者。对于这些人，乾隆七年（1742年）规定，无论原籍、寄籍，"均令回避"。比如浙江人寄籍于顺天府，那么浙江、直隶均列为地区回避。另外还有一种人存在原籍和祖籍问题，或者商人经商具有商籍身份，对此，原则上亦确认这些人都应回避，即原籍、祖籍、商籍统统回避。光绪时进一步规定：凡现任官员，在其任所属民中，如有五服以内亲族寄籍，而又"系属聚族而居，业已成村者，应令回避，以别府之缺酌量对调"。就是说，只要在辖下有近亲聚居，即需回避。

亲属回避

亲属回避是指有直接血缘关系和姻亲关系的人员，避免在同一衙门，或有上下级关系的衙门，或互为监察的单位担任职务。回避的原则是，同辈由官小的回避官大的；若系同一品级，则由后任回避先任。不同的辈分，除京官出任部院堂官，例由官小者回避外，若系相同官衔，或品秩稍有大小，则由辈分小的回避辈分大的。至于地方官中，遇到直系亲属为上司或下属的，通常令官小者回避。有的虽非直系但因关系密切，也要加以回避。

以上定例，在实际施行时，根据宗族血缘关系的远近，还常有不同的处置。比如对外姻亲中的母之父及兄弟，妻之父及兄弟，己之婿、嫡甥，均属至亲，回避之例较严。至于母兄弟之子、姨母之子，关系较远，虽同任外官，"可无庸避"。

在亲属回避中，任官职司的重要，也与回避的轻重大有关系。康熙十年（1671年）规定，"外官有关系刑名钱谷，考核纠参者，不分远近，系族中均令官小者回避"。在这里，回避所及，不只是直系亲属，而扩大到一般同族之人，因为刑名钱谷，牵涉利害较广，聚族一处，情谊关切，故得倍加防范。

由于亲属回避在某些方面比地区回避更难划分界限，界定过苛，难免自缚手足。到道光以后，不得不在某些方面稍加放松。如将血亲范围限于祖孙、父子、伯叔、兄弟之内，其同宗同支而不同祖父的远房兄弟，可不在回避

▲清圣祖（1654—1722年），即爱新觉罗·玄烨，年号"康熙"，1661—1722年在位。图为清朝宫廷画家所绘康熙帝读书像轴（绢本设色）。

之列。又规定道府以下官员，如只是同宗同族关系，可准许在同省隔属道府任职。

师生回避

师生回避是指授业师生及乡会试中的座主和门生之间，在授官时应有所回避。因为师生之谊情同父子，其中又确有人利用师生关系，联络声气，以致徇私结党，互相排陷，所以不得不加防范。

关于师生回避的范围，清廷曾于雍正七年（1729年）做出明确的规定：凡乡会试，"若取中之人为督抚司道，而考官适在下属，应令官小者回避；如考官外任督抚，其属官内有系伊取中者，咨部存案，遇举劾时，于本内声明；考官外任司道，其属官内有系伊取中者，申报督抚存案，如有举劾，于督抚本内亦将该员与司道谊系师生之处，一并声明，以凭查核"。至于府州以下官有"谊关师生"而为上司、下属的，或者是督抚司道的下属佐贰官中有师生名分的，因关系直接，或牵涉刑名钱谷之案，故依定例，一律令官小者回避。此外，像学政与各府州县的教职官，也谊属师生，嘉庆元年（1796年）规定，"凡教职俸满甄别保题及大计卓异保荐等项"，学政不得在会衔题报中列名。

拣选回避

拣选回避之例出现的时间较晚。嘉庆时，清朝政府发现有的拣选大臣在拣选官员时，竟将本人至亲挑入，以造成既成事实。因此，经吏部等官员集议奏准，规定凡与拣选人员和钦派大臣有宗亲或姻亲关系的，一般照京员回避之例，令官小者回避。遇到某些特殊情况，像拣选满洲、蒙古和汉军的某些职位，可采取事先呈明或请旨多派大臣以便回避等方式加以解决。

清朝政府为了保证回避制度的执行，规定候选官员向吏部投供验到时，都得随缴履历亲供和同乡京官印结，如实填写原籍、祖籍、寄籍等情况，以及祖孙三代身份，等等。如有需要回避姻亲者，应在有关注册文结内一并声明，有的则在掣签分发到省后，向督抚提出补调。官员领凭赴任后，所在督抚还得进行审核，"确查所指之省有无先行流寓、寄籍、置买田产，与本身父子胞兄弟、胞伯叔侄开设典铺及各项经商贸易，及在各衙门协办刑钱等事，取具同乡官印结，声明是否顶替"，然后咨报吏部，"以凭核办"。违反回避规例，比如应该具呈声明而没有如实说明，或"故意捏饰，希图规避"等，要受到革职、降一级到三级调用以及罚俸等处分。主管官员若有"徇私瞻顾"，或"讳饰隐匿""扶同捏报"者，也要受到革职、降调和降级留任等处分。

本文发表于2013年6月3日《北京日报·理论周刊》文史版，原题为《清朝的任官回避制度》，作者时任中国社会科学院历史研究所研究员

清朝皇帝为何特别重视引见制

孔祥文

在中国古朝，一般的中下级官员面见皇帝，需要有高级官员的引领。这种中下级官员由王公大臣引领觐见皇帝的形式，称为"引见"。

清朝官员是如何被引见的

清朝对官员的考核分为京察和大计，分别对京官和外官进行。考核结束后，将京察一等、大计一等和二等的部分官员引见给皇帝。引见地点一般在紫禁城的乾清宫或养心殿，皇帝驻跸圆明园或西苑时，在勤政殿引见；巡幸各地时，在行宫引见；如遇重大祭祀活动，则在斋宫引见。

文官和武官分别引见。文官引见由吏部尚书、侍郎带领。引见之日，吏部衙门的司员、书吏将引见官员排班，一次引见五六人，班首、班尾各有司员一人为领班和押尾。引见时呈递绿头签（亦称"绿头牌"），牌上书写引见人姓名、履历以供皇帝阅看。如果引见官员是地方推荐、送部引见，还要将督抚出具的考语也填在绿头签上。除绿头签外，皇帝手中还有引见人写的履历折子，以便参阅。

文官引见时，皇帝升御座，吏部尚书、侍郎跪于御座一侧，将绿头签和引见单呈递皇帝。引见官员按班次顺序入殿，奏报履历，然后皇帝与之交谈。交谈内容十分广泛，除了公务，有时也叙家常。通过引见谈话，皇帝观察官员的身材相貌、言谈举止、人品德行，并用朱笔把评语、升迁降革意见写在引见文书上。皇帝的决定并不当场宣布，只是将绿头签发给本人，令其退场。之后，皇帝会向主管堂官说明自己的意见，主管堂官据此撰写奏折，待批准后向引见官员宣布。之后官员们常被第二次引见，聆听皇帝训饬，然后离京。

武官引见时，由兵部尚书、侍郎带领。引见前，先在东安门外考试徒步射箭与马上射箭，称为"堂考"，获得前三等评语"好""中平""平常"的武官方可引见，获得第四等评语"劣"的会受处分，失去引见机会。为体现朝廷重视武备的精神，引见时，武官均要执弓，如遇皇帝阅射，得射完五箭再跪奏姓名。其他规制与文官引见大致相同。

引见制确立以来，受到历代清帝的高度重视，成为一项重要的日常事务。中国第一历史档案馆的《清代官员履历档案全编》共收录文武官员履历55883件，其中康熙、雍正两朝有8773件，

▲武官引见时，均要执弓，如遇皇帝阅射，得射完五箭再跪奏姓名，其他规制与文官引见大致相同。图为清朝道光时期直隶总督讷尔经额绘制的《兵技指掌图说》所载射箭场景。

乾隆朝有23126件，嘉庆朝有6683件，引见制度执行程度可见一斑。其中雍正帝尤为认真，引见单中留下大量朱批，有的朱批比引见单上的字还多。康熙帝的朱批不多，乾隆帝也写了一些，其后的引见履历单基本未见朱批。晚清由于慈禧太后"垂帘听政"独揽大权，皇帝有名无实，引见活动大为减少，这项制度也渐成具文。

引见制是加强皇权的重要政治手段

引见制在清朝官员任免过程中起着十分重要的作用。在皇帝看来，"用人之柄，操之于朕，而察吏之责，不得不委之督抚"（乾隆帝语），但对于察吏的最终决定权，皇帝是一定要掌握在自己手中的，这也是引见制实行的根本原因。清朝对官员的考核虽然由六部长官及各地督抚实际操作，但他们并无最终决定权。京察、大计之后实行引见制的主要目的，就是对大臣行使察吏权力进行监察。对被引见的官员，皇帝并不会完全采纳六部长官或督抚的建议，经常有官员被从"一等"或"卓异"中剔除。乾隆五十三年（1788年）五月，乾隆帝在召见原甘肃阶州知州颜培天时，发现原陕甘总督福康安在任内举行大计时，明知犯错却不据实陈奏，最终将福康安交部议处。

一方面，引见制有利于皇帝发现和选拔人才。通过引见时的交谈，皇帝对官员可以有大致的了解，特别是经过多次引见，可以更准确地发现人才，是直接考察地方官的重要手段。如乾隆元年（1736年）大计，山西平定州知州郭一裕被山西巡抚罗石麟举为卓异，得以引见，而乾隆帝只评价其"中平"。乾隆十六年（1751年），郭一裕再次被引见，乾隆帝评价"人似有出息，可升用"。到乾隆二十年（1755年），郭一裕则受到重用，升为云南巡抚。

另一方面，引见制有利于整饬吏治。清朝官吏徇私妄举的现象屡见不鲜，而一些高官显贵又不能主持公道。通过引见，皇帝可以考察他们是否能秉公甄选、是否有姑息从事的情况。如乾隆十二年（1747年），大学士张廷玉保荐京察一等吴绂等三人，在引见时被皇帝看出有徇私行为，张廷玉因此受到降二级处分。

引见制比较主观，具有很大局限性

由于考察方式单一，仅凭身材相貌、一面之词及一时的行为举止选拔官员，引见制也具有很大的局限性。

其一，引见制无法全面考察官员的优劣。由于引见时，皇帝和官员的接触时间短暂，并且官员人数众多，只能从外表得到某些片面的认识，很难评判官员优劣。乾隆四十六年（1781年），发生了轰动全国的"甘肃冒赈案"。案中关键人物甘肃布政使王亶望，此前曾多次被引见。乾隆二十八年（1763年）引见时，乾隆帝评价"此人竟有出息，好的"。乾隆三十七年（1772年），王亶望再次被引见，乾隆帝朱批"竟好，王师（姓王名师，曾任江苏巡抚）之子，将来有出息"。可见，王亶望给乾隆帝留下了很好的印象。冒赈案发，证明乾隆帝做出的判断其实是错误的。

其二，引见带有强烈的主观随意性。皇帝只是通过与被引见者的简短交谈，便对先前的评价进行肯定或否定，并对引见者做出最终评价，随意性很大。因此，一个考语优秀的官员，其仕途很可能毁于一次糟糕的谈话或其貌不扬的外表。很多情况下，皇帝自己也知道难以在很短时间内做出准确判断，雍正帝朱批中就有不少"似""不似""难定"之类的字眼，充分反映了皇帝的矛盾心理。如他说牟錞元"似老实又不似老实，难定"，方显"老实，中材，似婆婆妈妈的，好人"，殷邦翰"冒失，急躁人，特快，但不似坏人"。

另外，虽然引见制本身对整饬吏治是有利的，但同样容易产生任人唯亲、徇私舞弊等情形。有引见权力的官员一面千方百计为自己的亲友追名逐利，力争引见，同时也为贿赂请托营造机会。嘉庆、道光以后，为引见而行贿的现象日益突出。如道光十八年（1838年），兵部尚书奕颢在拣选佐领时，公开徇私受托。后来，甚至出现了官员在引见前必须缴纳引见费的现象。

总之，引见制成为清朝加强皇权的手段，虽然在一定程度上有利于皇帝发现人才，因材施用，体察民情，但也有着以貌取人、主观随意等诸多局限。

本文发表于2012年10月22日《北京日报·理论周刊》文史版，原题为《清代官员考核中的"引见"制》，作者当时任职于中国人民大学清史研究所

清朝特有的官员"年终密考"

邹爱莲　王金山

清朝管理官员，除三年对外官一次"大计"和对京官一次"京察"，以及履职引见、年终陈述等外，还有一项特殊的制度——密考。此制源于康熙时期的密折奏事，正式实行于乾隆朝，一直使用至清朝灭亡。由于考语清单是在每年年终奏报，所以密考也被称作"年终密考"。

这一重要的官员管理制度，因其机密性，并不载于公开的《大清会典》和《吏部则例》等国家大典之中。那么，这项制度是怎样形成和演变的？曾发挥了怎样的作用？我们今天该怎么评价这一制度呢？

康熙、雍正时，密折奏报并非正式考察

现存最早的密折是康熙朝的小密折，只有巴掌大小，十分便于秘藏。从密折的内容来看，康熙帝是希望通过暗中指定少数亲信不时地把地方的所见所闻秘密进行汇报，以及时了解地方民情、掌握地方大员的动态。密报者的职位不高，但均是皇帝心腹。被考察的官员，范围并不明确，有大员也有小吏，以大员为重点。因此，康熙帝再三叮嘱奏报者："凡有奏帖，万不可与人知道。""凡奏折不可令人写，但有风声，关系匪浅。小心，小心，小心，小心！"（故宫博物院明清档案部编《关于江宁织造曹家档案史料》）有时，康熙帝还会在密折中要求他们了解某种情况。如康熙四十八年（1709年），皇帝在苏州织造李煦的密折中批示："近日闻得南方有许多闲言，无中作有，议论大小事，朕无可以托人打听。尔等受恩深重，但有所闻，可以亲手书折奏闻才好。"（中国第一历史档案馆藏朱批奏折）李煦遂于当年十二月和次年正月连上两道密折，奏报他所了解的情况，内容涉及户部尚书、江苏巡抚等多名官员。

此时康熙帝对地方官员的秘密了解尚无明确的时间规定，也无内容范围要求，全凭奏报人与康熙帝关系的密切程度，或者根据康熙帝的指令随时随地奏报，还算不上正式的考察。

雍正帝继位后，面临吏治败坏、国库空虚的局面。他将密折视为推行新政的重要工具，建立了自缮写、装匣、传递，到批阅、发回本人，再缴进宫中的一整套规章制度，并扩大了密折的应用领域。康熙朝的密折多以官员"请安折"的形式出现，内容主要集中在地方官民动态。而雍

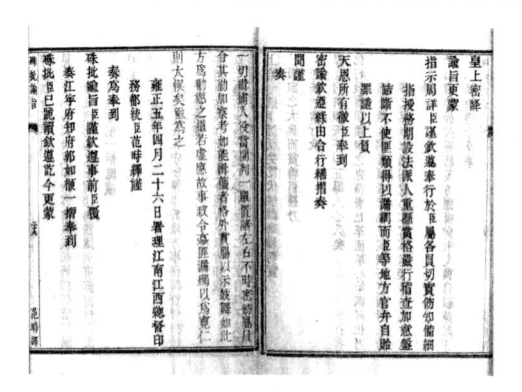

▲清朝雍正帝将密折视为推行新政的重要工具，并扩大了密折的应用领域，上自军国重务，下至民间琐事，均有涉及。图为清朝名臣鄂尔泰等奉敕所辑《朱批谕旨》书影，清朝乾隆三年（1738年）内府活字朱墨套印本。

正朝的密折上自军国重务，下至民间琐事，均有涉及。利用密折监督地方官员，更成为雍正帝驾驭群臣的一个重要手段，相关内容屡见不鲜。如年羹尧一案中，李维钧、田文镜等人在自己的密折里，均曾向雍正帝密报过年羹尧的一系列罪证，坚定了他惩办年羹尧的决心。

由于密折的制度化，雍正朝允许使用密折奏事者不再局限于皇帝的几个心腹官员，密考也由康熙朝时的较低级官员对高级官员的秘密监督，逐渐演变为高级官员对低级官员的秘密考核，并且这种考核越来越趋于制度化，大致可以分为三种情况：第一种是京官到地方出差时，要奏报沿途官员的情况。第二种是地方官员尤其是督抚履新时，须将赴任途中所见官员或原任地官员情况进行汇报。第三种是雍正帝专门要求某地官员对当地同僚情况进行汇报。如李卫任云南盐驿道时，雍正帝暗中嘱咐云南永北镇总兵马会伯："朕闻李卫狂纵，操守亦不如前，果否？一点不可徇私情恩怨，据实奏闻。"（《雍正朝汉文朱批奏折汇编》）这些虽然都属于部分官员密访、密奏的非正常考核，但是密考制度已经呼之欲出了。

乾隆朝，密考开始渐成惯例

乾隆帝继位伊始，遇到了如何快速驾驭群臣、稳定政权的问题。雍正十三年（1735年）十月初八，雍正帝驾崩仅月余，乾隆帝就在两淮盐政高斌的奏折中批示："南省督抚各大员优劣品行，朕实不知，可密奏来。"高斌随后上了《奏为密奏南省督抚并各大员考语事》折，汇报了江南省督抚及各大员的情况。

很快，这一形式被乾隆帝广泛使用。乾隆元年（1736年）三月，他首次明确训谕各省督抚："朕即位之初，各省道府诸员，皆不深知其人。汝等可将各属员贤否事迹，各折奏前来。务须秉公甄别，以备朕录用。"（《清高宗实录》）从此，各省督抚均需对所属道府以上官员进行秘密考核，并及时奏报皇帝，密考制度开始向常规考核演变。

任何新制度的推出和实行，总要经过一个过程，况且因密考不在令典规定，不属于官员固有任内职责，虽然乾隆帝下了谕令，但各省督抚好像尚未完全领会皇帝的意图，开始奏报并不积极。所以，乾隆帝经常在批览某位督抚奏折或某位督抚陛见时，亲自嘱咐一番，要求其对所属官员进行密考。乾隆三年（1738年）六月初三，针对署理广东巡抚王謩在"各保府道贤员自行封奏"一事上的推托，乾隆帝特发上谕："朕御极之初曾有旨，著各省督抚将属员贤否具折奏闻。彼时各省督抚皆陈奏一次，乃今并无一人陈奏者……岂必待朕谕旨屡颁而始为遵旨敷陈了事已耶？……似此均当随时奏闻。"这道上谕，也是乾隆帝首次明确密考应该成为一项制度。

至乾隆四十九年（1784年），因各省提督总兵选任的问题，乾隆帝又于六月初七发出上谕："嗣后……其两司道府贤否，亦著各该督抚每年陈奏一次。"（《乾隆朝上谕档》）至此，密考渐成惯例，即每年年底，各省总督、巡抚要分别将所辖两司（布政使、按察使）以及道、府官员贤否情况形成密考考语，以奏折形式密报皇帝。

嘉庆二年（1797年），嘉庆帝进一步从制度上明确了年终奏报密考考语清单的具体要求，此后一直到清朝灭亡，密考制度从未间断。

密考制度是古代官员管理制度方面的重要创新

加强对地方官员的监督和考核，一直是历代王朝完善官员管理制度的重要内容。清朝以前各朝，中央对地方官员的监督和考核，除设立常规考核制度外，还会通过设立专门机构或向地方派驻专门人员等方式来实现，如明朝的厂卫制度等。但这种方式的结果却往往是考核者与被考核者逐渐合流，不但没有实现监督，反而造成了地方官僚机构的膨胀，增加了考核成本。在密考成为制度之前，清朝对地方官员的考核沿袭了明朝的大计制度。大计由吏部主持，每三年举行一次，对地方官员的表现均有固定的考语。密考形成制度后，与大计同时成为清政府对地方官员的考核制度，这是因为密考有着自身的独特优势。

其一，密考的对象范围更集中。与大计考核全体地方官员不同，密考的对象是地方道府以上中高级官员，范围更小，考核就可以更具体、仔细。

其二，密考考语与大计考语的侧重点不同，也更加详尽。大计作为对地方官员的考核，考语主要侧重于官员的政绩。而密考的考语则主要侧重于官员的能力和操守两个方面，内容相对比较丰富、生动。如贵州总督张广泗对署贵州布政使事的按察使陈德荣的考语为："该员操守清廉、为人梗介、才具妥慎、办事诚谨。布政使为通省钱粮总汇，宣猷佐理职任綦重，该员洁己奉公、正身率属，虽尚未事事熟谙，然能勤慎小心、竭蹶办理，罔敢懈敚（厌倦）。"这样的考语较之大计考语更加详细，更能比较全面地反映一个地方官员的品行、能力及工作状态。

其三，密考频率更高，且由皇帝直接主持。大计由吏部主持，每三年一次。逢大计之年，吏部按照《吏部则例》的相关规定通知各省督抚，督抚再行文布政使、按察使二司进行考核。考核完毕后，督抚以题本形式将结果上报给皇帝。密考则是督抚以密折形式直接将地方官员的表现汇报给皇帝，保密性强，且每年一次，频率更高，意味着地方官员获得皇帝了解的机会也更多。

其四，密考一方面可以考核两司道府官员的能力和操守，另一方面也是对总督、巡抚的监督。由于密考考语是总督、巡抚分别对治下同一批官员做出的，如果两人对同一官员的考语不谋而合，则能让皇帝放心，得到认可；一旦督抚对同一官员的考语不一致，或前后任督抚对同一官员的考语不一致，则会引起皇帝的疑心，从而启动对相关官员的调查，这在一定程度上预防了上级官员对下级的挟私报复。如云南布政使刘春霖，因光绪三十二年（1906年）和三十三年（1907年）前后两任云贵总督岑春煊和锡良对其所做的密考考语大相径庭而受到调查，最终于光绪三十四年（1908年）被解职。这样，密考制度就借助一纸秘密公文，实现了在不增加专门机构的情况下对地方官员的监督和考察，既降低了监督成本，又提高了行政效率，最主要的是，该制度保证了对官员考核结果的可信度，成为清朝在官员管理制度方面的重要创新。

但是，到了清朝后期，密考制度日趋形式化，各省督抚往往"以常语泛填"。如光绪三十三年（1907年），广西巡抚张鸣岐对布政使余诚格的考语为："该员明足理繁、毅能决事、论其才力、堪胜艰巨。"对署提学使李翰芬的考语是："该员气度端凝、性情谨厚、提倡兴学、不遗余力。"这时的密考考语越来越局限于这种四字一句、四句一人的格式，较之此制初创时，越来越僵化，所能反映的内容已经和大计考语没有太大差别，逐渐失去了密考原来的意义和功用。

本文发表于2015年1月5日《北京日报·理论周刊》文史版，
原题为《清代官员的"年终密考"制》，
作者邹爱莲时任国家档案局巡视员、
研究馆员及国家清史编纂委员会委员，
王金山时任国家清史纂修领导小组办公室工作人员

清朝科考如何限制"官二代"特权

刘佰合

在科举考试中,由于官员掌握着体制内外的各种资源,其子弟(今所谓"官二代")在和平民考生竞争时处于非常明显的优势地位,更可能因此徇私舞弊,这就和清朝开科取士、遴拔真才的目标产生矛盾,对官员子弟参加科举考试进行规范和限制的官卷制度应运而生。官卷作为一种独特的制度,不仅体现了对官员的笼络与照顾,更是对该群体的约束和限制。

官卷为防止"官二代"侵占民卷中额而设

康熙皇帝在创立官卷的过程中起到举足轻重的作用,他于康熙三十九年(1700年)会试后敏锐觉察到科场存在严重问题,接连发出两个质问,一言:"今年会试所中,大臣子弟居多,孤寒士子,未能入彀,如此欲令人心服,得乎?"再问:"考取举人进士,特为得人耳。若或行贿夤缘而得之,则出身之本源不清,而欲冀他日之为忠臣良吏,得乎?"他提出:"凡系大臣子弟,另编字号,令其于此中较阅,自必选择其文之优劣。大臣子弟,既得选中,又不致妨孤寒之路。如此,则于考试一事大有裨益。"此处所谓"不致妨孤寒之路"颇关紧要,体现了康熙帝对科举考试社会作用的深刻认识,也是清朝建立官员子弟科举体制的根本意义所在。

一些大臣起初对康熙帝的方案很消极，康熙帝又令他倚重的李光地、张鹏翮等四人详议具奏，意在寻求支持。至十一月才确立了官卷制度的基本框架，直隶各省乡试在京三品以上及大小京堂、翰詹科道、吏礼二部司官，在外督抚提镇及藩臬等官，"子弟俱编入官字号，另入号房考试"，"会试满合字号、南北字号亦编官字号，每二十卷取一卷。云南等四省中额仍照现例行，不另编官字号"。后经更动调整，逐步形成定制，"在京满州汉员文官京堂以上及翰詹科道、武官副都统以上，在外文官藩臬以上、武官副都统总兵以上，其子孙曾孙、同胞兄弟、同胞兄弟之子，皆编为官卷，其祖父伯叔毋庸编入"。应编官员范围后来呈现缩小趋势，逐步向高级官员集中，比如，吏礼两部因掌官员考核与科场事宜，其司员子弟一度列为官生，后皆取消。

官卷本为防止和纠正官员子弟侵占民卷中额而设，如何设计其录取方式也就显得非常重要。康熙时按照官卷、民卷大约同等比例方式确定官卷中额。后来在实际运作过程中出现官卷录取过多过优的现象，

▲清朝官卷制度是对官员子弟参加科举考试进行规范和限制，以避免徇私舞弊。图为1910年出版的英国旅行家利纳·约翰斯顿（Lena E.Johnston）的见闻笔记《窥览中华》所载清朝考场。

违背了限制官员子弟的初衷，遂有减少官卷中额，甚至废裁官卷的建议。乾隆皇帝意识到官民分卷"立法之始，本为防弊，而彼时诸臣奉行者，不无偏袒子姓亲族之见，含糊具奏，分定中额，未免过多，遂使以怜恤寒畯之意，转成优幸缙绅之路，揆之情理，实未允协"，提出"中额贵有限制，而立法务在均平"的录取原则。按照该原则，各省乡试官卷按大、中、小省确定中额。该取中原则将定额录取与按比例录取结合在一起，官卷中数以定额为限，不得逾额多取，如官卷不敷，缺额则以民卷补足，相沿成为定例，仅在具体定额及比例方面偶有细微调整。

设立缜密的回避制度，亲族回避最为严苛

回避之法始于唐朝，至清已趋于缜密，有亲族回避、籍贯回避、命题回避、阅卷回避、磨勘官回避等规定，其中以亲族回避最为严苛周备，这里重点谈亲族回避。

顺治十五年（1658年）题准，"凡乡会试考官、同考官、监临、知贡举、监试、提调之子及宗族应试者"照例回避，其后规定渐多，考官及其亲属范围逐步扩大，到光绪朝时堪称严密、繁复。从朝廷立法角度论，这是要求考官子弟亲族回避以免嫌疑，而从考生方面来说，则意味着因父兄或其他亲族做考官而丧失入场考试的资格与机会。

雍正皇帝即位后对回避之法进行了较大改动，乡试从雍正元年（1723年）、会试从雍正二年（1724年）开始考试回避官员子弟，此亦即回避卷之制，他认为"入闱各官为国家宣力，伊子弟反不得应试，殊属可悯"。回避官员子弟考试主要有两种形式：一是"另行考校"，如雍正元年（1723年）在午门内试以四书文二题、经文一题、表策各一题，从中取四人为举人；二是"一体考试"，即回避官生与其他考生一道入场考试，但另编坐号与字号，酌量取中入榜。乾隆九年（1744年），乾隆帝再改回避之法，他以"各科回避官生多寡不一，若遇人少之年，则入彀甚易，于科场条例亦不画一"为由，决定"自以照旧回避为是，嗣后不必一体考试"。乾隆九年（1744年）和十七年（1752年），顺天乡试和会试回避卷先后停止考试，该制自产生到废止为时甚短，不过二三十年时间，可视为清朝回避制度的另类插曲，但其意义却不应完全忽视。

清朝官员异地为官，子弟多有随其生活者，在为官之地参加科举考试具有一定的合理性，但清朝对官员子弟在其任职之地参加科举考试始终没有放开，明确规定"官员在现任地方令子弟等冒籍者，本生斥革，该员革职"。《钦定科场条例》虽然是在《冒籍》卷规定官员子弟不得在现任地方考试，其实质则是另一种形式的回避，即地域回避，立法本意在防杜官员借机滋弊，这也就意味着官员子弟必须回原籍参加考试。

违例官员及其子弟处分极重，株连范围很大

清朝关于官员子弟科举的各项规定日趋繁复细琐，官员及其子弟如敢于违犯条例，就要承担巨大风险，其惩罚具有两个特点，一是处分极重，二是株连范围很大。官卷凡出现以不应编入之人编入、应编入之人而不编入的情况，均应"由部指参议处"，处理人员株连范围很大，八旗官卷若混入民卷取中，"查系本家漏报，将本官革职、本生黜革"，如系佐领漏报，则将其降二级调用，参领降一级调用，都统、副都统及总管内务府大臣皆以失于查察而罚俸一年。对于不应编入而假借冒充混入官卷者，或经查出与告发，照例治罪，本官革职，本生黜革，出结造送的教官州县均照循情例降二级调用，知府、直隶州、知州照蒙混造册例降一级调用，布政使降一级留任，巡抚与学政则罚俸一年。对应回避不回避而中式者的处罚是"本官革职、该生黜革"，江南与陕西乡试有关应回避的不入场官员，如匿报查出也是"本官革职"。对允许子弟在任官地参加考试的情况是零容忍，处分亦很严厉。

官卷的本质是对特殊阶层的限制

官卷之设，从表面看是对官员及其子弟的笼络和优待，因为官生中式比例要高于总录取比例，时有官卷过优之议，不断有官员试图将不应编入之人混入官卷，以至于朝廷三令五申予以限制的状况也可说明此点。但若换一种角度审视，较之未设官卷之前，官员子弟的中式比例下降了；如果不立官卷，官员子弟与平民子弟一体应试，由于官员拥有更为丰富的资源和广泛的人脉，其子弟会有更高的取中机会，也就是说设立官卷、按比例定额录取的措施，实际上使官员子弟的录取比例及进取机会降低了。乾隆帝所谓官卷"既免滥取之弊，亦不致有妨孤寒"的说法正体现了推行官卷制的真正用意，也就是不与民卷争额，从这种意义上可以说官卷制是对官员及其子弟群体的约束和限制，制度设计者试图借此防止其利益借助于特权在科举领域恶性扩张，从而保证科举体系的平稳运行，亦利于统治基础的稳固。

官员子弟科举制度的核心本质是对特殊阶层的限制，这种限制同时在两个层次产生影响：一方面，官员子弟的科举利益受到约束，甚至部分合理权利也被迫让渡；另一方面，"不致妨孤寒之路"设计理念的实施，使平民获得了更多的进取和上升机会，这意味着社会基层的精英能够借助科举考试不断地流向统治阶层，在增强统治阶层活力的同时，更利于社会的稳定。

本文发表于2015年3月9日《北京日报·理论周刊》文史版，原题为《"不致妨孤寒之路"——清代科举考试设官卷限制"官二代"优势地位》，作者时任淮北师范大学副教授

清朝"铁帽子王"其实不"铁"

刘文鹏

"铁帽子王"是一种俗称,在清朝专指可以世袭罔替、永不降级的亲王、郡王宗室爵位。

清朝宗室封爵按等级可以分为亲王、郡王、贝勒、贝子、镇国公、辅国公等十四级,其中唯有亲王、郡王可以称为"王";按袭爵方式可分为"世袭罔替"、按次降级两类;按来源可分为功封、恩封两种,前者是指清朝开国时期军功卓著者,后者则指治国有为、皇帝降恩特封者。清初有礼亲王代善、睿亲王多尔衮、豫亲王多铎、郑亲王济尔哈朗、肃亲王豪格、庄亲王硕塞、克勤郡王岳托、顺承郡王勒克德浑八人,皆以有定鼎军功获封。清朝中晚期又先后有怡亲王允祥、恭亲王奕䜣、醇亲王奕譞和庆亲王奕劻四人,以恩封获得世袭罔替之荣。

清初"八大铁帽子王"是怎么来的

清初"八大铁帽子王"的说法自乾隆时期才有,是后世之人对他们的尊称,而非入关之时即已具备。八王得以入世袭罔替之列,经历了一个较长的曲折历程。

努尔哈赤时期,视八旗为私产,以嫡出子孙如代善、皇太极、多尔衮、岳托、豪格等分领各旗,其弟舒尔哈齐之子阿敏、济尔哈朗也先后领有一旗，称为大贝勒、和硕贝勒、旗主贝勒等。贝勒即"王"的意思，当时，封爵制度尚未定型，贝勒称呼、待遇也尚不明确和统一。

1636年，皇太极登基称帝，建国号大清，开始正式颁行封爵制度。这年四月，皇太极下旨分叙诸兄弟子侄军功，册封大贝勒代善为和硕礼亲王，贝勒济尔哈朗为和硕郑亲王，墨尔根戴青贝勒多尔衮为和硕睿亲王，额尔克楚虎尔贝勒多铎为和硕豫亲王，贝勒豪格为和硕肃亲王，岳托为和硕成亲王（后坐事降为贝勒，崇德四年〈1639年〉去世，追封克勤郡王），阿济格为多罗武英郡王，杜度为多罗安平贝勒，阿巴泰为多罗饶余贝勒（《清太宗实录》卷二十八，天聪十年〈1636年〉四月丁酉）。这次分封有亲王、郡王七人，贝勒二人。另外，代善第三子萨哈廉原为贝勒，此前一直卧病，当时未能封王。就在皇太极分封诸王后一个月有余，萨哈廉病逝，皇太极前往祭奠，"入哭者四，悲恸不已"，随后追封他为颖亲王。此次分封基本奠定了后来所谓"八大铁帽子王"的基础。

顺治元年（1644年）十月，顺治帝登基，册封多尔衮、济尔哈朗辅政叔王，复豪格亲王爵位，册封先前坐事降级为郡王的阿济格和多铎为亲王，封岳托之子、多罗贝勒罗洛宏为多罗衍禧郡王，封皇太极第五子硕塞为多罗承泽郡王。这次分封中新增加的是硕塞，顺治八年（1651年）又以军功被晋封亲王。硕塞死后，其爵位由儿子博果铎承袭，改称庄亲王。

即使有了这两次正式封爵，但清朝也仍未明确这些宗室爵位可以世袭罔替，以后各王爷贝勒的爵位或黜或降或改，其级别、名称还多有变更。所以，清初诸王的爵位在传承过程中，变动不居，没有制度化。

直到乾隆四十三年（1778年），借为睿亲王多尔衮平反之机会，乾隆皇帝恢复诸王最初封号，并将爵位世袭罔替的制度明确颁行。

乾隆帝此次恢复清初诸王爵位名号的原则，一是凡有爵位名称变迁者，以各王去世时的爵位名号为准；二是后世子孙偶有错误以致降爵者，仍恢复原来爵位；三是凡生前犯谋逆一类的严重错误而被削爵、降爵、处死者，或后人因严重错误被削爵、黜宗室者，不再恢复。

也就是说在乾隆帝之前，各"铁帽子王"的爵位或降或削，并没有同时存在过。直到乾隆帝给他们厘清世系，恢复爵位名号，清初八大宗室王爵世袭罔替之制终于明确，"八大铁帽子王"的俗称也才终于形成。

戴"铁帽子"的人可随时更换，一点都不"铁"

清朝对宗室诸王的管理非常严格，即使是"铁帽子王"也有错必惩，动辄获咎，亲王、郡王的名号犹如"铁帽子"可以世袭罔替，但戴"铁帽子"的人可以随时更换，其实一点都不"铁"。

礼亲王代善死后，其王爵初由儿子满达海承袭，满达海也是英勇善战，功勋卓著，但在他死后七年，顺治十六年（1659

清朝"铁帽子王"其实不"铁"

年)被追论,原因是清算多尔衮时,满达海占有多尔衮家财物,被严厉追论,其墓碑被推倒,爵位降为贝勒,亲王之封被削夺,转给代善的另外一个孙子杰书。嘉庆二十一年(1816年),礼亲王昭梿因为凌辱大臣,又在府内对下人滥用刑罚,结果被削爵,圈禁近一年。崇德八年(1643年),岳托的儿子、袭爵的罗洛宏因为嗜酒妄议,

▲清朝亲王、郡王的名号犹如"铁帽子"可以世袭罔替,戴"铁帽子"的人可以随时更换,其实一点都不"铁"。图为清朝允禄、蒋溥等纂修的政书《皇朝礼器图式》所载"亲王冑"。

以及在皇帝宸妃丧期内搞丝竹娱乐活动,被削爵。康熙二十一年(1682年),岳托后裔、平郡王讷尔苏因为殴毙、殴伤无罪之人也被削爵,爵位转给他人。

"铁帽子王"具有时代局限性,注定要退出历史舞台

"铁帽子王"是好是坏,需要将其置于中国历史和清朝历史的具体环境中去分析。

首先,这一制度彻底结束裂土分封制度,可有效维护大一统政治。

《清文献通考》将宗室爵位之封列入"封建"条目,意味着将其类比为中国传统历史上的分封制度。周朝以来,分封制度在中国历史上绵延不绝,但受封者封藩就国,往往拥兵自

343

重，形成对抗中央的势力，更多的是扮演一个造成割据战乱的消极因素。

与以往相比，清朝的封爵制度对诸王的约束显得简约而严厉。宗室诸王有封号而无封地，亦无属国，只能在京城王府居住，不得随意离开，他们不能到地方任职，无法干预地方政务，更不能掌握军队。宗室王公的所有俸禄待遇、王府官员、护卫等全部纳入国家统一管理，由宗人府按规定给予。而且，清朝宗室封爵，除非有特旨可以世袭罔替者，一般其爵位都只能逐代递减，待遇逐渐降低，使国家财政负担不致过重，也彻底消除了宗室诸王形成尾大不掉势力的各种潜在因素。

其次，就清朝本身历史而言，世袭罔替的宗室分封制度，是树立中央权威、消除旗主政治的结果。

清初宗室诸王对中央的威胁不在于裂土分封、割据一方，而在于将八旗各旗当作私产加以控制，各拥旗众，可与中央分庭抗礼。

在统一女真各部的过程中，随着部众日繁，努尔哈赤将投附和征服的女真人逐渐整编成旗。随着诸子侄、孙子长大成人，努尔哈赤像分家产一样将八旗分给诸子孙。当时，后金所有军国政务全由努尔哈赤与八旗旗主讨论决定。努尔哈赤之所以这样做，其中一个重要原因是担心死后诸子相争，同室操戈，兄弟屠戮，希望用这种家产均分、八王共治的格局来维持政治平衡，防止个人专权。

然而，这种格局使后来继位的皇太极受到很大掣肘，不但每天上朝处理政务时要与其他三大贝勒一起"南面而坐",而且要先给几位兄长施礼。皇太极曾抱怨自己"不过一黄旗贝勒而已"。更严重的是,几大贝勒各拥本旗重兵,相互间矛盾日渐尖锐,使新兴的满洲力量时常面临分裂危机。

由此,从皇太极继位到多尔衮摄政,再到顺治皇帝亲政,清初皇帝集权政治发展的一个主要趋势就是提高皇室在八旗中的地位,削弱、阻断宗室旗主们的势力。不仅如此,清朝中央还极力弱化宗室旗主与各旗部众的关系,借鉴明朝的内阁、六部等官僚制度治理国家,取代八旗旗主政治。八旗管理被纳入国家的官僚体制中,八旗不再是宗室旗主私产,宗室诸王的利益也用封爵制度规范下来。所以,仔细梳理会发现,乾隆时期确认的"八大铁帽子王",代善、多尔衮、多铎、济尔哈朗、豪格、岳托六人本身就是当初的旗主贝勒,至于后来分封的庄亲王硕塞是皇太极之子、帝室后裔,而萨哈廉、勒克德浑一系,也是皇室的忠实追随者。

总之,清朝对宗室管理之规范与严格大大超过以往朝代。然而,这种封爵制度毕竟是以保证满洲宗室贵族世袭特权为目的的,其落后性不言而喻,随着革命爆发,民国肇建,清朝的"铁帽子王"便永远地退出了历史舞台。

本文发表于2015年3月23日《北京日报·理论周刊》文史版,原题为《清代的铁帽子王其实不"铁"》,作者时任中国人民大学清史研究所副教授

第三章 治世

中国古代的"首都圈"

傅林祥

我们今天所说的"首都圈",古代相关的称呼很多,有王畿、帝畿、畿内、畿甸、京畿,等等。古人对首都和首都圈非常重视:"王畿者,四方之本也。京邑者,又王畿之本也";"京师者,天下之本,而畿甸者又京师之辅也";"畿甸者,天下根本之地";"京畿者,天下之根本"。由于首都及首都圈的特殊性和重要性,各个王朝除了在军事、经济上重视外,在行政区划设置和管理体制上也采取了一些特殊措施。

古代首都圈政区设置的四大特征

大体上说,古代首都圈的政区设置有四个特征。

特征一:实行行政区划层面的特殊制度。

它包括两个方面,即首都圈的行政区划通名与其他地方不同,职官制度也不一样。古人认为:"王畿千里之地,天子所自治。"多个朝代在政区通名层面对首都圈进行特别命名。

秦朝在全国施行郡县制,两汉为郡国制。秦朝将首都咸阳附近的地区称为内史,西汉改置为京兆尹、左冯翊、右扶风,官制也不一样。唐朝在全国实行的是州县制或郡县制。唐玄宗登基后,改雍州为京兆府,洛州为河南府。

据《唐六典》记载，京兆、河南、太原三府置有府牧（从二品）、尹（从三品）、少尹（从四品下），品级分别与在外的大都督府都督、长史、司马相同，在外各州设刺史（按州的等级，分别为从三品、正四品上、正四品下）、别驾、长史、司马等官缺。京畿各府的官员品级明显要比各州高。唐玄宗将首都圈政区命名为府，这一制度为以后多个朝代所继承。

特征二：政区通名与其他地区相同，但实行特殊的职官制度。

有的朝代，将全国的高层政区或统县政区统一为同一个通名，首都圈的政区表面上没有什么特殊，但是它的职官制度有

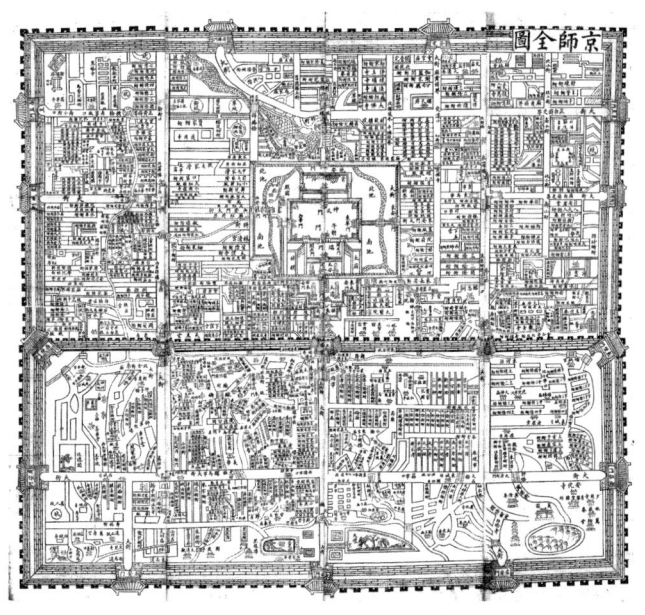

▲中国古人对首都和首都圈非常重视。古籍记载："京师者，天下之本，而畿甸者又京师之辅也。"图为清朝乾隆时期淡彩印本《京师全图》。

些特别。

东汉时，以河南郡为都城，行政长官为河南尹，其他各郡的长官为太守。京都西、北、东三面的弘农、河东、河内三郡，也是置尹。这是尊崇京都和京都附近各郡的举措。东汉后期，逐渐形成州、郡、县三级制，此后曹魏和西晋均以司州为首都圈，司州与其他各州一样实行州制。但是，西晋司州的行政长官为司隶校尉，其他各州为刺史。

从宋朝开始，以府相称的政区逐渐增多，京府与其他府的差异，只能通过职官制度进行区别。北宋以开封府为首都，设有府牧一人，从三品；尹一人，从三品；少尹二人，从四品下。但这些都是荣誉性职位，并不常置。实际上的开封府行政长官为权知开封府事。普通的府仅置知府、通判等官缺。

明朝首都顺天府设府尹（正三品）、府丞（正四品）、治中（正五品）、通判（正六品）、推官（从六品）等，普通府设知府（正四品）、同知（正五品）、通判（正六品）、推官（正七品）。清朝仍以北京为首都，顺天府、普通府的官缺设置基本同明朝，仅仅裁掉了推官。清朝又特别重视京师的管理，从乾隆年间开始，钦派部院大臣兼管府尹事务，称为"兼尹"，也就是顺天府实际上有两员行政长官。

特征三：辖县数量比其他统县政区要多，而且政区的等第较高。

历代首都圈所在的高层政区或统县政区，所辖县的数量往往比其他政区要多。如此安排的原因，可能是为了首都圈有一个比较大的腹地，便于军事布防，同时也有"以重观瞻"之意。

如《汉书·地理志》载三辅共辖五十七县，《隋书·地理志》载京兆郡辖二十二县，《旧唐书·地理志》载京兆府领县二十个，《宋史·地理志》载开封府辖十六县，辖县数都比同时期的统县政区要多。

朝廷通过对政区等第的划分，可以决定该政区长官的级别、行政机构的规模（僚属与其他人员的数量）、行政经费的多少，以及地方官升黜的依据。唐宋时期对全国政区的等第划分是以经济因素，主要是以户口数来划分的。但是首都圈各级政区等第的划分标准是政治地位。如唐朝以户口数为标准将各县划分为上、中、下三等，同时又实行赤、畿、望、紧的制度，首都及陪都所在的各县为赤县，也称京县，首都及陪都各府所辖的其他各县为畿县，不再考虑其户口的多寡。

特征四：若社会出现变动，政府调节并加强对京畿地区的控制。

首都圈的行政区划相对稳定，当社会出现变动时，政府通过管理制度的调节加强对京畿地区的控制。

唐朝"安史之乱"后，至德元年（756年）置京畿节度使，领京兆府和同、岐、金、商等州。这个变动，使京畿的区域由京兆一府扩展至一府四州，扩大了京畿的腹地，管理体制也由府统领制演变为道统领制。又如北宋，景德三年（1006年）置开封府界提点司，地位相当于在外的路，管辖开封府各县事务，成为一个特别路区。此后，或有开封府界建制，或设京畿路。

在这种情况下，开封府知府的主要职能调整为以管理京师为主。皇祐五年（1053年）设置的京畿路，区域包括京府开封府，同时将京东的曹州及京西的陈、许、郑、滑等五州作为京师的辅郡，使得首都圈的范围扩大，共辖四十二县。唐宋这两次变化，一方面扩大了首都圈的范围，另一方面使得原先的京府行政长官的管辖区域缩小或职能缩减。类似的还有明朝的总督巡抚制度，也是打破了顺天府与直隶固有的政区，形成了京畿地区的多个巡抚辖区。

清朝首都圈从直隶地区到直隶省

元朝的首都圈为大都路，辖十州二十二县。又将河北、山东、山西、漠南等广大地域直属于中书省，称为腹里，同时设行中书省管理各地。如此一来，产生了一大片既不属于行省，又不属于首都圈，但是由中央直接管理的区域。

明洪武十三年（1380年）罢中书省，以所领郡县直隶六部，全国共有一个直隶地区及十二个地方高层政区。永乐元年（1403年）罢北平布政使司，所领府州直隶北京。由此，明朝的首都圈有广义和狭义两种：广义的为直隶（北直隶），狭义的为京师顺天府。

清朝在明朝的基础上，通过职官层面的调整，逐步将直隶地区变为直隶省。康熙初裁直隶总督，由直隶巡抚管辖直隶全境及顺天府在外各州县。雍正二年（1724年）十月，因直隶巡抚李维钧"办事勤慎，且能训练士卒，整饬营伍"，授为直隶总督,并令提督、总兵官听其节制。雍正下谕此为特例。此后,一直未设直隶巡抚。乾隆二十八年(1763年),照四川总督之例,直隶总督兼管巡抚事务,至清末未变,是为清朝八大总督之一。

直隶地区实行省制后,"直隶"这个省名容易引起误解。乾隆十三年(1748年)九月,礼部尚书王安国在奏折中说:

> 明时南北两京皆不设布按等官,事由道府直达内部,故曰"直隶",犹直隶州之不隶于府而直隶布政使司也。本朝初沿明制,裁南直隶,增安徽、江苏两布政使司。厥后直隶亦设布按官,事申总督题奏,不直达内部矣,而"直省"之名仍旧。此见之寻常文字原无妨碍,惟典礼之书期垂不朽,似应核其名实。

王安国建议皇帝给直隶省取个新的名字,达到名实相符的效果。此事虽未实行,但奏折所言反映了当时朝廷官员对直隶省的认识。

直隶总督行政空间的缩小与直隶省的消亡

明末随着顺天府和直隶地区施行总督巡抚制度,顺天府尹的行政空间仅仅局限于京城之内。进入清朝,顺天府尹与直隶总督(或巡抚)的行政空间关系时有调整。

对府州县等地方官员来说,钱谷刑名是他们的主要职权。对总督巡抚等地方大员来说,他们的主要职权除了钱谷刑名之外,就是对地方官的考核权和委署权。

在顺治、康熙、雍正三朝，顺天府尹只有对顺天府治中、通判、经历和大兴、宛平两京县官员进行京察的权力。直隶总督虽然也有对这些官员的考核权，但仅仅是形式上的会稿。顺天府其他各州县官员的考核以及与直隶各属之间的官员相互升调，大多由直隶总督会同府尹题奏，也就是说此项权力主要在总督手中。直隶总督实际上主管着顺天府属各州县官员的升迁，使得顺天府尹位高而权轻。

嘉庆十八年（1813年）九月的天理教起义，部分起义者攻入紫禁城，对朝廷震动很大。嘉庆为此采取的措施，改变了顺天府尹与直隶总督的行政空间格局。嘉庆于同年十一月批准了新制定的《顺天府属州县官考察升调例》：

> 查顺天府所属二十四州县，定例均系直隶总督专主，府尹会衔。嗣后大兴、宛平二县缺出，请归府尹于所属之员详加遴选，出具考语，奏请升调。其外二十二州县拣选题调，均令府尹主稿，总督会衔。如顺天府所属官员无可保题，再咨行总督于通省拣选，令总督主稿、府尹会衔。顺天府属佐杂各缺，亦归府尹专主办理。

经过此次改革后，顺天府全境二十四州县的正印官和佐杂各官的考核调补均由府尹主稿、总督会稿，也就是说，顺天府尹对下属的人事权，由大兴、宛平两京县扩展到整个顺天府辖区。顺天府尹由此成为一个完全意义上的顺天府行政长官。顺天府成为一个相对封闭、独立的区域，只有当本区域内挑不出合适官员时，顺天府尹才会咨行总督从其他地区挑选官员进行调补。此后，顺天府尹对属官的考核权扩大至相关道员和四路同知。

经过上述改革后，直隶总督名义上仍为直隶全省的行政长官，但实际的管辖范围有所缩小。进入民国后，北京政府于1913年1月颁布《划一现行顺天府属地方行政官厅组织令》，保留顺天府，以顺天府尹为长官，顺天府与直隶省的关系一如清朝。1914年5月，将距离北京较远的宁河、文安、新镇、大城四县划归直隶省，同时将原先受直隶行政长官节制的司法、财政等权力全部划归顺天府尹。1914年10月，北京政府公布《京兆尹官制》，将顺天府改为京兆地方，下辖二十县，京兆地方成为一个完全独立的首都圈行政单位。

直隶地区的行政长官，在北京政府时期先后称直隶都督、民政长、巡按使、省长等。1914年，承德等十七县往属热河、察哈尔两个特别区域，辖境缩小。1928年6月，南京国民政府将直隶省改名为河北省，同时废除京兆地方，所属各县并入河北省。

本文发表于2017年12月11日《北京日报·理论周刊》文史版，原题为《"京畿者，天下之根本"——中国古代"首都圈"的设置与管理》，作者时任复旦大学历史地理研究中心教授

为什么说县是中国人的老家

唐晓峰

历朝历代，县始终是行政区划的基本单位

县，可以说是中国人的老家。两个人初次见面，彼此一定会问对方的老家，也就是籍贯。在回答这一问题的时候，如果只说了省，是不够的，一定会被追问："你是哪一个县呢？"回答完了县的问题，才算清楚了籍贯、老家的问题。所以，老家一定在县里。

传统的县，不但有稳定的地盘，还有稳定的居民，可能有很多世世代代在这里居住的家族。县里居民的口音、习俗都有自己的特点。当地的人凭口音中的微小差别，往往都能分辨出："您不是俺们县的吧？"

今天多数人都知道，县的普遍设立是在秦朝。很多人也知道，县的诞生，是在更早的东周时期，秦国、晋国等都是县的发明者。有的县是打了胜仗，灭了小国而设立的，这种县一般比较大。有的县是瓜分贵族土地所设立的县，这种县就小多了。还有些县是把一些乡归并而形成的，这类县也不大。后来，县越来越正规，一般是"百里之县"。

不过，县与县，不是比块头，而是比人口，人口是最主要的指标。人口多，密度大，地盘会小一些。而人口少，密度小，地盘就会大一些。在秦汉时期，人口多的县的县官叫"县令"，人口少的县的县官叫"县长"。

历史上，我国行政区划制度各朝各代不尽相同，高层政区有的叫郡或者州，有的叫道或者省，它们不但名称老变，划分方法也不一样。但是，不管上层怎么变，县始终是基本单位。著名历史地理学家谭其骧指出，自秦以来两千多年，历代设县的辖境范围变化不大，秦朝的县大致有一千个，到今天是两千多个，而今天的疆域是秦朝的一倍多。

县是最贴近百姓的区域性行政单元

知道了什么时候开始设县，就知道它所达到的开发程度，知道新县是从哪个旧县分出来的，就知道它的开发动力，也即人是从哪里来的。

县是最贴近百姓的一个区域性的行政单元，农工商学兵，山林路关卡，样样要管。县太爷是位全职首长，他的责任真是不小。用成百上千个这样的机构把万里江山一块块管理起来，是中国的一大发明。原来可能是个蛮荒之地，只要一设立县，就会逐步开发起来。所以，县，又成为观察某地历史发展水平的一个指标。如果把一个地区设立县的过程排一个时间表，那么这个地区的开发历史就显现出来了。

在中央集权的体制下，县太爷都是朝廷委派的，他代表皇上去做一方百姓的父母官。但是朝廷又担心县太爷们拉起地方势力，反过来要挟朝廷。于是有人出主意，委派县官的时候，尽量不用本地人，一个外地人去做官，下面的百姓没有一个是他的亲朋故旧，这样他就很难集结起地方势力。这是个好主意，得到了推广。

问题又来了，一个外地人来做官，什么都不熟悉，怎么能拿准主意，办好事情呢？为了解决这个问题，又有人想出办法，让每一个县都编写一本当地的百科全书，把历史、人物、耕地、人口、山林、湖泽、物产、民情、风俗都写清楚，来的新官，在"三把火"之前先通读此书，不就可以解决问题了吗？这是个好主意，也得到了推广。这样写成的地方百科全书，在古代称为"县志"。

当然，县志的用处不光是官员参考书，特别是后期许多文人学者主动编写的县志，也成为地方历史文化的结晶。中国的县志，以及各种地方志，因历代不断更新，累积起来的数字是惊人的。现在还能看到的方志，有八千五百多种，十几万卷。

因为县是基本的人文地理单元，中国的地图特别重视对县的表现，许多分县地图在书店出售。美国也有县（county），但他们的分县地图远没有中国普遍。在地图上，中国人找到自己的县，自己的家乡，会感觉很亲切。

不过，县，作为乡情的传统符号，现在却开始渐渐消退了。由于现代化的飞速发展，中国基层社会开始巨变，传统农业社会特征越来越少，而现代产业文化、消费文化的特征越来越多，为了适应这种变化，有很多县被改成区或市。有人说这

为什么说县是中国人的老家

▲县志既是官员参考书，也是地方历史文化的结晶。现在还能看到的方志，有八千五百多种，十几万卷。图为清朝寿光知县刘翰周等纂修的《寿光县志》书影，清朝嘉庆五年（1800年）刊本。

有利于它们融入大都市圈，另外，撤县设区后，在感觉上，离城市也更近了。

对县改区这件事倒是应该好好想一想，县这个古老名称包含着浓浓的家乡温情、长长的历史记忆，从地名文化遗产保护的角度考虑，我们不必把所有县的名称改掉，还是应当保留一些县的名称吧！

本文发表于2018年3月5日《北京日报·理论周刊》文史版，
原题为《老家一定在县里》，
作者时任北京大学城市与环境学院教授

传统家规家训如何立德树人

骆 毅

传统家规家训，无论是鸿篇巨制，抑或是片纸短章，都是传统文化之重要组成部分，蕴含丰富的育人思想，其所强调的"立德树人，德教宜早""严慈相济，爱而有教""知行结合，身体力行""言传身教，身教为贵"的育人思想，体现了我国古代重视家庭教育之有识之士可贵的育人理念。

立德树人，德教宜早

在传统儒家的价值观体系中，自古即有"三不朽"（《左传·襄公二十四年》载："太上有立德，其次有立功，其次有立言。虽久不废，此之谓不朽。"）之说，三者之中视"立德"为"太上"之功。这种"立德"为"上"的价值取向深刻地影响了古人的教育观念，致使传统家规家训特别强调"立德为上"，将德育置于教育的首位，以德立身成人。

南北朝教育家颜之推在《颜氏家训·勉学》中教育子孙：读书治学当以"增益德行，敦厉风俗"为第一要务。宋人司马光在《家范》中引《大学》"自天子以至于庶人，一是皆以修身为本"的论说，告诫子孙修身立德的重要性，并主张效仿古代圣贤"遗子孙以德以礼""遗子孙以廉以俭"。宋人倪思在

《经锄堂杂志·子孙计》中指出："君子岂不为子孙计,然其子孙计,则有道矣。种德,一也;家传清白,二也;使之从学而知义,三也。"清人刘沅在《寻常语》中也特别指出:"教在修德,德在修心。"

传统家规家训重视立德树人,教育子孙要修身立德,以德立身、成人,更突出的是主张"养正于蒙""教子婴孩",强调对子孙的道德教育应尽早,从小

▲《颜氏家训》是南北朝时期北齐文学家颜之推记述个人经历、思想、学识以告诫子孙的著作。图为明朝万历二十年(1592年)程荣刊汉魏丛书本《颜氏家训》书影。

培养他们的道德行为习惯和道德品质。《颜氏家训·序致》中以"年十八九,少知砥砺,习若自然,卒难洗荡"之反面典型告诫子孙德育晚施的危害,以此敦促子孙趁早磨砺节操品行。清人孙奇逢在《孝友堂家训》中指出:"孩提知爱,稍长知敬,此生性之良也。知识开而习操其权,性失初矣。古人重蒙养正,以慎所习,使不漓其性耳。今日儒子转盼便皆长成,此日蒙养不端,待习惯成性,始思补救,晚矣!"强调为人父母应在子女年幼时就对其进行家庭道德教育,培养其道德品质,谨慎地引导他们的习行,否则一旦错过了家庭德育的最佳时机,孩子养成了不良习性后再教育就迟了。

严慈相济,爱而有教

中国自古就有"养不教父之过""慈母败子""孝子不生慈父之家"等观念。反对溺爱子女,只爱不教,强调家教的重要性、必要性和家长在家庭生活、家庭教育中的权威性。传统家规家训在家庭德育过程中也持相同观念。《颜氏家训·教子》云:"父子之严,不可以狎;骨肉之爱,不可以简。简则孝慈(一说"慈孝")不接,狎则怠慢生焉。""父母威严而有慈,则子女畏慎而生孝矣。"特别强调,对子女仅有严或光有爱都是不够的,一定要严慈相济,爱而有教,寓爱于教。

宋人司马光在其《涑水家仪》中深刻地阐明了家庭教育中训与慈、爱与教的关系,如:"慈而不训,失尊之义;训而不慈,害亲之理;慈训曲全,尊亲斯备。"意为:"父母只讲慈爱而不严加训教,便失去作为尊长的大义;只严加训教而不慈善,则伤害了骨肉相亲相爱之理;只有严慈结合,才具备了大义和亲情,是完整的家教。"

知行结合,身体力行

《论语·述而》载:"子以四教:文,行,忠,信。"孔子在教弟子诗书礼乐时,又教弟子践行其中所蕴含之事理、义理。《荀子·儒效》中指出:"知之不若行之","知之而不行,虽敦必困"。荀子强调"行"是获取道德认识和攀登道德高峰的根本途径。先秦儒家的"知行结合,身体力行"德育思想被后世家规家训所继承。

《颜氏家训·勉学》载："夫所以读书学问，本欲开心明目，利于行耳"，"世人读书者，但能言之，不能行之，忠孝无闻，仁义不足；加以断一条讼，不必得其理；宰千户县，不必理其民……故为武人俗吏所共嗤诋，良由是乎"！颜之推既从正面强调读书学问贵在践行，又从反面阐明知识不能践履的危害，以此教育子孙学贵能行。

宋人陆游在《陆游集·剑南诗稿》中以诗教子："人人本性初何欠，字字微言要力行。""学贵身行道，儒当世守经。"陆游教导儿子，读书为学要身体力行，把读书为学和躬行实践结合起来，学有所得，在"力行"中实现道德的价值。清人孙奇逢在《孝友堂家训》中说："读一'孝'字，便要尽事亲之道；读一'弟'字，便要尽从兄之道。自入塾时，莫不识此字，谁能自家身上，一一体贴，求实致于行乎？"教育子孙读书为学应躬行不息，在日常生活中身体力行圣贤之道德教诲，成就自己的道德人格。

言传身教，身教为贵

在儒家价值坐标中，"立言"乃"三不朽"之末，"立德"乃"三不朽"之首，在此价值观的指导下，形成"言传身教，身教为贵"的德育理念，在肯定"言传"价值的基础上，更强调教师或居"上伦位"者对学生或居"下伦位"者进行德育时，要自律立德，以身示教，直接体现为教师或居"上伦位"者能以身作则，率先垂范。《论语·子路》载："其身正，不令而行；其身不正，虽令不从。""不能正其身，如正人何？"《孟子·离娄上》载："教者必以正。"《孟子·尽心上》载："仁言不如仁声之入人深也。"其中"言传身教，身教为贵"的德育思想，更加彰显出恒久的生命力，其闪耀着的智慧光芒，光耀后世家规家训。

传统家规家训以向子孙训导儒家精义为宗，在对子孙进行道德教育过程中灌输儒家德育思想，强调"言传身教，身教为贵"。《颜氏家训·治家》云："夫风化者，自上而行于下者也，自先而施于后者也，是以父不慈则子不孝，兄不友则弟不恭，夫不义则妇不顺矣。"颜之推把父母等居"上伦位"者的身教作用称为"风化"，此"风化"乃是一种自然而然的仿效，不需要居"上伦位"者的强制，所谓"桃李不言，下自成蹊"，教育感化的效果如何，完全取决于居"上伦位"者自身的德行。

本文发表于2015年9月28日《北京日报·理论周刊》文史版，原题为《谈传统家规家训中可贵的育人理念》，作者当时任职于东南大学人文学院

古代传统家训"落地"有五大"功法"

安丽梅

我国从先秦时期开始逐渐形成了重视家庭、重视家教、重视家风的家训传统，形成了源远流长的家训文化。在长期的教化实践基础上，传统家训注重运用日复一日的日常训诫、身教示范、奖惩激励、家风熏陶、家训制定等方法，有效促进了古代核心价值观的传播。

日常训诫法：循理化之，积诚感之

重视在衣食住行、冠婚丧祭等各种家庭生活中强化对子孙的德育训导与告诫，是传统家训教化活动的一大特色，也是最为普遍的方法。在严慈相济基本原则下，传统家训主张通过"循理以化之，积诚以感之"的说理方法训示教诫子孙。一方面，注重采用生动化的说理方法训示教诫家人族众。传统家训往往以"远采古圣，近揆行事"为基本说理原则，循序渐进阐明义理。依据说理论据的不同，可大体将传统家训说理方法分为三种：一是采纳古代圣贤嘉言懿行以勉励家人族众的以古论今法。尧舜禹汤、文武周孔是古人推崇的圣贤代表。二是借鉴当时典型人物和事例以训诫家人族众的以今论今法。三是运用日常事例向教化对象阐述人生哲理的以小见大法。

身教示范法：以身作则，率先垂范

家长与家庭成员之间的血缘关系决定了家庭成员之间人际关系、利益关系的紧密性，而家人之间朝夕相处、同居一室的家庭生活则使家人之间的相互影响高度相关，这就使得言传身教的教育方法尤为有效可行。一方面，在言传与身教的问题上，传统家训在肯定言教的作用的同时，更加突出身教的重要性，"凡人有训人治人之职者，必身先之可也"。另一方面，传统家训主张教化主体以身作则，以自身的实际行动教化家人，正所谓"其身正，不令而行；其身不正，虽令不从"。家训教化主体作为"一家之长"需要提高自身素质、加强自身修养才能治理好家庭家族，"一家之中，要看得尊长尊，则家治。若看得尊长不尊，如何齐得它！要在尊长自修"。家训主体以身作则的一般性特征具体表现为仁爱严明、谨守礼法、言行一致。家长的以身作则首先体现为具有仁者爱人的品质和严明教子的特征。其次，家长需率先垂范，自身首先做到谨守礼法。司马光强调"凡为家长，必谨守礼法"，唯此方能治好一家大小之务。家长谨守礼法表现为自觉主动遵守儒家伦理道德规范和法律规范，并在言行上率先践行，还需公正无私，遇事秉公持正、爱憎不偏。

奖惩激励法：奖以劝善，罚以惩恶

传统家训在家庭治理中主张以奖惩激励法引导家人族众向善向上、知非改过。

一方面，注重采用奖以劝善的正面激励法。奖励是家长为家人族众树立正面榜样，激发他们向善向上的意愿，勉励他们见贤思齐。概括说来，传统家训奖以劝善的内容包括以下几个方面：一是在践行孝悌忠信等儒家伦理道德方面。二是在嘉奖杰出妇女方面。三是在读书仕进方面。家族多会资助本族贫寒子弟解决读书费用问题，若通过科举考试考中秀才、举人、进士，入朝为官，家族会有不同程度的奖励。四是有功于家族者。对于修建祠堂、建立义学、拓广义田等有贡献者，皆进行奖赏。此外，恪尽职守完成家族任务等行为也会受到相应的奖励。在奖励方式方面，可大体分为两类，一是精神性奖励，二是物质性奖励。精神性奖励包括家长、族长的口头表扬、书面表扬，给家族杰出人物优待礼遇，撰写传记或个人优秀事迹载入谱牒、刻石刻碑，上请官府进行表彰等。口头表扬是给予族内人员精神性鼓励较为普遍的形式，书面表扬则较为正式，一些家族专门制定《劝惩簿》，造"劝惩牌"，将族人的善言善行记入《功簿》和"劝牌"，昭示族众，给予族众孝子贤孙、杰出人才等一定的优待礼遇。物质性奖励包括奖钱、奖物等。

另一方面，注重采用惩以罚恶的负面激励法。对违反家法族规或者违反社会行为规范的家庭、家族成员予以一定形式的惩罚，是家训教化的又一有效方法，与奖以劝善的方法相辅相成。

家风熏陶法：父祖提倡，子孙践行

家风是在父祖倡导与践行、子孙传承与发扬的基础上形成的以伦理道德教化为主要内容，用以涵养个体品德、规范个体行为的一个家庭中的传统风尚。传统家训重视建设和传承各色优良家风，主张在无形的熏陶感染中开展家庭教化。

第一，孝友家风。孝友家风注重培养子弟孝顺父母、尊敬长辈、友爱兄弟的德行，使其在日常生活中尊老爱幼、为人友善。

第二，忠信家风。忠信家风重视子弟精忠报国、与人为善品德的培养，使其在社会生活中忠贞报国、处世忠厚。

第三，勤俭家风。勤奋家风勉励子弟勤于学业、勤于耕作、勤于经商等，以此立身丰家。

第四，耕读家风。耕读家风又称农士家风，教诫子弟饱读诗书时也知稼穑之事，手秉耒耜时亦知诗书之义，从而使其在读书耕作的过程中强身健体、涵养德行、增长知识。

第五，清白家风。重视家声，不为子孙留过多田畴邸肆、粟麦金帛是传统清白家风的首要内涵；严以修身、不为自己谋私利，严以治家、不为家人谋私利则是传统清白家风的重要内涵。

文本制定法：撰写修订，刊刻重刻

为"整齐门内，提撕子孙"，传统家训制定主体往往根据社会主流规范、祖上遗训、自身经验专门撰写、修订、重刊家训，利用家训文本教诫子孙，并取得了良好的效果。

第一，撰写家范是传统家训制定主体阐释自己的教育理念以训诫子孙的教化活动，在规训程度上有言行劝导、规制、禁止三个程度的区别。依据社会主流规范、古代嘉言懿行、祖上遗训以及个人经验，将对家人的训诫撰写成多种体裁的家训文本以训诫家人族众，是家训活动行之有效的教化方式。

第二，修订家范是传统家训制定主体对家训文本的拾遗补阙和与时俱进的重新解读，是一次意义深远的家庭教育活动，是对家训活动的推崇和强化。

第三，重刊家范，即重刊本族家范、其他家族优秀家范、历史上的优秀家范，这是广泛性的社会教育活动，从而促进了古代主流规范的民间化。宋朝苏轼曾说："药虽进于医手，方多传于古人。"若已经效于人间，不必皆从于己出，清朝黄书

▲撰写家范是传统家训制定主体阐释自己的教育理念以训诫子孙的教化活动。图为读书坊藏板明朝刻本《居家必备》所载《郑氏家范》书影。

琳在重刊《颜氏家训》序中进一步引申了苏轼的观点,认为"父兄之教子弟,亦犹是也,以古人之训其家者,各训乃家,不更事逸而功倍乎"。这也就是不断重刊本族家训、其他家族优秀家训、历史优秀家训的重要原因。

本文发表于2019年12月16日《北京日报·理论周刊》文史版,原题为《传统家训立德树人方法》,作者当时任职于中国人民大学马克思主义学院

古代家训中的廉政文化

陈忠海

中国人一向重视家庭建设，重视良好家风的培养与传承。作为家风的重要载体，家训历来受到人们的重视，在古代众多著名家训中，廉政文化是所强调的重要方面之一，至今仍值得学习和借鉴。

修身、立志是古代家训的重要内容

对于家训，《辞源》的解释是："家训言居家之道，以垂训子孙者。"在中国传统文化中，家训的形式较为广泛，如家令、家诫、家戒、家规等，其内容在家范、家礼、家约以及教子诗、示儿书、家书中也经常有所涉及。《尚书》有《诫伯禽》一篇，讲的是周公在其子伯禽前往外地上任前提出六点训示，主要内容是居安思危、谨慎做事等，这被认为是中国最早的家训。其后，家训文化一直绵延传承、长盛不衰，著名的如《章氏家训》《颜氏家训》《朱子家训》《袁氏世范》等，其中许多名言警句至今仍脍炙人口。

中国传统文化强调修身与立志。在古代家训中，修身、立志是一项重要内容，三国政治家诸葛亮在《诫子书》中说："非淡泊无以明志，非宁静无以致远。"在《诫外甥书》中说：

"夫志当存高远，慕先贤，绝情欲，弃疑滞，使庶几之志，揭然有所存。"三国文学家嵇康在《家诫》中强调"人无志，非人也"，他训导儿子："若志之所之，则口与心誓，守死无二，耻躬不逮，期于心济。"南北朝文学家颜之推在《颜氏家训》中说："及至冠婚，体性稍定；因此天机，倍须训诱。有志尚者，遂能磨砺，以就素业；无履立者，自兹堕慢，便为凡人。"明朝思想家王阳明在《示弟立志说》中也指出："夫志，气之帅也，人之命也，木之根也，水之源也。"

儿女们从小立志，这是父母的心愿。所立之志，有的强调勤学成才，有的强调忠信笃敬，有的强调守身自律。西晋政治家羊祜在《诫子书》中说："愿汝等言则忠信，行则笃敬。无口许人以财，无传不经之谈，无听毁誉之语。"《颜氏家训》告诫子孙千万不要不学无术："或因家世余绪，得一阶半级，便自为足，全忘修学；及有吉凶大事，议论得失，蒙然张口，如坐云雾；公私宴集，谈古赋诗，塞默低头，欠伸而已。"宋朝诗人吕本中认为，修身立志是未来做一名清廉官员的基础，他在《官箴》中说："当官之法唯有三事：曰清，曰慎，曰勤，知此三者则知所以持身矣。"通过加强个人修养以省思慎独、克己自律，这是古代大多数人的共识，也是古代家训所强调的重要方面。

历代家训往往都提到勤俭持家

节俭是中国人的传统美德之一，《周易》说"君子以俭德辟难",《墨子》说"俭节则昌,淫佚则亡",唐朝诗人李商隐在《咏史》诗中说"成由勤俭破由奢"。历代的家训往往都会提到勤俭持家,诸葛亮在《诫子书》中说:"君子之行,静以修身,俭以养德。"《颜氏家训》强调:"俭者,省约为礼之谓也,吝者,穷急不恤之谓也。"宋朝学者倪思告诫后人:"俭则足用,俭则寡求。俭则可以成家,俭则可以立身,俭则可以传子孙。"明末教育家朱柏庐在《朱子家训》中以"黎明即起,洒扫庭除"为开篇,强调"一粥一饭当思来处不易,半丝半缕恒念物力维艰",这些都体现出对子孙后代注重节俭、勤俭持家的要求和期望。

在古人看来,节俭不仅是家庭生活中的美德,而且可以上升到治国理政的高度去看待。《逸周书》记载,周文王告诫儿子说:"厚德广惠,忠信爱人,君子之行。不为骄侈,不为靡泰,不淫于美。"唐太宗李世民在亲自撰写的《帝范》中说:"夫圣代之君,存乎节俭。富贵广大,守之以约;睿智聪明,守之以愚。不以身尊而骄人,不以德厚而矜物。"清朝康熙皇帝在《庭训格言》中教谕子孙应当"清心寡欲",认为这是保持基业常青的关键。

对于各级官员来说,养成节俭的生活作风还有助于廉洁从政。宋朝文学家范仲淹以清廉为官著称,在他的教育下,儿子范纯仁也成为一名清廉的官员,范纯仁通过切身体会提出"惟俭可以助廉"。宋朝政治家司马光在家训中告诫儿子"由俭入奢易,由奢入俭难"。《袁氏世范》提醒子孙后代千万不要因奢靡而不量财力，认为那些都是"妄费"。晚清名臣丁宝桢告诫儿子："家用务宜节省，肥浓易于致病，不如清淡之养人。华服适滋暴殄，不如布衣之适体。试看做官之家，奢侈无度者，究有几人可长久？"

古代家训更强调"君子爱财，取之有道"

中国人崇尚重义轻利，具体到为官从政，强调必须首先做到公私分明，不能假公济私、因公废私。战国时田稷担任齐国相国，曾"受下吏之货金百镒"，母亲得知后告诫他"非义之事，不计于心。非理之利，不入于家"，田稷"惭而出，反其金，自归罪于宣王"。类似的事情还发生在晋朝时陶侃的身上，他曾是一名管理渔场的小吏，利用职务之便将公家一坛干鱼化为己有，陶侃将这坛鱼送给母亲，母亲拒而不收，写信批评儿子公私不分："以官物遗吾，非惟不能益吾，乃以增吾忧矣！"宋朝时，欧阳修的侄子欧阳通理在外为官，打算买一些当地出产的朱砂送给叔父，欧阳修认为这种做法不妥，写信批评侄子说："汝于官下宜守廉，何得买官下物？"

"君子爱财，取之有道"这句大家耳熟能详的话出自《增广贤文》，这部书里就汇集了许多古代的家训。古人不反对取利，但反对不择手段地逐利。明朝官员庞尚鹏在《庞氏家训》中说："田地财物，得之不以义，其子孙必不能享。古人造'钱'字，一金二戈，盖言利少而害多，旁有劫夺之祸。其聚也，未必皆以善得之；故其散也，奔溃四出，亦岂能以善去，殃其身及其子孙。"清朝文学家吴汝纶作《谕儿书》，其中写道："作官之钱，皆取之百姓，非好钱也，故好官必不爱钱，吾虽无德，岂愿以此等钱豢养汝曹、私妻子哉？"

公私分明才能拒腐防变，除此之外还要谨慎交友，这也是古代家训强调的重要方面。孔子教导学生："益者三友，损者三友。友直，友谅，友多闻，益矣。友便辟，友善柔，友便佞，损矣。"《颜氏家训》中说："与善人居，如入芝兰之室，久而自芳也；与恶人居，如入鲍鱼之肆，久而自臭也。墨子悲于染丝，是之谓矣，君子必慎交游焉。"曾风行于唐宋之际的《太公家教》引荀子的话说："蓬生麻中，不扶自直；白沙在涅，与之俱黑。"

中国人重家国情怀，重视家庭教育，在中国人的传统观念中家与国始终紧密相连，强调"求忠臣于孝子之门"，认为

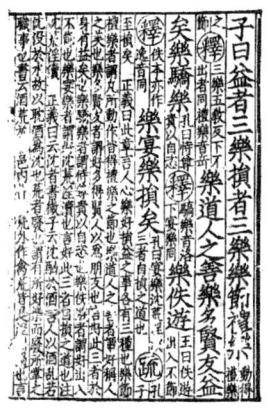

▲公私分明才能拒腐防变，除此之外还要谨慎交友。孔子教导学生："益者三友，损者三友。"图为三国时期魏何晏注、北宋邢昺疏《论语注疏》书影，南宋时期蜀刻大字本。

"一室之不治，何以天下家国为"。在这种家国同构的传统精神下，家风不仅是自家庭院之内的事，而且关联着整个天下，而绵延不断的家训文化也就成为一笔宝贵的精神财富。

本文发表于2019年6月10日《北京日报·理论周刊》文史版，原题为《古代家训中的廉政文化》，作者为文史学者

为什么古人特别讲究家礼

杨 华

两千七百多年前，中国人就认识到，礼具有"经国家，定社稷，序民人，利后嗣"的多重功能。就家内礼仪而言，历代士人都将其作为修身、齐家的手段，统治者则将其视为治国、平天下的基础工作，提倡家礼撰作，敦励良风美俗。

家礼是贵族社会的产物，曾经是门阀士族的文化标志

为了实现家族内部的和谐稳定，中国古人建立了一套家内秩序和规矩。对此，有不同的称呼，或者说，它是从不同的层次来加以维系的：首先是家训、家诫，这是一些道德准则和思想信条，如颜之推《颜氏家训》、陆游《放翁家训》；其次是家礼、家仪，即借以维持这些道德伦理的行为规范，如司马光《书仪》、朱熹《朱子家礼》；再次是家风、家教，即通过前面内、外两个维度而形成的家庭氛围和文化风尚。

"礼不下庶人"，家礼首先是贵族社会的产物。到了魏晋南北朝时期，随着贵族社会的再现，礼仪成为门阀士族借以自矜的文化标志，于是家礼的制作也成为普遍之事。陈寅恪曾指出："所谓士族者，其初并不专用其先代之高官厚禄为其唯一之表征，而实以家学及礼法等标异于其他诸姓。"

魏晋隋唐时期贵族家礼的大量出现，也与一批研究礼学的经学世家分不开。自两汉以来，经学世家已不稀见。经学世家通过专研一经或几经，形成"门业"或"世业"，来获取政治地位。进入门阀贵族时代，这种家族经学又成为名门望族维系其显赫地位的重要方式之一。居于会稽的"江表儒宗"贺家，其远祖可溯至西汉的庆氏礼学，他们世代以礼学名世。该家族中的贺邵、贺循、贺玚、贺革、贺季、贺琛甚至到唐朝的贺知章等人，都参与了当朝的国家礼典制作，而他们平时居家时"节操尚厉，童乱不群，言行举动，必以礼让"。经学家法、家礼撰作、门第维护这三者达到统一。钱穆对之概括更精确：

> 所希望于门第中人，上自贤父兄，下至佳子弟，不外两大要目：一则希望其能具孝友之内行，一则希望其能有经籍文史学业之修养。此两种希望，并合成为当时共同之家教。其前一项之表现，则成为家风，后一项之表现，则成为家学。

这种风气一直延续至唐朝，如唐朝末年，卢弘宣"患士庶人家祭无定仪，乃合十二家法，损益其当，次以为书"。

上古和中古时期的家礼撰作是贵族社会的产物，是"礼不下庶人"的结果，对于门阀制度和士族文化起到维护作用。

宋儒们主张，救治衰乱之世，必须从重建家礼入手

在两宋时期出现了家礼撰作的高峰。据《宋史·艺文志三》

所载,当时皇家图书馆存有"仪注类"图书一百七十一部、三千四百三十八卷。其中,宋朝的家礼、家训类文本甚多。

为什么宋朝会出现家礼撰作的高峰?明清学者认为,这是士庶礼的复兴,是对于贵族礼的反动:"汉晋以来,士礼废而不讲,至于唐宋乃有士庶通礼,虽采士冠仪文,然失之太繁。"今人谈论宋朝的家礼制作时,常用"唐宋变革论"来加以解释,认为宋初庶人阶层的崛起,使得宋朝统治阶层看到了民间家礼的重要性。士庶区隔在宋朝不再明显,此前用于规范门阀贵族的礼仪制度,下移到基层社会,成为管理平民百姓的有力工具。

宋儒们主张,救治衰乱之世的人心堕落,必须从重建家礼入手。欧阳修认为:"家人之道,不可不正也。夫礼者,所以别嫌而明微也。甚矣,五代之际!君君、臣臣、父父、子子之道乖,而宗庙、朝廷、人鬼皆失其序,斯可谓乱世者欤!自古未之有也。"

宋儒重建家礼的目的,还在于纠正当时流行的种种"恶俗陋习"。由于古礼废止,宋朝民间出现大量违背儒家传统礼制的行为。一是社会身份等级观念松弛,在服饰、车舆、宅第等方面僭礼逾制;二是冠、婚、丧、祭诸礼不按儒家旧礼实行,如婚配弃媒妁之言,丧礼竟举乐,弃土葬而用火葬,等等。司马光指出,当时丧礼坏废,居丧期间食肉酗酒、娶亲纳妇,人皆不怪。当时知识精英对此类风俗都有所挞伐。

中国文化历来认为,当礼与俗产生矛盾冲突时,应当由礼来"教训正俗"、导化世风，而不是相反："道德仁义，非礼不成。教训正俗，非礼不备。"宋儒继承了先秦以来儒家入世救世的文化秉性，承担起教训正俗的历史使命。例如，以"尊礼贵德，乐天安命"为学问主旨的理学家张载，在地方为吏时"政事以敦本善俗为先"，他每月都在县庭具酒食以行养老之礼，其目的之一在于切问民间疾苦，然而更重要的却是"训戒子弟"，他知道"知礼成性"必然会"变化气质"，所以要通过重建古礼来改变社会风气。他在自己的家礼中，"婚丧葬祭，率用先王之意，而傅以今礼"，并撰有《横渠张氏祭仪》一卷，把齐家与治国、平天下同步进行。

▲张载（1020—1077年），字子厚，谥明公，世称"横渠先生"，北宋理学家，主张通过重建古礼来改变社会风气。图为明朝万历时期益藩阴刻绣像本《古先君臣图鉴》所载张明公像。

重新为传统家礼、家教正名，发挥其正能量

进入21世纪以来，随着中国国力的迅速增长，中国人开始进入"文化自觉"和"文化自信"的时代。今天，经过了近百年的文化中断后，国人意识到，由于传统家庭教育的缺失，数代人失去了传统文化的滋养。今天社会中出现的种种既无理又无礼的现象，如不讲诚信、不讲公德、无所敬畏、贪污腐化、

拜金炫富、浮华浪费等，多多少少与家礼、家教的缺失有关。因此，必须重新梳理家礼撰作的历史脉络，从理论上和内心深处为传统家礼、家教正名，正确认识其现实意义，发挥其正能量。

第一，儒家所讲的修身、齐家、治国、平天下，是由近及远、由内及外、由小及大的渐进过程，不论就个人的成长经历而言，还是就安邦定国的顺序而言，家庭教育都是重要一环，不可或缺，这一点千古不移。从社会学视角来看，家庭是社会的最小单元，家庭教育直接塑造个人的道德操守和处事能力，要培养君子人格必须从家内秩序着手，诚如汉朝荀悦所说，"天下之本在家"。今天，虽然学校教育承担了更多树人功能，但仍然无法替代家庭环境的人格塑造作用，良好的家教十分必要。这与家庭规模之大小无关，独生子女家庭更应当重视家教。

第二，家礼撰作既是贵族文化的一部分（上古、中古时期），也是平民文化的一部分（宋朝以后）。为了维持家道绵长和家族兴盛，历代都十分重视撰作家礼，谨遵祖训，在这一点上并无贵贱等级之别。今天亦然，无论家庭出身之好坏、受教育程度之高低，接受传统的家礼、家训教育均有利而无害；换言之，那些已接受过高层次教育的人，并不能说明他们具有良好的家教，同样需要补课。

第三，传统家礼、家训中蕴含着诸多优秀价值理念，例如，仁爱、宽厚、勤劳、节俭、守法、奉公、敬业、尊老、慈幼、敬学等内容，是中国传统文化中超越时代、超越地域的有益资源，与现代化事业不相冲突。可以说，今天的社会主义核心价值观的凝练和概括是离不开传统优秀价值理念的。

本文发表于2015年11月23日《北京日报·理论周刊》文史版，原题为《家礼撰作具有敦励良风美俗的价值》，作者时任武汉大学历史学院及武汉大学中国传统文化研究中心教授、博士生导师

古代为何盛行契约文化

徐忠明

存留至今的明清时期的契约文书,不仅数量极多,种类亦很丰富,其内容涵盖了社会领域的方方面面。各类契约文书的规范化和格式化,则意味着民众的契约实践以及由此建构的社会秩序与运作机制出现了某种程度的普遍化和统一性;也就是说,当时的契约实践已经超越了地方性和自发性,形成了跨地域和制度化的特征。

契约之所以发挥了如此重要的作用,是因为明清时期朝廷对地方社会的治理能力有限。其表现之一,便是皇权正式权力止于州县,而对州县以下的乡村社会,只能采取间接治理的模式;其中,契约即为一个重要环节。其表现之二,乃是律例旨在维护身份秩序,打击各种各样的犯罪行为。正是在这种情况下,民间社会的婚姻、田土、钱债以及家族、村落、行业等秩序,只能留待契约来处理。俗谚"国有律例,民有私约",即是很好的概括。

传统中国契约基本框架的构成主要有三个维度。其一,政治性质的契约。从先秦时代的盟誓或盟约,到秦汉以降的约法——比如"约法三章"及"约法十二条"等,均为统治者单方面向民众宣示的具有法律性质的"约"。其二,私人之间通过合意缔结的契约，其种类和内容基本上覆盖了社会生活的各个领域，从婚姻到交易，从借贷到合股……皆以私人合意来建构社会秩序。其三，介乎两者之间的具有建构共同体功能的契约，诸如家族或宗族、村落、商行以及会社制定的"约"。它们之中既有倡议者单方面宣示的"约"，也有参与者共同合议的"约"。这种类型的"约"，不但具有支配性与合意性的混合因素，还体现了纵向关系与横向关系相互交叠的结构特点。就此而言，明清中国除了通过礼制和律例建构与维系的身份社会，还有一个建筑在契约制度和礼俗习惯上的民间社会。如果这一概括能够成立，那么传统中国无疑是一个身份与契约并存的复合社会。

上述契约秩序的形成原因，有以下三点：

其一，随着春秋战国时代土地私有化的出现和发展以及户籍制度的改革，逐步形成了以小家庭为政治基础（赋税徭役）与社会基础（秩序结构）的局面。这种小家庭的规模，一般是五口之家。尽管"共居同财"和"敬宗收族"是伦理和法律的双重要求，宋朝以降"聚族而居"的大家族更是普遍存在，然而以小家庭为单位的

▲明清时期形形色色的私人契约，成为建构社会关系、维护社会秩序的主要措施。图为清朝康熙八年（1669年）书林千赋堂刊本《增补素翁指掌杂著全集》所载《买田契式》书影。

经济竞争和经济交往，仍然是传统中国社会的一个基本特点，也是常规契约（婚姻、田土、钱债、合股）得以滋生的领域。问题在于，笼罩在小家庭之上的家族和宗族，以家族为基础的村落共同体的内部秩序，则成为律例难以深入管治的领域；用以填补这一领域的家族和村落层次上的"约"，被大量制定出来，它们就是通常所说的家规族法与村规民约。

其二，由于朝廷"基础权力"相对薄弱，既不具备深度管治基层社会的能力，也难以为民间契约实践提供全面的法律保护。换句话说，由于皇权正式权力止于州县，而州县又是"一人政府"，在人手不足、经费匮乏以及交通阻隔的情况下，官府根本不可能渗透到乡村社会，并对私人空间进行深度管治，从而给基层社会留出了活动空间。

其三，朝廷之所以疏于制定婚姻、田土、钱债以及社会治理方面的律例典章，是因为没有能力严格执行这样的法律。因此，与其使法律成为"一纸空文"，还不如采取"抓大放小"的治理模式——严格管控命盗犯罪，相对放任田土细故事宜。这种治理模式的形成，既有社会自生自发的因素，亦有朝廷自觉撤退的因素。这表明，朝廷既不愿意也不可能制定全面规范契约活动的法律。明朝里老介入婚姻、田土、钱债纠纷的解决，不但意味着朝廷权力在契约管理上的退却，而且意味着契约管理权力的分散和非正式性。

概而言之，明清时期形形色色的私人契约，成为建构社会关系、维护社会秩序的主要措施，官府仅在私人契约因发生纠纷而提起诉讼的场合，才会适度介入。之所以说适度介入，是因为官府采取"民不告，官不理"的态度；即使民告，官也未必理，而很有可能将案件推给民间社会，让其自行解决；即使官理，也往往是采取"调处息讼"的方式解决纠纷，而非依法裁判。在上述情况下，实无必要制定调整契约活动的系统法律。

本文发表于2018年9月10日《北京日报·理论周刊》文史版，
原题为《传统中国社会家规族法与村规民约盛行——
"国有律例，民有私约"》，
作者时任中山大学法学院院长、教授

乡贤：古代基层社会的"台柱子"

王先明

"乡贤"是本乡本土有德行、有才能、有声望而深受本地民众尊重的贤人。在传统时代，他们被认同为乡土社会里德行高尚，且对乡里公共事务有所贡献的人。通常来说，乡贤与乡绅（乡村绅士）的概念具有较多的重合性。

乡绅是构成乡贤的主体力量

"士大夫居乡者为绅"，具有功名身份、学品、学衔和官职而退居乡里者，是乡贤阶层的基本构成。他们拥有高于平民的身份地位，退居乡村后成为乡村社区里具有社会－文化威权的阶层。构成乡贤的必备条件是：第一，在家世方面得有一个值得乡人景仰、羡慕的经历，清白而没有劣迹。第二，乡绅们照例有一份丰厚的财产，属于耕读之家。其家族对地方社会有所贡献，尤其在维持地方风习、主持节令庙会、救助孤寡贫弱、推动地方公益事业方面赢得乡里声望。第三，功名身份、官位职衔之外，有一定的年资，拥有乡族长老资历。第四，借助功名身份和官职形成社会网络资源，可以为乡村社区争得更多的利益，并保障乡里免受差役吏胥扰害。明清以来，虽然平民乡贤所占的分量渐有增长，但总体上乡绅仍然是构成乡贤的主体力量。

▲具有功名身份、学品、学衔和官职而退居乡里者，是乡贤阶层的基本构成。《吴郡名贤图传赞》是长洲藏书家顾沅所辑刻吴郡自周朝至清朝先贤之图，其中既有名宦乡贤，亦多文人学士。图为清朝道光九年（1829年）刊本《吴郡名贤图传赞》书影。

乡贤的地位是通过取得功名、学品和官职而获得的。传统时代的身份等级制度是赋予他们拥有独特地位的制度性基础。科举制度下，乡绅的身份具有双重性质，即"士"，读书求功名者，"仕"，为官或准备为官者。士为"四民之首"的根本原因就在于绅士是整个封建官僚或国家机器的社会基础。科举制度以其具有外显标志和社会文化内容的"功名"身份，把社会力量的绅士同政治力量的官僚紧密结合在一起。

乡绅作为一个居于乡村领袖地位和享有特权的社会集团，在维系正常社会秩序的官、绅、民三种力量中，其自身所扮演的角色更为重要也更为多样。一般说来，乡绅们在乡村社区从事的地方社会活动主要有三大项：

一、地方学务。乡绅大都是科举制度的受益者和热心支持者。乡村社区兴办学务，修建各种社学、义学、族学甚至私塾，基本上由乡绅们掌控。

二、地方公产。属于乡村社区的公共财产、经济事业，通常官府并不直接参与管理，大多"以其事委诸绅士"。由此，乡绅们"垄断了一县公产的经济命脉"。地方的社仓、义仓以及族产、学产等公共财产，一向委诸乡绅们管理。

三、地方公务。作为乡土社会的中坚势力，乡绅们也是地方各项公共事务的主持和掌控力量，举凡道路修筑、桥梁构建、学宫营造，甚至寺庙修缮……即使是跨县区的大型水利工程，虽然由官员出面协调，"但是无论这些工程由官或由绅指导，在执行中总是绅士承担主要负担"。乡绅们是政府在地方社会的代理人，所谓"地方公事，官不能离绅士而有为"。

在漫长的中国历史进程中，乡绅或乡贤始终是乡土社会建设、风习教化、乡里公共事务的主导力量。

乡绅拥有基层社会赋予的"天然"权威

各级官府是封建国家机器的组成部分，地方官代表皇权宰治属民，各地兴革大事或地方公务本是官府应尽职责，却反而由"绅士把持政务"。在传统时代的社会结构中，在官、绅、民三种社会力量中，乡绅阶层是官与民之间发生联系的中介："惟地方之事，官不得绅协助，则劝戒徒劳，绅不得官提倡，则愚迷弗信。"

乡绅是相对独立于官吏体系之外的非正式权力。地方官可以任免和指使区长（镇长）、村长，却不能直接对乡绅行使权力。地方上这些有名望的乡绅在很大程度上是制约官权在乡土社会行使的力量；县官到任后首先要去拜访乡绅，以便与他们建立融洽的关系，获得他们的认可和支持。官府在征收赋税或执行其他公务时，也必须征得他们同意才能付诸实施。而当官府权力与乡土社会利益发生冲突时，他们就会通过自己的社会网络和资源以各种方式施加压力，以保障乡土社会利益。

乡绅并不像官员那样拥有钦命的权力，却拥有基层社会赋予的"天然"权威。在实际生活中，权力拥有者和行使者常常发生分离，皇权并不能直接深入乡村社区。一个属于朝廷命官的知县，要顺利地完成属下的各项公务，重要的依靠力量就是乡绅。

面对幅员广阔而又相互隔绝的乡土社会，只有借助于乡绅阶层这一社会文化权威力量，国家的统治才能延伸到乡土社会底层。所谓"世之有绅衿也，固身为一乡之望，而百姓所宜矜式，所赖保护者也"。

虽然"士绅在政府机构中没有官职"，但"县长必须考虑士绅的意见"。这种对社区政治的影响力是任何村长或一般区长都不可能具备的。作为乡土社会一个重要的社会文化权威阶层，地方官必须与乡绅合作，这是"知县们在当地得以顺利履任的一个极为主要的因素"。

乡绅阶层居于维系封建社会文明的中心位置

以社会文化权威而不是以法定权力资格参与传统时代政权

的运作，乡绅阶层便集教化、治安、司法、田赋、税收、礼仪诸功能于一身，成为地方权力的实际代表。

在以"士农工商"简单社会分工为基础的农耕社会里，技术知识及其进步是微不足道的。社会秩序的维系和延续依赖于"伦理知识"。因此，无论社会怎样动荡变乱，无论王朝如何起落兴废，维系封建社会文明的纲常伦理中心却不曾变更。然而，居于这个社会文明中心位置的却恰恰是乡绅阶层。

在传统农耕社会里，乡绅阶层是唯一享有教育和文化特权的社会集团。"其绅士居乡者，必当维持风化，其耆老望重者，亦当感劝闾阎，果能家喻户晓，礼让风行，自然百事吉祥，年丰人寿矣。"如何使一个幅员广阔而又彼此隔绝的传统社会在统一的儒学教化下获得"整合"，使基层社会及百姓不至于"离轨"，是任何一个封建王朝必须面对的重大课题。清王朝在乡土社会中，每半月一次"宣讲由十六条政治－道德准则组成的'圣谕'的目的，是向百姓灌输官方思想"。然而，这一带有"宗教"形式却毫无宗教内容或宗教情感的活动，仅仅依靠地方官根本无法实行。乡绅们事实上承担着宣讲圣谕的职责。"十六条圣谕"以"重人伦""重农桑""端士习""厚风俗"为主旨，成为农耕时代浸透着浓郁的东方伦理道德色彩的行为规范。它的内容是一个古老民族文化在那种生存方式中的基本需求："敦孝悌以重人伦，笃宗族以昭雍睦，和乡党以息争讼，重农桑以足衣食，尚节俭以惜财用，隆学校以端士习，黜异端以崇正学，讲法律以儆愚顽，明礼让以厚风俗，务本业以定民志，训子弟以禁非为，息诬告以全良善，诫窝逃以免株连，完钱粮以省催科，联保甲以弭盗贼，解仇愤以重身命。"

重要的是，反复向村民百姓宣讲这一规范的是乡绅。他们拥有文化，拥有知识，成为农耕时代一个文明得以延续发展、社会秩序得以稳定的重要角色。

本文发表于2014年11月24日《北京日报·理论周刊》文史版，原题为《乡贤：维系古代基层社会运转的主导力量》，作者时任南开大学历史学院教授、博士生导师

街卒：汉朝都市秩序的守护人

王子今

汉朝文献出现的"街卒"称谓，说明当时都市管理中有一种值得注意的形式，即社会治安由一些专职人员参与维护，这也说明汉朝的交通管理受到了很大的重视。可以说，"街卒"是汉朝都市秩序的守护人。

《后汉书》等文献提到了"街卒"

《后汉书》卷八十一《独行列传·范式》记述了范式和他的朋友孔嵩的故事，其中说到孔嵩的"街卒"身份。范式连续升迁，官任荆州刺史。他的朋友南阳人孔嵩，"家贫亲老，乃变名姓，佣为新野县阿里街卒"。范式视察地方，来到新野，新野县指定孔嵩为"导骑"迎接范式。范式认出了孔嵩，"把臂"叙旧，"语及平生"。

范式说："昔与子俱曳长裾，游息帝学，吾蒙国恩，致位牧伯，而子怀道隐身，处于卒伍，不亦惜乎！"孔嵩则回答："侯嬴（一作"赢"）长守于贱业，晨门肆志于抱关。子欲居九夷，不患其陋。贫者士之宜，岂为鄙哉！"他说，贫穷正是"士"适宜的生活方式，是不可以鄙薄的。范式命令新野县替免孔嵩，孔嵩则以为"先佣未竟"，坚决"不肯去"。

关于"县选嵩为导骑迎式",李贤解释说:"导引之骑。"可知有仪仗意义。但是这种"导引",其实也是一种交通管理的方式。

《水经注》卷三十一《淯水》也引录了这个故事:"式下车把臂,曰:'子怀道卒伍,不亦痛乎!'嵩曰:'侯嬴贱役,晨门卑下之位,古人所不耻。何痛之有?'"清人姚之骃《后汉书补逸》卷九《谢承后汉书·孔嵩》表扬了孔嵩的

▲北魏晚期郦道元所著《水经注》引录了"街卒"孔嵩的故事:"式下车把臂,曰:'子怀道卒伍,不亦痛乎!'嵩曰:'侯嬴贱役,晨门卑下之位,古人所不耻。何痛之有?'"图为明朝万历时期吴琯校刊本《水经注》书影。

"狷"。清人赵一清《水经注释》卷三十一说:"'街卒',古之所谓'驺唱',唐人谓之'笼街''喝道'。"有权势者出行,往往占用社会公有的道路,古时称"跸"。唐朝称这种行为为"笼街""喝道"。其情形类似后世官员出行要求平民"回避""肃静"。"街卒",有时是承担这样的职任的。

"街卒"社会等级低下

"街卒"属于"贱役""厮役"。关于"街卒"的地位,范式有"处于卒伍"之说,孔嵩亦自比"守""贱业"之"侯嬴",居"卑下之位"的"晨门"。"家贫亲老,乃变名姓,佣

为新野县阿里街卒"者,体现虽"士"不以为"鄙",但是社会等级低下是明确无疑的。

范式之所以以"处于卒伍"表现孔嵩不愿接受的"惜"之"鄙"之"痛"之的态度,是由于其地位的"贫""贱"。"变名姓"情节与"岂为鄙哉"言辞对照,可察知孔嵩的"狷"似有矫情成分。我们从《后汉书》中孔嵩的故事可知,"街卒"是以"佣"的经济形式确定其职任的。所谓"佣为新野县阿里街卒","式勑县代嵩,嵩以为先佣未竟,不肯去",都说明了这一点。《水经注》则说:"贫无养亲,赁为阿街卒。"

一言"佣",一言"赁",可能并没有本质的不同,大约都是说通过雇佣形式确定其职能和责任。《太平御览》卷四〇七引谢承《后汉书》陈述范式、孔嵩故事,说:"范式为荆州刺史,友人南阳孔嵩贫,有亲老,乃变名姓,佣于新野县。县吏遣嵩为式导驺。"则未言"街卒",直接说"为式导驺"。而所谓"佣于新野县"者,更突出地显示了孔嵩身份以及与实现"佣""赁"合同的主体方面——"县"之间的关系。所谓"式勑县代嵩,嵩以为先佣未竟,不肯去",正面肯定了孔嵩信守契约协议的德行,在这里首先表现为坚持兑现有关"佣"的时间约定。

"街卒"似有"训化""街中子弟"职能

"街卒"的具体职能,也可以通过《后汉书》卷八十一《独行列传·范式》的记载有所认识:"(孔)嵩在阿里,正身厉行，街中子弟皆服其训化。"于是地位提升，"遂辟公府"，前往京师。途中停宿，"盗共窃其马"。后来得知是孔嵩，于是相互责备说：这是一位"善士"，"岂宜侵盗乎"！于是将所盗之马送还，当面谢罪。孔嵩后来"官至南海太守"。

所谓"街中子弟皆服其训化"，似乎"街卒"在"街中"有"训化"的责任。正是因为这种"训化"的成功，孔嵩"善士"美誉甚至传布至外乡。

而"街中子弟"称谓，似可与"闾里""暴桀子弟"对照理解。《史记》卷七十五《孟尝君列传》："太史公曰：'吾尝过薛，其俗闾里率多暴桀子弟，与邹、鲁殊。问其故，曰：孟尝君招致天下任侠奸人入薛中，盖六万余家矣。'"这里说到的"闾里""暴桀子弟"，大致与所谓"恶少年"有身份近似处。

秦汉历史文献中所见的"子弟"，往往有在社会治安日常秩序中表现出"侵盗"动机与行为而受到行政执法者特别关注的情形。例如《汉书》卷八十四《翟方进传》记载，汉成帝时，"贵戚近臣子弟宾客多辜榷为奸利者，（翟）方进部掾史覆案，发人奸赃数千万"。"辜榷"，颜师古解释为"言己自专之，他人取之则有辜罪"。宋人王观国《学林》卷三则指出"辜孤"义通，"此辜榷乃阻障而独取其利"。这种行为或许与"恶少年"欺行霸市相近。

理解"街卒"负责"街"的治安的情形，还可以借助后世若干资料作为参考。比如《异苑》卷八可以看到这样的神异故事：元嘉初年，有传言说建康大夏营寡妇严，与华督私结情爱。"街卒夜见一丈夫行造护军府。""街卒呵问，答曰：'我华督造府。'径沿西墙而入。街卒以其犯夜，邀击之"，乃变身为鼍。由此可知，"街卒"负责对"犯夜"者的纠察，有权力"呵问"甚至"邀击"。

纠止夜间行走，汉史中是可以看到相关例证的。《艺文类聚》卷四十九引《汉官解诂》说卫尉职责："从昏至晨，分部行夜，夜有行者，辄前曰：'谁！谁！'若此不解，终岁更始，所以重慎宿卫也。"可知汉朝都市有专职查禁夜行的武装人员。汉朝基层行政管理的水平，可以因此得以证明。

汉朝都市往往推行严禁夜行的法令。《史记》卷一〇九《李将军列传》记载，李广夜行，曾经被霸陵尉"呵止"。《文选》卷二十八鲍照《放歌行》载"钟鸣犹未归"，李善注引崔元始《正论》说，永宁诏规定："钟鸣漏尽，洛阳城中不得有行者。"曹操任洛阳北部尉"有犯禁者，不避豪强，皆棒杀之"，"灵帝爱幸小黄门蹇硕叔父夜行，即杀之"，是为以极端手段执行这一禁令的罕见特例。据《汉书》卷五十三《景十三王传·赵敬肃王刘彭祖》，西汉贵族赵王刘彭祖"常夜从走卒行徼邯郸中"，有可能也是纠察违禁夜行者。这里所谓"走卒"，有的文献写作"街里走卒"，很可能说的就是"街卒"。

甘谷汉简中也有关于"街卒"的信息

甘谷出土的汉简中有如下简文涉及"街"的管理，可以在我们讨论"街卒"职任时引为参考：

广陵令解登、巨鹿守长张建、广宗长□、□、福登令丞曹掾许敦、门下吏肜石、游徼龙进、侯马徐、沙福亭长樊赦等,令宗室刘江、刘瑜、刘树、刘举等,著赤帻为伍长,守街治滞。

"宗室刘江、刘瑜、刘树、刘举等"是刘姓皇族成员。"著赤帻",就是头上佩饰红色醒目标志。"守街",应是承担与"街卒"类似的责任。"滞",有与现今交通阻滞类似的含义。"治滞",则体现疏导的努力。

上述汉简中有关"守街治滞"的内容,似乎可以说明当时已经有专职治理"街"的空间范围内交通堵塞的人员。宗室成员"著赤帻为伍长,守街治滞",或可理解为这种职任的重要。相关信息反映了当时都市管理体制已经对交通秩序予以充分重视。汉朝都市文化的面貌,可以由这样一个特殊的侧面得以展现;当时社会日常秩序的构成,可以由此有所认识;汉朝基层行政管理的水平,也可从中得到有说服力的实证。

本文发表于2012年10月29日《北京日报·理论周刊》文史版,原题为《"街卒":汉代都市秩序的守护人》,作者时任中国人民大学国学院教授

古代民众如何参与反腐

黎 瑞 蒋建湘

民众参与反腐是群众监督的具体表现形式,在我国古已有之。汲取古代民众参与反腐的有益经验,防止其缺陷,对于当代中国探索党内监督和群众监督相结合的路子具有十分重要的意义。

古代民众参与反腐历史久远,形式多样

在中国古代历史上,用以便利与保障民众参与反腐的机制有很多,从器物的发展视角看,古代民众参与反腐历经诽谤木、肺石、缿筒与铜匦等形式。

诽谤木被认为是中国古代最早的举报形式,早在五千多年前的尧舜时代便已设立。诽谤的原意是议论是否、指陈得失,也就是提出意见与建议之意。有学者指出,至晋朝,诽谤木又称华表木,立于交通要道旁,以供世人提出意见、表达心声,遂成诽谤木制度。肺石起源于周朝,其功能类似于诽谤木,其目的亦在接受民众意见与投诉。因为石头的颜色是赤红色,像肺,故得其名。西汉时期出现了我国最早的"举报箱"——缿筒,缿筒的主要目的也在于收集各种投诉与检举,《汉书》载:"教吏作缿筒,及得投书。"说明缿筒有为民众举报提供渠道的

作用。缿筒是竹子做的，用于官府受秘事之用，是接受信件的器具，上面有小孔，可入不可出。秦汉以后，鼓励并保护民众举报贪腐官员逐渐形成一种国家制度。唐朝时，武则天设置了匦函，为民众举报提供便利。有学者指出，匦可以用于广泛搜集臣民对国家政策、政令的意见，其中也包括臣民对腐败官吏的举报、揭发。

无论是诽谤木、肺石，抑或匦等，在中国古代历史上除了广纳意见、广开言路，以促进国家治理之外，更有揭发官员不法行为、打击腐败的重要功能。有记载说，汉宣帝时期，缿筒的发明人赵广汉在颍川任郡守时，当地土豪结党营私，鱼肉百姓，当地民众不敢直接到官府告发豪强的腐败行径，因此，赵广汉命令部下将缿筒拿到各地悬挂，并张贴告示，鼓励民众投书举报，保证为他们保密。赵广汉根据百姓举报的线索，组织力量进行调查，掌握真凭实据后进行了严厉打击。

汉晋创立登闻鼓制度，以便民众击鼓控诉检举

登闻鼓制度正式创立于汉晋时期，汉朝实行"周鼓上言变事""击鼓上言"，此时的击鼓上言具备了登闻鼓的基本要素，是登闻鼓制度的雏形。北魏时期，官府门口开始悬设登闻鼓，以便民众击鼓控诉、检举。南北朝时期，登闻鼓已成定制。唐宋时期的登闻鼓制度得以较大完善，开始走向成熟。民间苦主可以击鼓面君，如"抱屈人"敲鼓喊冤可达圣听，击鼓鸣冤之制完全得以正朔。唐高宗时，高宗令东都置登闻鼓，西京亦用之。据《唐律疏议·斗讼律》载："主司即须为受，不即受者，加罪一等。"有学者指出，宋朝沿袭唐朝的登闻鼓规定，但是进行了有针对性的机构化、专员化、程序化，分设登闻鼓院、登闻检院、同判鼓院、判检院。

明清时期，登闻鼓虽继续使用，但其受到的限制越来越多。据《明会典》记载："凡按察司官断理不公不法等事，果有冤枉者，许赴巡按监察御史处声冤。监察御史枉问，许赴通政司递状，送都察院伸理。都察院不与理断，或枉问者，许击登闻鼓陈诉。"这给登闻鼓的使用规定了较严格的程序限制，击鼓陈述需要经过由按察使至都察院的处理之后方为可能。

民众抓住"害民官吏"，可直接押送京师

有学者指出，"民拿害民官吏"指乡里平民百姓对于违法害民官吏，可以不经过地方政府机关，直接将其绑缚押送京城，由中央机关甚至皇帝个人直接审理的制度，此制度形成于明朝朱元璋统治时期。洪武十八年（1385年）六月，朱元璋在《禁戒诸司纳贿诏》中谕示民众："诏书到日，敢有非公文坐名追取，在乡托以追罚为由，许诸人拿送有司或赴京来，治以重罪。虽有公文名不坐者，恃以公文胁取民财，亦送京师。"

自洪武十八年（1385年）至洪武二十年（1387年），朱元璋先后颁布了《御制大诰》《御制大诰续编》《御制大诰三编》等法律，集中了民众参与反腐的一些典型案例，发动、鼓励与保护民众直接惩处身边的贪官污吏。明朝为民众直接惩治贪官绑

缚起京制定了三条主要保障措施：一是取消民众绑缚起京的路引，对绑缚起京的民众沿途不得阻碍，否则枭首，甚至诛族。二是对绑缚起京的民众进行奖励。如陈寿六等人手持大诰将贪污害民的顾英绑缚至京城面圣，结果得到朱元璋的大力赞赏，不仅赏给金钱、衣服，还免除其三年杂役，号召民众向其学习。三是严禁对绑缚起京的民众打击报复。对于敢罗织生事、捏词诬陷者

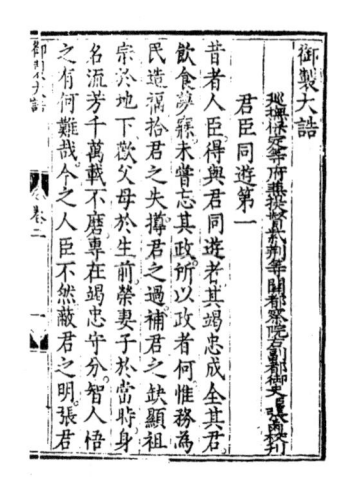

▲ 为鼓励民众反腐，自洪武十八年（1385年）至洪武二十年（1387年），朱元璋先后颁布了《御制大诰》《御制大诰续编》《御制大诰三编》等法律。图为明朝文人张卤校刊本《皇明制书》所载《御制大诰》书影。

处以诛族。为免陈寿六受到变相报复，朱元璋甚至授陈寿六司法特权，规定陈寿六如有违反，须由朱元璋亲自审问。

宏观上，古代最高统治者对民众参与反腐态度矛盾

古代接受民众参与反腐具有矛盾性，一方面，朝廷不时鼓励老百姓投书检举腐败；另一方面，朝廷又会时不时对老百姓的检举予以打压。民众参与反腐能否得到认真实行，完全取决于君主本人是否"贤明"。遇到昏君、暴君当政，反腐败措施往往遭到君主本人的破坏。

总体而言，古代民众参与反腐的方式、途径与程序都是受到严格控制的。能否将民众反腐的力量牢牢控制在最高统治者

手中，是民众参与反腐可容许存在的范围的最重要考量因素之一。这就从根本上决定了古代最高统治者对民众参与反腐态度的"两面性"，最高统治者对民众参与反腐的矛盾心态决定了中国古代民众参与反腐带有天然的缺陷。

中观上，古代民众参与反腐法制不健全

古代的匿名举报由来已久，有多种称谓，包括飞书、飞章、投书、揭帖等。古代统治者在广开言路的同时，对于匿名举报却表现出异常的恐惧，认为匿名举报既无法确定何人告发，亦难于查清相关事实，加大了官府的办案难度，更重要的是，匿名举报真伪难辨，容易滋生造谣诽谤，可能导致人人自危的局面。因此，在古代法律中多有对匿名举报的法律制裁，有时甚至十分严厉。

在晋朝以前，对于匿名举报者，最严重的会被处以弃市之极刑。魏明帝时取消了弃市的规定，改为其他刑罚。在唐朝，匿名举报有专门的罪名叫"投匿名书告人罪"，唐朝以后或称"投匿名书告言人罪"等。宋元时期也对匿名举报进行刑事制裁。明清时期对匿名举报的惩处尤为严厉，《大明律》与《大清例律》均有"凡投书匿名文书告发人罪者，绞"的规定。可见，在明清时期，如果匿名举报可能会被处以绞刑，后果非常严重。

微观上，古代民众参与反腐限制颇多

古代对民众参与反腐实施了过度限制之举。以举报的限制

为例，古代对民众的举报设置了诸多限制，包括：一、限制举报权的主体范围。比如，唐律规定，八十岁以上及十岁以下、身体有残疾的人以及在押犯人一般不具有举报权。宋朝对民众的举报也做了类似的限制。二、限制举报的对象。古代长时期实行亲亲相隐的法律制度，如不得告发祖父母、父母，奴才不得告发主子，否则将被处以极刑。三、严厉禁止匿名举报。如唐律规定，凡匿名举报的，轻者杖责五十大板，重者可能被流放。

"民拿害民官吏"制度，作为特殊时期的一项特殊措施，赋予民众的"绑缚起京权"具有不稳定性、非常态性，缺乏法制上的严肃性，不是正常的反腐制度，而是扭曲的反腐制度，对国家正常的司法制度形成较大的冲击，不利于制度反腐的正常运转。

此外，古代还制定了严厉的诬告处罚制度。唐律规定，凡诬告者需反坐；明朝对诬告者的惩处比唐宋时还严重。诬告要追责是现代法治的要求，但问题在于，古代对诬告与告发的区分无论在法律上还是在事实上均达不到今天的水平。因此，诬告反坐往往成为被举报官吏合法打击、报复民众的重要依据与手段，从而在事实上成为限制古代民众参与反腐的重要障碍。

本文发表于2018年9月17日《北京日报·理论周刊》文史版，原题为《古代民众参与反腐的有效与失效》，作者黎瑞当时任职于湖南省纪律检查委员会，蒋建湘当时任职于中南大学

中国商业从"末业"到"主业"的逆袭

李伯重

大多数时候,古代国家重农抑商

商业是社会不可或缺的一个行业,司马迁在《史记·货殖列传》里引用《周书》说:"'农不出则乏其食,工不出则乏其事,商不出则三宝绝,虞不出则财匮少。'财匮少而山泽不辟矣。此四者,民所衣食之原也。"就是说,一个社会必须有农、工、商、虞(采集业)四个基本行业,它们都是人民生活的根本。但是在传统社会中,商业却被称为"末业",农业则被称为"本业"。

即使是对商业比较宽容的汉文帝、汉景帝,也多次下诏强调:"农,天下之本。"明朝建立伊始,明太祖就说:"人皆言农桑衣食之本,然弃本逐末,鲜有救其弊者……朕思足食在于禁末作。"清朝雍正皇帝告诫全国人民"农为天下之本务,

▲西汉史学家司马迁(字子长)在《史记·货殖列传》里引用《周书》说,农、工、商、虞(采集业),"此四者,民所衣食之原也"。图为清朝拓本《历代君臣图鉴》所载司马子长像。

而工贾皆其末也"，并且要求各级官员"平日留心劝导，使民知本业之贵"。所以，中国传统社会中的主流经济思想，就是以农为本，以商为末，"舍本逐末"是不允许的，因此要"重本抑末"。

然而，在任何时代，理念和实际操作都不一定同步，在实践中，不同的执政者也会有不同的取向。为了保证"农本商末"，就必须"重农抑商"，重农是目的，抑商是手段。"春秋五霸"之首齐桓公的大臣管仲就说，"欲杀（抑制）商贾之民以益四郊之民（农民）"。后来，秦国的商鞅进一步发展了重农抑商的政策，将其变为系统的、全面的国策。他采取的手段有：禁止农民弃农经商；加重对商人家庭的赋税；增加交易税与酒、肉买卖的税率，减少商人赢利的空间；实行专卖制度，把最赚钱的买卖拿到国家手里；管制粮食贸易，提高粮食收购价格，不准商人贩运粮食，也不准农民买卖粮食等。秦始皇统一中国后，把重农抑商称为"上农除末"，推广到全国。

当然，在大多数时候，国家实行重农抑商，并不是要完全取消商业，而是要把商业抓到政府手里，变成政府控制的商业。重农抑商的思想和实践对中国历史有深远的影响。因此，许多人认为中国自古以来都是重农抑商，一成不变。

随着历史发展，商业从"末业"变成"主业"

实际上，重农抑商的思想和实践在漫长的历史中也在不断变化。在春秋后期和战国时期，各国为了竞争，采取各种方法来富国强兵，有的国家就鼓励商业。工商业者也逐渐摆脱了官府的控制，获得独立经营的机会，出现了陶朱、猗顿等大富商。

在汉朝的文帝和景帝统治时，奉行黄老之学，无为而治，因此出现了商业繁荣。司马迁描述说："汉兴，海内为一，开关梁，弛山泽之禁，是以富商大贾周流天下，交易之物莫不通，得其所欲。"到了汉武帝当政后，厉行重农抑商，把所有赚钱的活动都抓到政府手中，导致商业走向了衰落。汉朝灭亡后，天灾人祸不断，政府愈加抑商，于是商业沦落到濒临消失的境地。

唐朝中后期，抑商政策放松，商业有了较大发展。到了宋朝，出现了商业的大繁荣，社会对商业的看法和态度也发生了明显的改变。叶梦得从社会分工的角度指出："出作入息，农之治生也；居肆成事，工之治生也；贸迁有无，商之治生也；膏油继晷，士之治生也。"即认为士、农、工、商只不过是不同的治生策略，没有孰优孰劣的问题。大文豪欧阳修说："治国如治身，四民犹四体。奈何窒其一，无异瘠厥趾。工作而商行，本末相表里。"明朝大学者王阳明更主张四民同列："古者四民异业而同道，其尽心焉，一也。"

不仅人们的观念发生了转变，国家政策也在变。到了宋朝，抑商的政策已经放宽了。宋太宗就下诏："除商旅货币外，其贩夫贩妇，细碎交易，并不得收其税"，"两浙诸州，纸扇芒鞋及细碎物，皆勿税"。之后，真宗、仁宗屡下诏令，减免了许多杂税。

明朝后期张居正进行改革，提出了"轻关市以厚商而利农"的"厚商"政策："商不得通有无以利农，则农病；农不得力本穑以资商，则商病。故商农之势，常若权衡……欲民用不困，莫若轻关市，以厚商而利农。"他明确反对国家干预商业，反对官、商（特许商人）分利的垄断性商品专卖制度，提出以"厚商"代替"抑商"。他所要厚待的商人不是盘剥农民的奸商，而是当时新兴的城市工商业者。到了清朝，抑商在国家最高决策层已经不再占重要位置。乾隆皇帝认为："大概市井之事，当听民间自为流通。一经官办，本求有益于民，而奉行未协，转多扞格。"意思是，商品流通这些事，让百姓去做，国家不要管，国家一管就会对百姓不利。可见，到了明清时期，国家已经不再完全重农抑商了。

总之，在明清时期，中国商业呈现蓬勃发展的态势。在此背景下，著名思想家黄宗羲提出了"工商皆本"的观点："世儒不察，以工商为末，妄议抑之。夫工固圣王欲求，商人使其原出于途者，盖皆本也。"也就是说，此时商业已从"末业"变成"主业"之一了。

本文发表于2017年8月7日《北京日报·理论周刊》文史版，原题为《从"重农抑商"到"工商皆本"——中国传统社会商业观的曲折演变》，作者时任北京大学教授

上计：古代沿革千年的财政制度

陈忠海

"上计"是中国古代特有的经济管理制度，早在西周时期，这项制度就已经开始了。《周礼·天官》记载："岁终则令百官府各正其治，受其会，听其致事而诏王废置。三岁，则大计群吏之治，而诛赏之。"意思是：每到年终就命令各级官吏纠正管理中存在的问题，接受上级考核，听取他们对各自政情的汇报，然后请示国君对有功者加以提拔，对有罪者加以惩处；每隔三年，对官吏的政绩进行一次全面考核，将无政绩者撤职惩罚，将政绩突出者提拔奖励。这里强调的是对官员的监督考核，但基础是"受其会"，也就是接受地方官吏对工作的全面汇报，重点是各种财会资料的汇总，这种汇报就是上计制度的雏形。

春秋战国时期诸侯割据，周王失去对地方的控制，无法接受地方上计，但各诸侯国参照了

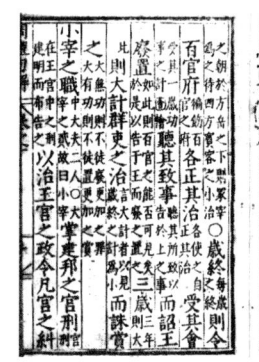

▲早在西周时期，"上计"制度就已经开始了。《周礼·天官》记载："三岁，则大计群吏之治，而诛赏之。"图为南宋文官朝散大夫朱申所撰《周礼句解》书影，明朝嘉靖三十五年（1556年）蔡扬金刊本。

周王的做法，接受管辖区域内地方上计，将每年一次的上计称"岁计"，每三年一次的上计称"大计"。战国时秦国制定《金布律》，其中要求："官相输者，以书告其出计之年，受者以入计之。八月、九月中其有输，计输所远近，不能速（一说"逮"）其输所之计，移计其后年，计毋相谬。工献输官者，皆深以其年计之。"这时的上计，内容中同样强调了财政收入情况，要求更为具体。

上计制度在汉朝得到成熟和发展，汉朝为此专门制定了《上计律》，对这项制度进一步规范。《上计律》规定，各郡在太守之下、各王侯国在国相之下设上计吏，《汉官解诂》描述其职责为："秋冬岁尽，各计县户口垦田，钱谷出入，盗贼多少，上其集簿。丞尉以下，岁诣郡，课校其功，功多尤为最者，于廷尉劳勉之，以劝其后。"各郡国按规定向朝廷呈报"集簿"，其中最重要的内容就是"户口垦田，钱谷出入"，这些不仅是朝廷了解地方财政状况的依据，也是在全国范围内实行财政调度的依据。当财政收支出现不平衡时，通过各郡国调往朝廷、朝廷调往各郡国以及由一部分郡国调往另一部分郡国等实现平衡，这些调度事关地方利益，所以必须有准确的统计数据作为基础。

汉朝对上计制度非常重视，皇帝经常举行盛大仪式接受各郡国的集体上计，也经常亲自召见郡国的上计吏，询问有关情况。对于"集簿"的编制，不仅要求必须准确，不能有水分，而且还要求必须有时效性，在规定时间内完成相关统计，否则将对郡太守、国相、上计吏等相关人员进行处罚，如《汉书》记载，众利侯郝贤"上计谩，免"。对于不认真对待上计的官吏，免官其实是较轻的处罚，情况严重者将被治罪。在交通、通信极为不便的时代，各郡国派往京城的上计吏成为皇帝和朝廷了解地方情况的重要渠道，那些熟悉地方事务、思路清晰、表达能力好的上计吏往往会被朝廷看中，有的被留在中央任职。汉末三国的风云人物公孙瓒、司马懿、邓艾等都曾担任上计吏。

秦汉以后，上计制度仍然存在，但具体内容不断发生变化。随着国家治理机制的不断完善，对地方各类信息采集要求的提高以及手段的日趋多样，按年度实施的上计工作在作用上有所削弱。唐朝时，皇帝仍时而举行受计仪式，但此举多具象征意义，受计的具体工作由尚书令及其左右仆射主管，所呈报的"集簿"也改为"文帐"，涵盖内容更加全面，地方呈报的财政、会计报告也细化至按季、按月、按旬上报，有的甚至还有日报。宋朝以后，皇帝已基本不亲自受计，而是通过调阅地方上报的财政收支报表了解情况。上计制度的弱化，源于该项制度虽然可以及时了解各地情况，尤其财政收支方面的状况，但也有明显缺陷，那就是只能单方面听汇报，在核实报告内容真伪性方面显得薄弱，需要更有效的手段对其予以补充。

监督经济和财政运行情况不同于普通的行政监察，需要有专业的知识和手段。三国时期，曹魏设置比部曹，是尚书台内设的诸曹之一，据《通典》记载，其主要职能为"掌内外诸司公廨及公私债负，徒役工程，赃物账及勾用度物"，也就是对度支、库部、仓部、民曹等经济和财政部门进行审计监督，审计对象包括财政收入、经费支给和使用、重要工程建设进度等，比部曹成为最早的专业审计部门。此后，比部曹或比部始终存在，虽然隶属关系不断调整，但其审计方面的职能日渐清晰。

本文发表于2019年11月25日《北京日报·理论周刊》文史版，原题为《上计：千年沿革的财政制度》，作者为文史学者

中国古代如何以法抗疫

王宏治

在人类与自然界的斗争之中，与疾病的斗争是最重要的内容之一。中国是文明发达较早的国家之一，我们的祖先很早就有与疾病斗争的经验，除了医药学的发展外，国家采取法律措施，利用整个社会的资源，有组织地与暴发性的传染病进行斗争也是我国古代战胜流行性疾病的重要方法。

自古就注重立法规范人们行为，防止疫病发生

据邓拓先生在《中国救荒史》一书中统计，我国在两周时期，仅有一次疫病流行的记载，秦汉时期十三次，三国两晋时期十七次，南北朝时期十七次，隋唐五代时期十七次，两宋金元时期三十二次，明朝六十四次，清朝七十四次，民国六次。以上仅为见于正史的记载，用挂一漏万来形容，恐不为过，局部性的疫情，多不见史载。

由于疫病发生得频繁，古代统治者很早就注重使用法律手段来防治疫病。例如，我国的法律很早就有了保护环境资源、保护环境卫生的规定。《逸周书·大聚解》载周公说："禹之禁：春三月，山林不登斧，以成草木之长；夏三月，川泽不入网罟，以成鱼鳖之长。"《韩非子·内储说上》载："殷之法，刑弃灰于街者"；"殷之法，弃灰于公道者，断其手"。有人认为这是禁止向街道倾倒垃圾的规定，用重刑惩治破坏环境的行为。西周时，治国的指导思想是"明德慎罚"，强调"德治"，用礼来规范人们的行为。《礼记·月令》将人与环境的关系全部纳入礼法范畴，秦将其中一些内容编入《田律》。又据《法律答问》可知，秦朝已有专门安置麻风病人的隔离机构，称

▲为了防疫，我国古代就有禁止向街道倾倒垃圾的规定。《韩非子·内储说上》记载："殷之法，刑弃灰于街者。"图为清朝嘉庆二十三年（1818年）吴鼒据宋朝乾道元年（1165年）黄三八郎本影抄复刻本《韩非子》书影。

为"疠迁所"；而《封诊式》则有专门诊断、鉴定麻风病的"爰书"。汉朝承用秦律，这些规定依然有效。综上所述，秦汉以前基本上是采取保护环境资源和保护环境卫生的方式，来防止疫病的发生和蔓延。

东汉末年连续的瘟疫使执政者认识到，仅仅靠预防，不能对已然发生的疫病有所作为，还须进一步加强对疾病的治疗和救济。对老年人、妇女、儿童进行救济，并适当减免百姓赋税，这是救灾的重要手段。为防止瘟疫的扩散，晋朝立制："朝臣家有时疾，染易三人以上者，身虽无病，百日不得入宫。"说明当时已有对病人及其家属进行隔离的意识，以致在穆帝永和

末年（约356年），因疫情严重而出现了"百官多列家疾"，不入宫朝奉，"王者宫省空矣"的状况。皇帝派御医上门为患病的大臣视疾诊疗，并赐以药物。地方百姓染病，诏郡县备医药救治，甚至连监狱里的囚犯有病也要给医药。

关于医院，早在春秋时，齐国管仲为残疾人和染有疾病的人设立专门的馆舍收养之。南北朝受外来佛教思想的影响，始为"贫病不能自立者"设立医院性质的医疗机构，称为"馆舍"。北魏世宗（宣武帝）永平三年（510年），颁诏："敕太常于闲敞之处，别立一馆，使京畿内外疾病之徒，咸令居处。严敕医署，分师疗治。"这是国家管理的医院性质的机构。此外，较大的佛寺也办"悲田养病院"，收治无家可归的病人和老人。武则天时，设专使管理。又有病坊收管病人，国家出本钱，以利息给养之，并派专使设专门机构管理之。宋朝以后，病坊制度继续沿用，并且形式更加多样化：安济坊，是佛教寺院开办的，为贫困百姓治病疗疾；养济院，为外来患病人员治疗；福田院，设于京师四郊，专门收养孤、寡、老、病之人；漏泽园，安葬贫困死者及无主尸骨，等等。

在对待疾病的问题上，医学与巫术总是在斗争的，由于时代和科学水平的限制，二者不免有交叉。古代医学中虽不乏迷信的成分，但因中国古代的正统学说是儒学，而儒学的鼻祖孔子就不迷信"怪、力、乱、神"，因而中国的医学教育也基本上是在儒学思想的指导下进行的，尤其是隋朝实行科举制后，中央设太医署，隶属太常寺，主管医政管理和医学教育，使巫术的存在更加有限。唐朝虽承隋制，但将给皇室治病的业务归入殿中省的尚药局，太医署成为专门的医学教育部门，可以说是世界上最早的医学院。其分科有四：医师、针师、按摩师、咒禁师，皆以博士为教师，此外还有药物学的采药师，学制为九年，在校生有数百人之多，甚至日本、朝鲜的留学生也在此学医。医学教育的发展，对医学医药知识的普及起着重要的作用，进而对于突发性流行病的预防与治疗具有重大意义。地方长官不信鬼神，不听巫术，能断然采取正确措施，使瘟疫造成的损失降到最低限度。

古代采取法律手段、多措并举防止疫病流行

历史研究发现，中国古代统治者重视以法律手段防止疫病流行，表现在以下几个方面：

首先，注意环境保护，对山林、湖泊、田野等自然资源，以立法的方式，施行保护性开发利用，不能竭泽而渔。如"非时烧田野者，笞五十"；"占固山野陂湖之利者，杖六十"；对于破坏环境卫生的行为，也要惩处，主管者没有禁止，与之同罪，"其穿垣出秽污者，杖六十"；"主司不禁，与同罪"。

其次，国家直接对医药行业实行强制性管理。晋朝已有《医疾令》，唐朝进一步发展完善。又如汉朝诞生的《神农本草经》，因辗转传抄、增修，经南北朝后，已较混乱。唐高宗显庆四年（659年），由宰相领衔，尚药局与太医署共同编纂了《新修本草》，后世又称为《唐本草》，这是世界历史上第一部由国家颁布的药典，分为目录、本草正文、图、图经四部分，载药八百五十种，对药品实行国家管制。后图与图经散失，宋朝仁宗时又组织全国一百五十多个州郡，将各地所产的药物，绘制成图，连同标本送京，完成了我国第一部由政府组织绘制的药物图谱，称为《本草图经》。医学教育除设立教学机构外，国家对学制、教材、教学方式、考试方式等都有具体细致的规定。

再次，对于突发的瘟疫，国家已有一套较为成熟的应付办法。如太医署每年都要根据时令准备药物，对伤寒、疟疾及金疮之药，必须有充足的备用品，以备不时之需。军队出征及重大工程项目之处，五百人以上，太常寺委派医师一名随队出行。这些都是法律的强制性规定。所以每有疫情，政府的措施是较快的，局部疫情由地方官直接处理，"郡县给医药"；若涉及的区域较大，朝廷则派朝官出使，视察疫情，派人送医、送药。对于传染病，国家要求采取隔离措施，在京师者，疫情严重时，可以"废朝"。

最后，当疫情发展到严重影响人们生产、生活时，国家就要采取进一步措施，如减免赋税，减轻徭役，发放赈灾的救济粮款，对死伤损失重大的家庭，给予特殊的补助，如老年人、妇女、儿童往往补贴更多一些。在发生重大的灾害时，国家还要颁布大赦令，对严重犯罪者减轻刑罚，一般犯罪者则可免罚，这也是让劳动力回到生产领域的措施。同时，国家要停止一些重大工程，以减轻民众负担。

当然，我们也要看到，古代社会是专制社会，存在着阶级压迫，尽管国家有着相当成熟的法律制度，但官吏的腐败是这个制度的痼疾，好的法律措施，未必就能处处得到认真的执行，贪官污吏往往利用自然灾害，牟取私利，发国难财，使本来应该限制在很小范围内的灾害扩大成为全局性的重大灾害。这也是我们应当注意的最重要的问题之一。

本文发表于2020年2月17日《北京日报·理论周刊》文史版，原题为《不信鬼神　不信巫术——中国古代依法促进多措并举防疫抗疫》，作者时任中国政法大学法律史学研究中心教授

古代的防疫与疫苗

陈忠海

古代"以毒攻毒"的免疫观

中国古代习惯将疾病称为"疾疫",其中"疾"是指普通的、一般不具传染性的疾病,"疫"是指流行性传染病,这种分法符合现代医学的观点。世界卫生组织有关报告指出,危害人类健康最严重的疾病有四十八种,其中属于传染病的就有四十种。相比而言,"疫"比"疾"更可怕,它每次大规模发生都会给人类造成严重灾难,中国自商周时代起到近代,有文字记载的疫情频频发生,其中大疫至少有五百次,多次出现"白骨露于野,千里无鸡鸣"的悲惨景象。

在与疫病做斗争的过程中,人们发现可以通过有限度的主动感染方式,使人体对某种传染病产生特异性免疫功能,从而避免疫病的发生。东汉王充在《论衡》中提出"夫治风用风,治热用热,治边用密丹",他将这种方法称为"以类治之",通俗一点儿说也就是以毒攻毒,这种治疗思想在中国最早的医学著作《黄帝内经》中就有阐述,《黄帝内经》认为治病要用"毒"药,没有"毒"性的药治不好病。

虽然古代的人们对疫病的认识还十分有限,难以从机理上全面揭示疫病并提出科学的防疫措施，但以毒攻毒的免疫观仍然具有朴素的科学道理。这是因为，在人的身体中有一些先天性免疫功能，被归结为人体的"非特异性免疫"，除此之外，还可以通过一定途径得到"获得性免疫"，它虽不是人类生来就有的，但通过感染某种病原体或接种该病原体的疫苗可以产生针对该种疫病的抗体，从而达到免疫功能。

以毒攻毒的免疫观是何时开始应用于实践的？由于文字记载有限，这方面的早期临床探索与应用情况已不得而知。最早的文字记载出现在东晋葛洪所著的《肘后方》中，该书又名《肘后备急方》，是中国第一部临床急救手册，主要记述了各种急性病症及某些慢性病急性发作的治疗方法，对天花、恙虫病、脚气病以及恙螨等的描述都属首创。

《肘后方》载有"治卒有狾犬凡所咬毒方"，也就是狂犬病的治疗办法，其中一个办法是："乃杀所咬之犬，取脑敷之，后不复发。"意思是，把咬人的狂犬杀了，把它的脑浆取出来敷在被咬的地方。这种方法是人们在长期实践中总结出来的，为了不患上某种同样的疫病，人们用捣碎、研磨等物理办法把发病个体的组织、脏器等制成"药物"，其作用相当于原始疫苗。

这种办法虽然原始，却有一定的科学道理。最早制造出现代意义上狂犬病疫苗的是法国微生物学家巴斯德，他领导的研究小组在19世纪末制备狂犬病疫苗时，一开始想采取体外培养的方式获取狂犬病病毒，但都失败了，最后发现在感染该病毒的动物的脑组织和脊髓中存在大量病毒，于是设法将其接种到家兔的脑中，经过处理后制备出了狂犬病疫苗。

古代接种疫苗的方法

在古代的各类传染病中，天花是一种令人谈虎色变的病种，它是由感染天花病毒后引起的，感染后会出现严重的寒战、高热、乏力、头痛、四肢及腰背部酸痛等症状，皮肤上成批地依次出现斑疹、丘疹、疱疹、脓疱等，有较高的致死率。

在中国早期古籍中把天花称为"虏疮"，相传它是由战俘传入中国的，最流行的说法是，东汉初年马援"击虏"，随后天花开始大面积传播。那次战争发生在汉光武帝建武二十年（44年），马援凯旋回朝后清查人数，发现近一半的将士并非死于征战，而是死于"瘴疫"，通常认为这里的"瘴疫"主要指的就是天花。以后，天花又被称为"豆疮"或"痘疮"，这是因为天花发病时会产生疱疹、脓疱，痊愈后会留下瘢痕。天花不断发威，一直到明清时代仍然是致死率极高的流行性疫病。明朝医学著作《痘疹世医心法》记载："嘉靖甲午年（1534年）春，痘毒流行，病死者十之八九。"

为了应对天花肆虐，人们进行了艰辛的探索。葛洪在《肘后方》中就记录了两个治病药方，一个方法是：用上好的蜂蜜涂抹全身，或者用蜂蜜煮升麻，大量饮用；另一个方法是：用水煮升麻，用绵蘸着涂抹疮面，如果用酒浸渍升麻更好，但会剧痛难忍。

但是，天花作为烈性传染疾病，注射疫苗才是最好的方法。中国古代医学有以毒攻毒的传统，也有在狂犬病、伤寒病等方面类似疫苗方法进行治疗的实践，针对天花，人们逐渐探索出了接种"人痘"来阻止其传染的手段。所谓"人痘"，就是以人所感染的天花病毒为材料，主动地让未感染的人接触这种毒素，以达到产生天花病毒抗原体的目的。

这种方法最早较为简单，主要有"痘衣法"（取天花患儿的贴身内衣给没有患过天花的孩子穿几天）和"痘浆法"（在天花患者疮口处用棉花蘸脓水等所谓"痘浆"塞入被接种者的鼻孔里）两种方法，虽然容易操作，但成功率不高，于是人们进行了改进，又发明了"旱苗法"，将天花结的痂取下，研成细末，用一个弯曲的管子吹入被接种者的鼻孔。但这种办法也有缺陷，"旱苗"进入鼻腔后往往会刺激鼻黏膜，使鼻腔内的分泌物增多，造成接种失败。

于是人们又进行了改进，发明了"水苗法"，将痘痂研为细末，用净水或人乳调匀，把干净的棉花摊成薄片，用棉花薄片裹着调好的痘苗，团成枣核状，用线拴着塞入鼻孔中，十二小时后取出。这种方法的成功概率比较高，是古人总结出来接种"人痘"效果最好的方法。

"人痘"接种法很早就在中国开始了应用，清朝医学著作《牛痘新书》认为："自唐开元间，江南赵氏，始传鼻苗种痘之法。"在唐朝孙思邈《千金要方》中也有"取患疮人疮中汁黄脓敷之"这样的治疗方法记载。不过，由于相关记载较为简略，所以也有人认为"人痘"接种法诞生于宋朝。还有一些学者认

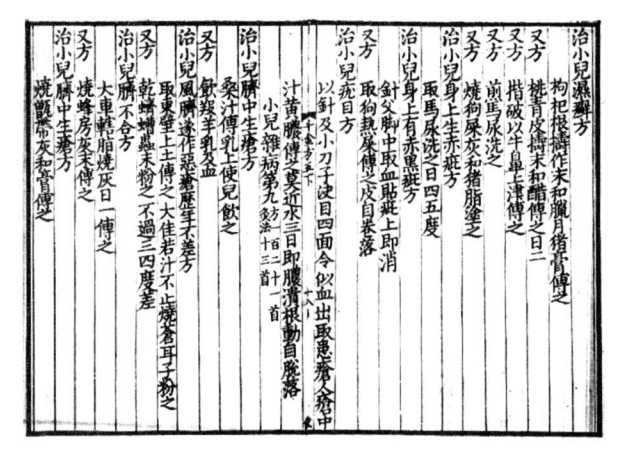

▲中国很早就有"人痘"接种法，唐朝孙思邈所著《千金要方》中有"取患疮人疮中汁黄脓敷之"的治疗方法记载。图为清朝光绪四年（1878年）长洲黄学熙刊江户医学据北宋本影刻本《千金要方》书影。

为，明朝隆庆年间宁国府太平县天花流行，当地的医师们用"人痘"接种法进行防疫，这才是人类历史上最早将"人痘"接种法大规模应用于临床治疗的标志。

即便认为"人痘"接种法成熟运用于临床实践是在16世纪明朝中叶，那也是一件了不起的事。这种办法拯救了成千上万人的生命，清朝另一部医学著作《种痘新书》记载："种痘者八九千人，其莫救者二三十耳。"法国哲学家伏尔泰曾在《哲学通讯》中专门称赞过中国人的这种伟大创造："这是被认为全世界最聪明、最讲礼貌的一个民族的伟大先例和榜样。"

本文发表于2020年2月10日《北京日报·理论周刊》文史版，
原题为《古代的防疫与疫苗》，
作者为文史学者

古人解决纠纷靠官也靠民

范忠信

中国传统社会的法律遗产很丰富,尤其是在运用司法解决纠纷方面,有值得思考之处,兹举几例。

小诉不受

官府不受理小案子。这是中国古代的实际制度,很早就有。中国古代的地方政府不像现在,会受理很小的官司。古代法官遇到小案子一般不会受理。小诉不受差不多成了国家司法的一个基本原则,很多案子就是通过这样一个不了了之的途径解决的。

官批结案

一个诉状呈上来,县太爷一看,马上提笔在上面写下关于法律是非的批语,作为对案件的解决意见,然后张贴在政府公告栏里。人们一看就知道,县太爷说,是谁对谁不对,是谁有理谁无理;大家都认为没有什么不妥当,那么这个纠纷就此了结。通过官批解决的纠纷,可能占官府案件的百分之六七十。

官批民调

知县将纠纷批转,"着乡党处理""着宗族处理",即打回民间解决。宗族得到这个批语,一般很重视,马上按情理或官府的意图进行调处。因为要是宗族不能解决的话,这个宗族就会被人瞧不起。这实际上是一种官民结合的纠纷解决办法。这种办法大大发挥了民间组织的纠纷解决作用,有利于减少纠纷和即时解决纠纷,也有利于纠纷解决的结果被大家更心平气和地接受。

送惩制度

古代有所谓送惩制度。家长对自己的不肖子孙,可以将其扭送到官府,要求官府惩处。官府如何制裁呢?办法很简单,你家长说怎么制裁就怎么制裁。如果家长说把他流放到贵州,官府就把他流放到贵州。中国古代的这种机制是让家长的权威和国家的权威结合起来,这也是一种解决纠纷的思路。这种送

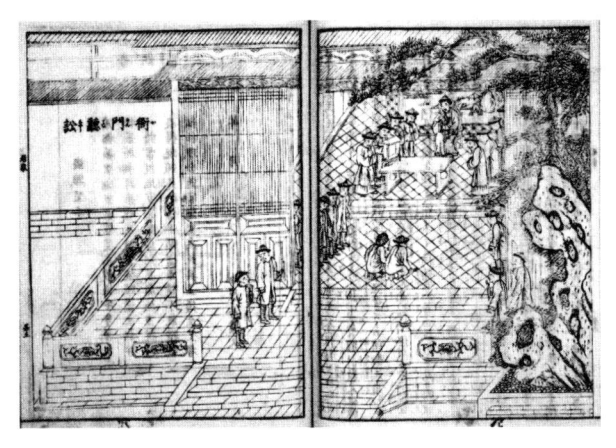

▲中国古代解决纠纷的思路就是:官民结合,尽可能用社会的手段方式来解决。图为日本长崎地方长官中川忠英所辑《清俗纪闻》所载"衙门听讼"场景,日本宽正十七年(1799年)刊印。

惩制度在现代社会还有。我上次在报纸上看到西班牙就有这样一种法律，它规定：父母不能体罚子女，但是父母可以把不听教育的子女送到违警法庭，由违警法庭根据父母的意见来处罚。看来中国古代的思路在西班牙得到了弘扬。我们的《未成年人保护法》规定不能对孩子实行任何体罚。这是对的，但是，当小孩子冥顽不灵时，痛惩大概是让他接受教训的最好办法。不能体罚，实行某种劳役的惩罚也许是必要的。西班牙这个规定证明，要是把家长权和国家权结合起来解决纠纷，很多事情就好办多了。不久前有个案子，一个小伙子吃喝嫖赌，横行乡里，无恶不作，许多人告到公安局，都不管。于是，他的父母一天晚上趁他睡着了，用一根绳子把他绑住杀了。后来，公安局把这对夫妻抓起来了，当地几百人联名上书，放起鞭炮，为这对夫妇开脱，说他们是在为民除害。你们看，假如我们有中国古代或现代西班牙那样的一种送惩制度，这个事件也许就不会出现。

  关于中国古代解决纠纷的思路，其中非常重要的一条就是：社会应当成为纠纷解决的重要主体，官民结合，尽可能用社会的手段方式来解决，不应当光指望国家用强制力解决一切纠纷。

本文发表于2011年9月19日《北京日报·理论周刊》文史版，原题为《古人怎样用司法解决纠纷》，作者时任杭州师范大学法学院教授

唐朝区分"公罪""私罪"有学问

王　菲

如何通过法律制度建设鼓励官员大胆开展工作,又杜绝其以权谋私,是个值得研究的话题,唐朝法律关于"公罪"与"私罪"的区分给我们很多启示。

唐律中明确把官吏的犯罪行为划分成"公罪"和"私罪"两大类。"公罪"也称"公坐",《唐律疏议》解释说:"私曲相须。公事与夺,情无私曲,虽违法式,是为公坐。"就是说,"公罪"是因承办公事不力、失误或者差错,而不是出于个人的私心或出于私利的目的。这就意味着"公罪"的确定,主要是考察官吏主观上是否有"私心"或有"私利目的",而不是看其行为后果是否"违法式"。换言之,"公罪"就是官吏在执行公务过程中,"出以公心"的违法行为。因为"违法式"既可与"公心"相关系,也可与"私心"相联系。

关于"私罪",唐律注云"谓私自犯,及对制诈不以实,受请枉法之类"。疏议进一步解释说:"私罪,谓不缘公事私自犯者,虽缘公事,意涉阿曲,亦同私罪。"也就是说,承办公事时,出于私心动机,迎合上级或皇帝好恶,不讲真话,也和"私罪"相同。具体如"对制诈不以实者,对制虽缘公事,方便不吐实情,心挟隐欺,故同私罪。受请枉法之类者,谓受人

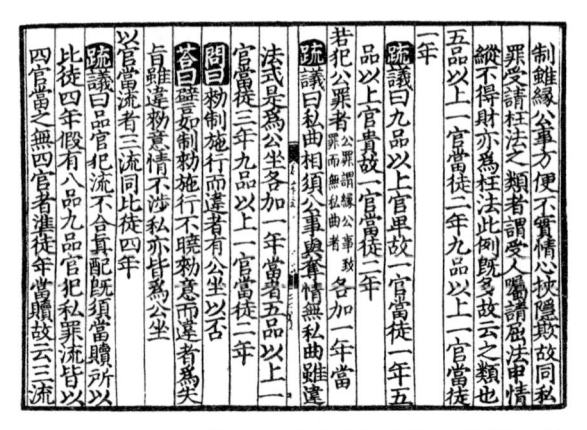

▲唐律中明确把官吏的犯罪行为划分成"公罪"和"私罪"。《唐律疏议》记载:"私曲相须。公事与夺,情无私曲,虽违法式,是为公坐。"图为1936年上海商务印书馆编印的《四部丛刊三编》所载影印本《故唐律疏议》书影。

嘱请,屈法申情,纵得财,亦为枉法"。

"公罪"和某些"私罪"的行为主体都是执行公务的各级封建官吏,但是并非都与官吏职务行为直接相关。"公罪""缘公事致罪而无私曲",与官吏职务相关;至于"私罪"则应该区别对待,既不能全部都认定为与职守相关,也不能因有"私"而全部认定为官吏个人的私的行为。因为唐律中的"私罪"并非都是纯粹的"私的行为","私罪"可以有两种情况:其一,与公事根本无关而违法犯罪,如个人盗、奸等行为;其二,利用职权贪赃枉法或诈取私利。前者是封建官吏的"私的行为",与官吏的公务职责根本无关,完全是个人行为,抛开官吏这一特定犯罪主体身份,任何人均可为之。这部分"私罪"应划到职守范围之外。后者之所以称为"私罪",是因为其行为动机出于私利,但是与公事有关,或者直接利用执行公务职责之便,或者间接借助拥有的权势。

依照台湾学者戴炎辉在《唐律通论》中的观点,"公罪"就是行政犯。那么,"公罪"应受违纪处分。只是在性质界定上明确区分了"公罪"和"私罪",同时唐律对待"公罪"和"私罪",分别按不同情况量刑,其基本原则是公罪者减轻,私罪者从重。官吏犯"公罪",即使主观上无犯罪故意,主观心理属于不觉或不知情,大多数情况下也仍要被处罚,只不过在量刑上有所减轻。

总之,唐律"公罪"和"私罪"的区分是合理的。从行为人主观状态角度来区分,"公罪"多出于过失,"私罪"多出于故意。从惩处原则角度来区分,对"公罪"的处罚要轻于"私罪"。如此规定,既有益于整治监督官吏的职守活动,也可以充分发挥官吏职能管理的积极性,同时鼓励官吏执行公务时坚持原则,不怕得罪上级和皇帝,坚持个人操守,务求清白,决不能贪赃枉法。"公罪"和"私罪"的规定,不仅反映了中国古代定罪量刑原则的科学性,同时也体现了古代官吏为官之道所追求的理想。

宋朝范仲淹曾言"作官公罪不可无,私罪不可有",为官若勤于公务,无法避免地会有失误,若怕犯错而懒惰疏怠,绝非正直高尚的人所应为。中国古代等级森严,做官若得罪上级和皇帝,就无法指望升迁,甚至会获罪入刑。坚持原则,不逢迎上级或皇帝,不计较个人的得失荣辱,当然是一种很高的情操和修养。这是中国古代有责任心、使命感的封建士大夫为官的自我约束，是传统道德背景下的中国古人所追求的为官之道，于古有益，于今也应提倡。区分"公罪"和"私罪"，以此鼓励官吏从事公务而无"私曲"的积极性，对于澄清吏治，强调官吏的道德操守，加强廉政建设，无疑具有现实借鉴意义。

本文发表于2012年7月23日《北京日报·理论周刊》文史版，原题为《唐代区分"公罪"和"私罪"的启示》，作者当时任职于北京行政学院法学部

古代调解息讼"以和为贵"

张晋藩

中国古代司法并非一味以刑杀为威,相反,所追求的是"讼简刑清",力求实现刑措而不用的和谐社会。孔夫子说"听讼,吾犹人也,必也使无讼乎",发挥了长久的影响作用。历代所谓"盛世",其重要标志之一就是"法致中和,囹圄常空"。"以和为贵"的司法理念在实践中即表现为调解息讼。

唐朝:调解息讼渐成风气

早在汉朝已经有调解和息争讼的史例。据《后汉书·循吏列传》记载,刘矩为县令时,"民有争讼,矩常引之于前,提耳训告,以为忿恚可忍,县官不可入,使归更寻思,讼者感之,辄各罢去"。韩延寿为左冯翊守时,"民有昆弟相与讼田,自言",韩延寿自责未宣明教化,遂闭门思过。两昆弟深刻自悔,表示终

▲《汉书》记载,韩延寿为左冯翊守时,"恩信周遍二十四县,莫复以辞讼自言者"。图为清朝光绪时期五洲同文书局石印本《汉书》书影。

死不再相争。韩延寿以此"恩信周遍二十四县,莫复以辞讼自言者"。

至唐朝,礼法结合进入新阶段,司法官多以伦理为据调解争讼。例如开元中韦景骏任肥乡令,"县人有母子相讼者,景骏谓之曰:'吾少孤,每见人养亲,自恨终无天分,汝幸在温清之地,何得如此?锡类不行,令之罪也。'因垂涕鸣咽,仍取《孝经》付令习读之,于是母子感悟,各请改悔,遂称慈孝"。有些著名的良吏致仕以后,乡人也请其裁决纷争。唐高宗时,元让以太子右内率府长史任满还乡,"乡人有争讼,不诣州县,皆就(元)让决焉"。这说明唐时调解息讼渐成风气。

宋时调解称为"和对",已有官府调解、乡曲亲戚调解、宗族调解之分,而且趋向制度化。元朝调解结案以后,严定不许再起讼端。

清朝:调解息讼是考察地方官的重要指标

至清朝,调解息讼案件的形式已经多样化和规范化。清朝,调解分为州县官调解与民间调解两类。州县官调解是在州县官主持下对民事案件和轻微刑事案件的调解,是诉讼内调解,带有一定的强制性。根据档案材料,在当事人"吁请"息讼的甘结中,双方都申明"依奉结得",即遵命和息。州县官还通过"不准"状的办法,促成双方和解,所谓"善批者可以解释诬妄于讼起之初"。

由于调解息讼是州县官的治绩和"大计"（考察地方官）的重要指标，因此州县官对于自理案件，首先着眼于调解，调解不成时，才予以审结。康熙时，陆陇其任河北灵寿县知县，每审民事案件，则传唤原告、被告到庭，劝导双方说："尔原（告）被（告）非亲即故，非故即邻，平日皆情之至密者，今不过为户婚、田土、钱债细事，一时拂意，不能忍耐，致启讼端。殊不知一讼之兴，未见曲直，而吏有纸张之费，役有饭食之需，证佐之友必须酬劳，往往所费多于所争，且守候公门，费时失业。一经官断，须有输赢，从此乡党变为讼仇，薄产化为乌有，切齿数世，悔之晚矣。"

中国古代民间调解形式多样

民间调解是诉讼外调解，其主要形式有宗族调解、乡邻调解和基层保甲长调解，而以宗族调解最为普遍。族内调解一般先由族长剖决是非，不得轻易告官涉讼。安徽桐城《祝氏宗谱》规定："族众有争竞者，必先鸣户尊、房长理处，不得遽兴讼端。"江西南昌《魏氏宗谱》也规定："族中有口角小愤及田土差役账目等项，必须先经投族众剖决是非，不得径往府县诳告滋蔓。"由此可见，民间发生的大量民事纠纷，在告官兴讼之前，往往在家族内部经由族长调处化解。但由于宗族内部成员在身份上有严格的尊卑之分，又有远近亲疏的支派之别，特别是门房的人丁财势有强弱，嫡庶之间法定的权力有高下，因此族内成员在接受调处时，往往因其在族内的地位而处于不平等的状态，说明宗族调处也带有某种强迫性。

至于乡邻调解，在中国也有着深刻的社会原因。中国古代封闭式的经济、政治环境，形成了安土重迁的观念，由此而产生了强固的地缘关系。乡邻之间几代人比邻而居，有无相通，患难相扶，一旦发生争讼，乡邻调解也可以起到一定的作用。

调解息讼反映了和谐和睦的民族精神

调解息讼之所以成为司法的一个传统，除儒家思想的影响和州县官追求政绩外，也与皇帝的指向密切攸关。例如，康熙《圣谕十六条》明确要求："敦孝悌以重人伦""笃宗族以昭雍睦""和乡党以息争讼""息诬告以全良善"。

调解息讼的司法传统，反映了中华民族重和谐和睦的民族精神。中华民族在发展的过程中受到伦理道德的影响，以宗族内部的和睦相处为重要的价值取向；又在生产生活的斗争中体验到人与人之间只有和睦相处，互相帮助，才能取得生存与发展的机会。正是这种朴素的规律性的认识，使得中华民族形成了以和为贵、以争为耻的理念。在固有国情影响下形成的稳定的血缘关系和地缘关系，也为重和谐和睦的民族精神的形成提供了重要条件。如同宋人胡石壁所说："大凡乡曲邻里，务要和睦。才自和睦，则有无可以相通，缓急可以相助，疾病可以相扶持，彼此皆受其利。"这种民族精神不仅缔造了调解息讼的司法传统，而且还是中华民族凝聚力之所在和多元一体的民族关系赖以形成的重要因素。

本文发表于2018年4月16日《北京日报·理论周刊》文史版，
原题为《"法致中和，囹圄常空"——
中国古代为何有调解息讼的司法传统》，
作者为中国政法大学终身教授，
时任中国政法大学法律史学研究院名誉院长

"以五声听狱讼"：古代独创的司法心理学

张晋藩

"以五声听狱讼"是司法心理学的一大创造，在中国古代的影响极为深广。

西周初期，在摒弃商朝神断法的基础上，经过对司法经验的认真总结，形成了"五听"的审判方法。《周礼》记载："以五声听狱讼、求民情。"所谓"五听"，"一曰辞听，二曰色听，三曰气听，四曰耳听，五曰目听"。对此，东汉的郑玄注释如下："观其出言，不直则烦；观其颜色，不直则赧然；观其气色（一说"气息"），不直则喘；观其听聆，不直则惑；观其眸子视，不直则眊。""五听"是在总结大量司法实践经验与研究犯罪者心理变化的基础上所形成的司法心理学，或称司法的心理观察。在物证技术不发达的中国古代，司法官逐渐以人的心理状况为观察对象，借以发现案情的真相，而不是简单地一味诉诸占卜或神判，这种远神近人的做法为中国古代的司法烙上了人文精神的鲜明印记。现代司法中所应用的测谎仪器，也不外乎是用现代的科学仪器侦测犯罪者的心理反应而已。

"以五声听狱讼"的影响甚为深广。西晋的张斐论证说："夫刑者，司理之官；理者，求情之机；情者，心神之使，心感则情动于中而形于言，畅于四肢，发于事业。是故奸人心愧

"以五声听狱讼"：古代独创的司法心理学

▲西周初期，经过对司法经验的认真总结，形成了"五听"的审判方法。《周礼》记载："以五声听狱讼、求民情。"图为明朝刻书家吴兴凌杜若校刊朱墨套印本《周礼》书影。

而面赤，内怖而色夺。论罪者务本其心，审其情，精其事，近取诸身，远取诸物，然后乃可以正刑。"此论以心理学为依据对"五听"做了进一步诠释。

北魏的李惠每次断案必"察狱以情，审之五听"。《唐六典》引《唐令》规定："凡察狱之官，先备五听，又稽诸证信，有可徵焉而不肯首实者，然后拷掠，二十日一讯之。"

宋朝的郑克在《折狱龟鉴》中结合审判实践对"五听"做了进一步的阐明："夫察奸者，或专以其色察之，或兼以其言察之。其色非常，其言有异，必奸诈也，但不可以逆疑之耳。见其有异，见其非常，然后案之，未有不得其情也。""奸人之匿情而作伪者，或听其声而知之，或视其色而知之，或诘其辞而知之，或讯其事而知之。"

综上可见，早在公元前11世纪左右司法制度已经摆脱了神断的约束，而集中到对人的观察。"五听"不是唯心主义的主观臆断，而是以一定的经验和心理观察为基础的，它与现代的司法心理学基本吻合。现代心理学创始人之一、奥地利精神病学家阿德勒曾经提出："按照个体心理学的理解，个体的行为是由个体的整体人格发动和指引的，因此，个体心理学关于人的行为的所有陈述都精确地体现了这些行为之间的相互关系，个体的行为反映了个体的心理活动。"

"以五声听狱讼"是司法官断案初期的一种方法，仅据此还不足以剖白案情，简单地凭察言观色断案有时也会造成司法官的主观臆断。要达到司法公平公正的要求，更重要的还在于证据充分和用法得当。中国古代经过漫长的司法历程，最终形成了一套较为完整的证据制度，对于证据的收集、采择、辨析、运用都做了较为详尽的规定，从而又将"五听"置于可靠的物质材料之上，弥补了"五听"的不足。

本文发表于2014年8月25日《北京日报·理论周刊》文史版，
原题为《以五声听狱讼》，
作者为中国政法大学终身教授

古代司法官如何写判词

张晋藩

判词是司法官对其所审理案件做出结论的文字表达形式。判词的发展是和司法的程序化、制度化及司法官素质的提升分不开的。判词既然是文字表达形式，因而与其同时代的文化倾向、文风密不可分。判词有骈体与散体之分、实判与拟判之别。但无论是哪一种判词，即使是拟判，都要求规范性和合理性，至少在文字上要注重逻辑。不可否认，有的判词作者炫弄文字技巧流于形式主义。但在大多数情形下，制作判词对于司法官是一种逻辑条理的训练，目的是使司法官认真对待司法，准确适用法律。这与历代司法强调的"慎刑宪"观念是一致的。

至唐朝，无论司法的程序、审理、宣判、执行均已法律化、制度化，由此而推动了判词制作的规范化。但现存唐朝司法实践中的判词尚不多见，而文人骚士所制作的拟判却多有流传至今者。这是适应当时朝廷选官的需要并与当时的文化趋向分不开的。唐朝重法制，科举设明法科而又以"判"作为选官的标准之一，即所谓"身言书判"。欲登龙门者遂多在判词上下功夫，为满足学判的需要出现了拟判之作。所谓拟判，并非真实的案例而多为虚拟，且多受六朝骈体文风影响，注重文字上的雕琢，形成了唐朝骈体的判词文化。

遗留至今具有代表性的有张鷟的《龙筋凤髓判》、白居易的《白乐天集·甲乙判》等著作，《全唐文》《文苑英华》中也收录了很多拟判作品。

现举《龙筋凤髓判》中"司勋二条"判词之一为例：

> 洛阳人祁元泰贿司勋令徐整，作伪勋插入甲，奏大理，断泰为首，整为从，泰不伏。止戈为武，靖乱之嘉谋，致果为毅，安边之茂轨。畴庸命赏，将酬犬马之功，书劳策勋，用答鹰扬之效。祁元泰奸回是务，逞狙诈于千端，徐整干没为怀，纵狼心于百变。勋随笔注，官逐贿成，将此白丁，插名黄绶。虽复龙蛇共泽，善恶斯殊，终是鸡鹤同群，是非交错。整行诈业，泰受伪勋，两并日拙为非，一种雷同获罪。执行故造，造者自合流刑，嘱请货求，求者元无首从。

宋朝也是以明法相尚的朝代，尤其重视案件的审情酌理、查验是非，因而出现了《折狱龟鉴》《洗冤集录》等传世之作。南宋汇编成书的《名公书判清明集》收录了朱熹、真德秀、吴潜、徐清叟、王伯大、

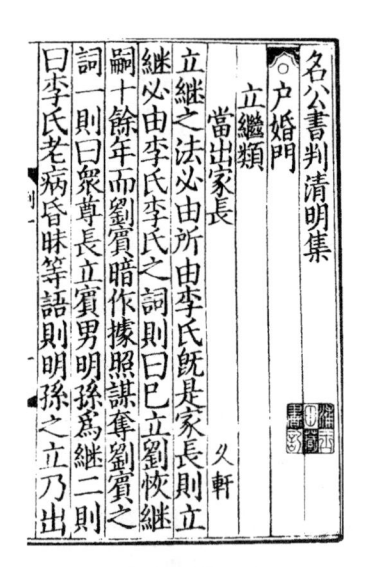

▲南宋汇编成书的《名公书判清明集》收录了朱熹、真德秀、吴潜、徐清叟、王伯大、蔡抗、赵汝腾等二十八位地方官处理诉讼的一百一十七篇判词。图为宋本《名公书判清明集》书影。

蔡抗、赵汝腾等二十八位地方官处理诉讼的一百一十七篇判词，均为实判。在文体上褪去骈体之风，改为散文体。判词中多引通用的法律条文，这是与宋时入仕之官读书读律分不开的。有宋一代的判词文化以质朴著称。

明清两朝进入封建末世，由于制艺是入仕的敲门砖，书判已经退出选官之门，因此为官者多不知法，所作出的判词或出于刑幕之手，或主官己作，多为寥寥数语。但也不乏贤吏的名判之作，且多有传承唐宋判牍的遗风。明朝时有李清《折狱新语》收判词二百三十篇，骈散结合，均为实判。清朝时有《樊山判牍》《吴中判牍》《判语存录》《陆稼书判牍》《于成龙判牍菁华》《张船山判牍》等，这些判牍有的文采上并不出色，但在规范性和合理性上体现了传统司法中的理性主义色彩和现实主义精神。

现举清朝名吏于成龙的判词为例：

> 尔（江姓）与对门沈寡妇宗氏，以小儿争之微衅，竟欲借此酿成大狱，以破其产，以耗其家，尔何不仁之甚耶！古人十千买树，十万卜邻。即尔理尽直，彼理尽曲，区区小事，亦不应涉讼。况彼为寡妇，尔则丈夫。……沈宗氏茹苦含辛，抚孤守节，尔一堂堂男子，为之邻者，允宜敬其志，钦其节，周恤其不足，原谅其不及，……如尔子果有伤者，着即日于三日内抬县检验，由本县出资代为调治，不得犯沈宗氏一草一木，更不得需索还沈宗氏一丝一粟。如无伤者，从此了事。

441

该判词有理有据，义正词严，相信被告人听到此判，必有惊雷震撼之感。

另举《吴中判牍》以情判案如下：

> 该家有七子，其母死后，长子将遗产独占，余子告之官府，按律应判七子均分，但知府蒯子范为了照顾二三房寡嫂守志，遂将遗产先分为七份，长房分得七分之一，其余并为二份，一份由四五六七房兄弟均分，一份归二三房寡嫂。并判曰："阿兄不道，难应将伯之呼；群季皆贤，尚有援嫂之意，本县用是嘉尚，而于权（四子名）等有厚望。"

综上可见，历代判词一脉相承，既是司法文化的组成部分，也是法制文明的重要成果。从判词中可以验证司法官的法律适用是否精当；体察古代司法中德主刑辅与明刑弼教的儒学影响，以及法、理、情三者结合重和谐、调处息争的特点。古代判词虽有其华而不实的骈俪文风与专制主义的司法导向，但就判词制作中要求符合法意、体现情理、明刑弼教等方面而言仍有一定的借鉴意义。

本文发表于2017年7月10日《北京日报·理论周刊》文史版，原题为《判词与文风密不可分》，作者为中国政法大学终身教授

古代判词有玄机

杨兴培

古代判词始自西周，历代传承

判词（判决书的旧称）是中国古代社会为解决民间纠纷、平息你争我斗、了断是非矛盾、实现止争定纷的一种法律裁判文书。判词要进行规范评价、旁征博引，就有一个引经据典的叙事说理过程，从而使判词具有强大的穿透力和不可违拗的说服力。虽然今天的司法实践已经发生了翻天覆地的变化，但是判词不仅是一种时代印迹，更是一种文化的传承，仍然值得我们重视和研究。

中国古代判词自西周起始，历经三千余年而传承于世，其表现形式从秦汉的比附援引依律定罪到西汉时期的春秋决狱、原心定罪，再到唐朝以事实作为铺陈、援引律例为据制作判词；从唐朝判词的"语必骈俪、文必四六"到宋朝的判词变骈判为散判、凸显司法功能，再到明清判词的"简当为贵"风格，直至民国时期接受大陆法系的影响形成"主文—事实—理由"三段式定罪判案模式。虽然不同历史时期的判词风格各有特点，但其中所具有的法律价值与文学价值却一直得到传承和延续。一些上好的判词在时人的整理汇总下记载于书籍，传播于官场，甚至通过民间的口口相传深深烙进百姓的心间。

古代判词制作严谨，形式多样

从现存的历史资料看，古代判词的制作十分严肃。唐律对判词的制作有严格的规定，官吏制作判词时"诸断罪皆须具引律、令、格、式正文，违者笞三十"，以至于"用法权衡，真锱铢必慎哉"，这表明制作判词必须十分慎重，反复推敲，方能达到下笔如铸、一字千金的效果，同时又十分讲究技巧，许多判词不但引经据典、对仗工整，而且辞藻华丽，文采飞扬，从而使得本应引律作判、重在说理的古代判词因文情并茂而充满了浓郁的文学色彩。这不仅得益于中国古代法律制度的发达和历代文风的浸润，而且还得益于中国古代开科取士制度重视对判词的写作，使得断案者不但要秉承良心，熟稔法律，机巧聪慧，还要具有人文底蕴，通晓古今人事。

古代的判词既有洋洋洒洒长篇大论者，如清朝康熙年间的《徐公谳词》、同治年间的《樊山判牍》中有些判词达数千字之多，亦有言简意赅、精练短巧者。如北宋年间，崇阳县令张咏发现管理钱库的小吏每日都将一枚小钱放在帽子里带走，便以盗窃国库罪把他打入死牢。小吏认为判得太重，遂高喊冤枉。张咏提笔写下判词："一日一钱，千日千钱，绳锯木断，水滴石穿！"小吏无话可说，只得服罪。再如清朝乾隆年间，一寡妇改嫁，但遭到家人与邻居的阻挠，她就向官府呈上状子："豆蔻年华，失偶孀寡。翁尚壮，叔已大，正瓜田李下，当嫁不当嫁?"知县接状,挥笔断案,只判了一个字:"嫁!"

古代判词有时"添油加醋""表里不一"

当然,任何事物都具有两面性,判词的制作不过是判案定谳过程的体现,精美的判词形式有时并不一定与内容相一致。清朝陆敬安的《冷庐杂识》里有《犬门》一文,说的是通州胡长龄的父亲"尝为州吏,承行盗案",首犯供认纠集同伙,自大门而入,抢劫财物已被定案。胡翁却以"众犯因贫苦偶作窃,非真巨盗"而跟主审官说情:"这犯人归案后就从实招来,一定不是惯犯。如果首犯、从犯统统处以斩首,似乎不合情理。"主审法官因为上级催逼甚急婉言谢绝:"已来不及更改卷宗。"胡翁灵机一动,便请求在卷宗上记载的首犯"自大门而入"的"大"字上添一点为"犬",于是主审官"悟而从之"。其中之意不言自明,盗贼"自大门而入"者,咸胆大妄为之辈;而"自犬门而入"者,皆胆小如鼠之徒。清朝的官员颟顸,量刑竟以"胆大""胆小"为标准,故而胡翁聪明的这一"点",竟保住了十几个犯人的脑袋。

▲清朝陆敬安的《冷庐杂识》中《犬门》一文记载,主审官擅自将"自大门而入"改为"自犬门而入",竟保住了十几个犯人的脑袋。图为清朝陆氏自刊《冷庐杂识》所载《犬门》书影。

445

当然，这一判词看上去是胡翁的"功德无量"，"添一点"即力挽狂澜，但这是一种"义"中之不义，是践踏法律、舞弊枉法的行为。

由此，我们也想到了在中国古代专制体制下，皇帝的圣旨是最有权威的判词，君要臣死臣不得不死。由于史料未做详细记载，我们一时无法知道对岳飞、袁崇焕的死刑判词是如何写就的，但大致可以推断，这些判词在形式上肯定也是字斟句酌，形式完美，依律引例旁说法理。但史实告诉后人，墨写的谎言无法掩盖血腥的事实，那种专权者指鹿为马、颠倒黑白之作，后人亦当引以为戒，去其糟粕。

本文发表于2013年12月9日《北京日报·理论周刊》文史版，
原题为《命悬判词为哪般》，
作者时任华东政法大学教授

唐都长安如何管理社会治安

杜文玉

有唐一代,在社会治安的管理方面积累了十分丰富的经验,建立了比较完善的管理制度,取得了良好的治理效果。长安是唐朝最大的都市,流动人口多,情况复杂,社会治理难度很大,其举措最能反映唐朝在社会治安管理方面的特点。

长安城人员复杂,维护治安难度较大

长安城内的人员构成十分复杂,影响社会治安的因素同样也比较复杂,其程度大大地超过了唐朝其他城市。

官僚贵族子弟及其奴仆是最难整治的群体。比如郧国公主的儿子薛谈及其党徒李谈、崔洽、石如山等,公然抢夺他人财物,动辄杀人。唐代宗时的宰相元载,其诸子游手好闲,聚敛钱财,争蓄妓妾,收罗了一大帮轻浮闲散人员,为非作歹,被京师之人称为"牟贼"。类似这样的情况,在长安大量存在。此类人员追逐时尚,斗鸡、炫富、掠财、宿娼、寻仇,往往结伴滋事。其中不少人因父祖余荫,还有卫官身份,因此,他们是相关部门最为头痛、最难整治的一个群体。

胡族商人与外国使者也是影响社会治安的一大隐患人群。一般来说,这两类人员还是比较守法的,但是在一些特殊情况下，会成为社会治安的隐患。"安史之乱"后，由于回纥曾出兵协助唐军平叛，自恃有功，在长安横行霸道，甚至公然杀人。他们"殖货产，开第舍、市肆，美利皆归之，日纵贪横，吏不敢问。或衣华服，诱取妻妾"。胡族商人由于资本雄厚，不少禁军将领向其借贷以贿赂宦官，求取节帅之职，遂使得他们又与军队势力结合在一起，更加有恃无恐。

自唐朝中期以来，宦官专权局面越来越严重，他们不仅与南衙朝官争夺权力，而且危害到长安的社会治安。比如唐德宗时期出现的宫市，执行的宦官不付钱或者以极少费用强取货物的现象比比皆是，引起百姓的不满。唐后期的神策军是中央政府唯一依靠的军事力量，由宦官统率，待遇优厚，故骄纵异常。其将士横行街市，欺压百姓，甚至借钱不还，地方官不敢过问，也激起了极大的民愤。

此外，还有一些社会流动人员，如进城务工的农民，流浪的艺人，退伍或退职的军人及其家属，乞丐群体，职业化的妓女，从事服务业的各类人员，辞退的胥吏、杂任、杂职掌等人员，进京告状的外地人员等。这些人当生活无着落时，也会危害坊市，成为社会不稳定的因素。

社会治安机构较多，但分工明确，职能各异

唐长安城负责治安的机构主要包括京兆府、长安县与万年县、左右金吾卫、御史台等，部门虽多，但职能各异，分工不同。其中京兆府为长安最高行政机构，以尹、少尹为正副长官，负责整个京畿地区行政管理与社会治安。由于京师人员构成复杂——王孙公主、权贵豪强、宦官禁军、恶少宿奸，所谓"俗具五方，人物混淆，华戎杂错"，所以自古以来号为难治。长安县与万年县均为京县，县署就设在城内，两县以朱雀大街为界，东为万年县所管，西为长安县所管，分别负责各自管区的行政与治安事务，《唐六典》卷三十在记载京县令的职责时说，"养鳏寡，恤孤穷，审察冤屈，躬亲狱讼，务知百姓之疾苦"。具体负责社会治安的官员是县尉，京县设置六名，史书往往将其称为捕盗吏。

左右金吾卫置有大将军、将军等职，《旧唐书·职官志》述其职能是："掌宫中及京城昼夜巡警之法，以执御非违。"具体执行巡警任务的是其下属的中郎将府，《唐六典》

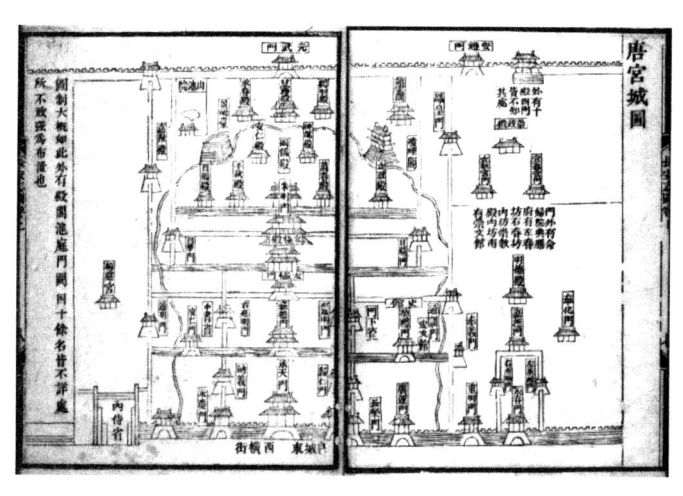

▲唐长安城负责治安的机构主要包括京兆府、左右金吾卫、御史台等，部门虽多，职能各异，分工不同。图为北宋史地学家、藏书家宋敏求所撰《长安志》所载《唐宫城图》。

卷二十五说:"中郎将掌领府属,以督京城内左、右六街昼夜巡警之事。"后又专门设置了左、右街使之职,仍隶属于金吾卫,或以金吾将军充任,或以他官充任,掌"分察六街徼巡"。唐长安实行坊市制度,全城共划分为一百零九个坊、两个市,坊市四围皆有墙,四面开门,暮闭而晨启。唐初坊门关闭时,由骑卒沿街传呼,后改为日暮击鼓八百而门闭,五更二点时击鼓三千而坊门开启。在左、右六街皆置有鼓,鼓声先从皇城开始,六街之鼓依次而击,达到规定的次数后停止。唐朝在长安的坊角、城门设置了武候铺,各辖有数量不等的军士,分别是大城门百人,小城门二十人,大铺三十人,小铺五人。夜间实行宵禁时,街使率领骑士沿街巡行,并且有武士暗探分布各处。一旦发生治安事件,则由武候铺负责抓捕,大事则由街使负责上奏。

御史台本来是国家最高监察机构,由于御史台承担着受理天下冤状与案覆囚犯的任务,因此难免要与赴京上访民众打交道。此外,其还负有分知京师左、右巡的任务,即把京城划分成不同的区域,由左巡使巡察城内,右巡使巡察城外,每月交换一次,任务是查处各自巡区内的不法之事。月底则巡视大理寺、刑部、东西徒坊、金吾狱、县狱等部门。

左、右街使与左、右巡使是有分工的,前者主要负责街衢,后者负责坊内。在长安的东、西市也置铺,驻有军士负责维持治安,至于交易事务则由市署负责。此外,在坊内发生的一般治安事务或纠纷,情节较轻的,由坊正负责调节处理，不一定惊动府县官员。坊正掌管坊门管钥，负有督察奸非的责任。

多措并举，有效维护长安治安

有唐一代维护长安社会治安的难度很大，其中最难整治的是上面所说的前三类人员，因为他们都具有很深的社会背景，有着强大的保护伞，仅仅依靠相关部门是不行的，往往需要皇帝下决心整治。对于宦官与禁军的扰民行为，虽有一些强硬的官员予以打击，但由于皇帝的偏袒，并不能得到彻底解决。唐顺宗即位后，宣布罢去宫市，这一问题就彻底解决了。关于回纥使者横行狂暴的问题，由于皇帝一味姑息，一直没有很好地解决。840年，黠戛斯击溃了回鹘（回纥），随着其势力的衰落，这一问题自然也就不存在了。总之，对于作为国都的长安来说，由于影响社会稳定的因素比较复杂，仅靠地方官府和一些相关部门是无法彻底整顿的，在这种情况下，最高层的整治决心往往是解决问题的关键。

相关制度的健全是维持社会秩序的重要手段。关于长安的坊市及其宵禁制度前面已有所论及，坊市门关闭后，有擅自翻越门墙者，按照唐律的规定要给以杖七十的处罚。如果不按时开闭坊市之门，则以越墙之罪论处。在坊内实行五家联保制度，相互监督，"以搜奸慝"。城内士庶之家不许藏匿器械。夜晚负责巡警的军士皆持有兵器，凡宵禁开始后仍然行走的人员，皆视为犯夜，要受到法律的惩罚。特殊情况可以例外，比如上元节可允许狂欢三夜，还有就是奔丧或寻医求药，紧急公务和追捕人犯等，均不受禁夜制度的约束。

对于长安城中黑社会性质的闲杂人员，唐朝政府大体上采取两种措施加以整治和消解。

一种措施是针对其中的犯罪分子，采用镇压的手段。史籍中记载了不少这样的京兆尹，如杜中立、薛元赏、窦潏、刘栖楚、杨虞卿、柳公绰等，他们采取的手段大都是"棰杀""杖杀"，目的就在于震慑这些恶少，所谓"辄杀尤者以怖其余"，即诛杀首恶，以儆效尤。但也有一次杀数百、数千人的情况，如黄巢进攻长安时，京中闲人恶少乘机剽掠坊市，将军高仁厚关闭坊门，一次诛杀了数千人。这是在特殊情况下所采取的特殊行动，并非通常做法。《唐律疏议》卷二十七规定："诸在市及人众中，故相惊动，令扰乱者，杖八十；以故杀伤人者，减故杀伤一等；因失财物者，坐赃论。其误惊杀伤人者，从过失法。"这说明制定于唐前期的这部唐律已经不适应变化了的社会情况。唐后期颁布了不少编敕，其具有优先于唐律的法律意义，就是针对变化了的社会情况而制定的。

另一种措施就是采取将这些社会闲杂人员收编入军的办法加以化解。这样做既解决了此类人员的生活之虞，也满足了有人想建功立业的愿望，在神策军中此类人员尤多。763年，吐蕃攻入长安，郭子仪部将王甫"聚京城恶少齐击街鼓于朱雀街"，吐蕃人不知唐军虚实，仓皇退出长安。这些人后来都被收编入军中。不过在唐朝挂名军籍的人不少，到了宋朝遂大规模地收编入军了。

唐初建立了严格的户籍制度，随着土地兼并的日益严重，到武则天时期已经出现了严重的逃户问题，其中不少农民流入城市，流入京城的更多，构成了一个社会问题。对于逃户最初是严厉查禁，但却屡禁不绝，于是改为一种比较宽松的政策，尤其两税法实施后，"户无主客，以见居为簿"。允许流入城市的农民落户，有利于其在当地从业。故调整政策、改革制度，无疑是从根本上解决社会问题的良策。

唐朝在城市社会治安方面的这些举措并非十全十美，尽管如此，其历史借鉴意义是明显的。

本文发表于2019年12月16日《北京日报·理论周刊》文史版，原题为《唐朝都城长安社会流动管理特征》，作者时任陕西师范大学历史文化学院教授

唐朝"行卷":不考知识,考才华

郑学富

行卷内容多是诗词文赋、传奇小说等

唐朝的科举制度由魏、晋的九品中正制嬗变而来,为中下层有能力的读书人施展才智提供了机会。唐朝的科举选士不仅要看考试的成绩,还要考察平时的才能表现和社会声誉,即"行卷"。

行卷,是参加科举考试的士子将自己平时感觉比较满意的诗文加以编辑,写成卷轴,投于主考官,以便在阅卷时参考,综合评定分数,决定取舍。唐朝科举考试试卷不糊名,考生的信息是公开的。士子们为争取名次,增加及第的可能,乐此不疲,形成了一种风尚。

行卷的内容,大多是诗词文赋、传奇小说等,关键在精而不在多,少者一卷,诗数首,赋几篇。也有多多益善,连篇累牍的,如杜牧行诗一卷一百五十篇。皮日休以《皮子文薮》十卷二百篇作为行卷。但无论多少都是把最好的诗文放在最前面。白居易就得益于行卷。

少年白居易行卷深受好评,声名大振

据唐人张固搜集、整理的《幽闲鼓吹》记载,白居易少年时进京城长安赶考,先去拜见前辈诗人顾况,恭恭敬敬地奉上自己的行卷。顾况是个很幽默的老先生,他看了看行卷上白居易的署名,又打量了一番眼前这个神采飞扬的年轻人,不由得微微一笑,开玩笑道:"京城米贵,想白居恐怕不大容易啊!"然后顾况翻开诗集,第一篇就是《赋得古原草送别》:"离离原上草,一岁一枯荣。野火烧不尽,春风吹又生。"顾况阅后,不禁心中连连叫好,再一次抬眼仔细打量这个年轻人,由衷地赞叹道:"能写出这样的诗句,想在京城白居也是很容易的啊!"于是,白居易的这首诗在京城传遍了,一些高官文人纷纷赞扬,白居易由此声名大振。800年,白居易进士及第。

王维巧献诗卷,高中状元

参加科举的举子是不能私下直接向主考官递交行卷的,要找社会上有地位的人代为转交,或高官显贵,或文坛翘楚。之所以这样,一是因为他们与主试官关系特别密切,有机会将行卷推荐给主考官,并可与之通榜,即共同决定录取名单;二是他们的朋友圈都是社会上层人物,传播后能在社会上形成美誉度,提高知名度。王维当年到京城长安应试,先是拿着自己的行卷投到唐玄宗的弟弟岐王(李范)的门下。当得知太平公主已经将状元的头衔许给了张九皋时,王维顿时像泄了气的皮球。岐王给他出主意说，今晚太平公主举行宴会，她喜欢音乐，你不妨装扮成伶人，在宴会上弹奏琵琶。于是王维乔装打扮，在宴会上弹的曲子哀婉凄切，勾人魂魄。太平公主被感动了，大加赞赏。岐王不动声色地向太平公主推荐说："此生不仅通音律，诗词文赋也是十分了得。"王维趁机献上诗卷，太平公主接过来朗诵道："独在异乡为异客，每逢佳节倍思亲。遥知兄弟登高处，遍插茱萸少一人。"接着，又接连诵读几首，惊奇地说道："这些诗都是我平素最爱，原来出自你手！"于是让王维更衣，待若上宾。岐王说："凭其之能，够状元之才，请公主多加关照。"太平公主欣然应允。王维果然于731年高中状元。

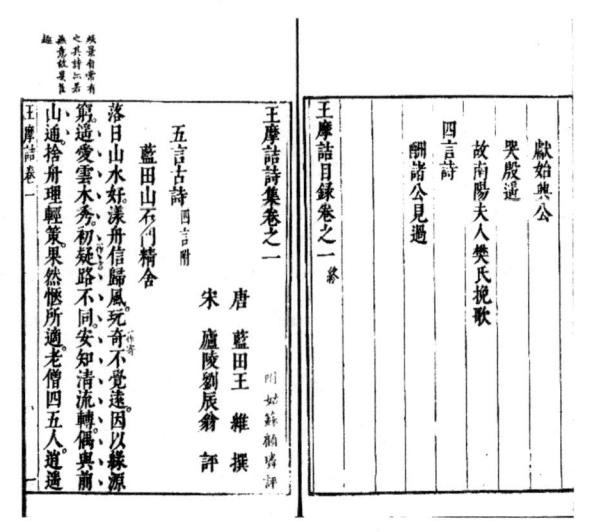

▲唐朝诗人王维（字摩诘）当年到京城长安应试，凭借行卷和诗才打动太平公主，于731年高中状元。图为明末文学家、小说家和雕版印书家吴兴凌濛初朱墨套印本《王摩诘诗集》书影。

唐诗很多精品名篇出自行卷

唐朝进士一般是在正月考试，二月放榜。因此，投献行卷多数在头一年秋天就开始进行。初次到长安（或洛阳）应试的外地举子们，往往事先就做好一些卷轴，随身携带，进京备用。如韩愈在《赠崔立之评事》中说："崔侯文章苦敏捷，高浪驾天输不尽。曾从关外来上都，随身卷轴车连轸。"由于行卷都是选辑自己最满意的诗文，所以唐诗中一些流传后世的精品名篇不少是出自行卷。如"气蒸云梦泽，波撼岳阳城"这句气势不凡的诗句，就出自孟浩然写给丞相张九龄的干谒诗《望洞庭湖赠张丞相》。

行卷避免了"一考定终身"的弊端，但也为作弊开了方便之门。不少人就在行卷上做起手脚，偷窃抄袭、捉刀代笔之风一时盛行。武则天当政时期，因吏部选举多有不实，曾下令用纸糊上考生姓名，暗考以定等第，称为"弥封"。但当时并没有形成制度坚持下来。到了北宋，才广泛推行"糊名考校"法，在试卷上糊住考生的姓名、乡贯，决定所录取的试卷后，才拆开弥封。

本文发表于2020年8月10日《北京日报·理论周刊》文史版，原题为《"行卷"：士子文品人品答卷》，作者为文史学者

古代的"高考"录取通知书

郑学富

"昔日龌龊不足夸，今朝放荡思无涯。春风得意马蹄疾，一日看尽长安花。"唐朝诗人孟郊的这首《登科后》淋漓尽致地描绘了诗人进士及第后得意、喜悦的心情。金榜题名是古人"四大喜事"之一，进士及第后，便可加官晋爵，光宗耀祖，福泽后代。可谓"十年寒窗无人问，一举成名天下知"。为激励士人勤奋努力，扩大影响，官府除张榜公布外，还制作特别精美的"录取通知书"，无论是材料、做工，还是报喜，都非常复杂、隆重。

古代最早出现的录取通知书是"泥金帖子"。"泥金"手法是中国传统的高档装涂工艺，用金粉或金属粉制成的金色涂料，用来装饰笺纸或调和在油漆中涂饰器物。唐朝开始将泥金涂饰在笺简上，作为进士及第到家报喜之用。五代王仁裕《开元天宝遗事·泥金帖子》："新进士才及第，以泥金书帖子附家书中，用报登科之喜。"宋朝诗人杨万里《送族弟子西赴省》诗："淡墨榜头先快睹，泥金帖子不须封。"王仁裕、杨万里都提到泥金帖子，而杨万里诗中的"淡墨榜"又为何意呢？古代科举考试录取的进士，用淡墨书榜，称为"淡墨榜"。

在唐朝稍后出现了"金花帖子"，被视为"正式版"科举录取通知书，又称为"榜贴"。宋朝洪迈《容斋续笔·金花帖子》写道："唐进士登科，有金花帖子……以素绫为轴，贴以金花。"到了宋朝仍然使用金花帖子，宋朝赵彦卫在《云麓漫钞》中记载："国初，循唐制，进士登第者，主文以黄花笺，长五寸许，阔半之，书其姓名，花押其下，护以大帖，又书姓名于帖面，而谓之榜帖，当时称为金花帖子。""黄花笺"是一种洒金粉的顶级用笺，用此来书写通知书，可见珍贵。宋朝陈继儒《太平清话》卷四："宋朝吴郡士登科者，始于龚识，其家居昆山黄姑，犹藏登第时金花榜帖，乃用涂金纸，阔三寸，长四寸许。"

在明朝，录取通知书称为"捷报"或"报帖"，民间称"喜报"。明朝王世贞《觚不觚录》云："诸生中乡荐，与举子中会试者，郡县则必送捷报。"清朝吴敬梓《儒林外史》中的范进中举后，送来的就是捷报。到了清朝，就出现了刻板印制的科举通知书了。

进士及第的通知书都写哪些内容呢？一般先把

▲进士题名碑是将科举考试中金榜题名的进士之名刻于碑上，源自唐朝新科进士的雁塔题名。图为民国时期《元明清三朝进士题名碑录》拓片折页。

考官的姓名写在上面，然后再写具体内容。乡试中举的录取通知书相应简单些，主要书写被录取学子的姓名、乡贯、三代姓名。如吴敬梓《儒林外史》第三回："范进三两步走进屋里来，见中间报帖已经升挂起来，上写道：'捷报贵府老爷范讳进高中广东乡试第七名亚元。京报连登黄甲。'"

现代的高考录取通知书一般通过邮局或快递公司邮寄到考生的手中。在古代，送通知书也比较隆重。各级官府会安排专人将通知书直接送达学子家中。报喜人一般不少于三人，都骑上高头大马，高举彩旗、旌幌，带上唢呐班子，一路上鸣炮奏乐，吹吹打打，热闹非凡，犹如现在男子结婚迎亲一般。如《儒林外史》描写报榜的情景："只听得一片声的锣响，三匹马闯了来；那三个人下了马，把马拴在茅草棚上，一片声叫道：'快请范老爷出来，恭喜高中了！'"中秀才举人或者进士及第希望比较大的人家，都会在煎熬中苦苦等待着喜报的到来。有专人在门口等候，真是望眼欲穿，一旦报喜的人到了，即大呼小叫向主人报喜。报喜是个好差事，衙门里的公差争破头想干这差事，碰到大户人家能赏一些红包，也就是"喜钱"，稍微穷点的人家也能排上一桌，赏些酒喝。正因为送喜报有利可图，竟有人在半道上抢夺喜报，送到主家以领取赏银。明朝严嵩在《钤山堂集》中记载："京师人以报榜希厚利，先赂印匠，多印试录名纸，伺启闱得纸疾驰去，报早则金多，亦有恶少伺于途，挺仆其人，夺纸以去者。"

中榜者收到榜贴或喜报后，一般要把它张贴在厅堂里最显眼的位置，如同现在上级颁发的奖状或与领导人合影一般，让来访的客人进门便能看到，以此炫耀一番，光耀门庭。

本文发表于2019年7月8日《北京日报·理论周刊》文史版，
原题为《古代的"高考"录取通知书》，
作者为文史学者

宋朝士大夫眼中的"以法治国"

张晋藩

由于宋初皇帝务实求实,作为治国之具的法律自然进入皇帝的视野,他们非常重视运用法律管理国家和社会。统治者提倡明习法律,不仅对参加科举的士人有所影响,即使对以论道著称的理学家,也同样有着现实的影响。

苏轼:刑法既为了惩恶,也为了劝善

主张读书读律的苏轼,在他应科举策论而撰成的《刑赏忠厚之至论》中,表达了年轻时代的苏轼对于如何用刑的一系列观点。如他认为刑法之所以产生,是对"罪戾"的惩罚,目的不仅在于惩恶,也在于劝善,以使吾民不要"入于其中(罪戾)"。所以,他主张"罪疑者从轻","舍有罪而从无罪者,是以耻劝之",也就是使其产生知耻之心而远离犯罪。

苏轼在《策别一》中借古喻今,抨击了刑不上大夫及于今世的消极影响,强调大夫、庶民违法犯罪皆当一体同科、罚当其罪。他提出用法当使人心服,否则遗患无穷,他说:"用法而不服其心,虽刀锯斧钺,犹将有所不避,而况于木索、笞棰哉!"他以严峻的文字抨击当时朝廷高官有罪不罚的弊政:"今之卿大夫有罪亦得以首免,是以盗贼小人待之欤?天下惟其无

▲苏轼（1037—1101年），字子瞻，号东坡居士，北宋文学家、书画家。图为大约绘制于18世纪的《历代帝王圣贤名臣大儒遗像》（彩绘）所载苏轼像。

罪也，是以罚不可得而加。如知其有罪而特免其罚，则何以令天下？今夫大臣有不法，或者既已举之，而诏曰勿推，此何为者也？圣人为天下，岂容有此暧昧而不决？故曰：厉法禁，自大臣始，则小臣不犯矣。"

王安石："善法"可以治天下

王安石作为一位锐意改革的思想家，他在文中充分论证了国家立法的重要性，以及法与吏的关系。他将国家比喻为"大器"，为了治理国家，"非大明法度，不足以维持，非众建贤才，不足以保守……贤才不用，法度不修，偷假岁月，则幸或可以无他，旷日持久，则未尝不终于大乱"。他以五代时期晋、梁、唐三帝不重法制、不任贤才，遭致"灾稔祸变"为例，建议皇帝"以至诚询考而众建贤才，以至诚讲求而大明法度"。王安石虽然主张治天下以法，但他明确区分善法与恶法之别，强调只有行善法才能发挥以法治国的作用。他说:"立善法于天下,则天下治,立善法于一国,则一国治,如其不能立法,而欲人人悦之,则曰亦不足矣。"汉唐以来,法制与盛世的关系不断证明了"奉法者强则国强,奉法者弱则国弱",但此法必须是善法,否则恶法肆虐,则国将危矣。

王安石重法,但不拘泥于法,他主张法律是可变的,"祖宗之法,未必尽善,可革则革,不足循守"。为了发挥善法的治世功能,他更重视贤吏执法,在《上时政书》中提出了"非众建贤才",不足以保持法制的状态。他还在《翰林学士除三司使》中提出"聚天下之众者莫如财,治天下之财者莫如法,守天下之法者莫如吏"的观点。

治法与治吏结合并重,汉唐以来论者多矣。如唐朝白居易所说:"虽有贞观之法,苟无贞观之吏,欲其刑善,无乃难乎。"王安石从变法改革的实践中,更切身感觉到良吏的重要性。而王安石变法最终的失败,虽有各种原因,但吏不良未尝不是原因之一。

包拯:法律治世,贤吏执法

宋朝著名清官包拯既阐述了发挥法律治世功能的论点,也强调贤吏执法的重要性。他在《论取士》中提出"治乱之原,在求贤取士得其人而已"。他还在《晏殊罢相后(上)》中提出:"帝王之德,莫大于知人,知人则百僚任职,天工无旷矣。"他在《请选用提转长吏官》中,不仅再次论证了选官的重要,而且以刚正无私的原则立场揭露了一些不称职的地方官,表现了"关节不到,有阎罗包老"的性格。他说:"窃见近日除授转运使,但理资序,不甚选择,如江西路刘纬、利州路李熙辅,皆知识庸昧,众所共知;其提点刑狱,亦未甚得人,若广西潘师旦、江东令狐挺、京西张士安、河东席平,皆素非干敏之才,又无廉洁之誉,猥当是选,宜乎不任其职。虽近例并委两制奏举,然所举之人,或才有合格,以微文不用,故不才者往往进焉,乃是诃其细而忽其大,恐非任才之意也。欲乞今后应除转运使,先望实而后资考,则所得精矣。凡举提刑,若保荐之人不协公议,即乞责其谬举。别委他官。如此,则可绝徇私之请矣。"

司马光:礼法结合,准确了解"法意"

站在王安石对立面的旧党代表人物司马光反对变法。但是,司马光从治理国家的实践经验中也体验到"任官""信赏""必罚"三者为"致治之道"。他在主张重礼的同时,也建议礼法结合并用,他说:"礼与刑,先王所以治群臣、万民,不可斯须偏废也。"他特别强调,司法官必须了解"法意"才能准确断刑:"凡议法者,当先原立法之意,然后可以断狱。"此论发前人之未发。由汉迄宋,注释律学的出发点,归根结底就在于剖解法意,以便于司法官准确断案。

朱熹:赏与刑都发自圣人之心

宋朝是理学盛行的时代,故又称宋学,代表人物朱熹,主张

"存天理，灭人欲"。所谓"天理"即儒家所说的三纲，朱熹将其推崇至"天理"的高度，深受统治者的肯定和宣扬。至清朝康熙时，将朱熹列于孔子十哲之次，说明天理人欲之说对于专制国家统治所起的政治功用。值得说明的是，理学家并非终日论道，无视法律之学，朱熹就曾发表《尧典象刑说》《论治道》，表达了他的法观点。"象以典刑"出自《尚书·舜典》，历代解释者颇多，《唐律疏议》解释说："（象刑）画象以愧其心。"朱熹的解释仿此，他认为赏与刑都发自圣人之心，他说："圣人之于天下，其所以为庆赏威刑之具者，莫不各有所由……故其赏也，必察其言，审其功，而后加以车服之赐；其刑也，必曰'象以典刑'者，画象而示民，使民畏刑。"又说："上古惟有肉刑，舜之为赎、为扑，乃不忍民之斩戮，而始为轻刑者。"朱熹对于九刑（墨、劓、剕、宫、大辟、鞭、扑、流、赎）的诠释，对后世律学的发展很有影响。

总之，宋朝士大夫以天下为己任，故而在其诗文中追求性灵闲适的成分少，经世致用的成分多，正所谓"诗以道志""文以载道"。而法作为"治世之具"，是企图"得君行道"并关心民瘼的士大夫不可回避的话题，所以其诗文中每每出现关于法的讨论和评判，其中又有不少言论直指现实，切中时弊，发出耀眼的思想光芒。

本文发表于2017年5月8日《北京日报·理论周刊》文史版，原题为《"治天下之财者莫如法"——宋代士大夫对法治文明的探寻》，作者为中国政法大学终身教授

宋朝如何打击制售假药

郑学富

假冒伪劣药品不仅现在有,古代也有。中国古代的历代王朝也都为药品经营管理煞费苦心,千方百计规范药品市场,打击经销假药不法行为。特别是到了宋朝,对药品经营管理形成了完善的体系,对不法分子的处罚更加严厉。

法律规定,药品由官方专营

北宋王安石变法,于熙宁五年(1072年)三月,颁布了《市易法》,其中规定药品由政府专卖,不允许任何人私自制作和经营任何药品。为防止制售假药,宋朝政府从源头抓起,专门成立负责药品制造和经营的官方机构,宋神宗熙宁九年(1076年)五月十四日,朝廷下令将合药所与原有的熟药库等合并,在东京设立了中国历史上第一个国家药店——熟药所,又称"卖药所",从药材收购、检验、管理到监督中成药的制作,都有专人负责。崇宁二年(1103年),东京城内熟药所增加到五所,专门负责药品出售,又将熟药所负责制药的业务剥离出来,实行生产和经营分开,设立两处修合药所,是专门炮制药物的作坊。政和四年(1114年),根据尚书省的建议,熟药所改名为医药惠民局,修合药所改名为医药和剂局。《宋史·职官五》载:"和剂局、惠民局,掌修合良药,出卖以济民疾。"主要是制造出售丸、散、膏、丹等中成药和药酒,这些药物服用简便、携带方便、易于保存,很受医生和病人欢迎。

医药惠民局在制药和经营管理上,制度完善,监督严格,医药和剂局根据官方药方,严格挑选,配置药物,保证用料足、质量高,严禁偷工减料。若药品囤积时间过长,超过保质期,就要及时进行毁弃处理,以保证药物功效。为防止民间造假药,冒充官药出售,惠民局和和剂局各自有"药局印记"和"和剂局记"四个字的大印,东、南、西、北四局,也各自加盖上六字公章。

南渡后,尽管南宋王朝偏安一隅,但是仍然重视惠民局的建立。绍兴二十一年(1151年),各州军熟药所改称太平惠民局,不仅卖药,而且治病,每遇疫病流行时施散药物。《梦粱录》说,太平惠民局"以藏熟药,价货以惠民也"。自宋高宗绍兴年间起,类似的慈善医疗机构在各州、路普遍设置,成为宋朝救济百姓疾病的主要机构。每到病菌滋生、疫情蔓延的夏季,朝廷令惠民局派出医官携带药品,走街串巷,上门诊治,发放散汤药,以免疫情肆虐。宋高宗于绍兴十六年(1146年)六月二十一日下诏曰:"方此盛暑,切虑庶民阙药服饵,令翰林院差医官四员遍诣临安府城内外看诊,合用药令户部行下和剂局应副。"在瘟疫暴发期间,惠民局实行二十四小时坐诊售药,宋高宗赵构曾于绍兴六年(1136年)十月下诏,规定"熟药所、和剂局,监专公使轮留宿直,遇夜民间缓急赎药,不即出卖，从杖一百科罪"。这些措施对于防治疾病和监控流行性疾病的发生，起到了很大的作用。

为防止野医骗人，官方主持编撰成药规范标准

为防止民间野医骗人，宋朝由官方主持编撰成药规范标准，最早名为《太医局方》，后又多次增补修订，书名、卷次也有多次调整。徽宗崇宁年间（1102—1106年），改称《和剂局方》，大观年间（1107—1110年），医官陈承、裴宗元、陈师文加以校正，成书五卷、二十一门、二百七十九方。南宋绍兴十八年（1148年），朝贡熟药所改为太平惠民局，《和剂局方》也改成《太平惠民和剂局方》。其后经宝庆、淳祐，陆续增补而为十卷，将成药方剂分为诸风、伤寒、一切气、痰饮、诸

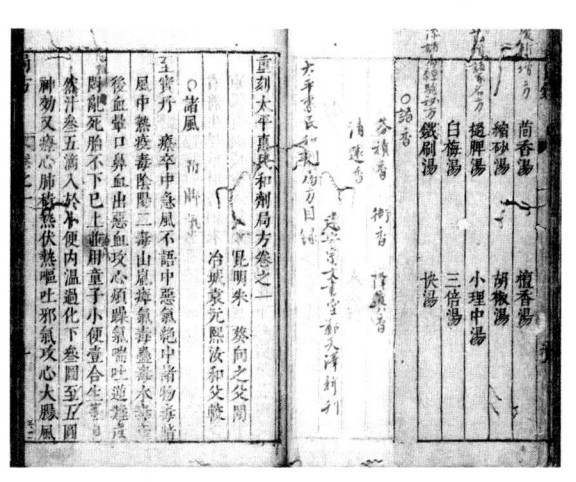

▲《太平惠民和剂局方》由宋朝太平惠民和剂局编写，是我国历史上第一部由官方主持编撰的成药标准。图为明朝崇祯十年（1637年）朱葵、袁元熙重刻本《太平惠民和剂局方》书影。

虚、痼冷、积热、泻痢、眼目疾、咽喉口齿、杂病、疮肿、伤折、妇人诸疾及小儿诸疾共十四门，收录民间常用的有效中药方剂七百八十八方，记述了其主治、配伍及具体修制法。其中有许多名方，如至宝丹、牛黄清心丸、苏合香丸、紫雪丹、四物汤、逍遥散等，有许多方剂至今仍广泛用于临床。

凡制售假药者，将被严厉法办

为避免造假，惠民局的制药、售药均由朝廷派文武官员和士兵负责监督管理，监督其制药、售卖，并负责守卫、巡逻和护送等任务。制定了严格的管理制度，如辨验药材官作假者、修合官制药不合格者免职；偷药、虚冒者以偷盗论罪；保管不善造成霉烂损失要负责赔偿。而对办药局有功之人则可提前晋升。

由于医药和剂局的药品质量好，疗效高，患者信任，市场效益好，随之而来的是仿造、伪造，社会上出现了假冒惠民和剂局的药品。皇帝下诏，若有人制造假药，伪造处方和官印，要依"伪造条例"法办。中华书局1987年出版的《名公书判清明集》，收录了一篇由曾任浙西提刑、湖南提举常平、枢密都承使等司法官员胡石壁写的判词，判词讲述了一起假药制销案件的审理过程：太守在市场上买了一两很便宜的草药，名字叫荜澄茄，回家打开一看，药不但陈腐，而且细碎，更令人气愤的是其他杂草梗占了三分之一。药是由市场上的药铺李百五卖的。李百五这种不法行为不知害了多少人。所以判决如下：大刑伺候，勘杖六十，并戴上枷锁在药铺前示众三天，让卖药人前来接受警示教育。判词痛斥了制售假药者："大凡市井罔利之人，其他犹可以作伪，惟药饵不可以作伪。作伪于饮食，不过不足以爽口，未害也；惟于药饵而一或作伪焉，小则不足愈疾，甚则必至于杀人，其为害岂不甚大哉！"

假冒伪劣、以次充好现象不仅在民间存在，官方药店也时有发生。随着南宋朝廷的日益腐败，太平惠民局的药品质量也越来越低劣。和剂局中的官吏偷盗稀有上好药材，以次换好，有的还偷食"肉药"。民间有人讥讽惠民局为"惠官局"、和剂局为"和吏局"。南宋诗人刘克庄在《后村集》中记载了惠民五局卖假药的事件被民众举报查出后，朝廷下旨，给予该局三名主要官员降职处分，给予涉事人员"磨勘（留职察看）两年"的处分。

本文发表于2018年8月6日《北京日报·理论周刊》文史版，
原题为《从熟药所到太平惠民局——
宋代药品管理经营及对制售假药者的严惩》，
作者为文史学者

宋朝如何治理"豆腐渣工程"

吴 钧

宋朝距今已有千年，中间发生过无数次天灾与战祸，但有一部分宋朝建筑物存留至今，让今人得以一睹千年前的建筑风采，如建于北宋大中祥符年间的浙江宁波保国寺大殿，建于皇祐年间的河北正定隆兴寺转轮藏殿，建于北宋中期的山西长子县文庙大成殿，重修于崇宁年间的太原晋祠圣母殿，等等。当然，并不是说宋朝就没有"豆腐渣工程"，那个时候肯定也发生过桥梁、城墙、楼房、仓库因建筑质量不过关而突然倒塌之类的事故。不过，为了对付此类"豆腐渣工程"，宋人发展出一套相当完备的工程质量监控制度。

《营造法式》是宋朝公共工程建设的"ISO质量标准"

现在，当人们说起中国古代建筑史时，有一部宋人著作无论如何都是无法绕过去的，那就是成书于北宋元符三年（1100年）的《营造法式》。该书由时任大宋"中央工程院"（将作监）总工程师的李诫编撰而成，并于崇宁二年（1103年）刊行。

所谓"营造"，是工程建筑的意思，"法式"，即规则、标准的意思。这部《营造法式》实际上就是宋朝的公共工程建设标准，对土石方工程（壕寨）、石方工程（石作）、大型木料工程（大木作）、小型木料工程（小木作）、泥水工程（泥作）、制砖与制瓦工程（砖作、瓦作）、装修工程（雕作、彩画作）等十三个工种的选料、规格、设计、施工、流程、质量，都做出了详细的规范。其中，木料与砖的规格都实现了模数化。宋朝建筑物的斗拱通常由上千个构件组成，榫卯复杂，必须一一对榫精准；宋朝修建城墙的用砖，往往由不同的窑厂烧制。如果不对木料、砖的尺寸加以标准化，很难想象一项大型工程能够顺利完工。材料的模数化，不但可以大大提高工程建设的效率，还能够保证施工的质量。

对于建筑物的质量而言，地基是极关键却又容易被疏忽的一个环节，许多建筑物之所以在地震中倒塌，跟忽略了地基质量不无关系。因此，《营造法式》对修建城墙、房屋的地基建设标准也提出了严格规定。

▲《营造法式》由宋朝总工程师李诫编撰，成书于北宋元符三年（1100年），是宋朝的公共工程建设标准。图为清朝《钦定四库全书》所载《营造法式》书影。

总而言之，从质量管理的角度来说，《营造法式》的发布，相当于给宋朝的公共工程建设制定了一个"ISO（国际标准化组织）质量标准"，工匠如果严格按照《营造法式》的要求选料、设计、施工，不难建造出可抗击"××年一遇"地震的工程。宋朝负责工程质量监管的部门，也可以依照《营造法式》的标准，对竣工的公共工程质量进行验收。因此，宋政府对建筑质量不过关的工程，也常常以"不如法""不中程"来表述，这样的用词表明宋政府已经确立了一套验收工程的国家标准。

宋政府对公共工程实行"保质期"制度

上面所说是宋朝工程质量监控体系中的一项制度：公布《营造法式》，设立公共工程建设标准。此外，宋政府还对公共工程实行"保质期"制度，即工程完工、投入使用后，在若干年限内如果发生破裂、损隳、泄漏、垫陷等质量问题，则追究设计方、施工方与监修者的刑事责任。这个"保质期"一般是五年，重要的工程是八年。

宋仁宗天圣年间，朝廷听闻各地"修盖舍屋"，"多不牢固"，便要求有关部门加强对工程质量的检测，"添差监官点检，须要牢固"，并重申一道立法："今后所修舍屋、桥道，旧条：若修后一年垫陷，原修都料（工程设计者）、作头（工头）定罪，止杖一百，二年内减一等；未满三年，又减一等。监修者又减一等。如岁月未久，具名闻奏严断。虽差出改转，及经赦恩，亦仰根逐，劾罪以闻。今差监官点检催促，须是尽料修盖,久远牢壮。今后应修盖舍屋、桥道等才了,书写记号板讫,如修后未五年垫陷,并以前条年分下逐年递减一等断遣,遇赦不原。"

意思是说,房屋、桥梁等公共工程,如果在完工后一年内发生垫陷,负责该工程的设计者与工头,将被处以杖一百的刑罚;如果是两年内发生垫陷,刑罚减一等;以此类推,直至满五年。监修者受到的责罚比设计方、施工方又减一等。这些罪罚不得赦免,即使相关责任人已调离原职位,也不得免于追究。

另外需要提请注意的是,五年的"工程保质期"只是针对"垫陷"之类的一般性质量问题,并不适用于恶性的建筑事故。如果发生倒塌之类的严重事故,问责将不受五年保质期之限,惩罚无疑也会更加严厉。如宋真宗时,由于对"天雄军修城不谨,战棚圮"事故负有责任,一个叫作贾继勋的官员被开除公职,流放汝州;另外两名官员被削职,发配许州、滑州服役。

宋政府对公共工程建设推行"物勒工名"制度

那么新的问题来了:如果一个公共工程在使用多年后才发生事故,宋政府又如何确认当初的设计方、施工方与监修者是哪些人?这个问题不难。因为宋政府还对所有公共工程建设推行"物勒工名"的制度。

所谓"物勒工名",是指国家强制工匠在他们制造的器物上刻上自己的名字,一旦发现产品的质量问题,即按名字追溯制造者的责任。据说早在春秋时已经有了"物勒工名"的制度，《吕氏春秋》载："物勒工名，以考其诚。工有不当，必行其罪，以穷其情。"当时的兵工厂，都要求工匠在所造兵器上勒刻名字，作为对兵器质量的担保。宋政府将这一制度应用到工程营造中，景德三年（1006年）六月，由于"近日京中廨宇营造频多，匠人因缘为奸利，其颇有完葺，以故全不用心，未久复以损坏"，宋真宗下诏申明一道法令："自今明行条约，凡有兴作，皆须用功尽料。仍令随处志其修葺年月、使臣工匠姓名，委省司覆验。"即要求以后凡兴建公共工程，必须保证质量，竣工后在所修建筑物找个地方，标明建造的时间、施工的工匠与监工的姓名。现在越来越多的建筑工程也开始标明设计方与承建方的名称，这既是国际通行惯例，也算是对"物勒工名"传统的继承。

需要说明的是，在宋朝，"物勒工名"传统已开始演化成"商标"形态。这是因为，"物勒工名，以考其诚"开始只是强制性的责任认定，但在漫长的演进过程中，它使一部分优秀工匠的名字脱颖而出，成为获得广泛信任的品牌。当品牌形成之后，拥有这一品牌的工匠就会一改被动的"物勒工名"，而主动在自己制造的产品上留下独有的标志，以便跟其他人的同类产品区分开来。于是"商标"便产生了。今天我们从出土的宋朝铜镜、银铤以及宋版书籍上，都可以看到制造者留下的标志。这些标志，通常都是工匠出于防伪、宣传品牌之考虑而主动留在产品上的，并不是为了应付官方的强制"勒名"要求。

宋朝各行会组织对本行产品质量提出"行业标准"

工匠所隶属的行会，也会对工匠的作业流程、产品质量提出规范和要求。宋朝是中国历史上结社很发达的时期，南宋时，杭州的行会多达"四百十四行"，其中工匠所组织起来的行会，又叫"作"，有"碾玉作、钻卷作、篦刀作、腰带作、金银打作、裹贴作、铺翠作、裱褙作、装銮作、油作、木作、砖瓦作、泥水作、石作、竹作、漆作、钉铰作、箍桶作、裁缝作、修香浇烛作、打纸作"等二十几种。

出于对行业声誉一荣俱荣、一损俱损的理性考虑，各个行会组织通常都会对本行的产品质量提出"行业标准"，比如在北宋汴京，"凡百所卖饮食之人，装鲜净盘合器皿，车檐动使（用具）奇巧，可爱食味和羹，不敢草略。……稍似懈怠，众所不容"。这个"装鲜净盘合器皿"，应该就是汴京的饮食行会制定的"行业标准"；"众所不容"的"众"，非指公众，而是本行行众。清朝光绪年间，某地泥作匠行业公所订立行规，其中有一条即规定："泥墙须包三年，如三年内倒塌者，归泥匠赔修。"加入本行会的所有泥作匠，均须遵守这一条款。我相信，宋朝的木作、砖瓦作、泥水作、石作也有类似的行规。

讲述至此，我们可以发现，宋朝的工程质量监控制度至少包含了四个层面：国家制定的工程建设标准；五年"保质期"制；政府强制推行的"物勒工名"制；工匠行会自行订立的"行业标准"。无论是哪一种质量保证举措，即使放到今日社会，也未为过时。

古代尚未发明钢筋水泥混凝土技术，而且古人习惯使用比石料更容易耗损的土木材料，但是，只要严格把好质量关，古人就能建造出比某些混凝土工程还要耐久的建筑物，其中一些建筑物还经受住千年时光的侵蚀，留存至今日，让人不能不对创造奇迹的先人致以崇高的敬意。

本文发表于2020年5月18日《北京日报·理论周刊》文史版，
原题为《宋代如何治"豆腐渣工程"》，
作者为文史学者

宋朝的"环保"理念

吴钧

"环保""绿色"是现代概念，但谈不上是现代观念，而是古已有之的传统理念。宋朝延续前代的做法，设有专门的环境保护部门——虞部，各州县又设"农师"之职，聘请通晓农林知识者担任，为民众种植作物、林木提供技术指导。朝廷还制定一系列涉及生态保护的法令，如宋太祖曾下诏："令民二月至九月无得采捕虫鱼，弹射飞鸟，有司岁申明之。"又严禁捕食青蛙，因为宋人已发现青蛙乃庄稼害虫的天敌。这一立法大概是最早的"野生动物保护法"之一。

宋政府对绿化尤其重视。我们展开《清明上河图》可以看到，不管是郊外的道路两旁、汴河沿岸，还是繁华都市内的街道两边，都是绿树成荫。这当然是宋政府大力推广绿化的结果。

宋太祖立国之后，即诏令沿黄河、汴河两岸的州县，必须多种植"榆柳及土地所宜之木"，"民欲广树艺者听"。因为植被能够巩固河岸、堤坝。宋真宗大中祥符二年（1009年），朝廷任命谢德权领护汴河，谢德权即调征夫役，在京师河段"植树数千万（株），以固堤岸"。难怪后来日本僧人成寻来中国旅行，乘舟至汴河时，看到沿岸皆"杨柳相连""榆柳成林"。

我们现在习惯在公路两旁种植林木，宋人也是这么做的。

▲宋政府非常重视绿化。展开《清明上河图》，不管是郊外道路两旁、汴河沿岸，还是都市街道两边，都是绿树成荫。图为北宋画家张择端所绘《清明上河图》(局部)。

大中祥符九年（1016年），一位官员发现"诸路多阙系官材木"，便向朝廷提了一个建议：可令"马递铺卒夹官道植榆柳，或随地土所宜种杂木，五七年可致茂盛，供费之外，炎暑之月，亦足荫及路人"。宋真宗批准了这一建议。宋仁宗时，陶弼在阳朔当县令，"课民植木官道旁，夹数百里，自是行者无夏秋暑喝之苦，它郡县悉效之"。

宋朝地方官若在任内积极植树造林，是可以作为升迁之政绩的，《庆元条法事类》规定："诸县丞任满，任内种植林木滋茂，依格推赏，即事功显著者，所属监司保奏，乞优与推恩"；如果导致绿化面积减少，则要受处分，"任内种植林木亏三分，降半年名次，五分降一年，八分降一资"。政府又立法严禁盗伐林木，"违者置罪"；即使是官方出于公共用途要砍伐木材，也必须向"都木务"申请采伐许可。

宋人对环境保护的注意，既有传统环保理念的延续，也是宋朝社会现实的压力所致。宋朝手工业发达，特别是煤炭的大量使用，导致空气污染，如延州普遍以煤（石炭）为日用燃料，整个城市笼罩在煤烟之中："沙堆套里三条路，石炭烟中两座城。"宋朝生齿日繁，对土地、林木资源难免出现过度开发之趋势，这也造成了一定程度的水土流失与生态破坏。别以为今日才有"沙尘暴"，宋朝文献中即多次出现扬尘天气与雾霾天气的记录，严重者，"暴风起西北有声，折木吹沙，黄尘蔽天"。换言之，跟之前的任何王朝相比，宋朝人面临着更为迫切的环保压力，不能不更加重视环境保护。从某种意义上说，这也是宋朝"现代性"的表现，因为在"近代化"展开之前，人对自然的破坏力是非常有限的。

本文发表于2016年3月7日《北京日报·理论周刊》文史版，原题为《宋代的"环保"理念》，作者为文史学者

宋朝如何管理公务接待和公款消费

张熙惟

中国古代用券之制源远流长，名目繁多，如券契、券约、券要、券书、券剂、券帖、券证等。《管子·轻重篇》就有"定其券契，以振孤寡"之说。虽然用券历史悠久，但券食之制却是封建经济进一步发展的产物。唐朝府兵上番宿卫或远征边疆，可得"食券"作为津贴之用，"驿券"随着唐朝馆驿之制的发展已普遍用于驿递之中。入宋以后，用券更为广泛，券契使用就有食券、驿券、馆券、路券、券给、券直等名目，反映出用券之制的普遍性及多元化职能。

"驿券"广泛应用标志着券食之制的完备与成熟

宋朝，不仅有多样化的给券之制，而且制定了比较完善的用券制度，逐渐建立和完备了标新立异、颇具研究价值的公务接待制度。尤其是具有政府公信力的"驿券"广泛实施应用于馆驿制度中，以解决公干官员差旅途中的食宿问题，标志着宋朝券食之制的完备与成熟。

据考证，驿券之制始于唐玄宗开元年间。据《唐六典》记载，玄宗时规定："凡乘驿者，在京于门下给券，在外留守及诸军、州给券。"宋人吴处厚《青箱杂记》记云："唐以前馆驿并给传往来。开元中，务从简便，方给驿券。驿之给券，自此始也。"宋朝的馆驿已经与传递政府公文书信的机构"递铺"完全分离而自成体系，如宋人王应麟在《玉海·馆驿条》中所记："郡国朝宿之舍，在京者谓之邸；邮骑传递之馆，在四方者谓之驿。"尤其是随着驿递制度的发展，规定馆驿由地方郡守负责领导管理，包括驿舍的设置、修葺、食品保证、草料备办等，并定期派人巡查。县令则充当馆驿使，具体负责馆驿事务。《庆元条法事类》所载"奉使"之制云："诸命官奉使，并给驿券。"馆驿由此成为接待以官员、公差人员为主往来宿顿的专门机构。

官员违反公务接待规定，将会受到惩罚

驿券发放关系国家财政，"素有定数"，不能滥发。即如南宋学者叶适所说："所批之券食，所受之礼馈，皆有明禁。"光宗绍熙二年（1191年）八月也规定，推勘官员执行公务时，"仍令所属州县将一行官吏依条合得券食挨日批支"。"依条计日支给人吏券食"成为各级官员出差公干、下基层考察时公费消费的硬性规定。至于诸如"干谒州县批支驿券，需索夫马，生事骚扰"等情形的发生，已经突破了公务接待的制度规定，违反了政府制定券食之制的初衷。因此，宋朝政府也制定了一系列惩治贪腐的防范措施和法令法规。

实际上，宋朝治国尤严贪墨之罪。清人赵翼在《廿二史札记》中说："宋以忠厚开国，凡罪罚悉从轻减，独于治赃吏最

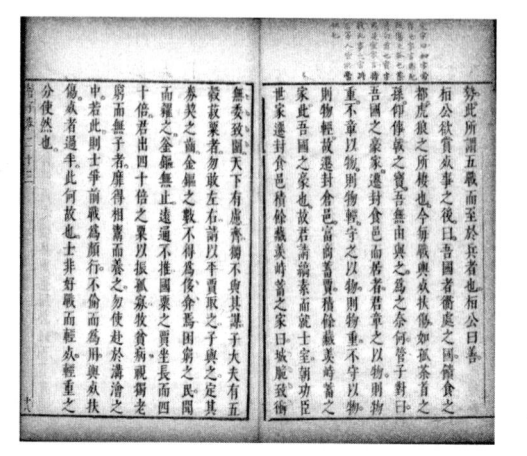

▲中国古代用券之制源远流长，名目繁多，如券契、券约、券证等。《管子·轻重篇》就有"定其券契，以振孤寡"之说。图为明朝万历四十八年（1620年）凌氏朱墨套印本《管子》书影。

严。"宋初明文规定，贪污受贿与十恶大罪一样，当处极刑不可赦免，若贪污受贿者在限期内坦白自首，将赃物交公，可以酌情减免刑事惩罚，否则民吏告发，严惩不贷。并且对贪官污吏不适用恩赦之典，官吏犯赃为常赦不原之罪，毫不姑息。当时也不乏因违反制度规定而身受惩处的案例，如知静江府张孝祥就因"专事游宴"而被台谏弹劾罢官，知嘉州的陆游也因"燕饮颓放"而受到撤职处分，发生在北宋庆历四年（1044年）的进奏院聚宴案更导致著名才子苏舜钦被削职为民。

宋朝官员公干外出，受专门的"馈送""迎送宴会"等法令法规约束，违反者以违制、违令、违法论处。如《宋会要辑稿》载宁宗嘉定八年（1215年）八月二十七日令："诸路应差官吏，须择清廉介洁之人，除批券之外，其余馈送并不许接受，比以赃论。"尤其是宋朝所设名为"监司"的监察制度，既要监司监察州县官，又担忧监司与州县勾结营私，因而制定"监司法"对监司履职巡察制定种种约法。为防止监司利用出巡之机贪污腐败、骚扰百姓，宋朝政府对其所带随从仆役、州县逗留时间以及生活待遇等都做了明确规定。

可以说，宋朝的券食之制不仅仅是接待规定，深刻内涵更在于体现职务履行。就制度建设来说，宋朝的公用消费及对公费用餐的管理可谓完善、合理。如中央财政会拨给地方政府一笔"公使钱"用于公务接待，官员公干时会享受"公厨""常食"待遇等，换言之，宋朝廷承认公务接待或公款消费的合法性与合理性，但必须严格执行法定的规格与标准。

券食之制有利于提高行政办事效率

宋朝政府通过职务消费规范化，可有效控制经常性公费财政支出。如根据制度规定，"券食"费用年终要由各州常平主管官统一结算，上报户部审计，如发现"有过数取予及违戾者，并重置典宪"，即超标、违规的公费开支与接待，要受到重典惩罚。这就使政府能从宏观层面控制公费财政预算与开支，有利于节省政府的公费财政开支。

券食之制的实行，便利了公干官员的出行，解决了其出差中的宿食之忧，有利于减轻其差旅负担，提高其生活水平，无疑能提高行政办事效率，有利于政令的上传下达及国家政令的畅通实施。

券食之制的实行，也有利于相关部门特别是监察部门对官员履职进行实时跟踪监察，防止官员履职过程中易生的贪腐行为，有利于预防职务犯罪，净化官场风气。虽然从总的效果来看，宋朝并未能根治公款挥霍之风，券食之制在实行过程中也免不了要打折扣，不过比之明清文献中所记录的官场吃喝风气，宋朝的政治生态可以说要洁净得多。

认真研究、总结宋朝券食之制的丰富内涵，无疑能为当今的政治生态建设提供历史借鉴。

本文发表于2019年7月15日《北京日报·理论周刊》文史版，原题为《券食之制——宋代公务接待制度历史价值探析》，作者时任山东大学历史文化学院教授

藏在宋人史料笔记中的价值观

瞿林东

经世致用，惩恶劝善，是中国古代史学的优良传统。宋人史料笔记的作者在这方面多有强烈的意识和鲜明的态度，使之成为史料笔记一个重要的撰述旨趣。如钱易的《南部新书》对此有明确的表述，其序称：

> 先君尚书，在章圣朝祥符中，以度支员外郎直集贤院，宰开封。民事多闲，潜心国史。博闻强记，研深覃精。至于前言往行，孜孜念虑，尝如不及，得一善事，疏于方册，旷日持久，乃成编轴，命曰《南部新书》。凡三万五千言，事实千，成编五，列卷十。其间所纪，则无远近耳目所不接熟者，事无纤巨善恶足为鉴诫者，忠鲠孝义可以劝臣子，因果报应可以警愚俗，典章仪式可以识国体，风谊廉让可以励节概。机辩敏悟、怪奇迥特，亦所以志难知而广多闻。

序文出自钱易之子钱明逸之手，以"劝臣子""警愚俗""识国体""励节概"来概括"鉴诫"的内涵，反映了钱明逸对其"先君"撰述旨趣的理解和阐发。

宋人史料笔记中常涉及唐朝史事与人物，而《南部新书》则大多记唐人唐事，这是它的一个特点。今略举数例，以见其旨。《南部新书》戊编记：

> 裴延龄尝放言德皇曰："陛下自有本分钱物，用之不竭。"上惊曰："何为本分钱？"延龄曰："准天下贡赋，常分为三：一为干豆，二为宾客，三为充君之庖。今奉九庙，与鸿胪，供蕃使，曾不用一分钱，而陛下御膳之余，其数极多，皆陛下本分钱也。"上曰："此经义，人总未曾言。"自兹有意相奸邪矣。

这里所说的"本分钱"，把唐德宗的贪婪、裴延龄的奸佞揭露得非常彻底。又，其书己编记："贞元初，度支使杜佑让钱谷之务，引李巽自代。先是度支以制用惜费，渐权百司之职，广署吏员，繁而难理。佑奏营缮归之将作，木炭归之司农，染练归之少府。纲条颇整，公议多之。"杜佑为政，省官简政，讲求效率，后任淮南节度使十四年，唐宪宗时出任宰相，并非偶然。

宋人史料笔记中，与《南部新书》旨趣相似或相近者，有吴处厚的《青箱杂记》、僧人文莹的《玉壶清话》、方勺的《泊宅编》等。这些笔记多有比较明确的以"鉴诫"为旨趣的撰述宗旨，其序文均有明确申言，如："遇事裁量，动成品藻，亦辄纪录，以为警劝"；"古之所以有史者，必欲其传，无其传，则圣贤治乱之迹，都寂寥于天地间。当知传者，亦古今之大劝也"；"道古今理乱、人物成败，使人听之辣然忘倦"。当然，因作者的经历与视角不同，书中强调的"鉴诫"的具体内容也有所不同。

如《青箱杂记》记知恩感恩之人必为他人所重，其卷二记张齐贤事，作者写道：

> 张文定公齐贤，洛阳人，少时家贫，父死，无以葬，有河南县史某甲为办棺敛，公深德之，遂展兄事，虽贵不替。后赵普密荐齐贤于太宗，太宗未用，普具列前事，以为陛下若擢齐贤，则齐贤他日感恩过于此，太宗大悦，未几擢齐贤为相。

这是说张齐贤因知恩感恩为大臣赵普所重，进而被其荐于天子，使之得以重用。

更重要的是，张齐贤后因在盛大场合醉酒，"进止失容"而被贬谪，其间，常作诗自警，"兼遗子孙"，其诗曰："慎言浑不畏，忍事又何妨。国法须遵守，人非莫举扬。无私仍克己，直道更和光。此个如端的，天应降吉祥。"吴处厚受此事所感，乃"广其意，就每句一篇，命曰'八咏警戒诗'"。这可视为一段佳话。

《玉壶清话》多记宋朝史事与人物，于人的品质、行为尤多关注。如卷八之末记真宗朝

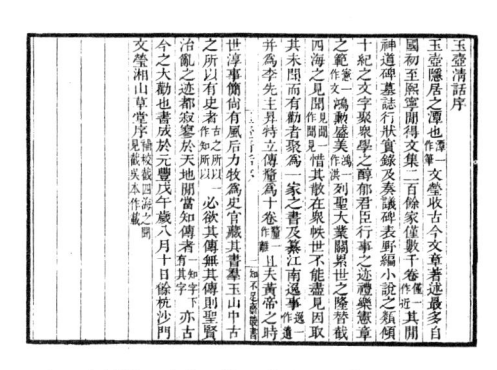

▲宋人史料笔记多有比较明确的以鉴诫为旨趣的撰述宗旨，如吴处厚的《青箱杂记》、僧人文莹的《玉壶清话》、方勺的《泊宅编》等。图为清朝《知不足斋丛书·第六集》所载《玉壶清话》书影。

君臣对待人才事，颇有深意。作者写道：

> 真宗诏卿士举贤良，翰林朱公昂举陈彭年。陈以家贫，无赞编可投之备入削，奏乞终任，不愿上道。杜龙图镐、刁秘阁衎列章奏曰："朱昂端介厚重，不妄举人，况彭年实有才誉，幼在江左，已为名流所重，乞不须召试，止用昂之举，诏备清问可也。"乃以本官直史馆。

这一记述，对荐举者的"端介厚重"，被荐举者的谦逊与"实有才誉"，从旁建议者的识见和善意，以及宋真宗的豁达纳谏，都直接或间接地有所涉及，且有启发与教育意义。

方勺所著《泊宅编》，对本朝皇家聚敛财富的事实也直接揭露。他写道：

> 崇观以来，天下珍异悉归禁中，四方梯航殆无虚日，大则宠以爵禄，其次赐赉亦称是。宣和五年（1123年），平江府朱勔造巨舰，载太湖石一块至京，以千人舁进。是日，役夫各赐银碗，并官其四仆，皆承节郎及金带，勔遂为威远军节度使，而封石为磐固侯。

这是关于北宋末年朝廷腐败的极具体的记载和有力的鞭笞。宋人史料笔记中关于这方面的记述，反映了作者们对于政事的关注，是宋人史料笔记的重要内容。

本文发表于2017年2月6日《北京日报·理论周刊》文史版，原题为《"事无纤巨，善恶足为鉴诫"——宋人史料笔记的惩劝作用》，作者时任北京师范大学教授

古代的社会调查

水延凯

中国古代社会调查，是指中国奴隶社会和封建社会的社会调查，包括夏、商、周、秦、汉、隋、唐、宋、元、明，直至清朝前期的社会调查。

古代社会调查的类型

古代社会调查的类型，是随着社会调查目的、需求的发展而不断扩展的，它们的调查主体、社会功能也是多种多样、不断扩展的。

行政型社会调查

其调查者主要是统治阶级的官吏，其主要目的是收缴贡赋、征集兵员、派使徭役，管理国家和巩固统治，同时服务社会。例如，殷商甲骨文、金文中关于"登人"和战争的记载，春秋战国的上计制度和"初税亩"，秦的"初令男子书年"和"使黔首自实田"，汉的"编户齐民"和"度田"，隋的"输籍之法"，唐的丈量土地和《国计簿》，宋的"丁产簿""结甲册"和"鱼鳞册"，元的"诸色户计"和户籍清理，明的户帖和黄册制度，清的"摊丁入亩"和赋役簿册等。行政型社会调查的社会功能，主要是统治阶级管理国家、治理社会、统治和剥削人民的重要工具。

改革型社会调查

其调查者主要是社会改革家，其主要目的是揭露时弊、剖析病因、提出方案，推动变革，破旧立新。例如，周公旦的"明德慎罚"和"敬德保民"，管仲的"明法审数"和"八观"，孙武的"知彼知己者，百战不殆"，商鞅的"强国知十三数"，秦的郡县制改革和车同轨、书同文，汉的"文景之治"和"光武中兴"，北魏孝文帝的汉化改革，唐的"贞观之治"和两税法，宋的庆历新政和熙宁变法，辽的"因俗而治"和一朝两制，元的治汉地、行汉法，明的张居正改革和"一条鞭法"，以及清的洋务运动等。改革型社会调查的社会功能，主要是社会改革家探究社会病因、提出改革方案、推行社会变革的有力武器。

学术型社会调查

其调查者主要是各类学者，其主要目的是广泛搜集资料、开展学术研究，形成新观点、新学问。例如，先秦的《山海经》、孙武的《孙子兵法》、司马迁的《史记》、班固的《汉书》、李时珍的《本草纲目》、徐光启的《农政全书》、宋应星的《天工开物》、黄宗羲的《明夷待访录》、魏源的《海国图志》等。学术型社会调查的社会功能，主要是学问家、思想家搜集社会信息、研究社会现实，形成新观点、新理论的基本方法。

文艺型社会调查

其调查者主要是文学家、艺术家、诗词作者等，其主要目的是体察社情民意、深刻反映现实、创作新作品、塑造新人性。例如，先秦的《诗经》《离骚》和《九歌》，"建安七子"的《洛神赋》《饮马长城窟行》和《西京乱无象》，陶渊明的《归园田居》，明清的《三国演义》《水浒传》《西游记》和《金瓶梅》，冯梦龙的《三言》、曹雪芹的《红楼梦》、蒲松龄的《聊斋志异》、吴敬梓的《儒林外史》等。文艺型社会调查的社会功能，主要是文学家、艺术家体察社情民意、创作精神佳品的重要途径。

应用型社会调查

其调查者主要是除上述几类调查主体之外各行各业的翘楚，其主要目的是把握社会需求、服务广大受众，开拓新业务、创造新局面。例如，秦朝的《封诊式》中记载的司法调查、刘晏的商情调查和经济调查、郑和的《郑和航海图》、徐弘祖的《徐霞客游记》，以及清朝的《康熙皇舆全览图》和《乾隆内府舆图》等。应用型社会调查的社会功能，主要是各行各业翘楚满足社会需求、搞好自身业务、更好服务社会的有效手段。

古代社会调查的内容

先出现人口调查，后出现土地调查

中国进入奴隶社会后，由于需要征集兵员抵御外侮或对外扩张，因而早在夏商时期就出现了对于"登人"的调查。这说明，人口调查早于土地调查。就人口调查而言，由于征集兵员、派使徭役只需要掌握丁（成年男子）口数，因而丁口调查又早于全面的人口调查，直至西周"及大比，登民数，自生齿以上，登于天府"（《周礼·秋官司寇第五·小司寇》），仍不是全面的人口调查。就土地调查而言，山水调查早于田亩调查。因为，上古时代水患频繁，它涉及部族的兴衰存亡，因而就出现了勘察山脉、水系及其走向的大规模山水调查，《山海经》《禹贡》等，就是古代山水调查的结晶。至于田亩调查，由于早期华夏地广人稀，想耕种多少地就耕种多少地，根本不存在田亩调查的客观需要，直到春秋时期的楚国才出现"书土田，度山林，鸠薮泽，辨京陵"（《左传·鲁襄公二十五年》）的记载。

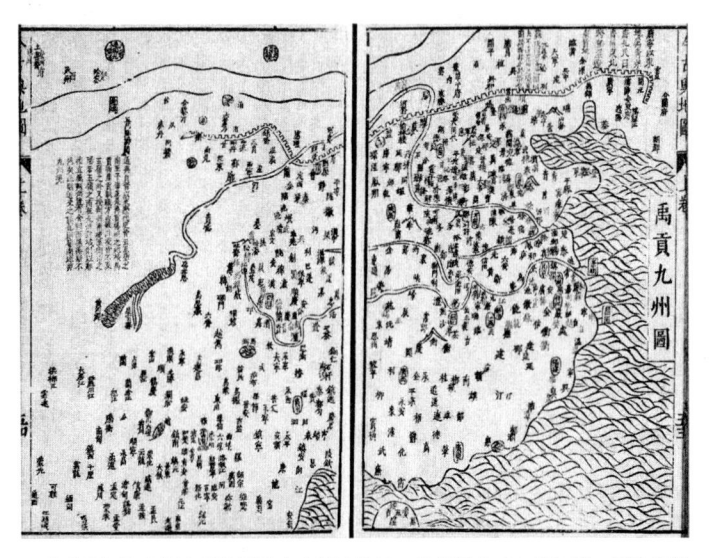

▲《禹贡》是中国古代较早的山水调查结晶，最早提出"九州"说。图为明朝吴国辅根据沈定之的旧稿编辑的《今古舆地图》所载《禹贡九州图》，明朝崇祯十六年（1643年）山阴吴氏刊朱墨套印本。

先重人丁、户口调查，后重田亩、财产调查

赋役，是赋、税和兵、役的合称。赋税，是统治者为管理国家、维护统治而强制征收的田赋和捐税，一般包括以人丁为依据的人头税（丁税），以户为依据的财产税（调），以田亩为依据的土地税（田租），以及各种各样的苛捐杂税。兵役，是统治阶级为了维护统治，镇压百姓反抗，抵御外族入侵或对外扩张，兴建皇家宫室、官衙和水利等官用、民用工程而强行征集的兵员和徭役，一般以成年男子为征集的对象。

中国古代的赋税制度，以唐建中元年（780年）实行"两税制"为界，此前多重口税、丁税，此后转向重田税、财产税。因此，为征收税赋而开展调查的内容，从夏、商、周，到秦、汉、隋直至唐前期，大都重丁口调查、人口调查和户口调查；唐建中元年（780年）后，则转向重田亩调查和财产调查，特别是清雍正推行"摊丁入亩"改革后，田亩和财产更成为行政性社会调查的重点内容。但是，这绝不是说人丁、户口调查不重要。由于兵役的征集都以成年男子为对象，因而历朝历代都非常重视丁口调查。秦以后丁口调查扩展为人口调查，但仍强调"令男子书年"，其目的是便于根据男子年龄来征集兵员和徭役。总体而言，对于统治阶级来说，人丁、户口调查，不仅先于田亩、财产调查，而且重于田亩、财产调查。

先经济领域调查，后非经济领域调查

夏、商、周时期，以农牧业为经济基础，以税赋为主要目的，因而早期经济调查的内容，大都涉及农牧业和税赋情况。例如，夏王朝的农业主要种植粟、黍、豆、麻和水稻，其收成和税赋主要取决于土壤状况，因而《禹贡》按土质优劣对九州的田、赋情况进行复合分组：首先，按"等"分为上、中、下三等；然后，按"级"再细分为上、中、下三级。这种复合分组，既是农业调查的结果，又是税赋调查的总结。

至于非经济领域的调查内容，在夏、商、周时期，主要涉及军队、战争、狩猎和祭祀等情况的调查。秦、汉以后，贾谊的《治安策》，傅玄的"五条政见"，魏徵的《谏太宗十思疏》和《十渐不克终疏》，王安石的《上仁宗皇帝言事书》和《本朝百年无事札子》，海瑞的《治安疏》，张居正的《论时政疏》，顾炎武的《天下郡国利病书》，黄宗羲的《明夷待访录》，宋应星的《天工开物》等，则大都涉及政治、思想、文化、科技等非经济领域。

先客观现实情况调查，后主观精神状态调查

先秦的许多政治家、思想家，就很重视主观精神状态的调查。例如，成书于春秋时期的《诗经》，真实反映了中国奴隶社会从兴盛到衰败的历史面貌。它既是对奴隶社会客观现实的描述，又是上古时期社会习俗风尚、主观精神状态的反映。又如，管仲的"八观"，前四观主要涉及饥饱、贫富、侈俭、虚实等经济领域的客观现实情况，后四观则主要是对"民""臣"和"上意"的主观状态进行调查，并据此对一个国家的治乱、强弱、兴灭、存亡做出判断。中国近代的启蒙思想家，更重视广大民众的主观精神状态。例如，黄宗羲、顾炎武、王夫之等所宣扬的"民本"思想、"民权"意识，以及"国家兴亡，匹夫有责"的精神，既是对历史经验的总结，又是对当时民众主观精神状态进行调查的结晶。

本文发表于2015年9月21日《北京日报·理论周刊》文史版，
原题为《古代社会怎样搞社会调查》，
作者时任华中师范大学社会学院兼职教授

明朝的"人口普查":户帖制和黄册制

郑学富

户帖制

我国的人口统计可以追溯到四千多年前的夏禹时。《史记》说:"禹平水土,定九州,计民数。""计民数"就是统计人口。进入封建社会后,人口统计制度更完善,方法更科学,数据更准确。而明朝初年推行的户帖制度,是更加严谨和全面的人口统计,具有近代人口普查的雏形,官府所颁发的户帖即形同于现在的户口本。据悉,明朝的这次"人口普查"比美国(1790年)和英国(1801年)的"国情普查"早四百多年。英国学者卡尔津曾撰文说:"此为全世界最早推行全国人口普查的明证和榜样!"

大明王朝甫立,由于长年混战,版籍俱损,流民覆野,百废待兴。如何构建完整的社会统治秩序,是明太祖朱元璋面临的一个至关重要的问题。连全国有多少人口都不知道,何谈管理国家、发展经济?洪武二年(1369年),朱元璋下令:"凡军、民、医、匠、阴阳诸色户,许各以原报抄籍为定,不许妄行变乱,违者治罪,仍从原籍。"洪武三年(1370年)十一月,朱

明朝的"人口普查"：户帖制和黄册制

元璋上谕中书省臣僚："民，国之本。古者司民，岁终献民数于王，王拜受而藏诸天府，是民数，有国之重事也。今天下已定，而民数未核实，其命户部籍天下户口，每户给以户帖。"

朱元璋的户帖制，是受南直隶宁国知府陈灌的启发。陈灌上任宁国知府的第一件事，就是查清豪强户口、田地数目，禁止土地兼并，从而使农民得到部分土地，排除他们的疾苦。针对当时户籍极为混乱的情况，他发明了户帖制，在府内全面登记户口，每年核对一次。户帖制的实行，使政府详细准确地掌握了民户的乡贯、人丁、产业等基本情况，可以妥善地处理好户口、土地和赋役的问题。甫一推广，便受到宁国百姓的拥戴。

朱元璋得知后，认为此法甚好，于是下令在全国推广。明初推行户帖制度，其实是一次全国性的人口普查过程。户帖的格式和调查项目由户部统一规定，统一印制，登记的项目有：户的种类、户主的原籍、居住地、家里人数、年龄、性别、与户主的关系等。户帖有帖、籍两联，并于两联骑缝处写上编号、钤印，户部尚书、侍郎以次官员，事先在户帖上押名。印制好后，出具榜文，颁发给州县官府；户帖下达到地方州县后，由州县正官兼任提调官，提调户帖勘合事宜。官员将辖区内百姓一一清点过目，按照户帖上所列项目一一认真填写并押名。然后撕下籍联，将户帖交给各户收执；州县官吏回收完户帖籍联后，朝廷派军队介入进行驳查。军士分赴各州县，走乡串户，持户帖籍联挨家挨户比对核实所填写的内容，如发现官员隐瞒，将处以极刑。比对结束后，将户帖籍联统一交给户部存档；

朝廷规定，户帖每十年重新编造一次，州县官吏每年都要统计辖区内的户数人口。

黄册制

明朝开国之初，朱元璋下令农民归耕，奖励垦荒，实行移民屯田和军屯，组织各地农民兴修水利，大力提倡种植桑、麻、棉等经济作物和果木作物，抑制豪强，减免税负等。到洪武十四年（1381年），"洪武之治"已经显现，百姓安居乐业，朱元璋在户帖的基础上开始推行黄册制度。黄册制度相比于户帖制度，有了进一步的发展和完善。

《明史·食货志》载："洪武十四年诏天下编赋役黄册，以一百十户为一里，推丁粮多者十户为长，余百户为十甲，甲凡十人。岁役里长一人，甲首一人，董一里一甲之事。"朝廷把居住在城乡的每个住户按照籍贯、姓名、人口、田宅、地亩等逐一登记造册。每十年编造一次，每册一式四份，分别上报户部及省、府、县。因上报户部的册子封面是黄纸，故称为"黄册"。

▲《明史·食货志》记载："洪武十四年诏天下编赋役黄册……"因上报户部的册子封面是黄纸，故称为"黄册"。图为清朝光绪时期五洲同文书局石印本《明史》书影。

朝廷视黄册为国家典籍，颇为重视。皇帝郊祀时，中书省吏员专门将黄册陈列于坛下，以示荐于上天，皇帝率百官行祭天大礼。礼毕，黄册贮藏于南京太平门外后湖（玄武湖）东、西二库。

黄册制度既是明朝的赋役之法，也是明朝的户籍制度，成为明朝社会经济方面重要的基本制度。黄册制度在明朝广泛实行。从洪武十四年（1381年）至崇祯十五年（1642年），共攒造了二十七次。据《后湖志》载，每次大造各地送南京户部转后湖收贮的黄册达六万余本，至明末，所贮历代黄册在二百万本以上。然而，由于改朝换代和战乱频仍等原因，遗存的明朝黄册文书，多是在乡里保存的黄册底籍、草册及抄底等。

本文发表于2020年11月23日《北京日报·理论周刊》文史版，
原题为《明朝的户帖和黄册》，
作者为文史学者

明清官场的"打秋风"怪象

郑金刚

"打秋风"的起源众说纷纭

提起"打秋风",很多人都知道,《红楼梦》里的刘姥姥,故作愚状,出丑露怯,就是因为年关将近,生活窘迫("秋尽冬初,家里冬事未办"),想通过周瑞媳妇家的关系到荣国府去"打秋风"。她最后得了王熙凤送的二十两赏银,满意而归。

"打秋风",说白了就是利用各种关系、巧立名目向他人索要财物。至于为何称之为"打秋风",却是众说纷纭,源头已难以考证清楚。明朝戏曲家汤显祖的《牡丹亭》中,尚未发迹的书生柳梦梅曾称:"你说打秋风不好,'茂陵刘郎秋风客',到后来做了皇帝。"这不过是戏谑之语,虽然明清时期人们也称"打秋风"的人为"秋风客",但实际上"打秋风"与茂陵刘郎(汉武帝刘彻)毫无关系。

根据清人考证,早在宋朝大书法家米芾的书札中就出现过"抽丰"二字,意思是指看到别人家丰裕而去索要钱物("盖彼处丰德,往抽分之耳"),因此也称为"分肥""抽分"。大概是因为"抽丰"与"秋风"音近,明清时期民间开始称"打抽丰"为"打秋风",以显得更为委婉、风雅一些。

还有一种观点，认为"打秋风"的说法最初可能是源自唐朝士子游走公卿权贵募敛财物的行为。五代王定保所著《唐摭言》中，曾记载有一个名叫李敬的仆佣，因为其主人科场不顺而生活穷困，他的朋友劝他换个官场得意的主家，以便也能够跟着四处"打风打雨"。这里的"打风打雨"，说的就是唐朝参加科举考试的士子，大多会在考前奔走于权贵公卿之门，既是为了托关系以求得达官贵人推荐，同时也有

▲明朝戏曲家汤显祖的《牡丹亭》中，尚未发迹的书生柳梦梅曾称："你说打秋风不好，'茂陵刘郎秋风客'，到后来做了皇帝。"图为明末茅暎刊朱墨套印本《牡丹亭》书影。

不少生活窘迫的士子借机募取一些生活费。"风雨"与"丰裕"音近，因此"打风打雨"就是"打丰裕"。到了明清时期，不少衙役往往在入秋后以做棉衣为借口向富户敲诈钱财，"打风雨"也就被称为"打秋风"了，甚至当时京城民间俗语中还将"打秋风"与"撞太岁"并举，称巧立名目索取钱物为"打秋风"，称依仗官府权势敲诈为"撞太岁"，两者叫法不同，借口索取财物的目的则一致。

清朝，胡可泉任苏州知府时曾在衙门口贴有一副对联："相面者、算命者、打抽丰者，各请免见；撑厅者、铺堂者、撞太岁

者，俱听访拿"，将"打秋风"和相面、算命等招摇撞骗等同看待，由此可知，"打秋风"名虽雅致，其实却并无半点风雅可言。

明清形形色色的"打秋风"怪象

明清时期，官场、民间"打秋风"的陋习一度盛行。清朝风流才子李渔，诗词戏曲俱有文名，但是科举屡次失利，为了维持家人体面的生活，早年间就开始奔走于权贵富户之家，依靠募取馈赠维生。康熙初年，李渔组建了一个家庭昆曲戏班，日常开销甚巨，更是常年带着家眷来往于苏杭、金陵，以各种借口索取财物，有时甚至在友人家一住数月。按照李渔自嘲的说法，是大半生"终年托钵""卖赋以糊口"，其实就是四处"打秋风"，他自称"打秋风"的足迹"三分天下几遍其二"，堪称古往今来最出名的"秋风客"之一。

与民间"打秋风"陋习相比，明清官场上往来奔走的"秋风客"，不仅数量更多，"打秋风"的名目也是层出不穷。清人萧奭在《永宪录》中描述当时官场"打秋风"的"盛况"：每当有官员外放任职，就会有昔日的老师、同门、亲朋等各类人络绎来访，名为拜会探望，实则只是为了上门索取一些馈赠。风气所致，明清官场非但不以"打秋风"为忤，反而成为一个不成文的潜规则。地方官员上任后需要应付各类"秋风客"，未上任之前则可以四处"打秋风"，借机敛财。例如，道光十八年（1838年），曾国藩会试高中，当年返回湘乡老家后就开始外出四处拜客，名义上是向各地亲朋故友报喜，主要目的还是按时俗到处"打秋风"。据曾国藩日记所载，道光十八年（1838年）年底到道光十九年（1839年）十一月，将近一年的时间内，曾国藩一共外出四次，拜访的对象形形色色，既有各地曾氏同宗、亲朋故旧，也有本地地方官员与乡绅，还有不少外地的湘籍客商，遍及湘乡周边十余州县，拜访过的人家有一千二百人之多，共计获得各家馈赠折合白银将近一千五百两，可谓收入颇丰。

此外，明清官场最为常见的"打秋风"方式，是官员亲属、家丁之类巧立名目向下级衙门强索财物。如果说曾国藩这样的"准官员"借着拜客、以文会友的名义"打秋风"是属"巧取"的话，那么明清官场更为普及的"打秋风"方式，则是明目张胆地"豪夺"。明朝海瑞任淳安县令时，总督胡宗宪之子路经该地，索要财物不得，一怒之下竟将县里负责接待的驿吏倒吊了起来。海瑞知道后，佯装不认识总督公子，派人搜检其行装，将里面的金银充入县库。胡宗宪位高权重，他的儿子一路游玩，到处收受地方官员馈赠的财物，在当时官场不过是平常事，只是遇到素以刚直不阿著称的海瑞才未如愿以偿，但是明清官场像胡公子一样"打秋风"敛财之人比比皆是。如按《明史》记载，曾经同样在海瑞那里碰壁的都御史鄢懋卿，每次外出都"与妻偕行，制五彩舆，令十二女子舁之，道路倾骇"，所到之处"要索属吏，馈遗巨万"。

明清官场"秋风病"肆虐，各级官员一边穷于应付上司、同僚处来的"秋风客"，一边巧立名目向下属索要财物。上行下效，一般的衙役也经常以节庆、生日、衙门添置物品等种种借口，向当地富户"打秋风"，以致官场内外无处不"秋风"，怪象丛生。

权力私有化催生出"秋风病"

"打秋风"不过是为了借口索财，自然难免会让人看不起，甚至嫌恨。李渔自命是风流才子，一生携妻带妾四处"打秋风"，固然有不少达官权贵赏识他的才学，慷慨解囊，但也有不少碰壁的时候，因而也常常自感羞愧，觉得自己"面目堪憎"。至于那些被上门"打秋风"的人，往往是拒之不便、施之不甘，虽然厌恶却又无可奈何。明朝靖江一位郭姓县令有"打油诗"："马驮沙上县新开，城郭民稀半草莱。寄语江南诸子弟，秋风切莫过江来。"明清社会厌憎"打秋风"之情，于此可见一斑。

既然"打秋风"遭人厌，为何明清社会遍地"秋风"起？个中缘由，其实不难理解。下面分类来谈：

贪图小利，刘姥姥式的"打秋风"。传统社会讲人情、重面子，于是不少人或是为生活所迫，或是贪图小便宜，只要能和权贵、富户攀上一星半点关系，便找各种借口上门求取财物。坦率地说，这类刘姥姥式的"打秋风"只是民间一种陋习，固然让人嫌憎，但毕竟主人还可以婉拒，尚且不至于"秋风"成害。

各取所需，变相索贿式的"打秋风"。传统社会里，本是"一人得道，鸡犬升天"，而明清时期中国专制集权制度发展成熟，高度集权于上，官员的考绩、升迁完全操之于上司之手，因此各级官员对于上司的亲朋故旧、亲随家丁都是竭力逢迎，慷慨馈赠，同时视向属吏"打秋风"为生财之道，索求无厌。显而易见，明清官场这类"打秋风"，不过是让家属、亲信等人为捐客变相索贿而已。上级借"打秋风"敛财，下属借"挨打"行贿，各取所需，奔走在明清官场上的各色"秋风客"，其实是在编织着一张遍布官场上下的关系网。

恃仗官威，敲诈勒索式的"打秋风"。明清社会，地方官府里上至官员家属，下至衙门的书役、差役，都会经常找各种借口向本地乡绅、富户索要钱财，被"打秋风"的富裕人家，惧怕官府权势，只好馈赠财物以花钱免灾，不仅无法拒绝，甚至没有讨价还价的余地。显而易见，这类"打秋风"实际上就是一种赤裸裸的敲诈勒索，是官大于民、权高于法的直接后果。

因此，从根本上说，明清官场"打秋风"的盛行是官员权力私有化的必然结果。大小官员视手中权力为私有之物，亲属故旧也视之为生财之道，再加上官大于民、权高于法，于是官场内外"秋风"处处，肆虐成灾。官场如此，上行下效，民间难免形成陋习，"秋风切莫过江来"也就只能是一厢情愿的幻想。

本文发表于2015年5月18日《北京日报·理论周刊》文史版，
原题为《"打秋风"：明清官场公开的敛财怪象》，
作者当时任职于西北大学历史学院

清朝官员坐轿有规矩

潘洪钢

清初,官员骑马者多,乘轿者少

武职官员要带兵打仗,因此不得乘轿,原本是中国王朝的一个传统,如《万历野获编·勋戚》卷五载:明朝"武臣贵至上公,无得乘轿。即上马,不许用橙杌"。

清朝以骑射取天下,对此项制度的继承便是顺理成章的事。顺治入关后,从王公贵族、八旗官员到汉族官员,骑马者多,乘轿者少,所以对于官员乘轿之事,并未给予特别的关注。顺治四年(1647年)及九年(1652年),清政府两次颁布有关制度,在提到乘轿与骑马一事时,虽然规定了不同等级的官员乘坐轿子的大小等规制,但仍有"若不乘轿,愿骑马者,各从其便"的说法。当然,出于礼法的需要,清政府有时对乘轿一事也有关注。如顺治四年(1647年)五月,有官员就平西王吴三桂等各路王爵乘轿一事请示,朝廷上谕回复说:平西、恭顺、智顺、怀顺各王,在镇守的地方可以乘轿,到京师则须骑马。但大体上,不论满洲王公还是八旗将领、官员,一般均有骑马的习惯,汉族文臣也多骑马,所以虽然定了乘轿的规矩,但并未引起高度重视。

承平日久，享乐之风渐盛，弃马乘轿者渐多

康熙以降，社会逐步走向安定，经济渐趋繁荣。承平日久，官员中享乐之风渐盛。不仅王公贵族，而且旗籍官员、汉族中的武职将帅多有弃马乘轿者。此种现象在康熙时即已引起当朝注意，雍正、乾隆时期，出台了一系列旗员与武职官员不准乘坐轿子的规制。

康熙二十七年（1688年），曾下令将一名坐轿开赴作战前线的武职官员免职。雍正四年（1726年）九月，出台了武职官员不准坐轿的规定："近闻副参游守等官，竟有坐轿并不乘马者，习赡养惰，莫此为甚，且身为武臣而以乘马为劳，与职守大相违背，何以训练兵丁。嗣后副参游守等官概不许坐轿，以长怠惰之习。倘有不遵，该督抚提镇即行指名题参。"雍正六年（1728年），出台规定：凡副将及其以下参将、游击、都司、守备等官，如不乘马，"擅自违制乘轿者，革职"。当然，雍正时期的这一规定，主要针对副将及其以下官员，还没有对旗籍官员乘轿一事做出规定。

旗员及武职官员不准乘轿，到乾隆时成为定制

乾隆时期，陆续出台了禁止武职官员、旗籍文武官员及宗室王公乘坐轿子的规定。乾隆五年（1740年），针对汉族武职官员多有乘坐轿子的情况，重申了雍正时期的规定："自副将以下至都司守备，俱公然乘坐四轿，甚至有前呼后拥，喧耀街衢者……各省督抚提镇，务将朕旨通行申饬。如仍不遵奉，即

指名题参,交部议处。"乾隆十二年(1747年),下令禁止年轻宗室公等及旗籍武职大臣乘轿:"年少宗室公等,平日亦皆乘轿。伊等不过间日上朝,自应练习骑马。似此希图安逸,亦属非是。此关系我满洲旧习,着力行禁止。"至于旗籍武职大员,"自应遵照旧制骑马,以为所管辖人等表率,若自求安逸,则官兵技艺,安望精熟"。乾隆十四年(1749年),进一步强调外放为官的旗籍文武官员,六十岁以下者,一概不得坐轿。乾隆十五年(1750年),细化了满洲籍文职大臣禁止坐轿的规矩。规定所有旗籍文职大臣,除六十岁以上,身体的确不好者,一律禁止坐轿。除辈分高于皇帝和年纪很大的以外,王公亲贵亦禁坐轿。有乘轿资格的年轻亲王等,除了在特定的礼仪场合需要"列仪卫",可以坐轿子以外,平时一律骑马。倘禁止后有坐轿者,着察旗御史即行察参,若御史不参奏,经访闻,连御

▲出于礼法的需要,清政府对乘轿一事有所关注,并做了一些规定。图为拍摄于1906年之前的《清国胜景并风俗写真帖》(拍摄者不详)所载"官轿"影像。

史一块儿治罪。

有趣的是，乾隆帝多次发布禁止乘轿的上谕后，有的官员以为皇上是反感坐轿，于是改为坐车，乾隆帝不得不再次发布上谕，反复说明不许坐轿的意思：叫你们不坐轿子，不是说你们没资格坐轿子，也不是你们不应该坐轿子，而是要你们保持"娴习武艺"，不要把满洲人的传统全都丢光了。乾隆二十二年（1757年），对于外省旗籍武职官员也明确规定："各省驻防将军、副都统视在京都统副都统，凡武官皆乘马，将军、都统、副都统、总兵官，有老年不能乘马者，听奏明请旨。"亦即说，不仅旗人，绿营汉族将领都不得坐轿，年老体弱的要请旨，得到批准后才能坐轿。

对于违制乘轿的处罚，越到后期，处罚越轻

清朝对于违制乘轿的官员进行惩治，早在定制以前就已开始。然而，在中国传统社会中，每一项规制都难以贯彻到底，清朝旗员、武职不准乘轿的规定也是如此。其间既有正常的"特许"，也有高官显贵的公然违制。

就一般情形而言，由最高当局出面给予的特许，都是有理由的，或者也是出于特殊原因。如乾隆五十八年（1793年）上谕："向来武臣无乘轿之例，海兰察在军前效力多年，腿有宿疾，着格外施恩。赏令乘轿。"但这种特许或例外，易使一般官员感到乘轿也是一种尊荣，遂出现效仿者。如嘉庆年间，特许因保卫皇帝受伤的丹巴多尔济等乘轿，却导致一班官员"继者亦相率因之"。同时,也有一些特许,使贪图安逸的官员有了乘轿口实,如道光曾在谕令中说,如遇到"高山峻岭,逼仄崎岖,或稻田水曲,不能乘骑"等情况,可以允许乘坐"竹兜"一类的小轿或滑竿之类,这导致一些官员以此为由,寻机违制乘轿。

大体上,对于违制乘轿的处罚,乾隆定制后的一段时期相对较严,此后则时紧时松,越到后期,处罚越轻。有时是以违制乘轿的单一条款进行处理,更多的时候是一名官员的多项违规行为中,有违制乘轿这一条。道光时,尚有福建提督许松年因违制乘轿而被革职的事例,后来,类似的严厉惩治渐渐减少。光绪时,湖广总督张之洞为整饬营伍,参劾宜昌镇总兵傅廷臣、郧阳镇总兵邓正峰"公然乘轿,毫无顾忌。旧制新章,一概置之不理"。但到了处罚时,却又说"姑念相沿旧习,量予从宽"。只不过是"请旨将其摘去顶戴,拔去花翎"而已。

公然违制的情况也时常发生,如乾隆时出征台湾的大将军福康安,出行所坐的大轿子,用三十六名轿夫抬行,速度极快。出师打仗,这位福大帅也坐轿,轿夫每人要备几匹好马,轮换时就骑着马跟着大轿行进。关于福康安的传说很多,他敢用这么大的轿子是公然违制的行为,竟未受到处罚。在高官显贵面前,制度往往显得苍白无力,上行下效,违制之事渐渐相沿成习。无独有偶,清末湘军中也有武将坐轿子打仗。曾国藩建立的湘军,本来就是以文臣上阵打仗为特点的,王鑫为湘军中儒将,此人上阵打仗,不骑马而坐轿子,每每端坐于轿中,指挥将士上阵。

专制时代的政令,往往难于贯彻执行,社会上对于此类违制行为,也多是有人举报、弹劾时才进行追究,或者是在犯了其他大案时才牵扯出违制乘轿这类行为。

本文发表于2015年6月8日《北京日报·理论周刊》文史版,
原题为《清代的另类"车改"——
官员乘轿制度执行时紧时松的因由》,
作者时任湖北省社会科学院文史研究所研究员